파이썬
프로그래밍 개론

파이썬 프로그래밍 개론

기본 문법부터
객체지향 프로그래밍까지

데이비드 슈나이더 지음 | 정사범 옮김

i!i
에이콘

지은이 소개

데이비드 슈나이더 David I. Schneider

32년간 메릴랜드 대학에서 강의를 하고 있으며, 지난 18년 동안 28권의 서적을 출간했다.

그는 프린티스 홀Prentice Hall 출판사에서 비주얼베이직을 포함한 몇몇 베스트셀러를 출간한 저자기도 하다.

그의 책이 베스트셀러인 이유는 풍부한 교육 경험, 그로부터 축적된 광범위한 예제와 애플리케이션을 독자들이 좋아하기 때문이다. 그의 베스트셀러인 『An Introduction to Programming Using Visual Basic』은 수년 동안 학생과 강사로부터 끊임없는 찬사를 받았다.

감사의 글

이 책을 저술하는 동안 중요한 조언과 건설적인 제안을 해준 능력 있는 강사와 프로그래머들에게 감사한다. 여러분들의 소중한 검토 의견은 이 책에 많은 도움이 되었다.

대나얼 솔라렛[Daniel Solarek], 털리도대학[University of Toledo]

데이비드 M. 리드[David M. Reed], 캐피털대학[Capital University]

데브라지 데[Debraj De], 조지아 주[Georgia State]

데즈먼드 쿤[Desmond Chun], 채벗컬리지[Chabot College]

마크 코피[Mark Coffey], 콜로라도광업대학[Colorado School of Mines]

랜들 알렉산더[Randall Alexander], 찰스턴대학[College of Charleston]

바이네약 탄크세일[Vineyak Tanksale], 볼주립대학교[Ball State University]

치 웨이[Zhi Wei], 뉴저지공과대학[New Jersey Institute of Technology]

많은 분들이 이 책의 성공적인 출판을 위해 노력해주었다. 이 책을 출판하는 데 헌신적으로 지원해준 피어슨팀에게 감사한다. 특히, 컴퓨터 과학 프로그램 매니저인 캐롤 스니더[Carole Snyder], 컴퓨터 과학 분야 보조 편집자인 켈시 로니스[Kelsey Loanes], 편집장인 스콧 디사노[Scott Disanno]에게 감사한다.

이 책을 쓰는 내내 많은 도움을 준 제이콥스 사이나[Jacob Saina]에게 감사한다. 편집자 파비라 자야폴[Pavithra Jayapaul]과 그레그 덜레스[Greg Dulles]는 이 책을 일정 내에 출판하는 데 많은 기여를 했다. 또한 비디오 노트를 제작해준 웬워스 기술 연구소[Wentworth Institute of Technology]의 존 루소[John Russo]에 감사한다. 테스트뱅크를 제작해준 아크롬[Akrom] 대학의 케시 리자카[Kathy Liszka] 박사에게도 감사한다. 그리고 이 책의 내용을 파워포인트 자료로 제작해준 리투어니[LeTournean] 대학의 스티브 암스트롱[Steve Armstrong] 박사에게 감사한다. 주브 인디아[Jouve India]의 샤라자 가투파리[shylaja Gattupalli]의 능력과 친절함 덕분에 이 책을 즐겁게 저술할 수 있었다.

편집자 트레이시 존슨[Tracy Johnson]에게도 특별히 감사한다. 그녀의 아이디어와 열정은 이 책을 준비하는 데 많은 도움이 되었다.

데이비드 슈나이더(David I. Schneider)
dis@alum.mit.edu

옮긴이 소개

정사범(sabumjung@hotmail.com)

산업공학을 전공했고, 의사결정과 최적화 방법론에 관심이 많다. 2000년 초반에 입사해 제조업 분야에서 다양한 데이터를 R과 파이썬으로 분석해본 경험이 있다. 지금도 제조 현장에서 발생하는 여러 이슈를 데이터에 근거해 수리적으로 해결하는 문제를 고민하고 있다. 또한 다양한 책과 현장 경험을 통해 데이터 수집, 정제, 분석, 보고 방법에 대한 지식을 얻는 것에 감사하고 있다. 에이콘출판사에서 출간한 『RStudio 따라잡기』(2013), 『The R book(Second Edition) 한국어판』(2014), 『예측 분석 모델링 실무 기법』(2014), 『데이터 마이닝 개념과 기법』(2015), 『파이썬으로 풀어보는 수학』(2016), 『데이터 스토리텔링』(2016), 『R에서 객체지향 프로그래밍 사용하기』(2016)를 번역했다.

옮긴이의 말

사람이 태어나서 가장 먼저 배우는 것은 타인과 커뮤니케이션하는 방법이라고 생각한다. 커뮤니케이션 능력은 인간이 삶을 살아가는 데 매우 중요하다. 인간이 태어나서 죽을 때까지 수많은 시간을 커뮤니케이션 능력을 배우는 데 할애하고 있는 이유는 바로 이 때문이다.

그렇다면 우리가 프로그래밍 언어를 배우는 목적은 무엇일까? 우리는 살아가면서 여러 가지 문제에 부딪힌다. 이를 해결하기 위해 혼자서 열심히 노력할 수도 있고, 주변 사람의 도움을 받을 수도 있으며, 기계의 도움을 받을 수도 있다. 대부분의 경우, 주변 사람과 협업하면 좀 더 효과적이고 효율적으로 문제를 해결할 수 있다. 더 나아가 기계와 협업하면 결과가 더 좋아질 것이다.

우리가 주변 사람들과 커뮤니케이션을 잘하기 위해 노력하듯, 기계와 커뮤니케이션하기 위한 방법을 아는 것도 중요하다. 앞으로는 이러한 능력이 점차 중요해질 것이다. 이미 우리가 모르고 있는 사이에 몇몇 분야에서는 기계가 인간보다 더 뛰어난 능력을 발휘하고 있다. 이러한 변화의 물결이 눈에 보이지 않는 가상의 세계에서 이루어지고 있기 때문에 그 변화를 인지하지 못하고 있을 뿐이다.

인간이 사용하는 언어가 다양하듯 프로그래밍 언어도 파이썬, 자바, C 등과 같이 다양하다. 인간의 언어 중 영어가 상대적으로 많은 분야에 사용되고 있는 것과 같이 프로그래밍 언어 중에서는 파이썬이 여러 분야에서 많이 사용되고 있다. 파이썬이 이처럼 많은 사람들에게 선택받고 있는 이유는 무엇보다 배우기 쉽기 때문이다. 최근에는 데이터 분석, 인공 지능 분야에서 많이 활용되고 있으며, 최근 이슈가 되고 있는 딥러닝, 머신러닝 또한 파이썬에 기반을 두고 있다.

프로그래밍을 처음 배울 때는 누구나 어려움을 느낀다. 하지만 꾸준히 공부하다 보면 본인만의 노하우가 생길 것이다. 아무쪼록 이 책이 여러분들이 프로그래밍의 세계에 입장하여 활발한 활동을 하는 데 도움이 되기를 바란다. 끝으로 이 책을 출간하는 데 많은 도움을 준 에이콘출판사에 감사의 말을 전한다.

차례

들어가며

파이썬은 1990년대에 도입된 이후 소프트웨어 산업에서 가장 널리 사용되는 프로그래밍 언어 중 하나이자, 프로그래밍 언어를 배우는 학생들이 가장 먼저 선택하는 언어기도 하다. 그뿐만 아니라 컴퓨터 프로그램 개발을 이해하는 데 가장 이상적인 툴로 인식되고 있다.

내가 이 책을 쓰게 된 목적은 다음과 같다.

1. **깊이 있는 내용을 다루기 위해**

   많은 주제를 피상적으로 다루기보다 중요한 내용에 집중하고 좀 더 상세하게 설명하였다.

2. **예제 외의 연습을 통해 학생들이 배운 것을 연관시키고, 제대로 알고, 쉽게 이해할 수 있도록 하기 위해**

   여러 가지 예제에서는 가급적 불필요한 내용을 삭제하여 학생들이 프로그래밍을 쉽게 이해할 수 있도록 하였다.

3. **학생들이 읽기 쉽고 유용한 정보를 얻을 수 있는 간결한 책을 만들기 위해**

   각 주제의 주요 요점을 먼저 설명한 후, 상세한 내용을 주석으로 제공하였다.

4. **최신 프로그래밍 방법을 이용하여 프로그래밍을 가르치기 위해**

   문제 해결 기술, 구조적 프로그래밍, 객체지향 프로그래밍을 상세히 설명하였다.

5. **컴퓨터 주요 응용 분야에 대한 통찰을 제공하기 위해**

이 책의 특징

프로그래밍 프로젝트

2장 이후 각 장마다 프로그래밍 프로젝트를 포함시켰다. 이러한 프로그래밍 프로젝트는 컴퓨터가 사용하는 여러 가지 방법을 포함하고 있다. 다양한 난이도와 많은 프로그래밍 프로젝트를 통해 학생들의 관심도와 능력에 맞게 조정할 수 있도록 하였다. 이 책의 후반부에 있는 몇 개의 프로그래밍 프로젝트는 학기말 프로젝트로 배정할 수 있다.

섹션에 대한 연습

프로그래밍을 가르치는 각 섹션은 연습 세트를 포함하고 있다. 연습은 해당 섹션의 주요 아이디어를 이해할 수 있도록 하거나 학생들이 실제 응용해볼 수 있도록 하였다. 대부분의 연습 세트는 학생들이 프로그램을 추적하고, 오류를 찾아내며, 프로그램을 작성할 수 있도록 구성하였다. 이 책의 모든 홀수 번호 연습에 대한 답은 이 책의 끝부분에 있다. 다만, 섹션 6.3 거북 그래픽의 경우, 홀수 번호 연습을 하나씩 생략하여 답을 제공하였으며, 8장의 GUI는 제외하였다. 학생용 솔루션 매뉴얼에는 이 책의 모든 홀수 번호 연습에 대한 답을 수록했으며, 모든 프로그래밍 연습과 프로그래밍 프로젝트에 대한 결과를 제공하였다.

연습문제

연습문제는 연습 세트 직전 섹션의 끝부분에 위치하고 있으며, 해답은 연습 세트 다음에 제공하였다. 연습문제는 학생들이 문제 해결을 통해 학습 내용을 좀 더 잘 이해할 수 있는 내용에 초점을 맞추었다. 독자 여러분은 연습문제로 이동하기 전에 연습을 신중히 풀어보기 바란다.

주석

신규 주제에 대한 확장 및 상세 내용은 각 섹션의 끝부분에 '주석'으로 언급하여 설명의 흐름을 방해하지 않도록 하였다.

주요 용어와 개념

2~8장의 주요 용어와 개념은 해당 장의 끝부분에 예제와 함께 요약하였다.

응용 주제에 대한 가이드

이 섹션에서는 사업, 경제, 수학, 스포츠 등과 같이 다양한 주제를 다루는 프로그램의 인덱스를 제공한다.

비디오 노트

24개의 비디오 노트는 www.pearsonhighered.com/schneider에서 참고할 수 있다. 비디오 노트는 주요 프로그래밍 개념과 기술을 가르치기 위해 설계된 피어슨의 비주얼 도구다. 비디오 노트 아이콘은 이 책의 본문 내용 여백 부분에 위치시켜 독자 여러분이 비디오에서 설명한 내용을 파악할 수 있도록 하였다. 또한 책 전반에 걸쳐 여러 비디오 내용을 요약한 비디오 노트 가이드도 포함하였다.

솔루션 매뉴얼

학생용 솔루션 매뉴얼에는 모든 홀수 번호 연습에 대한 답이 포함되어 있고(프로그래밍 프로젝트는 미포함), 강사 솔루션 매뉴얼에는 모든 연습과 프로그래밍 프로젝트에 대한 답이 포함되어 있다.

소스 코드와 데이터 파일

모든 예제와 연습에 필요한 데이터 파일의 프로그램은 출판사의 웹사이트에서 다운로드할 수 있다.

강사와 학생 리소스 자료를 얻는 방법

MyProgrammingLab™을 통한 온라인 실습과 평가

MyProgrammingLab은 학생 여러분이 프로그래밍의 로직, 의미, 문법을 완전하게 이해할 수 있도록 돕는다. 또한 실전 연습과 신속한 피드백을 통해 기초 개념과 고수준 프로그래밍 언어의 패러다임을 이해하지 못하는 초보 학생들의 프로그래밍 역량을 향상시킬 수 있도록 하였다.

자가 학습과 과제 도구

MyProgrammingLab 코스는 수백 개의 소규모 연습문제로 구성되어 있다. 학생들이 제출한 코드의 로직과 문법상의 오류는 자동으로 감지되도록 하였고, 잘못된 내용은 학생들 스스로 해결할 수 있도록 하였다. 강사에게는 학생의 성적 기록을 위해 학생들이 입력한 코드를 저장하고 틀린 답의 추적은 물론, 평가도 가능하도록 하였다.

전체 데모에 대한 강사와 학생의 피드백을 보거나 MyProgrammingLab으로 여러분의 학습을 시작하려면 www.myprogramminglab.com을 방문하기 바란다.

강사용 리소스

저작권이 있는 강사용 리소스는 출판사 웹사이트(www.pearsonhighered.com/schneider)에서 구할 수 있다. 사용자 이름과 암호 정보에 관한 사항은 피어슨 지점에 문의하기 바란다.

- 테스트 아이템 파일
- 파워포인트 강의 자료
- 강사용 솔루션 매뉴얼
- 비디오 노트

- 모든 예제 프로그램과 연습과 프로그래밍 프로젝트에 대한 해답(연습에 대한 데이터 파일은 프로그래밍 폴더에 포함되어 있다.)

학생용 리소스

프리미엄 웹사이트와 비디오 노트 튜토리얼은 www.pearsonhighered.com/schneider에서 구할 수 있다. 해당 사이트 사용 등록과 온라인 자료에 접근하기 위해서는 접근 카드를 사용해야 한다. 이 책의 앞면에 접근 카드가 없다면 www.pearsonhighered.com/schneider에서 "purchase access to premium content"를 선택하여 구매하기 바란다. 강사가 해당 자료에 접근하기 위해서는 해당 사이트에 등록해야 한다.

다음은 프리미엄 웹사이트에서 사용할 수 있다.

- 비디오 노트
- 학생용 솔루션 매뉴얼
- 예제 프로그램(연습에 필요한 데이터 파일은 프로그램 폴더에 포함되어 있다.)

한국어판은 에이콘출판사 도서정보 페이지(http://www.acornpub.co.kr/programming-using-python)에서 찾아볼 수 있다.

1장

컴퓨팅과
문제에 대한 소개

1.1 컴퓨팅과 파이썬 개요

이 책은 컴퓨터를 사용하여 문제를 해결하는 내용을 담고 있다. 이 책에서 사용하는 프로그래밍 언어는 파이썬이지만, 기본 원리는 대부분의 최신 프로그래밍 언어에 적용할 수 있다. 많은 예제와 연습문제를 통해 여러분은 컴퓨터가 실제 현실에서 사용되는 방법을 배우게 될 것이다. 여러분이 궁금하게 생각하고 있을지 모르는 컴퓨터와 프로그래밍 분야에 대한 몇 가지 질문에 대해 알아보자.

질문: 컴퓨터와 어떻게 대화를 할 수 있을까요?

답: 컴퓨터와 대화를 하려면 프로그래밍 언어를 사용해야 한다. 마이크로프로세서가 직접 이해할 수 있는 기계어가 있기는 하지만, 사람이 이해하기는 힘들다. 파이썬은 고수준 언어의 일종이다. 이 언어는 print, if, input과 같이 사람이 이해할 수 있는 지시어로 구성되어 있다. 잘 알려진 고수준 언어에는 Java, C++, 비주얼 베이직이 있다.

질문: 컴퓨터가 복잡한 작업을 하도록 하려면 어떻게 해야 할까요?

답: 컴퓨터에 지시할 작업을 개개의 순차적 명령이나 프로그래밍 언어로 표현할 수 있는 프로그램으로 분해한다. 프로그램은 2~3개에서 수백만 개에 이르는 명령으로 구성할 수 있다. 이와 같은 명령을 실행하는 과정을 프로그램 실행이라고 한다.

질문: 프로그래밍 언어로 파이썬을 선택해야 하는 이유는?

답: 많은 사람들이 프로그램 개발 방법을 초보자에게 가르치는 데 있어 파이썬을 최고의 언어라고 생각하고 있다. 또한 파이썬은 대부분의 소프트웨어 회사에서 사용하고 있다. 게다가 파이썬은 강력하며 읽고 쓰기가 쉬우며, 다운로드와 설치가 쉬운 것은 물론 윈도우, 맥, 리눅스 운영체제에서도 실행할 수 있다.

질문: 파이썬이라는 이름을 갖게 된 배경은?

답: 영국 코미디 그룹 몬티 파이썬의 이름을 따왔다. 파이썬을 만든 귀도 반 로썸은 이 그룹의 열광적인 팬이다.

질문: 이 책에서는 에디터 IDLE를 사용하여 프로그램을 개발하는가? IDLE의 이름이 붙여진 이유는?

답: IDLE는 통합 개발 환경Integrated Development Environment을 의미한다(몇몇 사람들은 '파이썬'이라는 명칭이 월간 파이썬 그룹의 설립 멤버인 에릭 아이들에서 나왔다고 생각하고 있다.). IDLE 편집기는 프로그래머를 돕기 위한 많은 기능(색상 코딩, 형식 지원)을 갖고 있다.

질문: 파이썬은 인터프리터 언어다. 인터프리터 언어는 무엇을 의미하는가?

답: 인터프리터 언어는 인터프리터를 호출하여 고수준 언어를 기계어로 해석하기 위해 인터프리터를 호출한다. 인터프리터는 몇 가지 유형의 오류를 찾으며 개발자가 이를 발견할 경우, 해당 프로그램을 종료한다.

질문: '프로그래머'와 '사용자'라는 용어의 의미는 무엇인가?

답: 프로그래머(개발자라고도 함)는 컴퓨터상에서 프로그램을 작성하여 문제를 해결하는 사람이다. 해당 프로그래머는 문제를 분석하고 이 문제를 해결하기 위한 계획을 수립한 후, 컴퓨터에게 해당 계획안을 실행하는 방법을 지시한다. 해당 프로그램은 프로그래머나 다른 사용자에 의해 여러 차례 실행될 수 있다. 한 명의 사용자는 해당 프로그램을 실행시키는 불특정 인원이다. 이러한 프로그램을 대상으로 작업하는 동안 여러분은 프로그래머와 함께 사용자의 역할을 하게 될 것이다.

질문: 코드라는 용어의 의미는 무엇인가?

답: 파이썬은 프로그래머가 코드를 작성하고 호출할 수 있도록 지시한다. 1개 프로그램을 작성하는 과정은 '코딩'이라고 부른다.

질문: 모든 프로그램이 공통적으로 갖고 있는 특성이 있는가?

답: 대부분의 프로그램은 데이터를 취하고, 데이터를 조작하고, 결과를 만들어 낸다. 이러한 연산을 각각 입력, 처리, 출력이라고 한다. 입력 데이터는 프로그램에 상주하거나, 디스크에 존재하거나, 프로그램이 실행되는 동안, 컴퓨터에 의해 이루어진 요청에 응답하여 사용자에게 제공된다. 입력 데이터의 처리는 컴퓨터 내부에서 발생하며, 순식간에 처리되거나 많은 시간이 소요된다. 출력 데이터는 모니터상에 디스플레이되거나, 프린터상에 출력되거나, 디스크에 기록된다. 간단한 예제로 판매세를 계산하는 프로그램을 고려해보자. 입력 데이터의 항목은 구매한

물건의 비용이다. 처리 과정은 판매 비용에 판매세율을 곱해 계산하는 과정이다. 출력 데이터는 곱의 결과인 지불된 판매세에 해당한다.

질문: 하드웨어와 소프트웨어라는 용어의 의미는 무엇인가?

답: 하드웨어는 컴퓨터의 물리적 구성 요소로, 모든 주변 기기, 중앙 처리 장치^{CPU}, 디스크 드라이브, 모든 기계 및 전기 장치를 말한다. 프로그램은 소프트웨어에 해당한다.

질문: 어떻게 프로그램으로 문제를 해결하는가?

답: 어떤 데이터가 필요하고, 어떤 결과가 요구되는지를 결정하기 위해 문제를 면밀하게 이해하고 해결한다. 따라서 단계별 절차를 통해 해당 데이터를 처리하고 요구된 결과를 만들어 낸다.

질문: 많은 프로그래밍 언어는 영(0)을 기반으로 하는 번호를 매기는 체계를 사용한다. 영(0) 기반 번호 매김 체계란 무엇인가?

답: 영(0) 기반 번호 매김 체계에서 숫자는 1이 아닌 0부터 시작한다. 예를 들어 단어 "code"에서 "c"는 0 번째 문자이며, "o"는 첫 번째 문자다.

질문: 파이썬을 배우는 데 미리 준비해야 할 사항이 있는가?

답: 여러분의 컴퓨터에서 폴더(또는 디렉터리)와 파일이 어떻게 관리되는지 알아둘 필요가 있다. 파일은 하드디스크, USB 플래시 드라이브, CD, DVD와 같은 저장 장치에 상주한다. 전통적으로 PC용 주요 저장 장치는 하드디스크와 플로피 디스크다. 따라서 디스크라는 용어는 모든 저장 장치를 일컫는 데 자주 사용된다.

질문: 이 책에서 개발된 프로그램 예제에는 어떤 것이 있는가?

답: 그림 1.1은 3장의 예제 프로그램에 대한 출력값이다. 이 프로그램이 처음 실행되면 "Enter a first name:"이라는 문구가 나타난다. 사용자가 이름을 입력한 후 Enter 키를 누르면 해당 이름을 가진 대통령이 화면상에 출력된다.

```
Enter a first name: James
James Madison
James Monroe
James Polk
James Buchanan
James Garfield
James Carter
```

그림 1.1 3장의 예제 프로그램에 대한 출력값

질문: 프로그래머는 어떻게 앞에서 언급한 프로그램을 만드는가?

답: 이 프로그램에 대해 프로그래머는 USpres.txt라는 텍스트 파일을 검색하여 해당 이름을 추출하는 10줄의 코드를 작성한다.

질문: 키 입력을 표시하기 위해 어떤 규칙이 사용되는가?

답: key1+key2는 key1을 누른 상태에서 key2를 누른다는 의미다. Ctrl+C는 선택한 내용을 클립보드에 위치시킨다. key1/key2는 key1을 누르고 손을 뗀 다음 key2를 누른다는 의미다. Alt+F는 메뉴 바에서 파일 메뉴를 여는 단축키다.

질문: 이 책의 예제 프로그램을 어떻게 얻을 수 있는가?

답: 피어슨 웹사이트에서 프로그램을 다운로드하는 방법에 대한 내용은 서문을 참조하기 바란다.

질문: 신규 프로그램이 저장되는 장소는?

답: 첫 번째 프로그램을 작성하기 전에 여러분의 프로그램을 보관해둘 특정 폴더를 만들어두도록 한다.

1.2 프로그램 개발 주기

하드웨어는 컴퓨터 시스템 기기(모니터, 키보드, CPU와 같음.)를 의미하며, 소프트웨어는 하드웨어에 지시를 하는 명령들의 집합을 의미한다. 문제를 풀거나 컴퓨터상에서 작업을 실행하기 위해서는 프로그램을 작성해야 한다. 프로그래머는 솔루션이나 작업들을 컴퓨터가 이해할 수 있는 언어로 작성한다. 프로그램을 작성할 때 컴퓨터는 우리가 지시한 것만을 실행한다는 것을 명심해야 한다. 따라서 지시사항을 작성할 때에는 매우 신중해야 한다.

■ 컴퓨터상에서 작업 실행하기

하나의 작업을 실행하는 명령을 작성하는 첫 번째 단계는 어떤 출력값이 나와야 하는지 결정하는 것이다. 즉, '해당 작업이 정확히 어떤 결과를 생성하는가?'이다. 두 번째 단계는 결과를 얻어내는 데 필요한 데이터 또는 입력값을 확인하는 것이다. 마지막 단계는 원하는 결과를 얻어내기 위해 입력값을 처리하는 방법을 결정한다. 즉, 어떤 공식 또는 작업을 해야 하는지 결정한다.

이와 같은 문제 해결 접근 방법은 대수학^{algebra} 클래스에서 문제를 해결하는 데 사용되는 것과 동일하다. 예를 들어 다음 대수학 문제를 생각해보자.

자동차가 2시간에 50마일을 움직인다면 이동 속도는 얼마인가?

첫 번째 단계는 필요한 해답 유형을 결정하는 것이다. 이러한 해답은 속도를 시간당 마일 단위의 값으로 표현해야 한다(출력값). 해당 해답을 얻는 데 필요한 정보는 차가 이동한 거리와 시간이다(입력값).

다음 공식은 속도를 계산하기 위해 이동 거리와 소요된 시간을 사용한다.

속도^{speed} = 거리/시간

즉,

속도 = 50마일/2시간

= 25마일/시간

이 문제 해결 과정은 그림 1.2와 같다.

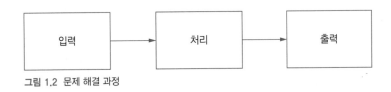

그림 1.2 문제 해결 과정

어떤 결과값이 필요한지 결정하고, 이를 위해 필요한 입력값을 얻으며, 원하는 결과값을 생성하기 위해 입력값을 처리한다.

다음 장에서 이전 작업을 실행하기 위한 프로그램 작성 방법에 대해 논하기 전에 총체적인 프로그램 작성 과정을 살펴보자.

■ 프로그램 계획

빵을 만들기 위한 레시피는 프로그램 계획의 좋은 사례다. 어떤 빵을 만들 것인지에 따라 성분과 양이 결정된다. 즉, 결과물에 따라 입력값과 처리 방법이 결정된다. 레시피 또는 계획은 아무런 준비 없이 빵을 구울 때 발생할 실수 횟수를 줄여준다. 건축가가 상세한 계획 없이 다리나 공장을 건설하는 것을 상상하기 어렵다. 하지만 많은 프로그래머는 이와 비슷한 문제를 해결하기 위해 상세한 계획 없이 프로그램을 작성하려고 한다(특히 프로그래밍 과정에 있는 학생들의 경우에 해당한다.). 문제가 복잡해질수록 계획 또한 상세하게 전개되어야 한다. 만약, 여러분이 해당 프로그램에 대해 단계별 계획과 실제 프로그램을 작성하기 전에 이를 테스트한다면 프로그램 작업 시간은 좀 더 줄어들 것이다.

많은 프로그래머는 소프트웨어 개발 생명 주기^{Software Development Life Cycle}라는 순차적 단계를 사용하여 자신의 프로그램을 계획한다. 아래와 같은 단계별 과정을 통해 개발 소요 시간을 효과적으로 사용할 수 있으며, 오류 없는 프로그램을 설계할 수 있다.

1. 분석^{analyze}: 문제를 정의한다.

   프로그램이 어떻게 실행되는지 이해하고 있어야 한다. 즉, 결과물을 알아야 한다. 어떤 데이터를 입력받아야 하고, 입력값과 희망 출력값 간에는 어떤 관계가 있는지 명확하게 알아야 한다.

2. 설계^{Design}: 문제에 대한 해결책을 기획한다.

   문제를 해결하는 데 있어 정확한 논리적 순서를 찾아낸다. 이러한 순차적 단계를 알고리즘^{algorithm}이라고 한다. 이러한 툴은 해당 문제를 컴퓨터가 해결할 수 있도록 프로그래머가 해당 문제를 순차적인 소규모의 작업들로 쪼갤 수 있도록 한다. 계획은 대표적인 데이터를 사용하여 알고리즘의 로직이 정확한지 직접 테스트하는 것을 포함한다.

3. 코드^{Code}: 알고리즘을 프로그래밍 언어로 변환한다.

   코딩^{Coding}은 프로그램을 작성하기 위한 기술적 용어다. 이 단계를 진행하는 동안 프로그램은 파이썬으로 작성하여 컴퓨터에 입력한다. 해당 프로그래머는 파이썬을 이용하여 단계 2에서 고안한 알고리즘을 사용한다.

4. 테스트와 수정^{Test and correct}: 프로그램상의 오류를 찾아내어 제거한다.

   테스팅^{Testing}은 프로그램상의 오류를 찾는 과정이다. 프로그램상의 오류를 버그^{bug}라고 하며, 이를 테스트하고 수정하는 작업을 디버깅^{debugging}이라고 한다. 프로그램을 입력하면 파이썬은 어떤 종류의 프로그램 오류라도 찾아낸다. 다른 종류의 오류는 프로그램이 실행될 때 파이썬에 의해 감지되는데, 많은 오류가 대부분 입력 실수, 알고리즘의 오류, 잘못된 파이썬 언어 규칙의 사용 때문이므로 면밀한 감지 작업을 통해 발견하고 수정해야 한다. 이와 같은 오류의 예로는 곱하기가 적합한 연산일 때 더하기를 사용하는 것을 들 수 있다.

5. 문서 완성하기: 프로그램을 설명한 모든 소재 구성하기

   문서화를 하는 이유는 다른 사람이나 늦게 참여한 프로그래머가 해당 프로그램을 잘 이해할 수 있도록 하기 위함이다. 내부 문서(주석)는 프로그램 내에서 실행되지 않는 문구다. 하지만 다양한 프로그램의 부분을 설명한다. 상업용 프로그램에서 문서화는 지침 매뉴얼과 온라인 도움말을 포함한다. 프로그램을 개발하는 데 사용되는 다른 종류의 문서로는

순서도^{flowchart}, 의사코드^{pseudocode}, 계층도가 있다. 문서화는 프로그램 개발 주기에서 마지막 단계로 꼽히지만, 프로그램을 코드로 개발할 때 수행되어야 한다.

1.3 프로그래밍 툴

섹션 1.3에서는 몇 가지 특정 알고리즘에 대해 논하고, 알고리즘을 컴퓨터 프로그램으로 변환하는 데 사용되는 세 가지 툴을 설명한다.

여러분은 매일 같이 판단과 업무 수행을 위해 알고리즘을 사용한다. 예를 들면, 편지를 작성할 때마다 여러분은 얼마나 많은 우표를 봉투에 부착시켜야 하는지 알 필요가 있다. 한 가지 규칙은 5개의 시트마다 1개의 우표를 사용해야 한다는 것이다. 여러분의 친구가 봉투에 부착할 우표의 개수를 결정해달라는 부탁을 했다고 가정해보자. 이를 위해서는 다음 알고리즘을 이용한다.

1. 페이퍼의 개수를 요청한다. 이를 시트^{Sheets}라고 한다(입력, input).
2. 해당 시트를 5로 나눈다(처리, processing).
3. 필요하다면 몫에 대해 올림 처리를 하여 전체 개수를 계산한다. 이를 스템프^{Stamps}라고 한다(처리, processing).
4. 스템프의 개수를 응답한다(출력, output).

이전 알고리즘은 시트의 개수^{sheets}를 입력받은 후 데이터를 처리하고 출력물로 필요한 우표의 개수^{Stamps}를 계산했다. 16개 시트로 구성된 편지에 대한 알고리즘을 테스트하면 다음과 같다.

1. 종이 시트의 개수를 요청한다(Sheets = 16).
2. 16을 5로 나누어 3.2를 계산한다.
3. 3.2를 올림하여 4로 만든 후 Stamps=4로 한다.
4. 답으로 4개의 우표^{stamps}를 출력한다.

이와 같은 문제 해결 예제는 그림 1.3과 같다.

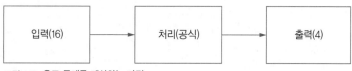

그림 1.3 우표 문제를 계산하는 과정

사용 가능한 유명한 프로그램 설계 툴은 다음과 같다.

순서도Flowcharts: 하나의 작업을 수행하기 위한 논리적 단계를 가시적으로 표현한 후, 각 논리 단계를 서로 연결한다.

의사코드: 해당 작업의 윤곽을 일부 파이썬 조건과 함께 영어 형태의 문구를 사용하여 구현한다.

계층도: 프로그램의 다른 부분들이 서로 어떻게 연관되어 있는지 보여준다.

■ 순서도

순서도는 화살표로 연결된 기하학적 부호로 구성되어 있다. 각각의 부호에는 해당 단계의 활동을 의미하는 문구를 표현한다. 부호의 모양은 수행되어야 하는 작업의 유형을 의미한다. 예를 들어, 평행사변형은 입력 또는 출력을 나타낸다. 부호를 연결하는 화살표인 흐름 라인flowlines은 어떤 단계를 실행해야 하는지를 보여준다. 순서도는 페이지 위에서 아래 방향으로의 흐름을 보여준다. 순서도에 사용된 부호는 표준화되어 있지만, 각 부호 내에서 필요한 세부사항의 양에 관련된 표준은 존재하지 않는다.

부호	이름	의미
→	흐름 라인	부호를 연결하고 로직의 흐름을 표시하는 데 사용한다.
(터미널)	터미널	업무의 시작이나 종료를 표시하는 데 사용한다.
(평행사변형)	입출력	입출력 작업에 사용된다. 입력이나 출력인 데이터가 평행사변형 내에 표시된다.
(직사각형)	처리	수학 연산과 데이터 조작 연산에 사용된다. 직사각형 내에 해당 지시사항을 표시한다.
(마름모)	판단	로직이나 비교 연산에 사용된다. 판단 부호는 1개의 입력과 1개의 출력을 갖는 입출력과 부호 처리와 달리, 1개의 입력과 2개의 출력 경로를 갖는다. 선택된 경로는 질문에 대한 답이 "예" 또는 "아니요"에 따라 결정된다.
(원)	커넥터	다양한 흐름 라인을 연결하는 데 사용한다.
(어노테이션)	어노테이션	또 다른 순서도 부호에 대한 추가 정보를 제공하는 데 사용한다.

순서도 부호 테이블은 미국 국립 표준 기관ANSI에 의해 채택된 내용이다. 그림 1.4는 우표 문제에 대한 순서도다. 업무를 계획할 때 순서도를 사용하면 해당 업무를 가시화할 수 있으며,

이를 통해 해당 로직을 쉽게 이해할 수 있다. 이를 통해 모든 단계와 개별 단계가 어떻게 연결되어 있는지를 명확하게 이해할 수 있다. 하지만 해당 프로그램이 매우 큰 경우에는 해당 순서도를 여러 페이지에 걸쳐 작성해야 하며, 이를 이해하거나 변경하기 어려운 문제점이 있다.

■ 의사코드

의사코드는 실제 컴퓨터 코드를 의미하는 약식 표현이다. 순서도에 사용된 도형 부호가 해당 프로세스에 대한 영어 문구로 대체된다. 따라서 의사코드는 순서도보다는 컴퓨터 코드와 같다고 할 수 있다. 의사코드는 프로그래머가 컴퓨터 언어를 사용하는 방법보다 문제를 해결하는 데 필요한 단계에 초점을 맞춘다. 파이썬의 규칙에 얽매일 필요 없이 파이썬과 같은 형태로 해당 알고리즘을 표현할 수 있다. 의사코드가 완성되면 파이썬 언어로 쉽게 변환할 수 있다.

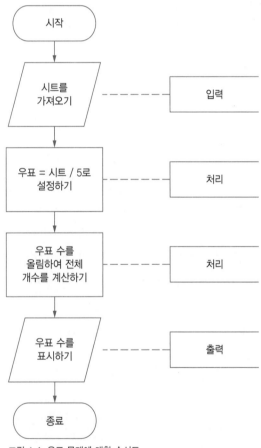

그림 1.4 우표 문제에 대한 순서도

프로그래머가 컴퓨터 언어를 사용하는 방법보다는 문제를 해결하는 데 필요한 단계에 초점을 맞출 수 있다. 프로그래머는 파이썬의 규칙에 의해 제약 없이 파이썬과 같은 양식으로 알고리즘을 설명할 수 있다. 의사코드가 완성되면, 쉽게 파이썬 언어로 변환할 수 있다.

우표 문제에 대한 의사코드는 그림 1.5와 같다.

문제: 편지 1개에 대한 적절한 우표의 개수를 결정하라.
시트의 개수를 가져온다(시트).   (입력)
우표의 개수를 시트/5로 계산한다.   (처리)
우표의 개수를 올림하여 전체 개수로 만든다.   (처리)
우표의 개수를 표시한다.   (출력)

그림 1.5 우표 문제에 대한 의사코드

의사코드는 몇 가지 장점을 갖고 있다. 이 코드는 간결하며 일반적인 순서도와 같이 많은 페이지까지 확대되지 않는다. 또한 의사코드는 작성된 코드와 거의 유사하기 때문에 많은 프로그래머들이 선호한다.

■ 계층도

마지막 프로그래밍 툴은 전체 프로그램 구조를 보여주는 계층도^{hierarchy chart}다. 계층도는 구조도, HIPO(계층과 입력-프로세스-출력) 차트, 톱-다운 차트, VTOC(내용에 대한 비주얼 테이블) 차트라고도 한다. 이러한 이름은 모두 어떤 회사의 조직도와 유사한 계획도를 의미한다.

계층도는 프로그램의 구성을 표시하지만, 특정 처리 로직은 생략한다. 또한 계층도는 각 프로그램의 부분이 어떠한 작업을 수행하는지 표시하고, 개별 부분이 어떻게 연관되어 있는지를 보여준다. 하지만 부분이 작동하는 상세 내용은 생략한다. 이러한 계층도는 위에서 아래로, 왼쪽에서 오른쪽으로 읽는다. 각 부분은 분기하는 하위 파트의 연속으로 세분화할 수 있다. 일반적으로 하위 파트의 연속으로 되어 있는 활동이 실행된 후에 원래의 오른쪽 부분이 고려된다. 계층도를 보면 프로그램 내에서 수행된 개별 작업과 수행된 위치를 알 수 있다.

그림 1.6은 우표 문제에 대한 계층도다.

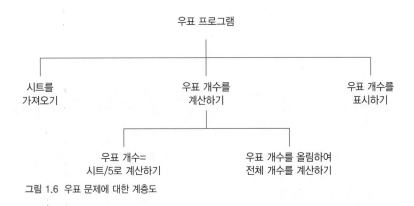

그림 1.6 우표 문제에 대한 계층도

계층도의 주요 장점은 초기 문제에 대한 계획에 있다. 프로그램의 주요 부분을 분해하면 일반적으로 무엇을 실행해야 하는지 알 수 있다. 이러한 관점에서 시작하여, 각 부분을 순서도나 의사코드를 이용하여 보다 상세한 계획으로 정교화할 수 있다. 이러한 과정은 분할과 정복 방법divide and conquer method이라고 한다.

■ 조건문 구조

우표 문제는 데이터를 가져와서 계산하고 결과를 표시하는 일련의 명령으로 해결된다. 각 단계는 순차적으로 수행되며, 특정한 행에 대한 고려를 하지 않고, 단지 1개의 행에서 다음 행으로 이동하는 방법을 취한다. 이러한 종류의 구조를 순차 구조sequence structure라고 한다. 하지만 많은 문제들은 일련의 명령 실행 여부를 결정하기 위한 판단이 필요하다. 만약, 어떠한 질문에 대한 답이 "예"라면, 한쪽 명령들만 실행되고, "아니요"라면 다른 명령들만 실행된다. 이러한 구조를 조건문 구조decision structure라고 한다. 그림 1.7은 조건문 구조에 대한 의사코드와 순서도다.

순차 구조 및 조건문 구조는 모두 다음 문제를 해결하는 데 사용된다.

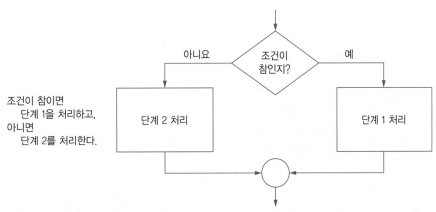

그림 1.7 조건문 구조에 대한 의사코드와 순서도

■ 숫자화한 뉴욕시 도로 알고리즘 방향

문제: 뉴욕시에서 일방통행 도로 번호가 주어졌을 때, 해당 거리의 방향이 동쪽 방향인지 서쪽 방향인지 결정하시오.

논의: 뉴욕시에는 일방통행의 방향을 알려주는 간단한 규칙이 있다. 짝수 번호는 동쪽으로 가는 도로다.

입력: 도로 번호

처리: 도로 번호가 2로 나누어지는지 결정한다.

결과: "동쪽 방향 도로" 또는 "서쪽 방향 도로"

그림 1.8~그림 1.10은 숫자화한 뉴욕시 도로 문제의 순서도, 의사코드, 계층도다.

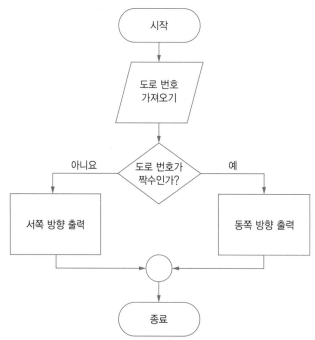

그림 1.8 숫자화한 뉴욕시 도로 문제에 대한 순서도

문제: 숫자화한 뉴욕시 도로의 방향을 결정한다.
도로 번호를 가져오기
도로가 짝수이면
　　동쪽 방향 출력
아니면
　　서쪽 방향 출력

그림 1.9 숫자화한 뉴욕시 도로 문제에 대한 의사코드

그림 1.10 숫자화한 뉴욕시 도로 문제에 대한 계층도

■ 반복 구조

수차례 명령을 실행하는 프로그램 구조는 반복 구조$^{repetition\ structure}$ 또는 루프 구조$^{loop\ structure}$라고 한다. 루프 구조는 루프가 언제 종료하게 될지 알려주기 위한 테스트(조건)가 필요하다. 빠져 나가기 조건이 없다면 루프 구조는 무한정 반복된다(무한 루프). 루프가 반복하는 회수를 제어하는 한 가지 방법은 루프를 통과하기 전에 해당 조건을 확인하고, 조건이 참이라면 해당 루프를 계속 실행하는 것이다. 그림 1.11은 다음 문제의 해가 반복문 구조를 필요로 한다는 것을 보여준다.

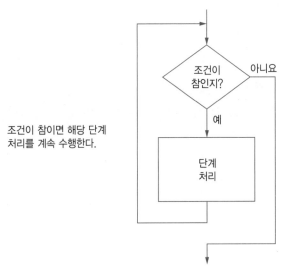

그림 1.11 루프에 대한 의사코드와 순서도

■ 클래스 평균 알고리즘

문제: 클래스의 평균 성적(등급)을 계산한 후 리포팅하시오.

토론: 평균 성적(등급)은 모든 등급의 합을 학생수로 나눈 값이다. 이 값을 계산하기 위해 클래스 내의 개별 학생에 대한 성적을 가져와 합산하기 위해 반복문이 필요하다. 또한 반복문에서도 클래스 내의 총 학생 수가 필요하다. 그림 1.12~그림 1.14를 참고하라.

입력: 학생 성적(등급)

처리: 성적의 합을 계산한다, 학생의 수를 계산한다, 성적(등급)의 합 / 학생수로 평균 성적(등급)을 계산한다.

출력: 평균 성적(등급)

■ 주석

1. 순서도를 따라가는 작업은 보드 게임과 같다. 시작 부호에서 출발한 후 부호와 부호를 진행하며 종료 부호에 도착한다. 결국 1개의 부호에 도달하게 될 것이다. 보드 게임에서, 이러한 경로는 주사위를 던진 결과나 보드판을 돌린 결과에 따라 달라진다. 순서도를 통해 취해진 경로는 입력값에 따라 달라진다.

2. 알고리즘은 프로그램 코드를 개발하기 전에 순서도 단계에서 검증되어야 한다. 다른 데이터가 입력값으로 사용되어야 하며, 출력값도 검토되어야 한다. 이러한 과정은 책상 점검 desk checking이라고 한다. 테스트 데이터는 비표준 데이터는 물론, 일반 데이터도 포함해야 한다.

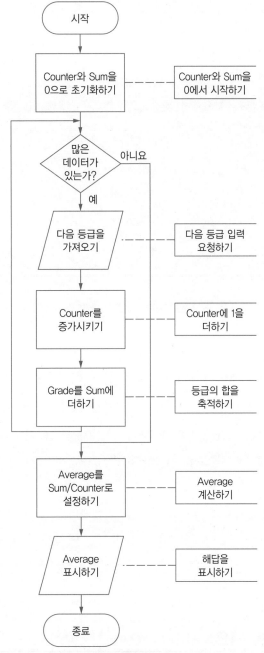

그림 1.12 클래스 평균 문제에 대한 순서도

프로그램: 클래스의 평균 점수를 계산하고 리포트한다.

카운터와 합계를 0으로 초기화한다.

데이터가 추가로 있다면

　다음 점수(Grade)를 가져온다.

　카운터를 증가시킨다.

　점수를 더하여 합계를 계산한다.

평균을 합계/카운터로 설정한다.

평균을 계산한다.

그림 1.13 클래스 average problem에 대한 의사코드

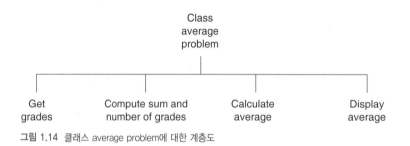

그림 1.14 클래스 average problem에 대한 계층도

3. 순서도, 의사코드, 계층도는 전반적으로 사용되는 문제 해결 도구다. 이러한 도구는 파이썬뿐만 아니라 컴퓨터 언어로 구현하는 프로그램을 계획하는 데 사용할 수 있다.

4. 순서도는 작성하는 데 시간이 많은 소비되고 수정하기도 어렵다. 이러한 이유 때문에 프로그래머는 의사코드와 계층도를 선호한다. 순서도는 프로그래밍 기술의 논리적 흐름을 명확하게 표현하기 때문에 프로그래머를 교육시키는 데 의미가 있다.

5. 의사코드는 다양한 형태로 존재한다. 몇몇 프로그래머는 개요 양식을 사용하는 반면, 다른 프로그래머는 거의 프로그래밍 언어처럼 보이는 양식을 사용한다. 몇 가지 파이썬 키워드인 "if", "else", "while"은 의사코드에서도 광범위하게 사용된다.

1.4 파이썬에 대한 개요

이 책에서는 파이썬과 함께 제공되는 편집기인 IDLE를 기준으로 설명한다. 여러분은 다른 코드 편집기를 사용하여 해당 코드를 실행할 수도 있다. 다만, 이 책은 여러분의 PC에 IDLE(다른 편집기를 사용할 수도 있다.)와 파이썬 3가 설치되어 있다고 가정한다. 필요하다면 파이썬과 IDLE를 설치하는 방법이 수록된 부록 C를 참고하기 바란다.

■ IDLE 시작하기

윈도우: 여러분이 사용하는 윈도우 버전에 따라 시작/모든 프로그램/파이썬 34/IDLE와 같은 순서로 IDLE를 시작하거나 그림 1.15와 유사한 타일을 클릭하여 IDLE를 시작해야 한다.

그림 1.15 윈도우의 IDLE 타일

맥: IDLE를 실행시키려면 Finder를 오픈하고, 애플리케이션을 선택하고, Python 3.x 폴더를 선택한 후 IDLE를 실행한다.

리눅스와 유닉스: IDLE를 실행하려면, 폴더 /usr/bin에서 idle3을 실행시킨다. 또한 터미널에서 'idle3'를 입력하여 IDLE를 실행시킬 수도 있다.

OS에 따라 그림 1.16과 유사한 화면이 나타날 것이다. 이러한 윈도우를 파이썬 쉘이라고 한다. 여러분이 프로그래밍한 결과는 파이썬 쉘^{Python shell}에 나타난다. 또한 파이썬 쉘은 파이썬 명령을 연산하는 데도 사용할 수 있다.

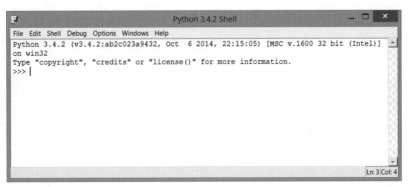

그림 1.16 파이썬 쉘

■ 파이썬 쉘 연습

VideoNote
IDLE
Walkthrough

그림 1.16의 3개의 초과 부호(>>>)는 쉘 프롬프트를 구성한다.

1. 프롬프트 다음에 표현식 2+3을 입력한 후 Enter(또는 return) 키를 누른다.
   그림 1.17에서와 같이 쉘이 나타나야 한다.

해당 표현식이 연산된 후 두 번째 프롬프트가 나타난다.

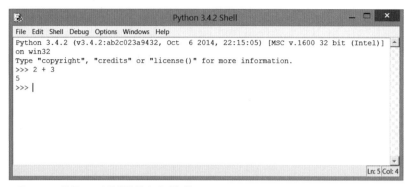

그림 1.17 표현식 2+3이 연산된 후의 파이썬 쉘

2. 두 번째 프롬프트 다음에 print("Hello World!")를 입력한 후 Enter(또는 return) 키를 누른다.

쉘은 그림 1.18과 같다. 인용 부호 사이의 단어들이 화면에 표시되었음에 주목하자. 우리가 입력한 이 문장은 유효한 파이썬 지시어다. 그림 1.18이 컬러로 표시된다면, 번호 5와 문장 Hello World!는 파란색으로 표시되고, 단어 프린트는 자주색으로 표시되며, 괄호 안의 문자들은 녹색으로 표시된다. IDLE는 컬러 코딩을 사용하여 서로 다른 유형의 프로그램 요소를 구분한다. 예를 들어 숫자 5와 문장 Hello World!는 출력물이며, IDLE는 모든 출력물을 파란색으로 설정한다.

쉘에서 수행한 두 연산은 파이썬의 인터액티브 모드^{interactive mode}로 실행된다.

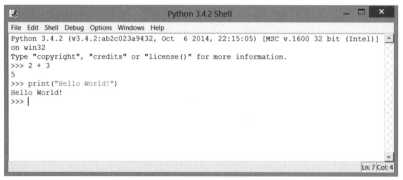

그림 1.18 문장 print("Hello World!") 다음 행에서 파이썬 쉘의 실행 결과를 볼 수 있다.

이 책에서 작성하게 될 파이썬 프로그램은 코드 편집기 창^{code editor window}이라는 서로 다른 유형의 윈도우에서 작성한다. 하지만 각 프로그램의 결과는 파이썬 쉘에 표시된다.

■ 파이썬 코드 편집기 연습

1. 파이썬 쉘에서 메뉴 바의 **File**을 클릭하면 나타나는 드롭-다운 목록에서 최상위 명령을 클릭한다(최상위 명령은 파이썬 버전에 따라 New File이나 New Window가 된다.)

그림 1.19와 1.20을 살펴보자. 그림 1.20에서 해당 코드 편집기 창은 **Ctrl + N** 키를 눌러 직접 실행시킬 수 있다.

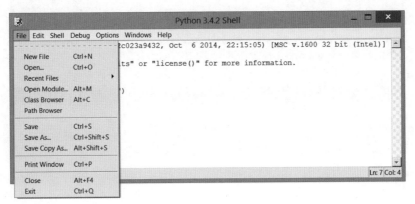

그림 1.19 파일 드롭-다운 리스트

2. 다른 페이지의 코드 편집기 창과 같이 그림 1.21의 세 줄을 입력한다.

이러한 명령이 간단한 파이썬 프로그램이 된다(이와 같은 여러 줄의 명령들은 소스 코드라 부르기도 한다.).

그림에서와 같이 정확히 세 줄을 입력한다. 첫 번째 2행은 왼쪽 여백에서부터 시작한다. 즉, 들여쓰기를 하지 않았다(이들 중 1개라도 들여쓰기를 했다면, 인터프리터가 해당 프로그램을 거부할 것이다.) 하지만 세 번째 라인은 4개의 공백으로 들여쓰기를 하였다. 두 번째 행의 끝부분에 반드시 콜론을 입력하자. 이 프로그램은 2와 3의 합을 표시한다. 다음으로 Hello World!를 4번 출력한다. 파이썬은 해당 프로그램들을 실행하기 전에 모든 프로그램을 해당 저장 기기(일반적으로 컴퓨터 하드디스크)의 폴더에 파일로 저장해줄 것을 요청한다.

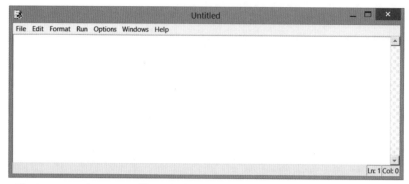

그림 1.20 New File(New Window)을 클릭한 후 생성된 코드 편집기 창

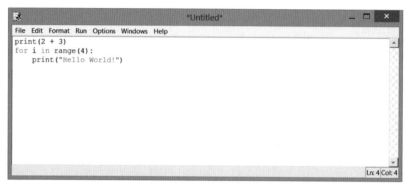

그림 1.21 3행의 파이썬 프로그램을 갖는 코드 편집기 창

3. 메뉴 바에서 File을 클릭하여 그림 1.19와 같은 드롭-다운 명령문 목록을 만든 후 Save As command를 클릭한다.

Save as 대화 창이 나타난다. 이 대화 창은 워드프로세서에서와 같이 다른 응용 프로그램에서 사용한 것과 유사하다. 대화 창은 그림 1.22의 윈도우와 같은 모습이다.

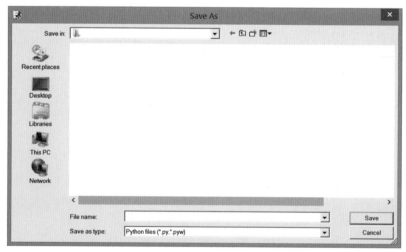

그림 1.22 Save As 대화 창

4. "Save in:"으로 라벨링된 창의 오른쪽에 위치한 작은 아래 방향 화살표 버튼을 클릭한다. Save As 대화 창을 실행시키면 나타나는 기본 설정 폴더를 사용할 수 있다. 해당 폴더는 Python34와 같은 이름을 갖게 된다.

5. 윈도우 하단 가까이에 있는 "File name:" 창에 MyFirstProgram과 같은 파일명을 입력한다. ([노트] 윈도우의 맨 아래쪽에 "Save as type:" 창은 "Python files(*.p, *.pyw)"을 포함한다. 이 단어들은 해당 프로그램이 저장될 때, 파일 이름의 확장자로 ".py"가 추가되도록 한다.)

6. Save 버튼을 클릭한다.

   해당 코드 편집기 창이 그림 1.23에서와 같은 타이틀 막대에 파일명으로 다시 나타난다.

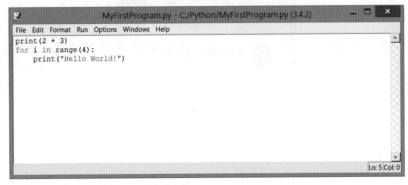

그림 1.23 3행으로된 파이썬 프로그램 편집 창

7. 타이틀 막대의 **닫기** 버튼(▣×▣)을 클릭하여 파이썬 쉘을 닫는다.

   이 단계는 선택 항목이다. 하지만 이 단계를 실행하여 프로그램이 실행될 때 새로운 쉘 윈도우가 생성된다. 신규 쉘은 이전 프로그램의 결과물을 포함하지 않는다.

8. 프로그램을 실행하기 위해 F5 키를 누른다. 또는 Run 드롭-다운 메뉴에서 Run Module을 클릭한다.

   그림 1.24의 파이썬 쉘 윈도우는 파란색으로 표시된 프로그램의 결과와 함께 표시된다.

   ([노트] 프로그램을 실행하기 전에 저장하는 것을 잃어버렸다면, 그림 1.25에서와 같은 메시지 창이 나타나 해당 프로그램을 저장할 기회를 제공한다.)

```
                          Python 3.4.2 Shell                    _ □ ×
File Edit Shell Debug Options Windows Help
Python 3.4.2 (v3.4.2:ab2c023a9432, Oct  6 2014, 22:15:05) [MSC v.1600 32 bit (Intel)]
on win32
Type "copyright", "credits" or "license()" for more information.
>>> ================================ RESTART ================================
>>>
5
Hello World!
Hello World!
Hello World!
Hello World!
>>>
                                                                      Ln: 10 Col: 4
```

그림 1.24 그림 1.21의 파이썬 프로그램의 결과

```
                                  ×
  Save Before Run or Ch...

          Source Must Be Saved
              OK to Save?

          OK              Cancel
```

그림 1.25 저장 메시지 창

■ 프로그램 오픈 연습

2장에서 시작한 대부분의 예제는 1개의 프로그램을 포함하고 있다. 피어슨 웹사이트로부터 이 책의 관련 프로그램을 다운로드할 때 머리말에서 설명한 내용을 주의하여 살펴보라. 섹션 3.4의 예제 10 프로그램을 열어보자. 해당 프로그램에서 이름을 입력하면 해당 이름을 갖는 US 대통령을 표시한다.

1. 파이썬 쉘이나 코드 편집기 창으로부터 File 드롭-다운 메뉴의 Open을 클릭한다.
   다른 애플리케이션에서 보았던 것과 유사한 Open 대화 창이 나타난다. 대화 창은 그림 1.26의 윈도우와 같다.

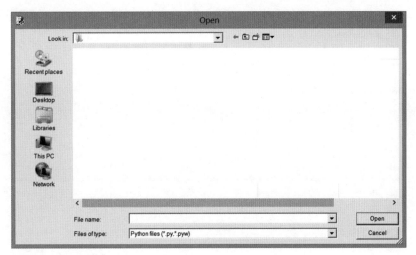

그림 1.26 Open 대화 창

2. "Look in"이 붙은 창의 오른쪽에 있는 아래 방향의 작은 화살표 버튼을 클릭한 후, 피어슨 웹사이트로부터 다운로드한 폴더를 탐색하고, 하위 폴더인 Ch3을 오픈한다. 폴더 Programs/Ch3의 파일명은 대화 창 중앙의 큰 직사각형 영역 안에 나타난다.

3. 3-4-10.py를 더블클릭한다.

그림 1.27에 파이썬 코드 윈도우가 나타난다. 이 프로그램은 변경하거나 실행할 수 있다.

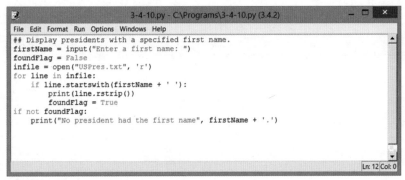

```
## Display presidents with a specified first name.
firstName = input("Enter a first name: ")
foundFlag = False
infile = open("USPres.txt", 'r')
for line in infile:
    if line.startswith(firstName + ' '):
        print(line.rstrip())
        foundFlag = True
if not foundFlag:
    print("No president had the first name", firstName + '.')
```

그림 1.27 섹션 3.4의 예제 10

4. F5 키를 눌러 프로그램을 실행한다.

깜박거리는 커서 다음에 "Enter a first name:"이라는 문구와 함께 그림 1.28과 같은 파이썬 쉘이 나타난다. ([노트] 만약 프로그램을 변경하였다면, F5 키를 누른 후에 저장한다.)

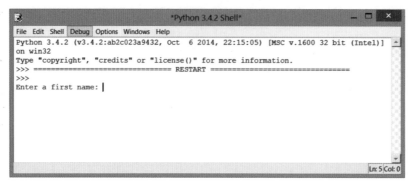

그림 1.28　섹션 3.4의 예제 10에서 입력 요청

5. 'John'을 입력한 후 Enter(또는 return) 키를 누른다.

6. 파이썬 쉘이 그림 1.29에 나타난다. 타이틀 막대상의 닫기 버튼(■×)을 클릭하면 해당 쉘을 닫을 수 있다.

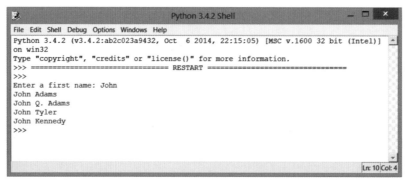

그림 1.29　섹션 3.4의 예제 10의 결과

■ 주석

1. 들여쓰기는 파이썬에서 특별한 의미가 있다. 예를 들어 그림 1.30의 presidents 프로그램을 생각해보자. 첫 번째 행의 들여쓰기(##으로 시작함)는 파이썬 인터프리터에서 컴파일되지 않는 주석 문구이기 때문에 중요하지 않다. 하지만 두 번째에서 다섯 번째 행은 들여쓰기 없이 윈도우의 왼쪽 마진에서 시작해야 한다. 이러한 행들에서 하나를 공백으로 시작한다면, 해당 프로그램은 실행되지 않는다.

3개의 행은 콜론으로 끝난다. 해당 행은 블록 헤더block headers라고 하고, 블록block이라고 하는 1개 이상의 행이 따라오며, 각각은 공백 4개로 들여쓰기가 되어 있다. 우리 프로그램에서 각 블록의 헤더는 반복 구조나 판단 구조의 시작이다. 블록의 각 행은 헤더의 시작으로부터 공백 4개로 들여쓰기되어 있다. 들여쓰기의 수준은 블록의 확장을 결정하기 때문에 블록 내의 각 라인은 동일한 수준으로 들여쓰기를 해야 한다. 이러한 특성 때문에 파이썬은 블록형 구조 언어block-structured language라고도 한다. 블록은 다른 블록 내에 포함될 수 있다. 이와 같이 특별한 프로그램에서 조건문 구조 블록이 반복 블록 내부에 포함된다.

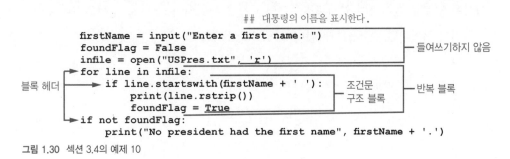

```
## 대통령의 이름을 표시한다.
firstName = input("Enter a first name: ")
foundFlag = False
infile = open("USPres.txt", 'r')
for line in infile:
    if line.startswith(firstName + ' '):
        print(line.rstrip())
        foundFlag = True
if not foundFlag:
    print("No president had the first name", firstName + '.')
```

그림 1.30 섹션 3.4의 예제 10

2. 그림 1.31은 File 풀다운 메뉴로부터 가장 사용도가 높은 명령어의 효과다. ([노트] 파이썬 3의 몇 가지 버전을 이용하면, New Window가 파일 드롭-다운 메뉴 내의 New File 대신 나타난다.)

New File	Ctrl+N
Open...	Ctrl+O
Recent Files	▶
Open Module...	Alt+M
Class Browser	Alt+C
Path Browser	
Save	Ctrl+S
Save As...	Ctrl+Shift+S
Save Copy As...	Alt+Shift+S
Print Window	Ctrl+P
Close	Alt+F4
Exit	Ctrl+Q

그림 1.31 **파일** 드롭-다운 메뉴

파일 드롭-다운 메뉴로부터 가져온 일부 명령

명령	효과
New File	신규 코드 편집 창을 생성한다.
Open	저장한 프로그램을 연다.
Recent Files	가장 최근에 사용한 프로그램 목록을 표시한다.
Save	현 프로그램을 저장한다.
Save As	현 프로그램을 다른 이름과 다른 위치에 저장한다.
Print Window	프린터상에서 해당 프로그램을 복사한다.
Close	현 윈도우를 닫는다.
Exit	파이썬을 종료한다.

3. 위에서 논의한 프로그램 3-4-10.py는 피어슨 웹사이트에서 다운로드한 Programs/Ch3 폴더에 위치한 USPres.txt라는 텍스트 파일을 사용한다. 텍스트 파일을 보기 위해서는 컴퓨터 파일 탐색기를 찾은 후 해당 텍스트 파일을 오픈한다.
텍스트 파일의 내용은 노트패드(PC의 경우)나 텍스트 에디트(맥의 경우)와 같은 텍스트 편집기에 나타날 것이다.

파일의 첫 번째 행은 첫 번째 대통령의 이름을 보여주고, 두 번째 행은 두 번째 대통령의 이름을 보여주며, 나머지도 이와 동일하다. 텍스트 파일을 닫으려면 텍스트 편집기의 Close 버튼을 클릭한다.

4. 코드 편집기 창에서 해당 프로그램이 처음 생성되거나 변경될 때, 타이틀 바의 프로그램 이름은 별표로 둘러싸여 있게 된다. 그림 1.21을 참고하라. 신규로 생성되거나 변경된 프로그램이 저장되면 별표는 사라진다. 그림 1.23을 참고하라.

2장

주요 객체, 변수, 입력과 출력

2.1 숫자

컴퓨터에 의해 처리되는 많은 데이터는 숫자로 되어 있다. 프로그래밍 용어에서 숫자는 숫자형 문구$^{numeric\ literals}$라고 한다. 섹션 2.1에서는 숫자를 대상으로 실행하는 연산과 숫자를 표시하는 방법에 대해 설명한다.

■ 두 가지 유형의 숫자: 정수(ints)와 실수(floats)

소수점 없이 표현된 숫자는 정수^{int}라고 하며, 소수점을 동반한 숫자는 실수^{float}라고 한다.

숫자	유형	숫자	유형
34	int	23.45	float
34.	float	−34	int

■ 숫자 연산자

5개의 기본 연산은 더하기, 빼기, 곱하기, 나누기, 지수 연산이다. 파이썬에서 이러한 연산은 표준 부호인 +, −, /으로 표현하지만, 곱하기와 지수 연산은 일반적인 수학 부호와는 다르다.

수학적 표현	의미	파이썬 표현
a · b or a × b	a times b	a * b
a^r	a to the rth power	a ** r

만약 지수가 전체 숫자에 적용되더라도 나누기 연산의 결과는 항상 실수^{float}형이다. 만약 일부 숫자가 실수^{float}이고, 다른 숫자가 정수^{int}일 경우 연산 결과는 실수^{float}형이다.

■ print 함수

print 함수는 모니터상에 숫자를 표시하는 데 사용한다. n이 숫자이면 다음과 같은 명령은 숫자 n을 표시한다.

```
print(n)
```

숫자, 수식, 괄호의 결합을 숫자형 표현numeric expression이라고 한다. print 함수는 해당 표현의 연산을 실행한 결과를 표시한다. print 함수는 여러 개의 결과값을 표시할 수 있다. m, n, r, ...은 숫자이므로 명령 print(m, n, r, ...)은 공백으로 구분한 후 해당 숫자(또는 수식의 값)를 화면에 표시한다.

print 함수는 다음 print 함수가 새로운 행의 시작 부분에 결과를 출력하도록 하는 신규 행 연산newline operation을 실행한다.

 예제 1 **숫자형 연산**

다음 프로그램은 5개의 표준 수식 연산자를 실행한다. [실행]은 프로그램이 실행(F5 키를 누르거나 Run 메뉴에서 **Run Module**을 클릭하여)되어야 함을 의미한다. [실행] 다음 행은 결과를 보여준다. 2*(3+4)를 계산할 때 괄호 안의 연산을 우선 수행한다(괄호 안의 수식은 항상 우선 실행한다.).

```
print(3 + 2, 3 - 2, 3 * 2)
print(8 / 2, 8 ** 2, 2 * (3 + 4))
[실행]
5 1 6
4.0 64 24
```

([노트] 예제에서 볼 수 있는 모든 프로그램은 출판사의 웹사이트에서 다운로드할 수 있다. 이와 관련하여 머리말에 상세하게 설명한 내용을 참고하기 바란다.)

■ 변수

수학 문제에서 정량적 양은 변수명으로 참조할 수 있다. 예를 들어 다음과 같은 대수학 문제를 고려해보자. 자동차가 시간당 50마일을 운행한다면 14시간 안에 얼마나 멀리 여행을 갈 수 있는가? 이 문제를 해결하기 위해서는 잘 알려진 다음 수식을 사용해야 한다.

$$거리 = 속도 \times 시간$$

예제 2는 이 문제를 파이썬으로 해결하기 위한 방법을 보여준다.

✔ **예제 2**　**이동 거리**

다음 프로그램은 속도와 시간을 사용하여 이동 거리를 계산한다. 값들에 주어진 이름은 변수라고 한다. 프로그램의 첫 행에 변수 speed를 생성한 후 값 50을 할당하였다. 두 번째와 세 번째 행에서는 해당 변수를 생성한 후 값을 할당하였다.

```
speed = 50
timeElapsed = 14
distance = speed * timeElapsed
print(distance)
```

[실행]

700

수식도 여러 변수를 가질 수 있다. 이러한 수식은 각 변수를 실제값으로 대체한 후 계산할 수 있다. 몇 가지 예를 들면 (2 * distance) + 7, n + 1, (a + b)/3과 같다.

일반적으로 변수는 메모리에 저장된 데이터 항목을 참조한다. 이 섹션에 있는 데이터는 모두 숫자다. 다음과 같은 형태의 문장은 값 설정 명령문$^{assignment\ statement}$이다.

VideoNote
Assignment
Statements

변수명 = 숫자 표현

명령문을 실행할 때 우선 오른쪽의 수식을 계산한 후 해당 값을 왼쪽 변수에 설정한다. 값 설정문의 왼쪽에 위치한 변수가 가장 먼저 생성된다. 변수에 대한 순차적 설정문은 해당 변수의 값을 변경한다. 실제로 각 변수는 값을 저장할 메모리상의 위치를 가리킨다. 명령문에 사용되기 전에 값 설정문에 의해 변수가 먼저 생성되어야 한다.

파이썬에서 변수 이름은 문자나 밑줄로 시작해야 하며 문자, 숫자, 밑줄로만 만들 수 있다 (가장 짧은 변수 이름은 단일 문자로 구성된 경우다.). 변수명은 다른 사람들이 해당 변수가 표현하는 것이 무엇인지 쉽게 기억할 수 있도록 돕는다. 몇 가지 변수명 표현의 예제로는 totalSales, rateOfChange, taxRate가 있다. 관행적으로 변수명은 소문자로 작성한다. 예외적으로 추가되는 단어에 대해 첫 번째 문자는 대문자로 작성한다. 이름에 낙타의 혹과 같은 모양이 생긴다고 하여 이와 같은 규칙을 캐멀케이싱$^{camel\ casing}$이라 한다.

파이썬은 대소문자를 구분한다. 따라서 변수 amount와 Amount는 서로 다른 변수가 된다.

또한 파이썬에는 특별한 의미를 갖는 33개의 예약어(키워드)가 있으며, 변수명으로 사용할 수 없다. 예를 들면 return, for, while, def가 있다. 부록 B에 33개의 예약어를 나열해놓았다 ([노트] IDLE는 자동으로 예약어를 오렌지색으로 표시한다.).

■ abs, int, round 함수

표준 수식 연산 대신 숫자를 대상으로 실행할 수 있는 몇 가지 일반 연산이 있다. 예를 들어 값 올림이나 절대값을 취하는 연산이다. 이러한 연산은 내장 함수를 사용하여 실행할 수 있다. 입력값으로 1개 이상의 값과 출력값으로 1개의 값을 갖는 함수로, 이 함수는 결과값을 반환한다. 다음 문단에서 고려될 세 가지 함수는 숫자형 입출력값을 갖는다.

절대값 함수 abs(x)는 |x|이다. 이 함수는 음수값에서 마이너스 부호를 제거한다. Int 함수는 정수만을 반환한다. 즉, 실수에서 소수점 이하의 부분을 버리고 정수만을 반환한다. round(n, r)의 값은 숫자 n의 소수점 r 번째 자리에서 올림 연산을 실행한다. 인자 r은 생략할 수 있으며, 이 경우 n은 전체 숫자로 올림한다. 몇 가지 예를 들면 다음과 같다.

표현식	값	표현식	값	표현식	값
abs(3)	3	int(2.7)	2	round(2.7)	3
abs(0)	0	int(3)	3	round(2.317, 2)	2.32
abs(−3)	3	int(−2.7)	−2	round(2.317, 1)	2.3

괄호 안의 값은 숫자, 숫자 변수, 수식이 가능하다. 입력값을 만들기 위해 해당 식을 계산한다.

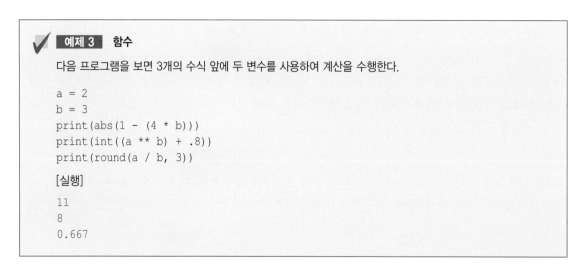

> ✔ **예제 3** 함수
>
> 다음 프로그램을 보면 3개의 수식 앞에 두 변수를 사용하여 계산을 수행한다.
>
> ```python
> a = 2
> b = 3
> print(abs(1 - (4 * b)))
> print(int((a ** b) + .8))
> print(round(a / b, 3))
> ```
> [실행]
> ```
> 11
> 8
> 0.667
> ```

([노트] 변수명과 같이 함수 이름은 대소문자를 구분한다. 예를 들어 round 함수는 Round로 사용할 수 없다.)

■ 증분값 설정

다음과 같이 값 설정 명령문의 오른쪽에 위치한 표현은 값을 설정하기 전에 연산이 완료되어야 한다.

```
var = var + 1
```

따라서 오른쪽 수식을 연산(변수 var의 값에 1을 더함)한 후 결과인 합을 변수 var에 설정한다. 이러한 효과는 변수의 값을 1씩 증가시킨다. 메모리 위치 측면에서 이러한 명령문은 var의 메모리 위치에서 var의 해당 값을 가져와 var+1을 계산한 후 합의 값을 메모리 위치에 다시 저장한다.

이러한 계산 유형은 유형은 계산이 흔히 사용하기 때문에 일반적이므로 파이썬은 이러한 연산에 대한 특정 연산자를 제공한다.

명령문 var = var + 1은 var + = 1과 같다.

일반적으로 n이 숫자값을 갖는다면, 다음 수식은 var의 값에 n의 값을 더하는 연산을 수행한다.

```
var+=n
```

연산자 +=는 증분값 설정을 실행한다. 다른 증분값 설정 연산자에는 -=, *=, /=, **=가 있다.

✔ **예제 4   증분값 설정**

다음 프로그램은 서로 다른 증분값 설정 연산자다.

```
num1 = 6
num1 += 1
num2 = 7
num2 -= 5
num3 = 8
num3 /= 2
print(num1, num2, round(num3))
num1 = 1
num1 *= 3
num2 = 2
num2 **= 3
print(num1, num2)
```
[실행]
```
7 2 4
3 8
```

■ 두 가지 다른 정수 연산자

섹션 2.1의 앞부분에서 설명한 5개의 표준 수식 연산자 외에도, 나눗셈 몫 연산자(//)와 나눗셈 나머지 계산 연산자(%)도 파이썬에서 사용할 수 있다. m과 n이 양수라고 가정해보자. 또한 m 나누기 n을 계산하는 데 long형을 사용한다고 할 때, 정수 몫과 정수 나머지를 갖는다고 가정해보자. 파이썬에서 정수 몫은 m // n이고 정수 나머지는 m % n으로 호칭한다.

$$
\begin{array}{r}
4 \leftarrow 14 \mathbin{/\!/} 3 \\
3\overline{)14} \\
\underline{12} \\
2 \leftarrow 14 \mathbin{\%} 3
\end{array}
$$

예를 들어 m // n은 두 숫자를 나누고 부분을 소수점 이하 자리의 값을 제거한다. 또한 m % n은 m을 n으로 나누기할 때 나머지다. 몇 가지 예를 들면 다음과 같다.

표현	값		표현	값
19 // 5	3		19 % 5	4
10 // 2	5		10 % 2	0
5 // 7	0		5 % 7	5

 예제 5   **길이 변환**

다음 프로그램은 41인치를 3피트 5인치로 변환한다.

```
totalInches = 41
feet = totalInches // 12
inches = totalInches % 12
print(feet, inches)
```

[실행]

```
3 5
```

■ 괄호, 연산 순서

괄호는 수식의 의미를 명확하게 하는 데 사용해야 한다. 괄호가 필요한 수보다 적다면, 수식 연산은 다음 처리 순서에 의해 실행한다.

1. 괄호 안의 내용(내부에서 외부 순서로 실행)

2. 자승

3. 곱하기, 나누기(정수), 나머지 연산

4. 더하기, 빼기

순서가 동일한 경우에는 좌측 연산을 우선 수행한다. 예를 들어 8 / 2 * 3은 (8 / 2) * 3으로 계산한다.

괄호를 자주 사용하는 것이 좋은 프로그래밍 습관이며, 괄호는 연산 순서를 기억할 필요가 없도록 해준다. 예를 들어 2 * 3 + 4 대신 (2 * 3) + 4로 코드를 작성하고 4 + 2 ** 3 대신 4 + (2 ** 3)으로 작성한다.

■ 세 가지 종류의 오류

문법과 문장 부호 오류는 구문 오류[syntax errors]라고 한다. 몇 가지 부정확한 명령과 이에 대한 오류는 표 2.1과 같다.

표 2.1 세 가지 구문 오류

코드 표현	오류 원인
print(3))	오른쪽 괄호를 추가로 하나 더 적음
for = 5	변수명으로 예약어가 사용됨
print(2; 3)	세미콜론을 콤마로 바꾸어야 함

해당 코드를 인터프리터로 분석할 때 구문 오류가 감지되면, 파이썬은 실행하기 전에 그림 2.1과 유사한 메시지 창 상자 중 하나를 표시한다. OK 버튼을 클릭하면 오류 위치 근처에 위치한 커서가 깜빡이면서 프로그램을 표시한다.

원도우   매킨토시   리눅스

그림 2.1 구문 오류 메시지 창

프로그램 실행 중에 발견된 오류는 런타임 오류[runtime errors] 또는 예외[exceptions]라고 한다. 부정확한 명령과 이에 대한 오류 몇 가지를 들어보면 표 2.2와 같다.

표 2.2 세 가지 실행 오류

코드 표현	오류 사유
primt(5)	함수 print의 철자가 잘못됨
x += 1	x가 생성되지 않아, 파이썬이 변수 x를 인식하지 못함
print(5 / 0)	0으로 나누기 연산을 할 수 없음

표 2.2의 첫 번째 오류 2개는 이름 오류 유형^{NameError}이라고 한다. 세 번째는 0으로 나누기 오류^{ZeroDivisionError}라고 한다. 파이썬 실행 중 예외사항을 만나면, 파이썬은 프로그램의 실행을 중지하고 그림 2.2의 메시지 창을 표시한다. 오류 메시지 중 마지막 두 행은 오류를 발생시킨 명령 행과 오류 유형을 보여준다.

```
Traceback (most recent call last):
  File "C:\test1.py", line 2, in <module>
    print(5 / 0)  # 0으로 나누기 오류
ZeroDivisionError: division by zero
```

그림 2.2 예외 오류에 대한 오류 메시지

세 번째 유형의 오류는 로직 오류^{logic error}다. 이 오류는 프로그램이 의도한 대로 수행되지 않을 때 발생한다. 예를 들어 다음 명령은 구문 측면에서 정확하다.

```
average = firstNum + secondNum / 2
```

하지만 평균을 계산하는 정확한 방법은 다음과 같으므로 앞의 식은 부정확한 값이 생성된다.

```
average = (firstNum + second Num) / 2
```

■ 메모리상의 숫자 객체

다음 코드를 살펴보자.

```
n = 5
n = 7
```

그림 2.3은 두 행의 코드를 실행시킬 때 메모리상에 발생되는 결과를 보여준다. 첫 번째 행의 코드가 실행되면, 파이썬은 5를 저장하기 위해 메모리 일부를 보관해둔다. 변수 n은 숫자 5를 메모리상에 저장한 위치를 참조하는 레퍼런스 또는 포인트라고 한다. 두 번째 행의 코드가 실행되면 파이썬은 7을 저장하기 위해 신규 메모리를 보관하고, 변수 n이 신규 메모리 위치를

가르키도록 한다. 이 경우 메모리상의 숫자 5는 고아가 되거나 버려진다고 한다. 파이썬은 가비지 콜렉션이라는 과정을 거쳐 메모리로부터 관리하지 않는 숫자를 제거한다.

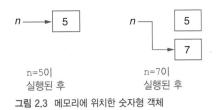

n=5이
실행된 후

n=7이
실행된 후

그림 2.3 메모리에 위치한 숫자형 객체

■ 주석

1. 변수에 주어진 명칭은 식별자로도 사용된다.

2. 수식은 문자, 변수, 함수, 연산자의 조합이며, 연산을 수행하여 숫자값을 생성할 수 있다. 단일 문구나 변수는 수식의 특별한 예제다.

3. 수식이나 변수에 설정된 숫자 문구는 콤마, 달러 부호, 퍼센트 부호를 포함하지 않도록 한다. 또한 8 1/2와 같은 혼합 숫자도 허용하지 않는다.

4. 숫자 n을 2개의 연속된 숫자의 중간값(예를 들어 1.5, 2.5, 3.5, 4.5)이라고 할 때, round 함수는 좀 더 가까운 짝수 값으로 올림 연산을 한다. 예를 들어 round(2.5)는 2이고 round(3.5)는 4가 된다.

5. 과학적인 용어에서 숫자는 $b \cdot 10^r$의 형태로 기입한다. 여기서 b는 1부터 10까지의 양을 말하며, r은 정수를 의미한다. 파이썬은 자주 매우 크고 작은 숫자를 과학 표현 방식으로 표시한다. 예를 들어 $b \cdot 10^r$은 be+r이나 be-r로 표현한다(소문자 e는 지수[exponent]의 줄임말이다.). 예를 들어 print(123.8 * (10 ** 25))를 실행하면 결과 1.238e+27이 표시된다.

6. 섹션 2.1에서 설명한 함수는 파이썬 언어의 일부이기 때문에 내장 함수라 한다. 4장에서 우리가 함수를 만드는 방법을 설명한다. 이러한 함수들은 일반적으로 사용자 정의 함수라고 한다. 사용자 정의라는 용어는 약간 잘못 표현된 호칭이다. 이보다는 프로그래머 정의 함수라고 하는 것이 바람직하다.

7. IDLE는 코드의 다양한 유형의 요소를 색으로 구분한다. 예를 들어 정상 텍스트는 검은색으로 표시하고, 내장 함수(print, abs, int, round)는 자주색으로 표시한다.

8. 단어 "예외"는 "예외(나쁜) 상황"의 줄임말이다.

1. 3 + 4 * 5를 계산하라.

2. 값 설정 명령문 var1 = var2와 var2 = var1 간의 차이를 설명하라.

3. 개별 코드가 실행된 후의 각 변수값을 채워 표를 완성하라.

	a	b	c
a = 3	3	존재하지 않음	존재하지 않음
b = 4	3	4	존재하지 않음
c = a + b	3	4	7
a = c * a			
print(a − b)			
b = b * b			

4. 숫자형 변수의 값을 5% 증가시키는 명령문을 작성하라.

연습 1에서 12까지, 컴퓨터 없이 숫자 표현을 계산한 후, 파이썬을 사용하여 답을 확인하라.

1. 3 * 4 **2.** 7 ** 2 **3.** 1 / (2 ** 3)

4. 3 + (4 * 5) **5.** (5 - 3) * 4 **6.** 3 * ((-2) ** 5)

7. 7 // 3 **8.** 14 % 4 **9.** 7 % 3

10. 14 // 4 **11.** 5 // 5 **12.** 5 % 5

연습 13에서 18까지 이름이 유효한 변수인지 여부를 결정하라.

13. sales.2008 **14.** room&Board **15.** fOrM_1040

16. 1040B **17.** expenses? **18.** INCOME 2008

연습 18에서 24까지, a=2, b=3, c=4일 때 수식을 계산하라.

19. (a * b) + c **20.** a * (b + c) **21.** (1 + b) * c

22. a ** c **23.** b ** (c - a) **24.** (c - a) ** b

연습 25에서 30까지 값을 계산하고 표시할 코드를 작성하라.

25. $7 \cdot 8 + 5$ **26.** $(1 + 2 \cdot 9)^3$ **27.** 5.5 % of 20

28. $15 - 3(2 + 3^4)$ **29.** $17(3 + 162)$ **30.** $4\frac{1}{2} - 3\frac{5}{8}$

연습 31과 32에서 각 행을 실행한 후 각 변수의 값을 채워 표를 완성하라.

31.

	x	y
`x = 2`		
`y = 3 * x`		
`x = y + 5`		
`print(x + 4)`		
`y = y + 1`		

32.

	bal	inter	withDr
`bal = 100`			
`inter = .05`			
`withDr = 25`			
`bal += (inter * bal)`			
`bal = bal - withDr`			

연습 33에서 38까지 해당 코드의 실행 결과 화면에 표시될 결과를 결정하라.

33.
```
a = 4
b = 5 * a
print(a + b)
```

34.
```
n = 7
n += 1
print(1, n, n + 1)
```

35.
```
num = 5
num *= 2
print(num)
```

36.
```
tax = 200
tax = 25 + tax
print(tax)
```

37.
```
totalMinutes = 135
hours = totalMinutes // 60
minutes = totalMinutes % 60
print(hours, minutes)
```

38.
```
totalOunces = 90
pounds = totalOunces // 16
ounces = totalOunces % 16
print(pounds, ounces)
```

연습 39에서 42까지 해당 오류를 찾아내라.

39.
```
a = 2
b = 3
a + b = c
print(b)
```

40.
```
balance = 1,234
deposit = $100
print(Balance + Deposit)
```

41.
```
0.05 = interest
balance = 800
print(interest * balance)
```

42.
```
9W = 2 * 9W
print(9W)
```

연습 43에서 48까지 해당 함수의 값을 찾아내라.

43. `int(10.75)`　　　　**44.** `int(9 - 2)`　　　　**45.** `abs(3 - 10)`

46. `abs(10 ** (-3))`　　**47.** `round(3.1279, 3)`　　**48.** `round(-2.6)`

연습 49에서 54까지 a=5이고 b=3일 때 함수의 값을 찾아내라.

49. `int(-a / 2)`　　　**50.** `round(a / b)`　　　**51.** `abs(a - 5)`

52. `abs(4 - a)`　　　**53.** `round(a + .5)`　　　**54.** `int(b * 0.5)`

연습 55에서 60까지 증분 연산자를 이용하여 해당 명령문을 다시 작성하라.

55. `cost = cost + 5`　　**56.** `sum = sum * 2`　　**57.** `cost = cost / 6`

58. `sum = sum - 7`　　**59.** `sum = sum % 2`　　**60.** `cost = cost // 3`

연습 61에서 68까지 각 단계에 대해 한 행으로 구성된 프로그램을 작성하라.

61. 수익 계산

다음 단계는 어떤 회사의 수익을 계산한다.

(a) 변수 revenue를 생성한 후 값 98,456을 설정한다.

(b) 변수 costs를 생성한 후 값 45,000을 설정한다.

(c) 변수 profit를 생성한 후 변수 revenue와 costs의 차이값을 설정한다.

(d) 변수 profit의 값을 표시한다.

62. 주식 매입

다음 단계는 주식 매입량을 계산한다.

(a) 변수 costPerShare를 생성한 후 값 25.626을 설정한다.

(b) 변수 numberOfShares를 생성한 후 값 400을 설정한다.

(c) 변수 amount를 생성한 후 costPerShare와 numberOfShare의 값을 곱한 결과를 설정한다.

(d) 변수 amount의 값을 표시한다.

63. 할인 가격

다음 단계는 30% 할인 적용한 후 해당 아이템의 가격을 계산한다.

(a) 변수 price를 생성한 후 값 19.95를 설정한다.

(b) 변수 discountPercent를 생성한 후 값 30을 설정한다.

(c) 변수 markdown을 생성한 후 price의 값에 discountPercent값으로 곱하고 100으로 나눈다.

(d) price의 값을 markdown만큼 감소시킨다.

(e) 변수 prince의 값을 표시한다(소수점 둘째 자리에서 올림한다.).

64. 손익분기점

다음 단계는 어떤 회사가 이익을 내기 위해 제조하고 판매해야 하는 제품의 개수인 손익분기점을 계산한다.

(a) 변수 fixedCosts를 생성한 후 값 5,000을 설정한다.

(b) 변수 pricePerUnit를 생성한 후 값 8을 설정한다.

(c) 변수 costPerUnit를 생성한 후 값 6을 설정한다.

(d) 변수 breakEvenPoint를 생성한 후 fixedCosts를 pricePerUnit와 costPerUnit의 차이로 나눈 결과값으로 설정한다.

(e) 변수 breakEvenPoint의 값을 표시한다.

65. 저축계좌

다음 단계는 매년 초에 연간 5% 복리 조건으로 저축계좌에 $100씩 저축하였을 때 3년 후 잔고를 계산한다.

(a) 변수 balance를 생성한 후 값 100을 설정한다.

(b) 변수 balance의 값을 5% 증가시킨다.

(c) 변수 balance의 값을 5% 증가시킨다.

(d) 변수 balance의 값을 5% 증가시킨다.

(e) 변수 balance의 값을 표시한다(소수점 둘째 자리에서 올림한다.).

66. 저축계좌

다음 단계는 매년 초에 연간 5% 복리 조건으로 저축계좌에 $100씩 저축하였을 때 3년 후 잔고를 계산한다.

(a) 변수 balance를 생성한 후 값 100을 설정한다.

(b) 변수 balance의 값을 5% 증가시킨 후 값 100을 더한다.

(c) 변수 balance의 값을 5% 증가시킨 후 값 100을 더한다.

(d) 변수 balance의 값을 5% 증가시킨다.

(e) 변수 balance의 값을 표시한다(소수점 둘째 자리에서 올림한다.)

67. 저축계좌

다음 단계는 매년 초에 연간 5% 복리 조건으로 저축계좌에 $100씩 저축하였을 때 10년 후 잔고를 계산한다.

(a) 변수 balance를 생성한 후 값 100을 설정한다.

(b) 변수 balance의 값을 1.05를 곱한 후 결과값의 10승을 계산한다.

(c) 변수 balance의 값을 표시한다(소수점 둘째 자리에서 올림한다.)

68. 주식 수익

다음 단계는 주식 구매로부터 얻게 될 수익의 비율을 계산한다.

(a) 변수 purchasePrice를 생성한 후 값 10을 설정한다.

(b) 변수 sellingPrice를 생성한 후 값 15를 설정한다.

(c) 변수 percentProfit를 생성한 후 sellingPrice와 PurchasePrice의 차이를 purchasePrice로 나누고 100을 곱한다.

(d) 변수 percentProfit의 값을 표시한다.

연습 69에서 78까지에서 문제를 푼 후 해답을 표시하라. 문제는 각 양에 대한 변수를 사용해야 한다.

69. 옥수수 생산

각 농장의 에이커당 18톤의 옥수수를 생산한다고 가정해보자. 30에이커 농장에서 얼마나 많은 톤의 옥수수를 생산할 수 있을까?

70. 투사 동작

하나의 공을 초기 속도 50피트/초로 5피트 높이에서 공중에 던진다고 가정해보자. 3초 후면 해당 공의 속도는 얼마나 빨라지는가? ([노트] t초 후에 높이는 $-16t^2 + v_0 t + h_0$이 되며, v_0은 초기 속도이고, h_0는 초기 높이이다.)

71. 평균 속도

자동차가 워싱턴 D.C.를 2시에 출발하여 뉴욕에 7시에 도착했다고 하면, 평균 속도는 얼마인가? ([노트] 뉴욕에서 워싱턴까지의 거리는 233마일이다.)

72. 가스 마일리지

자동차 운전자는 가스 마일리지를 결정하기를 희망한다고 가정해보자. 23,352마일에서 연료 탱크를 가득 채웠다. 23,695마일에서 연료 탱크를 가득 채우기 위해 14갤런을 넣었다고 가정해보자. 두 번의 주유 사이에 자동차가 평균 갤론당 몇 마일을 사용하였는가?

73. 물 사용량

조사에 따르면 미국인들은 산업용 포함하여 개인당 평균 1,600갤런의 물을 매일 사용한다고 한다. 매년 미국에서 사용된 물의 양은 얼마인가? ([노트] 현재 미국 인구는 대략 3억 1,500만 명이다.)

74. 피자

미국인들은 평균 초당 350개의 피자를 먹는다고 한다. 하루에 미국인들이 먹는 피자의 양은 얼마인가?

75. 식당

미국에 소재한 식당의 12%는 피자리아이고, 미국에만 7만 개의 피자리아가 있다. 미국 내에 소재하고 있는 식당의 총수를 추정하라.

76. 인구 증가

2000년 미국의 인구는 2억 8,100만 명이며, 2050년에는 4억 400만 명이 될 것으로 예측된다. 21세기 50년 동안 미국 내 연령별 인구 증가율을 추정하라. 해당 퍼센트값을 총숫자에 가장 가까운 값으로 올림한다.

77. 미국 국가 부채

미국 국가 부채는 $1.68 \cdot 10^{13}$달러이고, 미국 인구는 $3.1588 \cdot 10^{8}$이다. 인당 미국 국가 부채를 계산하라. 총숫자에 가장 가까운 값으로 해당 값을 표시하라.

78. 칼로리

큐빅 마일의 초콜릿 아이스 크림에 포함된 칼로리 숫자를 추정하라. ([노트] 1마일은 5,280 피트이고, 1피트의 초콜릿 아이스크림은 48,600칼로리를 포함하고 있다.)

연습문제 2.1 해답

1. 답은 60이다.

곱 연산을 더하기 연산 전에 실행한다. 더하기 연산을 먼저 하려면 수식을 (3 + 4) * 5로 작성해야 한다.

2. 첫 번째 값 설정 명령문은 변수 var2의 값을 변수 var1에 설정한다. 두 번째 값 설정 명령문은 변수 var1의 값을 변수 var2에 설정한다.

3.

	a	b	c
a = 3	3	존재하지 않음	존재하지 않음
b = 4	3	4	존재하지 않음
c = a + b	3	4	7
a = c * a	21	4	7
print(a − b)	21	4	7
b = b * b	21	16	7

매번 값 설정 명령문을 실행할 때마다 1개 변수(등호부호의 왼쪽에 위치하는 변수)만 변경된 값을 갖는다.

4. 다음 4개 명령문 행으로 구성된 명령은 var의 값을 5%씩 증가시킨다.

```
var = var + (.05 * var)
var = 1.05 * var
var += .05 * var
var *= 1.05
```

2.2 문자열

파이썬으로 처리되는 가장 일반적인 유형의 데이터는 문자열과 숫자이다. 문장, 문구, 단어, 알파벳 문자, 이름, 전화번호, 주소, 주민등록번호는 문자열 형태 데이터의 사례다.

■ 문자열 리터럴

문자열 리터럴은 순차 문자열로서 단일 아이템으로 처리한다. 문자열 내의 문자는 키보드상에서 찾아볼 수 있는 모든 문자(대소문자, 숫자, 구두점 부호, 공백)와 특수 문자가 될 수 있다.

파이썬 프로그램에서 문자열 리터럴은 작은따옴표(')나 큰따옴표(")로 둘러싸인 문자열로 작성된다. 문자열의 몇 가지 예제는 다음과 같다.

"John Doe"

'5th Avenue'

'76'

"Say it ain't so, Joe!"

시작과 종료 인용 부호는 동일한 형태여야 한다. 즉, 모두 큰따옴표이거나 작은따옴표이어야 한다. 문자열이 큰따옴표로 둘러싸여 있을 때, 작은따옴표는 문자열 내에서 직접 표시할 수 있지만, 작은따옴표로 둘러싸여 있을 때는 큰따옴표를 표시할 수 없다.[1]

■ 변수

변수에는 문자열값을 설정할 수 있다. 변수에 숫자값을 설정할 때와 같이 변수에 문자열값을 설정할 수 있다. print 함수의 인자가 문자열 리터럴이거나 문자열값을 갖는 변수일 때, 인용 부호 내부의 문자들만(인용 부호는 생략) 표시된다.

■ 인덱스와 슬라이스

파이썬에서 문자열 내의 어떤 문자의 위치나 인덱스는 0, 1, 2, 3, ... 중 하나다. 예를 들어 어떤 문자열의 첫 번째 문자는 인덱스값으로 0을 갖는다. 두 번째 문자는 인덱스값으로 1을 갖는다. 나머지도 동일하다. 만약 str1이 문자열 변수나 리터럴이면, str1[i]는 문자열 내에서 인덱스 i값을 갖는 문자다. 그림 2.4는 문자열 "spam & eggs"의 문자 인덱스다.

그림 2.4 문자열 "spam & eggs"의 문자열 인덱스

문자열의 substring이나 slice는 해당 문자열로부터 연속된 문자를 추출하는 함수다. 예를 들어 Just a moment라는 문자열을 생각해보자. 부분 문자열 Jus, mom, nt의 위치는 0, 7, 11 이고, 종료되는 지점은 각각 2, 9, 12이다. str1이 문자열이면 str1[m:n]은 위치 m에서 시작하여 위치 n-1에서 끝나는 부분 문자열이다. 그림 2.5는 slice 결과를 가시화한 결과다. 그림에서 해당 문자의 왼쪽에 위치한 인덱스를 살펴보자. "spam & eggs"[m:n]은 숫자 m과 n으로 라벨링된 화살표 사이의 문자열이다. 예를 들어 "spam & eggs"[2:6]은 부분 문자열 "am &"이다. 즉, 화살표 2와 6 사이의 부분 문자열이 된다.

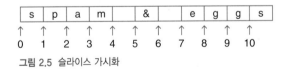

그림 2.5 슬라이스 가시화

---

1 이와 같은 제한을 오버라이드하기 위해 이스케이프 시퀀스를 사용하는 방법은 섹션 2.3에서 설명한다.

([노트] m≥n이면, 즉 위치 m의 문자가 위치 n에 있는 문자의 왼쪽에 존재하지 않으면, str1[m:n]의 결과는 어떤 문자도 없는 공백 문자(" ")가 된다.)

　　subStr이 문자열이면, str1.find(subStr)은 해당 문자열의 왼쪽에서 검색을 시작하여 str1 내에 있는 subStr의 첫 번째 발생 위치 지점인 양수 인덱스이다. str1.rfind(subStr)의 값은 해당 문자열의 오른쪽에서 검색을 시작하여 str1 내에 있는 subStr의 첫 번째 발생 위치다. subStr이 str1 내에 존재하지 않으면 find와 rfind 메서드값은 -1이 된다.

✔ **예제 1**　**인덱스**

다음 프로그램은 인덱스 사용 기능을 보여준다.

```
print("Python")
print("Python"[1], "Python"[5], "Python"[2:4])
str1 = "Hello World!"
print(str1.find('W'))
print(str1.find('x'))
print(str1.rfind('l'))
```

[실행]
```
Python
y n th
6
-1
9
```

■ **음의 인덱스**

앞에서 설명한 인덱스는 문자열의 왼쪽에서 시작하는 위치를 설정한다. 파이썬은 음의 인덱스 값을 사용하여 해당 문자열의 오른쪽에서부터 위치를 인덱스할 수 있도록 한다. 음의 인덱스를 사용하면 가장 우측의 문자 인덱스를 -1로 설정하고, 다음 문자 인덱스를 -2 등으로 설정한다. 그림 2.6은 문자열 "spam & eggs"에 대한 음의 문자 인덱스다.

그림 2.6 문자열 "spam & eggs" 음의 문자 인덱스

예제 2　음의 인덱스

다음 프로그램은 음의 인덱스 사용 기능을 보여준다.

```
print("Python")
print("Python"[-1], "Python"[-4], "Python"[-5:-2])
str1 = "spam & eggs"
print(str1[-2])
print(str1[-8:-3])
print(str1[0:-1])
```

[실행]

```
Python
n t yth
g
m & e
spam & egg
```

■ 슬라이스의 기본 경계 범위

수식 str1[m:n]에서 경계 범위의 하나 또는 모두 생략할 수 있다. 이 경우 왼쪽 경계 m은 0으로 기본 설정되며, 오른쪽 경계 n은 문자열 길이로 기본 설정된다. 즉, str1[:n]은 문자열의 시작에서부터 str1[n-1]까지의 모든 문자로 구성된다. str1[m:]은 str1[m]부터 문자열의 끝까지 모든 문자로 구성된다. str1[:]은 전체 문자열 str1이 된다.

 예제 3　기본 경계

다음 프로그램은 기본 경계를 설명한다.

```
print("Python"[2:], "Python"[:4], "Python"[:])
print("Python"[-3:], "Python"[:-3])
```

[실행]

```
thon Pyth Python
hon Pyt
```

■ 문자열 연결

두 문자열을 연결하여 새로운 문자열을 형성할 수 있다. 이러한 연산을 연쇄concatenation라 하고 + 부호로 표시한다. 예를 들어 "good" + "bye"는 "goodbye"가 된다. 문자열을 형성하는 데 사용될 수 있는 문자열의 결합, + 부호, 함수, 메서드를 문자열 표현식이라고 한다. 문자열 표현식이 값 설정문이나 print 함수에 나타날 때 문자열 표현식은 값 설정이나 화면 표시 전에 실행해야 한다.

■ 문자열 반복

별표 연산을 문자열과 함께 사용하면 문자열 연쇄 작업을 반복 수행한다. 만약 str1이 문자열 리터럴, 변수, 표현식이고 n이 양의 정수라면, 다음 명령의 값은 str1의 값을 n번 복사하여 연쇄한 결과가 된다.

str1*n

표현	값	표현	값
"ha" * 4	"hahahaha"	'x' * 10	"xxxxxxxxxx"
"mur" * 2	"murmur"	("cha-" * 2) + "cha"	"cha-cha-cha"

VideoNote
String
Functions

■ 문자열 함수와 메서드

문자열 함수는 숫자 함수와 비슷하게 작동한다. 따라서 입력값으로 문자열을 취하고, 값을 반환한다. 문자열 메서드는 문자열을 대상으로 작업을 수행하는 프로세스다. 이미 이러한 유형의 메서드 예제 2개(find, rfind 메서드)를 보았다. 이러한 메서드는 인덱스의 위치를 찾는 작업을 수행한다. 메서드에서 사용하는 일반적 형태의 표현식은 다음과 같다.

stringName.methodName()

이 경우 괄호는 값을 포함할 수 있다. 이전 섹션에서 언급했던 숫자형 함수와 같이 문자열 함수와 메서드는 리터럴, 변수, 표현식에 사용할 수 있다. 아래 표 2.3은 str1이 "Python" 문자열인 1개의 문자열 함수와 6개의 추가 문자열 메서드를 보여준다. 몇 가지 추가 문자열 메서드는 다음 장에서 설명한다.

표 2.3	**문자열 연산(str1="Python")**			
함수 또는 메서드	예제	값	설명
len	len(str1)	6	문자열 내의 문자 개수
upper	str1.upper()	"PYTHON"	대문자 모든 알파벳 문자
lower	str1.lower()	"python"	소문자 모든 알파벳 문자
count	str1.count('th')	1	해당 부분 문자열의 발생 횟수 빈도(중복 미포함)
capitalize	"coDE".capitalize()	"Code"	해당 문자열의 첫 번째 문자를 대문자로, 나머지는 소문자로 변환한다.
title	"beN hur".title()	"Ben Hur"	해당 문자열의 각 단어 중 첫 번째 문자를 대문자로 나머지는 소문자로 변환한다.
rstrip	"ab ".rstrip()	"ab"	해당 문자열의 오른쪽의 공백을 제거한다.

■ 연결된 메서드

다음 두 행으로 이루어진 코드를 살펴보자.

```
praise = "Good Doggie".upper()
numberOfGees = praise.count('G')
```

이 명령은 다음과 같이 2개의 메서드를 연결하는 아래의 1개 행으로 결합할 수 있다.

```
numberOfGees = "Good Doggie".upper().count('G')
```

연결된 메서드는 왼쪽부터 오른쪽 순으로 실행한다. 연결은 앞에서 본 코드에서와 같이 변수 praise라는 임시 변수를 제거할 수 있기 때문에 좀 더 명확한 코드 가시성을 제공한다.

■ 입력 함수

입력 함수는 사용자가 데이터를 입력하도록 한다. 일반적인 입력 명령문은 다음과 같다.

```
town=input("Enter the name of your city: ")
```

파이썬이 이러한 명령을 받으면 "Enter the name of your city:"라는 문자열이 화면상에 표시되고, 프로그램이 멈춘다. 사용자가 도시명을 입력하고 Enter(또는 return) 키를 누르면, 변수 town에 해당 도시의 이름이 설정된다(만약 사전에 변수가 생성되지 않았다면 이 시점에서 해당 변수가 생성된다.). 입력 명령문의 일반적인 형태는 다음과 같다.

```
variableName = input(prompt)
```

이 경우 prompt는 사용자 입력값을 받을 문자열이다.

 예제 4 이름 파싱

다음 프로그램은 사용자로부터 이름을 입력받은 후 해당 이름을 파싱한다. 해당 프로그램이 실행되면 "Enter a full name:"라는 문구가 표시되고 해당 프로그램이 실행을 멈춘다. 사용자가 단어를 입력한 후 **Enter**(또는 **return**) 키를 누르면 출력 결과 중 마지막 2행에서 결과를 볼 수 있다.

```
fullName = input("Enter a full name: ")
n = fullName.rfind(" ")
print("Last name:", fullName[n+1:])
print("First name(s):", fullName[:n])
```

[실행]

```
Enter a full name: Franklin Delano Roosevelt
Last name: Roosevelt
First name(s): Franklin Delano
```

■ int, float, eval, str 함수

str1은 모두 숫자를 포함한 문자열이라고 할 때, int 함수는 해당 문자열을 정수형으로 변환한다. str1이 숫자를 포함한 문자열이라면, float 함수는 해당 문자열을 부동 소수점 숫자로 변환한다(float 함수는 해당 정수를 부동 소수점 숫자로 변환한다.). str1이 수식으로 구성된 문자열이라면, eval 함수는 해당 수식을 정수나 부동 소수점 숫자로 계산한다.

 예제 5 해당 함수 설명

다음 프로그램은 int, float, eval 함수를 사용한 사례다.

```
print(int("23"))
print(float("23"))
print(eval("23"))
print(eval("23.5"))
x = 5
print(eval("23 + (2 * x)"))
```

[실행]

```
23
23.0
23
23.5
33
```

---

input 함수는 항상 문자열을 반환한다. 하지만 input 함수와 int, float, eval 함수의 결합은 숫자를 프로그램에 입력되도록 할 수 있다. 예를 들어 다음 3개의 명령문을 살펴보자.

```
age = int(input("Enter your age: "))
age = float(input("Enter your age: "))
age = eval(input("Enter your age: "))
```

사용자가 정수 25로 응답한다고 가정해보자. 앞의 명령에 대해 각각 25를 응답한 후, print(age) 명령을 실행하면 25, 25.0, 25를 화면상에 출력함을 알 수 있다. 하지만 사용자가 나이가 어려 3.5를 입력한다면 Traceback 오류 메시지가 발생한다. 두 번째나 세 번째 입력 명령문을 실행한 후, print 함수를 실행하면 화면상에 3.5가 출력된다. eval 함수는 모든 age에 대해 원하는 결과를 출력한다.

int와 float 함수는 많은 파이썬 프로그래머들이 선호하며, 안전하게 사용할 수 있는 eval 함수보다 실행이 빠르다. 이 책에서는 세 가지 함수 모두를 사용한다. 하지만 eval 함수를 좀 더 선호한다.

int와 float 함수는 적합한 숫자형 수식에 적용할 수 있다. 만약 x가 정수라면, int(x)의 값은 x가 된다. x가 부동 소수점 숫자라면, int 함수는 소수점 이하 부분을 제거한다. float 함수는 해당 숫자를 부동 소수점으로 만든다. eval 함수는 숫자형 리터럴, 변수, 수식에 적용할 수 없다.

예제	값	예제	값
int(4.8)	4	float(4.67)	4.67
int(−4.8)	4	float(−4)	−4.0
int(4)	4	float(0)	0.0

str 함수는 숫자를 문자열 표현으로 변환한다. 예를 들어 str(5.6)의 값은 "5.6"이 되고 str(5.)의 값은 "5.0"이 된다.

문자열은 숫자와 함께 연결할 수 없다. 하지만 유효하지 않은 명령문인 strVar = numVar + '%'는 두 문자열을 연결하는 유효한 명령문인 strVar = str(numVar) + '%'으로 대체할 수 있다.

■ 내부 문서

프로그램 문서는 해당 프로그램의 의도, 변수의 목적, 프로그램의 개별 부분이 실행하는 작업을 구체화한 주석을 포함하고 있다. 주석 문구를 생성하려면 샵(#) 부호와 함께 해당 행을 시작한다.

이러한 명령문은 프로그램이 실행될 때 완전히 무시된다. 주석은 리마크remark라고도 한다. 한 행의 코드는 해당 행의 끝부분 다음에 숫자 사인(#)과 필요한 정보를 기입하여 문서화할 수 있다.

 예제 6 **이름 파싱**

다음은 예제 4를 재작성하여 문서화하였다. 첫 번째 주석은 전체 프로그램을 설명하고, 세 번째 행의 주석은 변수의 의미를 제공하며, 마지막 주석은 다음에 따라오는 두 행의 목적을 설명한다.

```
## 이름을 두 부분(성, 이름)으로 분리한다.
fullName = input("Enter a full name: ")
n = fullName.rfind(" ")  # 성 앞에 공백
# 요구된 정보를 화면에 표시한다.
print("Last name:", fullName[n+1:])
print("First name(s):", fullName[:n])
```

Alt + 3과 Alt + 4를 누르면 IDLE에서 선택한 코드 블록을 주석 처리 및 주석 해제하는 용도로 사용할 수 있다.

문서화의 몇 가지 장점은 다음과 같다.

1. 다른 사람이 해당 프로그램을 쉽게 이해할 수 있다.

2. 향후 해당 코드를 읽을 때 보다 쉽게 이해할 수 있다.

3. 개별 부분 코드의 목적을 한눈에 파악할 수 있으므로 장문의 프로그램을 이해하기 쉽다.

좋은 프로그래밍 습관은 프로그래머가 코드를 개발하는 과정에서 이를 문서화하는 것이다. 사실 많은 소프트웨어 회사는 프로그램 배포 전에 일정한 수준의 문서화를 요구한다. 또한 프로그래머의 능력을 코드의 문서화 수준에 근거하여 평가하기도 한다.

■ 행 연속

코드가 길어지는 경우에는 2행 이상으로 쪼갤 수 있다. 이 경우 쪼개진 코드의 마지막 행을 제외하고 각 행의 끝부분에 역슬래시를 추가해야 한다. 예를 들어 다음 명령과 같은 경우를 생각해보자.

```
quotation = "Well written code is its own best documentation."
```

이와 같은 명령은 다음과 같이 변경할 수 있다.

```
quotation = "Well written code is its own " + \
            "best documentation."
```

파이썬은 역슬래시 문자로 여러 행을 작성할 필요가 없도록 하는 특징을 갖고 있다. 쌍괄호 안에 포함되는 경우에는 모든 코드를 여러 행에 걸쳐 작성할 수 있다. 어떠한 코드도 괄호 안에 포함될 수 있기 때문에 이러한 특성은 항상 사용될 수 있다. 예를 들어 위의 명령문은 다음과 같이 작성할 수 있다.

```
quotation = ("Well written code is its own " +
            "best documentation.")
```

이와 같은 행 연속 메서드는 대부분의 파이썬 프로그래머들이 선호하며, 이 책에서도 최대한 사용하도록 한다.

■ 경계 범위를 벗어나 인덱스하고 분할하기

파이썬은 문자열의 개별 문자에 대한 범위를 초월한 인덱스를 허용하지 않는다. 하지만 분할에 대한 범위는 초월하여 정의할 수 있다. 예를 들어 str1="Python"이라면 print(str1[7])과 print(str1[-7])은 역추적 오류 메시지와 인덱스 오류를 발생시킨다.

분할에서 왼쪽 인덱스가 범위를 초월한 음수라면, 해당 분할은 문자열의 처음부터 시작한다. 만약 오른쪽 인덱스가 상당히 큰 경우, 해당 분할은 문자열의 끝부터 시작한다.

예를 들어

```
str1[-10:10]은 "Python"
str1[-10:3]은 "Pyt"
str1[2:10]은 "thon"
```

이 된다.

■ 주석

1. 이 책에서 글자가 하나인 문자열은 작은따옴표로 표시하고, 다른 모든 문자열은 큰따옴표로 표시한다.

2. 문자열 표현은 1개의 문자열을 생성할 수 있을 만큼 연산 가능한 리터럴, 변수, 함수, 메서드, 연산자의 결합이 가능하기 때문에 1개의 문자열이나 변수는 문자열 표현의 특별 사례가 된다.

3. 문자열 내의 모든 문자는 양수와 음수인 두 종류의 인덱스를 갖는다. 따라서 strValue[m:n]의 표현에서 숫자 m과 n은 서로 반대 부호를 가질 수 있다. 인덱스 m을 갖는 문자가 인덱스 n을 갖는 문자의 왼쪽에 위치하면 분할은 인덱스 m을 갖는 문자에서 시작하여 인덱스 n을 갖는 문자의 왼쪽에 위치하는 문자로 끝나는 부분의 문자열로 구성된다.

   예를 들어, "Python"[-4:5]는 "tho"가 된다. 물론 인덱스 m을 갖는 문자가 인덱스 n을 갖는 문자의 왼쪽에 존재하지 않는다면 분할 결과는 공백 문자열이 될 것이다.

4. 문자열 내부에 있는 개별 문자는 직접 변경할 수 없다. 예를 들어 아래 코드에서 resort를 report로 변경하려면 역추적 오류 메시지가 발생한다.

   ```
   word = "resort"
   word[2] = 'p'
   ```

5. 연산자 +=는 문자열에 대해 증분된 연결 설정을 실행한다.

6. IDLE는 문자열을 녹색으로 표시하며, 주석을 빨간색으로 표시한다.

7. 변수명과 함수명처럼 메서드 이름은 대소문자에 의해 구분된다.

8. 가독성을 위해 3개 메서드를 함께 연결하면 안 된다.

9. 문자열의 유형은 str이다. 명령문 print(dir(str))는 모든 문자열 메서드를 표시한다. 이 중 밑줄 문자로 시작하고 끝나는 아이템은 무시한다.

연습문제 2.2

1. $0 \leq m \leq n \leq len(str1)$에서 str1[m:n]의 문자 수는?

2. 명령문 print("Computer".find('E'))의 결과는?

연습 2.2

연습 1부터 4까지 코드를 실행하여 표시되는 출력값을 결정하라.

1. `print("Python")`

2. `print("Hello")`

3. ```
   var = "Ernie"
   print(var)
   ```

4. ```
   var = "Bert"
   print(var)
   ```

연습 5에서 46까지 코드의 실행 결과값을 결정하라.

5. `"Python"[4]`

6. `"Python"[-2]`

7. `"Python"[-3]`

8. `"Python"[5]`

9. `"Python"[0:3]`

10. `"Python"[2:2]`

11. `"Python"[:2]`

12. `"Python"[2:]`

13. `"Python"[-3:-2]`

14. `"Python"[-5:-1]`

15. `"Python"[2:-2]`

16. `"Python"[-4:4]`

17. `"Python"[:]`

18. `"Python"[-10:10]`

19. `"Python".find("tho")`

20. `"Python".find("ty")`

21. `"Python".find("oh")`

22. `"Python".find("Pyt")`

23. `"whippersnapper".rfind("pp")`

24. `"whippersnapper".find("pp")`

25. `"Mississippi".find("ss")`

26. `"Mississippi".rfind("ss")`

27. `"colonel".find("k")`

28. `"Moscow".rfind("k")`

29. `"Knickknack".count('k')`

30. `"brrr".upper()`

31. `"8 Ball".lower()`

32. `len("brrr")`

33. `"8 Ball".upper()`

34. `"whippersnapper".count("pp")`

35. `"Python"[3:len("Python")]`

36. `"Python".lower()`

37. `"the artist".title()`

38. `len("Gravity ".rstrip())`

39. `len("Grand Hotel"[:6].rstrip())`

40. `"king lear".title()`

41. `"let it go".title().find('G')`

42. `"Hello World!".lower().find('wo')`

43. `"Amazon".lower().count('a')`

44. `"Python".upper().find("tho")`

45. `"King kONG".title()`

46. `"all clear".title().count('a')`

연습 47에서 70까지 해당 코드에 의해 표시되는 결과를 결정하라.

47.
```
a = 4
b = 6
c = "Municipality"
d = "pal"
print(len(c))
print(c.upper())
print(c[a:b] + c[b + 4:])
print(c.find(d))
```

48.
```
m = 4
n = 3
s = "Microsoft"
t = "soft"
print(len(s))
print(s.lower())
print(s[m:m + 2])
print(s.find(t))
```

49. `print("f" + "lute")`

50. `print("a" + "cute")`

51. `print("Your age is " + str(21) + ".")`

52. `print("Fred has " + str(2) + " children.")`

53.
```
r = "A ROSE"
b = " IS "
print(r + b + r + b + r)
```

54.
```
sentence = "ALPHONSE TIPPYTOED AWAY."
print(sentence[12:15] + sentence[3:6])
```

55.
```
var = "WALLA"
var += var
print(var)
```

56.
```
str1 = "mur"
str1 += str1
print(str1)
```

57.
```
str1 = "good"
str1 += "bye"
print(str1)
```

58.
```
var = "eight"
var += "h"
print(var)
```

59. `print('M' + ('m' * 6) + '.')`

60. `print(('*' * 3) + "YES" + ('*' * 3))`

61. `print('a' + (" " * 5) + 'b')`

62. `print("spam" * 4)`

63.
```
s = "trombones"
n = 76
print(n, s)
```

64.
```
str1 = "5"
num = 0.5 + int(str1)
print(num)
```

65.
```
num = input("Enter an integer: ")
print('1' + str(num))
```
(반응값은 7이라고 가정해보자.)

66.
```
num = int(input("Enter an integer: "))
print(1 + num)
```
(반응값은 7이라고 가정해보자.)

67.
```
num = float(input("Enter a number: "))
print(1 + num)
```
(반응값은 7이라고 가정해보자.)

68.
```
num = eval(input("Enter a number: "))
print(1 + num)
```
(반응값은 7이라고 가정해보자.)

69.
```
film = "the great gatsby".title()[:10].rstrip()
print(film, len(film))
```

70.
```
batmanAndRobin = "THE DYNAMIC DUO".lower().title()
print(batmanAndRobin)
```

71. 문자열의 마지막 문자를 자르는 간단한 명령문을 작성하라.

72. 문자열의 첫 번째 문자를 자르는 간단한 명령문을 작성하라.

73. 8개 문자로 구성된 문자열에서 첫 번째 문자열의 음수 인덱스는 무엇인가?

74. 8개 문자로 구성된 문자열에서 첫 번째 문자열의 양수 인덱스는 무엇인가?

75. (참 또는 거짓) n이 문자열 str1의 길이라면, str1[n - !!1:]는 str1의 마지막 문자로 구성된 문자열이다.

76. (참 또는 거짓) n이 문자열 str1의 길이라면, str1[n-2:]는 str1의 마지막 두 문자로 구성된 문자열이다.

77. (참 또는 거짓) str1[:n]은 문자열 str1의 첫 번째 n 문자로 구성된다.

78. (참 또는 거짓) str1[-n:]은 문자열 str1의 마지막 n개의 문자로 구성된다.

연습 79에서 92까지 모든 오류를 찾아내라.

79.
```
phoneNumber = 234-5678
print("My phone number is " + phoneNumber)
```

80.
```
quote = I came to Casablanca for the waters.
print(quote + ": " + "Bogart")
```

81.
```
for = "happily ever after."
print("They lived " + for)
```

82.
```
age = input("Enter your age: ")
print("Next year you will be " + (age + 1))
```

83.
```
print('Say it ain't so.')
```

84.
```
print("George "Babe" Ruth")
```

85.
```
print("Python".Upper())
```

86.
```
print("Python".lower)
```

87.
```
age = 19
print("Age: " + age)
```

88.
```
num = 1234
print(num[3])
```

89.
```
num = 1234
print(num.find('2'))
```

90.
```
num = 45
print(len(num))
```

91.
```
language = "Python"
print(language[8])
```

92.
```
show = "Spamalot"
print(show[9])
```

연습 93에서 96까지 각 단계에 대해 1개의 행으로 구성된 프로그램을 작성하라. 데이터를 표시하는 행은 주어진 변수 이름을 사용해야 한다.

93. 발명가

다음 단계는 유명한 발명가의 이름과 탄생 연도를 계산한다.

(a) firstName 변수를 생성한 후 값으로 "Thomas"를 설정한다.

(b) middleName 변수를 생성한 후 값으로 "Alva"를 설정한다.

(c) lastName 변수를 생성한 후 값으로 "Edison"을 설정한다.

(d) yearOfBirth 변수를 생성한 후 값으로 1847을 설정한다.

(e) 발명가의 전체 이름을 출력한 후 콤마로 구분한 다음 탄생 연도를 콤마로 구분하여 표시한다.

94. 케첩의 가격

다음 단계는 케첩의 가격을 계산한다.

(a) 변수 item을 생성하고 값으로 ketchup을 설정한다.

(b) 변수 regularPrice를 생성한 후 값으로 1.80을 설정한다.

(c) 변수 discount를 생성한 후 값으로 .27을 설정한다.

(d) 문구 "1.53 is the sale price of ketchup."은 '케첩의 할인 가격이다.'를 화면에 표시한다.

95. 저작권 문구

다음 단계는 저작권 문구를 표시한다.

(a) 변수 publisher를 생성한 후 값으로 "Pearson"을 설정한다.

(b) 문구 "(c) Pearson"를 출력한다.

96. 조언

다음은 조언을 하는 단계다.

(a) 변수 prefix를 생성한 후 값으로 "Fore"를 설정한다.

(b) 문구 "Forewarned is Forearmed"를 출력한다.

([**노트**] 다음 연습문제에 대해 가능한 출력 결과는 회색 박스로 표시한다. 입력 문구에 대한 반응값은 밑줄로 표시하였다.)

97. 폭풍우로부터 거리

만약 n이 번개와 천둥 사이의 소요 시간(초)이라면 폭풍우는 n/5마일 근처에 떨어져 있는 것으로 계산할 수 있다. 번개와 천둥 간 소요 시간을 입력받은 후 폭풍우로부터 거리를 계산하라. 소수점 둘째 자리에서 올림한다. 그림 2.7을 참고하라.

```
Enter number of seconds between
lightning and thunder: 1.25
Distance from storm: 0.25 miles.
```

그림 2.7 연습 97의 결과

98. 심장박동률 훈련

미국 대학 스포츠 의학회는 여러분이 에어로빅 운동을 하는 동안 심장박동률이 일정 수준을 유지하도록 권고하고 있다. 여러분의 운동 심장박동률은 .7*(220-a)+.3*r로 계산할 수 있으며 a는 나이, r은 안정 상태의 심장박동률이다. 개인의 나이와 안정 상태의 심장박동률을 입력받아 운동 시 심장박동률을 표시하는 프로그램을 작성하라. 그림 2.8을 참고하라.

```
Enter your age: 20
Enter your resting heart rate: 70
Training heart rate: 161 beats/min.
```

그림 2.8 연습 98의 결과

99. 철인 3종 경기

사이클, 달리기, 수영으로 시간당 소모된 칼로리의 수는 각각 200, 475, 275이다. 매 3,500칼로리를 소모할 경우, 1파운드의 몸무게를 줄일 수 있다고 한다. 각 운동을 한 시간을 입력받은 후 전체 소모된 파운드를 표시하는 프로그램을 작성하라. 그림 2.9를 참고하라.

```
Enter number of hours cycling: 2
Enter number of hours running: 3
Enter number of hours swimming: 1
Weight loss: 0.6 pounds
```

그림 2.9 연습 99의 결과

100. 전력 비용

제품에 의해 소모되는 전력 비용은 다음과 같이 계산한다.

$$\text{전력 비용(달러)} = \frac{\text{제품 와트} \cdot \text{사용 시간}}{1000 \cdot \text{kWh당 비용(센트)}}$$

kWh는 "킬로와트 시간"의 약자다. kWh당 비용은 지역에 따라 다르다. 현재 미국 내 가정용 평균 전기료는 $11.76/kWh이다. 사용자가 전력 기기를 작동시키는 데 소모되는 비용을 계산하는 프로그램을 개발하라. 그림 2.10은 1개월 내내 전구 하나를 켜놓았을 때 소모되는 비용이다.

```
Enter wattage: 100
Enter number of hours used: 720
Enter price per kWh in cents: 11.76
Cost of electricity: $6.12
```

그림 2.10 연습 100의 결과

101. 야구

야구팀의 이름, 승리 경기수, 패전 경기수를 입력받은 후 승률(%)을 계산하는 프로그램을 작성하라. 그림 2.11을 참고하라.

```
Enter name of team: Yankees
Enter number of games won: 84
Enter number of games lost: 78
Yankees won 51.9% of their games.
```

그림 2.11 연습 101의 결과

102. PER 비율

어떤 회사의 해당 연도 주당 순이익earnings per share과 주가를 입력받은 후 회사의 주가 수익 비율Price/Earnings to ratio을 계산하는 프로그램을 작성하라. 그림 2.12를 참고하라.

```
Enter earnings per share: 5.25
Enter price per share: 68.25
Price-to-Earnings ratio: 13.0
```

그림 2.12 연습 102의 결과

103. 자동차 속도

공식 $s=\sqrt{24d}$ 는 어떤 자동차에서 브레이크를 잡았을 때 콘크리트상에서 d 피트만큼 미끄러진 자동차의 시간당 속도 추정값이다. 미끄러진 거리를 입력받은 후 자동차의 추정 속도를 표시하는 프로그램을 작성하라. 그림 2.13을 참고하라.

([노트] $\sqrt{x}=x^{.5}$ 이다.)

```
Enter distance skidded: 54
Estimated speed: 36.0 miles per hour
```

그림 2.13 연습 103의 결과

104. 퍼센트

퍼센트를 10진수로 변환하는 프로그램을 작성하라. 그림 2.14를 참고하라.

```
Enter percentage: 125%
Equivalent decimal: 1.25
```

그림 2.14 연습 104의 결과

105. 속도 변환

1954년 5월 6일에 영국 선수 셔 로저 배니스터는 4분 미만에 몇 마일을 주파한 첫 번째 선수가 되었다. 그의 평균 속도는 24.20킬로미터/시간이었다. 시간당 속도(킬로미터/hr)을 입력받아 시간당 마일로 변환하는 프로그램을 개발하라. 그림 2.15를 참고하라.

([노트] 1킬로미터는 .6214마일이다.)

```
Enter speed in KPH: 24.20
Speed in MPH: 15.04
```

그림 2.15 연습 105의 결과

106. 종업원 팁

계산서의 금액과 팁의 비율을 입력받아 종업원에게 줄 팁을 계산하는 프로그램을 작성하라. 그림 2.16을 참고하라.

```
Enter amount of bill: 21.50
Enter percentage tip: 18
Tip: $3.87
```

연습 2.16 연습 106의 결과

107. 등가 금리

투자자가 주거하는 주에서 발급한 지방 채권에서 벌어들인 이익은 세금 면제이지만 CD에 대한 이익에는 세금이 부과된다. 따라서 CD로 지방 채권만큼 벌어들이기 위해서는 CD의 이자율이 좀 더 높아야 한다. 얼마나 많은 이자율이어야 하는지는 투자자의 세금 브래킷에 달려 있다. 세금 브래킷과 지방 채권 이자율을 입력받아 동일한 수익을 거둘 수 있는 CD 이자율을 계산하는 프로그램을 작성하라. 그림 2.17을 참고하라.

([노트] 만약 세금 브래킷을 10진수로 표현하면 다음과 같다.)

$$\text{CD 이자율} = \frac{\text{상호 본드 이자율}}{(1-\text{세금 브래킷})}$$

```
Enter tax bracket (as decimal): .37
Enter municipal bond interest rate (as %): 3.26
Equivalent CD interest rate: 5.175%
```

그림 2.17 연습 107의 결과

108. 마케팅 용어

아이템의 마크업은 판매 가격과 구매 가격 간 차이다. 2개의 다른 마케팅 용어는 다음과 같다.

$$\text{퍼센트 마크업} = \frac{\text{마크업}}{\text{구매 가격}}$$

$$\text{이익 마진} = \frac{\text{마크업}}{\text{판매 가격}}$$

여기서 몫은 백분율로 표현된다. 해당 아이템의 마크업, 퍼센트 마크업, 이익 마진을 계산하는 프로그램을 작성하라. 그림 2.18을 참고하라. 구매 가격이 3배일 때 퍼센트 마크업은 200%임을 알아두기 바란다.

```
Enter purchase price: 215
Enter selling price: 645
Markup: $430.0
Percentage markup: 200.0%
Profit margin: 66.67%
```

그림 2.18 연습 108의 결과

109. 숫자 분석

10진수 포인트를 갖는 양수를 입력받아 포인트 왼쪽에 위치한 숫자의 개수와 오른쪽에 위치한 숫자의 개수를 출력하는 프로그램을 작성하라. 그림 2.19를 참고하라.

```
Enter number: 123.45678
3 digits to left of decimal point
5 digits to right of decimal point
```

그림 2.19 연습 109의 결과

110. 단어 바꾸기

문장, 문장 내 단어, 다른 단어를 입력받아 첫 번째 단어를 두 번째 단어로 교체한 후 화면에 표시하는 프로그램을 작성하라. 그림 2.20을 참고하라.

```
Enter a sentence: What you don't know won't hurt you.
Enter word to replace: know
Enter replacement word: owe
What you don't owe won't hurt you.
```

그림 2.20 연습 110의 결과

111. 월 변환

입력으로 월의 전체 숫자를 입력받은 후 시간을 연도와 월로 변환하는 프로그램을 작성하라. 그림 2.21을 참고하라. 이 프로그램은 양수 나누기 연산자와 나머지 연산자만을 사용한다.

```
Enter number of months: 234
234 months is 19 years and 6 months.
```

그림 2.21 연습 111의 결과

112. 길이 변환

사용자가 길이를 전체 인치 단위로 입력받은 후 길이를 피트와 인치로 변환하는 프로그램을 작성하라. 그림 2.22를 참고하라. 이 프로그램은 정수 나누기와 나머지 연산자를 사용해야 한다.

```
Enter number of inches: 185
185 inches is 15 feet and 5 inches.
```

그림 2.22 연습 112의 결과

연습문제 2.2 해답

1. n-m.

m=0이면 str1[0:n]의 문자의 개수는 n이다. 숫자 0을 m까지 증가시키면 문자의 개수는 m개만큼 감소한다.

2. -1

문자열에 대문자 E가 없다. Find 메서드는 대문자와 소문자를 구분한다.

2.3 결과

개선된 결과는 2개의 선택 인자를 갖는 print 함수와 format 메서드를 사용하여 print 함수에 의해 만들어 낼 수 있다.

■ 선택 print 인자 sep

값^{value}이 문자열이나 숫자인 print(value0, value1, ..., valueN) 형태의 명령은 공백으로 구분된 연속된 값으로 된 값을 화면상에 표시한다. print 함수는 1개의 공백 문자를 공백을 구분자로 하는 문자열을 사용한다. 선택적으로 모든 문자열에 sep 인자를 이용하여 우리가 원하는 구분자를 변경할 수 있다. 만약 sepString이 문자열이라면 print(value0, value1, ..., valueN, sep=sepString) 형태의 명령은 sepString으로 구분된 연속된 값을 화면상에 표시한다. 몇 가지 예를 들어보면 다음과 같다.

명령	결과
print("Hello", "World!", sep="**")	Hello**World!
print("Hello", "World!", sep="")	HelloWorld!
print("1", "two", 3, sep=" ")	1 two 3

■ 선택형 print 인자 end

앞에서 언급한 명령이 실행된 후에 현 라인상에 출력 결과의 표시가 종료되고, 다음 print 명령은 다음 행에 해당 결과물을 표시한다. print 명령은 신규 라인 연산을 실행한 후 종료한다(print 명령은 해당 커서를 다음 행의 시작 부분으로 이동시키거나 캐리지 리턴과 줄 바꿈을 실행한다.). 선택 사양으로 종료 연산을 end 인자로 변경할 수 있다. engString이 문자열이면 print(value0, value1, ..., valueN, end=endString) 형태의 명령은 value0부터 valueN까지 화면상에 출력한 후 endString를 신규 행 연산 없이 동일한 행에 표시한다. 코드에서 end 인자를 사용한 예제는 다음과 같다.

```
print("Hello", end=" ")          print("Hello", end="")
print("World!")                  print("World!")
```
[실행]   [실행]

Hello World!   HelloWorld!

■ 이스케이프 시퀀스

이스케이프 시퀀스는 커서를 지시하거나 몇 개의 특수 문자를 출력하도록 하는 문자열 내에 위치하는 짧은 시퀀스다. 첫 번째 문자는 항상 역슬래시(\)다. 두 번째로 가장 일반적인 커서 지시 이스케이프 시퀀스는 \t(수평 탭 포함)과 \n(신규 라인 연산 유도)이다. 기본 설정으로 탭 사이즈는 8공간이지만 expandtabs 메서드에 의해 증가 및 축소시킬 수 있다.

예제 1 이스케이프 시퀀스

다음 프로그램은 이스케이프 시퀀스 \와 \n을 사용한 예제다.

```
## 이스케이프 시퀀스를 사용한 예제다.
print("01234567890123456")
print("a\tb\tc")
print("a\tb\tc".expandtabs(5))
print("Nudge, \tnudge, \nwink, \twink.".expandtabs(11))
```
[실행]
```
01234567890123456
a        b        c
a    b    c
Nudge,      nudge,
wink,       wink.
```

개별 1개의 이스케이프 시퀀스^{escape sequence}는 문자열의 길이를 계산할 때 1개의 문자로 처리한다. 예를 들어 len("a\tb\tc")는 길이가 5다. 역슬래시는 1개의 문자로 처리되지 않고, 뒤에 따라오는 문자를 파이썬이 특별한 방식으로 처리하도록 한다. 이스케이프 시퀀스인 \n는 자주 신규 행 문자로 처리한다.

역슬래시는 인용 부호를 보통 문자로 처리하는 데 사용할 수 있다. 예를 들어 명령문 print('Say it ain\t so.')는 세 번째 단어를 ain't로 표시한다. 역슬래시 문자는 파이썬이 인용 부호를 문자열을 둘러싼 인용 부호가 아닌 1개의 인용 부호로 처리한다. 2개의 다른 유용한 이스케이프 시퀀스에는 \"과 \\가 있으며, 각각 print 함수가 2개의 인용 부호 마크(")와 역슬래시 문자(\)를 출력한다.

앞으로 신규 행으로 끝나게 되는 문자열을 자주 만나게 될 것이다. 예를 들어, 텍스트 파일의 각 행은 신규 행 문자로 끝나는 문자열이다. String 메서드인 rstrip는 문자열의 끝에서 신규 행 문자를 제거하는 데 사용할 수 있다. 예를 들어, str1이 "xyz\n"의 값을 갖는다면 str1.rstrip()는 "xyz"의 값을 갖게 된다. 또한 int, float, eval 함수는 신규 행 문자로 끝나는 문자열을 연산하게 될 때 신규 행 문자를 무시해 버린다. 예를 들어 int('7\n')는 int('7')과 같다.

VideoNote
Print
Formatting

■ 필드에 결과를 정렬하여 표시하기

프로그램은 종종 결과 데이터를 고정된 폭의 열에 표시한다. 메서드 ljust(n), rjust(n), center(n)은 왼쪽 정렬, 오른쪽 정렬, 중앙 정렬 방식으로 폭이 n인 필드에 결과를 표시한다. 문자열이 해당 필드의 전체 폭을 사용하지 않는다면, 해당 문자열은 오른쪽, 왼쪽, 양쪽에 공백으로 채운다. 문자열이 설정된 폭보다 길면, 정렬 메서드는 적용되지 않는다.

 예제 2 **결과물 정렬**

다음 프로그램은 세 가지 정렬 메서드를 사용하여 프로야구에서 제일 잘하는 3명의 최고의 홈런 타자에 대한 테이블을 생성하였다. 첫 번째 행은 테이블의 열의 위치를 표시하기 위해 추가한다. 첫 번째 5개의 열(0에서 4까지)은 최상위 3명의 타자 순위를 보여준다. 숫자 1, 2, 3은 각각 폭이 5인 필드의 중앙에 위치한다. 다음 20개의 열(5에서 24까지)은 최상위 3명의 타자 이름이 위치하며, 폭 20인 필드에 왼쪽 정렬로 각 선수의 이름을 보여준다. 각 선수의 이름 오른쪽에는 공백 문자를 채운다. 마지막 3개의 열(25에서 27까지)은 각 선수가 때린 홈런의 개수다. 이 값은 숫자이기 때문에 세 자리 숫자이며 폭이 3인 필드에 정확히 출력된다. 이 열의 결과물은 rjust 메서드가 사용되지 않더라도 오른쪽 정렬로 출력된다.

```
## 출력 방식을 데모로 보여준다.
print("01234567890123456789901234567")
print("Rank".ljust(5), "Player".ljust(20), "HR".rjust(3), sep="")
print('1'.center(5), "Barry Bonds".ljust(20), "762".rjust(3), sep="")
print('2'.center(5), "Hank Aaron".ljust(20), "755".rjust(3), sep="")
print('3'.center(5), "Babe Ruth".ljust(20), "714".rjust(3), sep="")
```

[실행]

```
01234567890123456789901234567
Rank Player               HR
  1  Barry Bonds         762
  2  Hank Aaron          755
  3  Babe Ruth           714
```

■ format 메서드로 출력물 정리하기

Format 메서드는 최근에 Python에 추가된 기능으로 justification 메서드 이상의 업무를 수행할 수 있다. 예를 들어, 숫자, 올림한 숫자에 대해 수천 개의 구분자를 위치시킬 수 있으며 숫자를 퍼센트로 변경할 수도 있다. Justification 메서드의 예제를 실행한 후에 데모를 보여주고 다른 특성 몇 가지를 설명하도록 하겠다.

str1가 문자열이고, w가 폭이라면 다음 두 명령문은 동일한 결과를 생성한다.

```
print("{0:<ws}".format(str1))
print("{0:^ws}".format(str1))
print("{0:>ws}".format(str1))

print(str1.ljust(w))
print(str1.center(w))
print(str1.rjust(w))
```

num이 숫자이고, w가 폭이라면 다음 두 명령문은 동일한 결과를 생성한다.

```
print("{0:<wn}".format(num))
print("{0:^wn}".format(num))
print("{0:>wn}".format(num))

print(str(num).ljust(w))
print(str(num).center(w))
print(str(num).rjust(w))
```

Format 메서드는 숫자를 직접 받는다. 따라서 문자열로 변환할 필요가 없다. 각 필드의 부호 〈, ^, 〉는 각 print 함수가 왼쪽 정렬, 가운데 정렬, 오른쪽 정렬을 하도록 한다. 앞에서 format 메서드를 포함한 각 명령문을 보면, format 메서드 내에 인자^{num}만 있다.

일반적으로는 format 내에 인자가 여러 개가 있으며, 위치는 0부터 시작한다. 괄호 안에 있는 콜론 앞의 0은 num이 0 번째 위치에 있다는 사실을 의미한다. 몇 가지 인자가 여러 개 있다면, 여러 개의 괄호 쌍이 있다. 각 괄호에는 하나의 인자가 포함되어 있다. 각 괄호 안에 존재하는 콜론 앞의 숫자는 해당 포맷 인자의 위치를 의미한다.

✔️ **예제 3** **출력물 포맷 설정**

다음 프로그램은 예제 2와 동일한 출력 결과를 보여준다. 차이점은 format 메서드를 사용한 부분이다.

네 번째 행을 살펴보자. 출력 형식 괄호인 {0:^5n}, {1:〈 20s}, {2: 〉3n}는 각각 숫자 1, 문자열 "Barry Bonds", 숫자 762의 출력 형식을 결정한다.

```
## 출력물의 포맷을 보여준다.
print("01234567890123456789012345678901234567")
print("{0:^5s}{1:<20s}{2:>3s}".format("Rank", "Player", "HR"))
print("{0:^5n}{1:<20s}{2:>3n}".format(1, "Barry Bonds", 762))
print("{0:^5n}{1:<20s}{2:>3n}".format(2, "Hank Aaron", 755))
print("{0:^5n}{1:<20s}{2:>3n}".format(3, "Babe Ruth", 714))
```

숫자 출력 형식을 설정할 때, 숫자 형식에 해당하는 괄호 안에 문자 n을 사용하는 것보다 정수에는 문자 d를 사용하고, 소수점 숫자에는 문자 f를 사용하며, 퍼센트로 표시되도록 하기 위해 부호 %를 사용한다. f와 %를 사용할 때, 이들은 점과 기간과 전체 숫자의 수가 앞에 위치해야 한다. 전체 숫자는 소수점 앞에 위치할 숫자의 개수다. 3개의 사례에서 필드 폭 숫자 다음에 콤마를 삽입하여 천 단위 구분자를 설정할 수 있다.

숫자의 출력 형식을 결정하기 위해 format 메서드를 사용하면 오른쪽 정렬이 기본 설정값이다. 따라서 부호 〈, ^, 〉이 설정되지 않는다면, 해당 숫자는 오른쪽 정렬되어 표시된다. 표 2.4는 몇 가지 명령문과 해당 결과다.

표 2.4 **숫자 출력 형식에 대한 데모**

명령문	결과	코멘트
`print("{0:10d}".format(12345678))`	12345678	숫자는 정수
`print("{0:10,d}".format(12345678))`	12,345,678	천 단위 구분자 추가됨
`print("{0:10.2f}".format(1234.5678))`	1234.57	올림
`print("{0:10,.2f}".format(1234.5678))`	1,234.57	올림 후 천 단위 구분자 추가
`print("{0:10,.3f}".format(1234.5678))`	1,234.568	올림 후 천 단위 구분자 추가
`print("{0:10.2%}".format(12.345678))`	1234.57%	%로 변환 후 올림
`print("{0:10,.3%}".format(12.34569))`	1,234.568%	%, 올림, 천 단위 구분자 추가

콜론 다음에 위치하는 필드 폭의 숫자는 생략할 수 있다. 필드 폭 숫자를 생략하면, 출력 대상 숫자는 콜론 다음의 다른 설정자에 의해 결정된 것처럼 출력 위치의 정렬 없이 표시된다. 지금까지 알아본 바로는 ".format" 앞에 위치한 문자열은 1개 이상의 괄호 쌍이 있음을 고려하였다. 하지만 문자열은 괄호를 포함한 모든 문자열이 가능하다. 따라서 이러한 경우 해당 괄

호는 파이썬이 format 메서드로부터 해당 인자를 어디에 삽입해야 하는지 알려주는 위치가 된다.

 예제 4 **데이터 표현**

다음 프로그램은 문자열 내부의 내부에 괄호를 삽입시켜 사용한 데모다.

```
## 포맷 메서드를 사용한 데모
print("The area of {0:s} is {1:,d} square miles.".format("Texas", 268820))
str1 = "The population of {0:s} is {1:.2%} of the U.S. population."
print(str1.format("Texas", 26448000 / 309000000))
```

[실행]

```
The area of Texas is 268,820 square miles.
The population of Texas is 8.56% of the U.S. population.
```

■ 주석

1. 괄호 쌍에 있는 콜론 오른쪽이 문자 s일때, 해당 콜론과 문자 s는 생략이 가능하다. 예를 들어 {0:s}은 {0}으로 간략화할 수 있다. {0}과 같은 위치는 문자열뿐만 아니라 숫자와 수식에도 사용할 수 있다.

2. format 메서드가 문자열을 형식화할 때 format 메서드를 사용하면 왼쪽 정렬이 기본 설정값이 된다. 따라서 〈, ^, 〉 부호가 없다면, 문자열은 해당 필드에서 왼쪽 정렬된다.

3. rstrip 메서드는 문자열의 끝부분에서 신규 행 문자를 제거할 뿐만 아니라 모든 종료 공백과 escape 순열을 제거한다. int, float, eval 함수가 문자열에 적용될 때 문자열의 끝에 위치한 모든 공백과 escape 순열을 무시한다.

4. 일반적인 오류는 해당 문자인 역슬래시(\) 대신 나누기 부호(/)로 escape 순열을 작성하는 경우다.

연습문제 2.3

다음 코드를 이용하여 표시된 결과를 결정하라.

1. `print("{0:s} and {1:s}".format("spam", "eggs"))`

2. `str1 = "Ask not what {0:s} {1:s} you, ask what you {1:s} {0:s}."`
   `print(str1.format("your country", "can do for"))`

3. escape 순열을 사용하지 않고 다음 명령문을 다시 작성하라.

```
print("He said \"How ya doin?\" to me.")
```

연습 1에서 50까지 다음 코드로 표시될 출력 결과를 결정하라.

1. `print("Bon", " Voyage", '!', sep="")`

2. `print("Price: ", '$', 23.45, sep="")`

3. `print("Portion: ", 90, '%', sep="")`

4. `print("Py", "th", "on", sep="")`

5. `print(1, 2, 3, sep=" x ")`

6. `print("tic", "tac", "toe", sep='-')`

7. `print("father", "in", "law", sep='-')`

8. `print("one", " two", " three", sep=',')`

9.
```
print('T', end='-')
print("shirt")
```

10.
```
print("spam", end=" and ")
print("eggs")
```

11.
```
print("Py", end="")
print("thon")
```

12.
```
print("on", "site", sep='-', end="")
print("repair")
```

13.
```
print("Hello\n")
print("World!")
```

14.
```
print("Hello\n", end="")
print("World!")
```

15. `print("One\tTwo\nThree\tFour")`

16.
```
print("1\t2\t3")
print("Detroit\tLions")
print("Indianapolis\tColts")
```

17.
```
print("NUMBER\tSQUARE")
print(str(2) + "\t" + str(2 ** 2))
print(str(3) + "\t" + str(3 ** 2))
```

18.
```
print("COUNTRY\t", "LAND AREA")
print("India\t", 2.5, "million sq km")
print("China\t", 9.6, "million sq km")
```

19.
```
print("Hello\t\tWorld!")
print("Hello\tWorld!".expandtabs(16))
```

20.
```
print("STATE\tCAPITAL".expandtabs(15))
print("North Dakota\tBismarck".expandtabs(15))
print("South Dakota\tPierre".expandtabs(15))
```

```python
21. print("01234567890")
    print("A".rjust(5), "B".center(5), "C".ljust(5), sep="")

22. print("0123456789012345")
    print("one".center(7), "two".ljust(4), "three".rjust(6), sep="")

23. print("01234567890123456")
    print("{0:^7s}{1:4s}{2:>6s}".format("one", "two", "three"))

24. print("01234567890")
    print("{0:>5s}{1:^5s}{2:5s}".format("A", "B", "C"))

25. print("0123456789")
    print("{0:10.2%}".format(.123))
    print("{0:^10.1%}".format(1.23))
    print("{0:<10,.2%}".format(12.3))

26. print("0123456789")
    print("{0:10,d}".format(1234))
    print("{0:^10,d}".format(1234))
    print("{0:<10,d}".format(1234))

27. print("${0:,.2f}".format(1234.567))

28. print("{0:,.0f}".format(1234.567))

29. print("{0:,.0f}".format(1.234))

30. print("${0:,.2f}".format(1234))

31. print("{0:10s}{1:^16s} {2:s}".format("Language", "Native speakers",
                                    "% of World Pop."))
    print("{0:10s}{1:^16,d}{2:10.2%}".format("Mandarin", 935000000,.141))
    print("{0:10s}{1:^16,d}{2:10.2%}".format("Spanish", 387000000,.0585))
    print("{0:10s}{1:^16,d}{2:10.2%}".format("English", 365000000,.0552))

32. print("{0:14s}{1:s}".format("Major", "Percent of Students"))
    print("{0:14s}{1:10.1%}".format("Biology", .062))
    print("{0:14s}{1:10.1%}".format("Psychology", .054))
    print("{0:14s}{1:10.1%}".format("Nursing", .047))

33. print("Be {0:s} - {1:s} else is taken.".format("yourself", "everyone"))

34. print("Plan {0:s}, code {1:s}.".format("first", "later"))

35. print("Always {0:s} on the bright side of {1:s}.".format("look", "life"))

36. print("And now for {0:s} completely {1:s}.".format("something",
    "different"))
```

37.
```
x = 3
y = 4
print("The product of {0:d} and {1:d} is {2:d}.".format(x, y, x * y))
```

38.
```
str1 = "The chances of winning the {0:s} are 1 in {1:,d}."
print(str1.format("Powerball Lottery", 175223510))
```

39.
```
x = 2      # 2의 제곱근을 소수점 이하 아홉째 자리까지 구하면 1.414213562이 된다.
print("The square root of {0:n} is about {1:.4f}.".format(x, x ** .5))
```

40.
```
pi = 3.14159265898 # 11번째 자리까지 구하면 다음과 같다.
print("Pi is approximately {0:.5f}.".format(pi))
```

41.
```
str1 = "In a randomly selected group of {0:d} people, the " + \
        "probability\nis {1:.2f} that 2 people have the same birthday."
print(str1.format(23, .507397))
```

42.
```
# 1867년 미국은 러시아로부터 알래스카를 720만 달러에 구입하였다.
areaOfAlaska = 663267
costOfAlaska = 7200000     #7200000/663267의 결과를 소수점 일곱째 자리까지 구하면 10.8553568이 된다.
str1 = "The cost of Alaska was about ${0:.2f} per square mile."
print(str1.format(costOfAlaska / areaOfAlaska))
```

43.
```
str1 = "You miss {0:.0%} of the shots you never take. - Wayne Gretsky"
print(str1.format(1))
```

44.
```
str1 = "{0:.0%} of the members of the U.S. Senate are from {1:s}."
print(str1.format(12 / 100, "New England"))
```

45.
```
# 43/193의 결과를 소수점 열째 자리까지 구하면 .2227979275이 된다.
print("{0:.2%} of the UN nations are in {1:s}.".format(43/193, "Europe"))
```

46.
```
# 663267/3794000의 결과를 소수점 열째 자리까지 구하면 .1748199789이 된다.
str1 = "The area of {0:s} is {1:.1%} of the area of the U.S."
print(str1.format("Alaska", 663267 / 3794000))
```

47.
```
print("{0:s}{1:s}{0:s}".format("abra", "cad"))
```

48.
```
print("When you have {0:s} to {1:s}, {1:s} {0:s}.".format("nothing", "say"))
```

49.
```
str1 = "Be {0:s} whenever {1:s}. It is always {1:s}. - Dalai Lama"
print(str1.format("kind", "possible"))
```

50.
```
str1 = "If {0:s} dream it, {0:s} do it. - Walt Disney"
print(str1.format("you can"))
```

51. print("Hello") 와 print("Hello",end="\n") 은 동일한 결과를 출력하는가?

52. print("Hello\tWorld!") 와 print("Hello\tWorld!".expandtabs(8)) 은 동일한 결과를 출력하는가?

연습 53에서 58까지 아래에 기입된 작업을 수행하는 프로그램을 작성하라.[2]

53. 서비스 제공자의 팁

계산서와 팁 비율을 입력값으로 받아 서버 웨이터에게 줄 팁 금액을 계산하라. 그림 2.23을 참고하라.

```
Enter amount of bill: 21.50
Enter percentage tip: 18
Tip: $3.87
```

그림 2.23 연습 53의 결과

54. 수입

회사의 매년 수입annual revenue과 비용expenses을 입력값으로 받은 후 당기 순이익net income을 표시하라. 그림 2.24를 참고하라.

```
Enter revenue: 550000
Enter expenses: 410000
Net income: $140,000.00
```

그림 2.24 연습 54의 결과

55. 월급 변동

일반적으로 잘못된 인식 중 하나는 만약 여러분이 10% 월급 인상을 받은 후에 10% 월급 삭감을 당한다면, 여러분의 월급은 변하지 않게 될 것이라고 오해하는 점이다. 월급을 입력값으로 받은 후 10% 인상한 결과에 대해 다시 10% 삭감한 결과를 출력하는 프로그램을 작성하라. 이 프로그램은 월급 변화율을 출력해야 한다. 그림 2.25를 참고하라.

```
Enter beginning salary: 35000
New salary: $34,650.00
Change: -1.00%
```

그림 2.25 연습 55의 결과

56. 월급 변동

일반적으로 잘못된 인식 중 하나는 만약 여러분이 3번 연속 5% 월급 인상을 받는다면, 초기 연봉 금액이 15% 증가할 것이라고 생각하는 점이다. 월급을 입력값으로 요청한 후

---

2 다음 연습문제에 대해 가능한 출력 결과는 색칠한 상자 안의 내용과 같다. 입력 명령문에 대한 결과는 밑줄 처리하였다.

연속 3번 5% 인상받을 경우, 최종 월급 금액을 출력하는 프로그램을 작성하라. 이 프로그램은 월급 변화율을 출력해야 한다. 그림 2.26을 참고하라.

```
Enter beginning salary: 35000
New salary: $40,516.88
Change: 15.76%
```

그림 2.26 연습 56의 결과

57. 미래 가치

P 달러(원금이라 가정해보자.)를 r% 복리로 매년 투자한다고 가정할 때, n년이 지났을 때 해당 투자 금액의 미래 가치는 다음 공식으로 계산된다.

$$\text{미래 가치} = P\left(1 + \frac{r}{100}\right)^n.$$

사용자가 초기 투자액, 이자율, 투자 기간(단위: 연)을 입력하면 투자 금액의 미래 가치를 계산하는 프로그램을 작성하라. 그림 2.27은 $1,000의 투자 금액을 5% 이자율로 투자할 경우, 3년이 지난 시점에서 $1,157.63이 됨을 보여준다.

```
Enter principal: 1000
Enter interest rate (as %): 5
Enter number of years: 3
Future value: $1,157.63
```

그림 2.27 연습 57의 결과

58. 현재 가치

n년 동안 r% 복리로 투자한 f 달러의 현재 가치는 n년 동안 매년 이자율이 r%로 투자한 결과 금액이 f 달러가 되기 위해 현재 투자해야 하는 금액이다. 현재 가치에 대한 공식은 다음과 같다.

$$\text{현재 가치} = \frac{f}{\left(1 + \dfrac{r}{100}\right)^n}.$$

사용자가 미래 가치, 이자율, 투자 기간(연)을 입력하면 현재 가치를 계산하는 프로그램을 작성하라. 그림 2.28은 연 이자율이 4%의 이자율인 경우, 6년 후 $10,000가 되려면, 현재 $7,903.15를 투자해야 함을 의미한다.

```
Enter future value: 10000
Enter interest rate (as %): 4
Enter number of years: 6
Present value: $7,903.15
```

그림 2.28 연습 58의 결과

연습문제 2.3 해답

1. spam과 eggs

   중괄호 안의 s 설정자는 기본 설정자다. 따라서 print 명령은 print("{0} and {1}".format("spam", "eggs"))으로 작성할 수 있다.

   프로그램에서 s 설정자는 가독성을 개선시켜주기 때문에 사용한다. 이 설정자는 프로그래머에게 인자 집합 세트 중 인자로 문자열이 필요함을 상기시켜 준다.

2. Ask not what your country can do for you, ask what you can do for your country.

   첫 번째 2개의 중괄호 세트가 요청한 문자열은 명확하다. 괄호의 세 번째 세트는 1로 시작하고, 인자의 포지션을 1로 요구하므로 "can do for"이다. 이와 비슷하게 괄호의 네 번째 세트는 인자를 포지션 0으로 청구한다. 1개 이상의 인자를 사용하는 능력은 format 메서드의 좋은 특성이다.

3. print('He said "How ya doin?" to me.')

2.4 리스트, 튜플, 파일 – 개요

파이썬 문서와 텍스트 박스는 해당 데이터 유형의 모든 인스턴스를 참조하기 위해 용어 객체를 사용한다. 파이썬의 핵심 객체에는 숫자, 문자열, 리스트, 튜플, 세트, 딕셔너리가 있다. 이미 우리는 숫자와 문자열에 대해 설명하였다. 섹션 2.4에서는 리스트, 튜플, 파일에 대해 설명한다.

세트와 딕셔너리는 5장에서 설명한다.

VideoNote
The
list Object

■ 리스트 객체

리스트는 파이썬 객체가 정렬된 순열이다. 이 객체는 모든 유형이 될 수 있으며, 객체 내 구성 요소가 모두 동일한 유형을 가질 필요는 없다.

리스트는 콤마로 구분된 아이템을 사각 괄호 안에 적어 만들 수 있다. 리스트의 몇 가지 예제를 예를 들어 설명하면 다음과 같다.

```
["Seahawks", 2014, "CenturyLink Field"]
[5, 10, 4, 5]
["spam", "ni"]
```

리스트는 이름으로 설정한다. 예를 들면 다음과 같다.

```
team = ["Seahawks", 2014, "CenturyLink Field"]
nums = [5, 10, 4, 5]
words = ["spam", "ni"]
```

표 2.5 **리스트 연산(리스트 team, nums, words가 위와 같이 주어졌다고 가정해보자.)**

함수나 메서드	예제	값	표현
len	len(words)	2	리스트 내의 아이템 개수
max	max(nums)	10	가장 큰 값(동일한 유형의 아이템이어야 함)
min	min(nums)	4	가장 작은 값(동일한 유형의 아이템이어야 함)
sum	sum(nums)	24	총합(아이템은 숫자이어야 함)
count	nums.count(5)	2	객체의 발생 횟수
index	nums.index(4)	2	객체의 첫 번째 발생 인덱스
reverse	words.reverse()	["ni", "spam"]	아이템의 순서를 역순으로 재배치
clear	team.clear()	[ ]	[ ]은 공백 리스트
append	nums.append(7)	[5, 10, 4, 5, 7]	리스트의 끝부분에 해당 객체를 삽입
extend	nums.extend([1, 2])	[5, 10, 4, 5, 1, 2]	리스트의 끝부분에 신규 리스트 아이템을 삽입
del	del team[−1]	["Seahawks", 2014]	상기한 해당 인덱스로 아이템을 삭제
remove	nums.remove(5)	[10, 4, 5]	처음 발생한 대상 객체를 삭제
insert	words.insert(1, "wink")	["spam", "wink", "ni"]	주어진 인덱스 아이템 앞에 신규 아이템을 삽입
+	['a', 1] + [2, 'b']	['a', 1, 2, 'b']	연결; ['a', 1].extend([2,'b']) * [0] * 3 [0, 0, 0] 리스트 반복과 동일함
*	[0] * 3	[0, 0, 0]	list repetition

문자열 내의 문자와 같이 리스트 내의 아이템은 앞의 위치부터 0으로 시작하는 양수 인덱스를 갖거나 −1부터 시작하는 음의 인덱스의 경우, 끝 위치에서 시작하는 인덱스를 갖는다.

인덱스 i를 갖는 아이템의 값은 listName[i]라고 한다. 예를 들어 team[1]의 값은 2014이고 words[-2]의 값은 "spam"이 된다.

몇 가지 list 함수와 메서드는 표 2.5와 같다.

([노트] del 함수나 remove 메서드를 실행한 후 제거된 아이템 다음에 오는 아이템은 리스트 내의 위치가 왼쪽으로 이동한다. Insert 메서드를 실행한 후 명시된 인덱스보다 크거나 같은 인덱스를 소지한 아이템은 리스트 내에서 오른쪽으로 순서가 하나씩 이동한다.)

 예제 1   성적

다음은 5개의 성적을 입력받아 2개의 최저값을 제외한 후 평균을 계산하는 프로그램이다. 성적은 리스트 grades에 위치시키고, 2개의 최저 성적값은 리스트에서 제거한다. 그런 다음 sum과 len 함수를 사용하여 남은 성적의 평균을 계산한다.

```
## 평균 성적을 계산한다.
grades = [ ]   # 변수 grades를 생성한 후 빈 공백 리스트를 설정한다.
num = float(input("Enter the first grade: "))
grades.append(num)
num = float(input("Enter the second grade: "))
grades.append(num)
num = float(input("Enter the third grade: "))
grades.append(num)
num = float(input("Enter the fourth grade: "))
grades.append(num)
num = float(input("Enter the fifth grade: "))
grades.append(num)
minimumGrade = min(grades)
grades.remove(minimumGrade)
minimumGrade = min(grades)
grades.remove(minimumGrade)
average = sum(grades) / len(grades)
print("Average Grade: {0:.2f}".format(average))
```

[실행]

```
Enter the first grade: 89
Enter the second grade: 77
Enter the third grade: 82
Enter the fourth grade: 95
Enter the fifth grade: 81
Average Grade: 88.67
```

인덱스 i를 갖는 아이템의 값은 다음 형태의 명령으로 변경할 수 있다.

```
listName[i] = newValue
```

예를 들어 명령문 words[1]="eggs"를 실행하면, 단어의 값은 ["spam", "eggs"]로 변경될 것이다.

([노트] 섹션 2.2에서 한 쌍의 괄호 내에 포함된 코드는 여러 행으로 전개하여 작성할 수 있다. 사각 괄호 쌍에 포함된 코드의 경우도 이와 동일하다. 따라서 명령 team = ["Seahawks", 2014, "CenturyLink Field"]은 다음과 같이 수정할 수 있다.)

```
team = ["Seahawks", 2014,
        "CenturyLink Field"]
```

■ 슬라이스(Slices)

리스트의 슬라이스는 콜론 표시로 설정된 서브 리스트다. 문자열의 슬라이스와 유사하며, 몇 가지 슬라이스 표시는 표 2.6과 같다.

표 2.6   슬라이스 표시의 의미

슬라이스 표시	의미
list1[m:n]	인덱스 m부터 n−1을 갖는 list1의 아이템으로 구성된 리스트다.
list1[:]	list1과 동일한 아이템을 갖는 신규 리스트다.
list1[m:]	list1[m]에서부터 list1의 끝까지 위치하고 있는 list1의 아이템으로 구성된 리스트다.
list1[:m]	list1의 시작부터 m−1인덱스를 갖는 요소까지 list1의 아이템으로 구성된 리스트다.

([노트] del 함수는 리스트로부터 슬라이스를 제거하는 데 사용한다. 또한 인덱스 m의 아이템이 인덱스 n의 아이템 왼쪽에 위치하고 있지 않다면, list1[m:n]은 공백 리스트가 된다.)

몇 가지 슬라이스의 예제는 표 2.7과 같다.

표 2.7   list1=['a', 'b', 'c', 'd', 'e', 'f']의 슬라이스 예제

예제	값
list1[1:3]	['b', 'c']
list1[−4:−2]	['c', 'd']
list1[:4]	['a', 'b', 'c', 'd']
list1[4:]	['e', 'f']
list1[:]	['a', 'b', 'c', 'd', 'e', 'f']
del list1[1:3]	['a', 'd', 'e', 'f']
list1[2:len(list1)]	['c', 'd', 'e', 'f']
(list1[1:3])[1]	'c' (이 명령은 일반적으로 list1[1:3][1]으로 작성한다.)
list1[3:2]	[ ], 아이템이 없는 리스트, 즉 공백 리스트

■ split와 join 메서드

split와 join 메서드는 매우 극단적으로 중요한 메서드로 상호 역연산이 가능하다. Split 메서드는 1개의 문자열을 여러 개의 서브 문자열 리스트로 만들고, join 메서드는 문자열 리스트를 1개의 문자열로 변환한다.

일반적으로 "strVar이 value0, value1, value2, ..., valueN" 형태의 문자열로 설정되면, L=strVar.split(",")은 N+1개의 문자열값을 갖는 리스트 L을 생성한다. 즉, 해당 리스트의 첫 번째 아이템은 strVar의 첫 번째 콤마 앞에 위치하는 텍스트이고, 두 번째 아이템은 첫 번째와 두 번째 콤마 사이에 위치하는 텍스트가 된다. 또한 마지막 아이템은 마지막 콤마 다음에 위치하는 텍스트다. 콤마 문자로 구성된 문자열은 위의 명령에 대한 구분자separator라고 한다. 모든 문자열은 구분자로 사용할 수 있다(3개의 일반 구분자는 ",", "\n", " "과 같이 1개의 문자열로 구성되어 있다.). 구분자가 설정되지 않는다면, split 메서드는 공백을 구분자로 사용한다. 이 경우 공백은 신규 행, 수직 탭, 스페이스 문자가 가능하다. split 메서드는 5장에서 중요한 역할을 한다.

split 메서드의 반대 기능을 하는 join 메서드는 문자열 리스트를 서로 연결하고, 특정 문자를 기준으로 분리시켜 서로 연결하며, 리스트의 요소로 구성된 문자열값으로 변환한다. join을 사용하고 문자열을 ","을 구분자로 사용한 명령문의 일반적인 형태는 다음과 같다.

```
strVar = ",".join(L)
```

 예제 2 split 메서드

다음 명령은 각각 list ['a', 'b', 'c']를 표시한다.

```
print("a,b,c".split(','))
print("a**b**c".split('**'))
print("a\nb\nc".split())
print("a b c".split())
```

 예제 3 join 메서드

다음 프로그램은 문자열 리스트에서 아이템을 표시하기 위해 join 메서드를 사용하는 방법이다.

```
line = ["To", "be", "or", "not", "to", "be."]
print(" ".join(line))
krispies = ["Snap", "Crackle", "Pop"]
print(", ".join(krispies))
```

[실행]

```
To be or not to be.
Snap, Crackle, Pop
```

■ 텍스트 파일

파이썬 프로그램에서 사용되는 값은 메모리에 상주하고, 해당 프로그램이 종료할 때 없애 버린다. 하지만 프로그램이 해당 값을 파일로 저장 장치(하드디스크, 플래시 드라이브)에 파일로 쓰면, 파이썬 프로그램은 이후에도 해당 값에 접근할 수 있다. 즉, 파일은 장기간 데이터 저장소를 생성한다.

텍스트 파일은 일정한 포맷(볼드나 이탤릭체)이 없는 텍스트로 구성된 간단한 파일로, 노트 패드(PC)나 텍스트 에디트(맥)상에서 생성하고 불러 읽어올 수 있다. 일반적으로 텍스트 파일의 확장명은 txt이다. 실제로 텍스트 파일은 워드프로세서에서 만들 수 있다. 예를 들어 문서를 워드프로세서로 작성한 후 여러분은 Sava As를 실행하고 "Save as type: Plain Text(*.txt)"를 선택하여 해당 문서를 텍스트 파일로 저장한다. 또한 현존하는 텍스트 파일은 워드상에서 오픈 및 편집할 수 있다. 텍스트 파일의 각 행은 마지막 행을 제외하고 신규 행 문자로 종료된다.

텍스트 파일의 여러 행(신규 행 문자를 제거함)은 해당 폼의 코드와 함께 리스트에 넣을 수 있다.

```
infile = open("Data.txt", 'r')
listName = [line.rstrip() for line in infile]
infile.close()
```

다음 3장에서 이러한 명령이 해당 작업을 실행하는 방법을 설명한다. 지금은 해당 작업을 그냥 실행한다고 가정해보자.

텍스트 파일 내 데이터가 모두 숫자이면, 바로 앞에서 언급한 코드의 처리 결과는 문자열로 구성된 리스트가 된다. 각 문자열은 숫자값을 갖는다. 숫자를 내용으로 하는 파일에 대해 해당 숫자를 일정한 폼의 코드를 갖는 리스트에 배치할 수 있다.

```
infile = open("Data.txt", 'r')
listName = [eval(line) for line in infile]
infile.close()
```

■ 튜플 객체

튜플은 리트스와 같이 아이템 순열이다. 튜플과 리스트의 주요한 차이는 튜플을 직접 변경할 수 없다는 점이다. 즉, 튜플은 append, extend, insert 메서드가 없다. 또한 튜플의 아이템은 직접 삭제하거나 변경할 수 없다. 모든 다른 list 함수와 메서드는 튜플에 적용할 수 있고, 해당 아이템은 인덱스로 접근할 수 있다. 또한 튜플은 또한 잘게 쪼개거나 연결, 반복할 수 있다.

튜플은 괄호로 둘러싸인 콤마로 구분된 순열로 작성할 수 있다. 하지만 종종 괄호 없이 사용할 수 있다. 예를 들어 다음 명령은 튜플 t를 생성한 후 동일한 값을 설정하는 결과를 가져온다.

t = ('a','b','c')과 t = 'a','b','c'

하지만 print 함수는 튜플을 항상 괄호로 둘러싼 후에 표시한다.

 예제 4 **튜플 함수**

다음 프로그램은 튜플이 리스트와 동일한 함수를 사용하고 있음을 보여준다.

```
t = 5, 7, 6, 2
print(t)
print(len(t), max(t), min(t), sum(t))
print(t[0], t[-1], t[:2])
```
[실행]
```
(5, 7, 6, 2)
4 7 2 20
5 2 (5, 7)
```

(x, y, z) = (5, 6, 7)과 같은 명령은 3개의 변수를 생성한 후 해당 값을 설정한다. 이 명령은 x, y, z = 5, 6, 7로도 가능하며 3개의 변수 설정을 개별 문장으로 하는 것과 동일한 효과를 갖는다.

 예제 5 **값 변경**

다음 프로그램은 2개 변수의 값을 변경하는 기능을 수행한다. 이 프로그램의 세 번째 행은 튜플(6,5)의 값을 튜플(x, y)에 설정한다.

```
x = 5
y = 6
x, y = y, x
print(x, y)
```
[실행]
```
6 5
```

■ 내포된 리스트

지금까지 리스트와 튜플 내 모든 아이템은 숫자나 문자열이었다. 하지만 아이템 또한 리스트나 튜플이 가능하다. 튜플의 리스트는 데이터를 분석하는 데 있어 중요한 역할을 한다. L이 튜플의 리스트라면 L[0]은 첫 번째 튜플이고, L[0][0]은 첫 번째 튜플의 첫 번째 아이템이 된다. L[len(L)-1]과 같은 L[-1]은 마지막 튜플이며, L[-1][-1]은 마지막 튜플의 마지막 아이템이 된다. L[0][0]과 같은 표현식은 (L[0])[0]으로 인식된다.

 예제 6 미국 지역

리스트 regions는 4개의 튜플을 갖고 있으며, 각 튜플은 미국 각 지역의 이름과 인구수(백만 명) 정보를 제공한다. 다음 프로그램은 미국의 중서부 지역의 인구수를 표시하고, 2010년 미국의 인구수를 계산한다.

```
regions = [("Northeast", 55.3), ("Midwest", 66.9),
           ("South", 114.6), ("West", 71.9)]
print("The 2010 population of the", regions[1][0], "was", regions[1][1],
    "million.")
totalPop = regions[0][1] + regions[1][1] + regions[2][1] + regions[3][1]
print("Total 2010 population of the U.S: {0:.1f} million.".format(totalPop))
```

[실행]
```
The 2010 population of the Midwest was 66.9 million.
Total 2010 population of the U.S: 308.7 million.
```

■ 변경 불가능한 객체와 변경 가능한 객체

객체는 데이터를 보관하는 엔터티이며, 데이터를 처리할 수 있는 연산과 메서드를 갖는다. 숫자, 문자열, 리스트, 튜플은 객체다. 변수가 지정 명령으로 생성될 때, 오른쪽에 위치한 값은 메모리 내의 객체가 되며, 해당 변수는 객체를 참조(지정)한다. 리스트가 변경되면, 변경된 값은 리스트의 메모리 위치에 있는 객체가 변경된다. 하지만 변수값이 숫자, 문자열, 튜플인 경우 값이 변하면, 파이썬은 새로운 값을 보관하기 위한 신규 메모리 위치를 지정하고 해당 변수는 새로운 객체를 참조한다. 리스트는 위치를 변경할 수 있지만, 숫자와 문자열, 그리고 튜플은 불가능하다. 위치가 변경되는 객체는 변경 가능^{mutable}이라고 하며, 위치의 변경이 불가능한 객체는 변경 불가능^{immutable}이라고 한다. 그림 2.29는 코드의 첫 번째 4행이 실행된 후와 8행이 모두 실행된 결과에 대한 8행의 코드와 메모리 할당 내용이다.

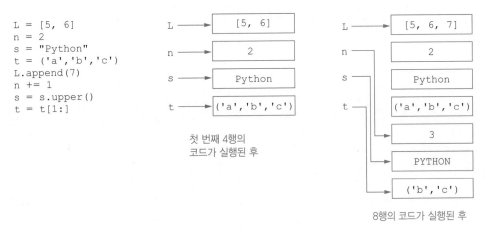

```
L = [5, 6]
n = 2
s = "Python"
t = ('a','b','c')
L.append(7)
n += 1
s = s.upper()
t = t[1:]
```

첫 번째 4행의
코드가 실행된 후

8행의 코드가 실행된 후

그림 2.29 프로그램에 해당 메모리 설정

■ 리스트 복사

변수 var1이 list와 같이 변화 가능한 값을 갖는다면 var2 = var1의 형태 명령은 var1과 같은 동일한 객체를 참고하는 var2가 된다. 따라서 var2의 값을 변경하면 var1의 값에도 영향을 미치게 된다. 다음 4행으로 구성된 코드를 살펴보자.

```
list1 = ['a', 'b']      # 리스트는 변화 가능한 객체이다.
list2 = list1           # list2는 list1과 동일한 메모리 위치를 가리킨다.
list2[1] = 'c'          # 리스트 객체 내 두 번째 아이템의 값을 변경한다.
print(list1)
```

[실행]

```
['a', 'c']
```

코드의 두 번째 행에서 변수 list2는 list1과 동일한 메모리 위치를 참조한다. 따라서 list2 내의 아이템 변화는 list1의 값도 변화시킨다. 이러한 효과는 코드의 두 번째 행을 list2 = list(list1)이나 list2 = list1[:]으로 변경하면 발생하지 않는다. 이 경우 list2는 list1과 동일한 값을 갖는 서로 다른 메모리 위치의 객체를 지정한다. 그리고 세 번째 행은 list1에 의해 지정된 메모리 위치에 어떠한 영향도 미치지 못한다. 따라서 결과는 ['a', 'b']가 된다.

■ 경계 밖의 인덱싱, 삭제, 분할

파이썬은 리스트와 튜플 내에 개별 아이템에 대한 경계 밖의 인덱싱이 가능하지 않다. 하지만 슬라이스의 경우에는 가능하다. 예를 들어 list1 = [1,2,3,4,5]이라면 print(list1[7]), print(list1[-7])과 del list1[7]은 역추적 오류 메시지 인덱스 오류를 발생시킨다.

슬라이스 내 왼쪽 인덱스가 매우 큰 음수라면, 해당 슬라이스는 리스트의 처음 부분에서 시작하고 오른쪽 인덱스가 매우 큰 값이라면, 해당 슬라이스는 리스트의 끝부분까지 간다. 예를 들면,

list1[-10:10]은 [1,2,3,4,5]이고,

list1[-10:3]은 [1,2,3]이다.

list1[3:10]은 [4, 5]이고,

del list1[3:7]은 [1, 2, 3]이다.

■ 주석

1. max와 min을 문자열이 포함된 리스트에 적용하면, 두 문자열을 비교할 때 사전식 순서를 사용한다. 문자열의 사전식 순서는 섹션 3.1에서 설명한다.

2. 공백 튜플은 빈 공간 괄호로 표현한다.

3. 1개의 아이템으로 된 튜플은 (0,)과 같이 뒤에 쉼표가 있어야 한다.

4. list 함수는 튜플이나 문자열을 리스트로 변환한다. 예를 들어 list(('a','b'))는 ['a','b']이고, list("Python")의 값은 ['P','y','t','h','o','n']이 된다.

5. tuple 함수는 리스트나 문자열을 튜플로 변환한다. 예를 들어 tuple(['a','b'])는 ('a','b')이고, tuple("spam")은 ('s','p','a','m')이 된다.

6. 튜플은 리스트보다 효율적이며, 아이템에 어떠한 변화도 없는 상황에서 사용되어야 한다. 튜플은 처리 속도가 빠르고, 적은 메모리를 차지하며, 쓰기가 방지된 데이터를 대상으로 한다. 5장에서 강력한 파이썬 객체인 dictionary를 설명한다. dictionary의 중요한 특성은 튜플을 사용해야 한다는 점이다.

7. 앞에서 살펴본 바와 같이, 리스트 내 아이템의 값은 listName[i] = newValue의 형태로 된 인덱스를 사용하여 변경될 수 있다. 문자열 내의 문자와 튜플 내의 아이템은 인덱스로 접근할 수 있더라도 stringName[i] = newValue와 tupleName[i] = newValue와 같은 명령은 유효하지 않다.

8. 연산자 +=은 리스트와 튜플에 대한 증가분 값을 설정하는 연산을 실행한다.

9. 지금까지 핵심 객체 숫자, 문자열, 리스트, 튜플에 대해 설명했다. 중요한 핵심 객체인 세트sets와 딕셔너리dictionaries는 5장에서 설명한다. 섹션 2.4에서 설명할 수 있었지만, 해당 기능이 필요한 5장에서 설명한다.

1. 다음 프로그램의 결과를 결정하라.

```
companies = [("Apple", "Cupertino", "CA"), ("Amazon.com", "Seattle", "WA"),
             ("Google", "Mountain View", "CA")]
(name, city, state) = (companies[1][0], companies[1][1], companies[1][2])
print(name, " is located in ", city, ", ", state, '.',sep = "")
```

2. 다음 프로그램의 결과를 결정하라.

```
a = 2
b = 3
print((a + b,))
print((a + b))
print(())
```

3. 명령문 s='a'+'b'와 s="".join(['a','b'])는 동일한 값을 변수 s에 설정하는가?

연습 1에서 48까지 states 리스트는 50개의 미국 주의 명칭을 USA 미합중국에 가입된 순서로 갖고 있다. 다음 코드로 표시될 출력 결과를 결정하라.

```
states = ["Delaware", "Pennsylvania", "New Jersey", "Georgia", "Connecticut",
          "Massachusetts", . . ., "Utah", "Oklahoma", "New Mexico", "Arizona",
          "Alaska", "Hawaii"]
```

1. `print(states[1], states[-1])`

2. `print(states[2], states[-2])`

3. `print(states[48], states[49])`

4. `print(len(states))`

5. `print(states[0], states[-50])`

6. `print(states.index("Delaware"))`

7. `print(states.index("Alaska"))`

8. `print(states.index(states[22]))`

9. `print(states[states.index("Ohio")])`

10. `print(states[len(states) - 1], states[-1])`

11. `states[0] = states[0].upper()`
    `print(states[0])`

12. `states.append("Puerto Rico")`
    `print(states[50])`

13. `states.append(["Puerto Rico"])`
    `print(states[50])`

14. `del states[2]`
    `print(states[2])`

15. `states.insert(0, "United States")`
    `print(states[0])`

16. `del states[22]`
    `print(states.index("Hawaii"))`

17. `print(states[2:5])`

18. `print(states[1:4])`

19. `print(states[-5:-2])`

20. `print(states[-4:-1])`

21. `print(states[:4])`

22. `print(states[:1])`

23. `print(states[-3:])`

24. `print(states[-2:])`

25. `print(states[3:3])`

26. `print(states[-1:-4])`

27. `print(states[1:10][2])`

28. `print(states[-12:][-3])`

29. `print(states[-2:len(states)])`

30. `print(states[:][5])`

31. `print(states[:][-4])`

32. `print(states[:][2])`

33. `print(len(states[10:20]))`

34. `print(len(states[-30:]))`

35. `print(len([]))`

36. `print(len(states[:]))`

37. `print(len(states[1:-1]))`

38. `print(len(states[2:-2]))`

39. `states.extend(["Puerto Rico", "Guam"])`
`print(states[-3:])`

40. `states.append(["Puerto Rico", "Guam"])`
`print(states[-3:])`

41. `states += ["Puerto Rico", "Guam"]`
`print(states[-3:])`

42. `del states[-2]`
`states.insert(-1, "Seward's Folly")`
`print(states[-3:])`

43. `states[1] = "Commonwealth of Pennsylvania"`
`print(states[:3])`

44. `del states[1]`
`states.insert(1, "Commonwealth of Pennsylvania")`
`print(states[:3])`

45. `print(states[-4].split())`
`print(states[2].split())`

46. `list2 = states[2].split() + states[-4].split()`
`list2.remove("New")`
`print(list2)`

47. `print((',').join(states[1:4]))`

48. `print((',').join(states[-3:]))`

연습 49에서 54까지 list1이 100개의 아이템을 갖고 있다고 가정해보자. 각 슬라이스에 있는
아이템의 개수를 결정하라.

49. `list1[-8:]`　　　　　　**50.** `list1[:8]`　　　　　　**51.** `list1[:]`

52. `list1[-8:-1]`　　　　　**53.** `list1[8:8]`　　　　　**54.** `list1[1:-1]`

연습 55에서 59까지 리스트 nums = [6, 2, 8, 0]을 가정하고, 코드에 의해 표시될 결과를 결정
하라.

55. `print("Largest Number:", max(nums))`

56. `print("Length:", len(nums))`

57. `print("Total:", sum(nums))`

58. `print("Number lot", sum(nums) / list(nums))`

연습 59에서 94까지 코드에 의해 표시될 결과를 결정하라.

59.
```
L = ["sentence", "contains", "five", "words."]
L.insert(0, "This")
print(" ".join (L))
del L[3]
L.insert(3, "six")
L.insert(4, "different")
print(" ".join (L))
```

60.
```
L = ["one", "for", "all"]
L[0], L[-1] = L[-1], L[0]
print(L)
```

61.
```
name = input("Enter name with two parts: ")
L = name.split()
print("{0:s}, {1:s}".format(L[1], L[0]))
```
(입력한 이름이 Charles Babbage라고 가정해보자.)

62.
```
name = input("Enter name with three parts: ")
L = name.split()
print(L[0], L[2])
```
(입력한 이름이 Guido van Rossum이라고 가정해보자.)

63.
```
name = input("Enter name with three parts: ")
L = name.split()
print("Middle Name:", L[1])
```
(입력한 이름이 Guido van Rossum이라고 가정해보자.)

```
64.  list1 = ['h', 'o', 'n', 'P', 'y', 't']
     list2 = list1[3:] + list1[:3]
     print(("").join(list2))

65.  tuple1 = ("course", "of", "human", "events", "When", "in", "the")
     tuple2 = tuple1[4:] + tuple1[:4]
     print((" ".join(tuple2)))

66.  list1 = ["is", "Less", "more."]
     list1[0], list1[1] = list1[1], list1[0]
     print(" ".join(list1))

67.  headEditor = ["editor", "in", "chief"]
     print(('-').join(headEditor))

68.  carousel = ["merry", "go", "round"]
     print(('-').join(carousel))

69.  motto = ["e", "pluribus", "unum"]
     print(("**").join(motto))

70.  allDay = "around-the-clock"
     print(allDay.split('-'))

71.  state = "New York,NY,Empire State,Albany"
     stateFacts = state.split(',')
     print(stateFacts)

72.  nations = "France\nEngland\nSpain"
     countries = nations.split()
     print(countries)

73.  nations = "France\nEngland\nSpain\n"
     countries = nations.split()
     print(countries)

74.  # Abc.txt의 3행은 a b, c, d를 갖고 있다.
     infile = open("Abc.txt", 'r')
     alpha = [line.rstrip() for line in infile]
     infile.close()
     word = ("").join(alpha)
     print(word)

75.  # Dev.txt의 3행은 mer, gram, pro를 갖고 있다.
     infile = open("Dev.txt", 'r')
     dev = [line.rstrip() for line in infile]
     infile.close()
     dev[0], dev[-1] = dev[-1], dev[0]
     word = ("").join(dev)
     print(word)
```

76. # Live.txt의 두 행은 Live, let를 갖고 있다.
```python
infile = open("Live.txt", 'r')
words = [line.rstrip() for line in infile]
infile.close()
words.append(words[0].lower())
quote = (" ").join(words) + '.'
print(quote)
```

77. # Star.txt의 3행은 your, own, star를 갖고 있다.
```python
infile = open("Star.txt", 'r')
words = [line.rstrip() for line in infile]
infile.close()
words.insert(0, "Follow")
quote = (" ").join(words)
print(quote)
```

78.
```python
nums = (6, 2, 8, 0)
print("Largest Number:", max(nums))
print("Length:", len(nums))
print("Total:", sum(nums))
print("Number list:", list(nums))
```

79.
```python
phoneNumber = "9876543219"
list1 = list(phoneNumber)
list1.insert(3, '-')
list1.insert(7, '-')
phoneNumber = "".join(list1)
print(phoneNumber)
```

80.
```python
word = "diary"
list1 = list(word)
list1.insert(3, list1[1])
del list1[1]
word = "".join(list1)
print(word)
```

81.
```python
nums = (3, 9, 6)
print(list(nums))
```

82.
```python
nums = [-5, 17, 123]
print(tuple(nums))
```

83.
```python
word = "etch"
L = list(word)
L[1] = "a"
print("".join(L))
```

84.
```python
t = (1, 2, 3)
t = (0,) + t[1:]
print(t)
```

85.
```python
list1 = ["soprano", "tenor"]
list2 = ["alto", "bass"]
list1.extend(list2)
print(list1)
```

86.
```python
list1 = ["soprano", "tenor"]
list2 = ["alto", "bass"]
print(list1 + list2)
```

```
87. list1 = ["gold"]
    list2 = ["silver", "bronze"]
    print(list1 + list2)
```

```
88. list1 = ["gold"]
    list2 = ["silver", "bronze"]
    list1.extend(list2)
    print(list1)
```

```
89. list1 = ["mur"] * 2
    print("".join(list1))
```

```
90. list1 = [0]
    print(list1 * 4)
```

```
91. t = ("Dopey", "Sleepy", "Doc", "Grumpy", "Happy", "Sneezy", "Bashful")
    print(t[4:20])
```

```
92. ships = ["Nina", "Pinta", "Santa Maria"]
    print(ships[-5:2])
```

```
93. answer = ["Yes!", "No!", "Yes!", "No!", "Maybe."]
    num = answer.index("No!")
    print(num)
```

```
94. numbers = (3, 5, 7, 7, 3)
    location = numbers.index(7)
    print(location)
```

연습 95에서 100까지 모든 오류를 찾아내라.

```
95. threeRs = ["reading", "riting", "rithmetic"]
    print(threeRs[3])
```

```
96. word = "sea"
    location = numbers.index(7)
    word[1] = 'p'
    print(word)
```

```
97. list1 = [1, "two", "three", 4]
    print(" ".join(list1))
```

```
98. # 플라톤(Plato)이 제시한 네 가지 덕
    virtues = ("wisdom", "courage", "temperance", "justice")
    print(virtues[4])
```

```
99. title = ("The", "Call", "of", "the", "Wild")
    title[1] = "Calm"
    print(" ".join(title))
```

```
100. words = ("Keep", "cool", "but", "don't")
     words.append("freeze.")
     print(words)
```

101. 문장 분석

문장 내 단어 개수를 카운트하는 프로그램을 작성하라. 그림 2.30을 참고하라.

```
Enter a sentence: Know what I mean?
Number of words: 4
```

그림 2.30 연습 101의 결과

102. 문장 분석

사용자가 입력한 문장의 첫 번째와 마지막 단어를 표시하는 프로그램을 작성하라. 그림 2.31을 참고하라. 유일한 부호로 문장 끝에 마침표가 있음을 가정한다.

```
Enter a sentence: Reach for the stars.
First word: Reach
Last word: stars
```

그림 2.31 연습 102의 결과

103. 이름

두 부분으로 된 이름을 입력받은 후 "성, 이름" 형태로 표시하는 프로그램을 작성하라. 그림 2.32를 참고하라.

```
Enter a 2-part name: John Doe
Revised form: Doe, John
```

그림 2.32 연습 103의 결과

104. 이름

세 부분의 이름을 입력받아 중간 이름을 표시하는 프로그램을 작성하라. 그림 2.33을 참고하라.

```
Enter a 3-part name: Michael Andrew Fox
Middle name: Andrew
```

그림 2.33 연습 104의 결과

1. Amazon.com은 워싱턴 주 시애틀에 위치한다.

   리스트 companies는 튜플 리스트이고, 해당 아이템은 companies[0], companies[1], companies[2]로 참조할 수 있다. 이는 아마존에 대한 튜플 companies[1]을 참조한다. 아마존에 대한 튜플이다. 아마존 튜플의 세 가지 아이템은 companies[1][0], companies[1][2]로 참조된다. ([노트] companies[1][0]은 (companies[1])[0]로 인식되고, companies[1][1]은 (companies[1])[1]로 인식되며, companies[1][2]는 (companies[1])[2]로 인식된다.)

2. (5,)

   5

   ()

   첫 번째와 세 번째 print 함수의 인자는 튜플이다. 첫 번째 print 함수에서 콤마는 해당 인자가 1개 요소로 구성된 튜플임을 의미하므로, 해당 함수는 하나의 튜플을 출력한다. 두 번째 print 함수에서 인자는 콤마를 갖고 있지 않으므로, 괄호 안의 데이터셋은 단지 해당 표현식을 포함한다. 세 번째 print 함수에서는 공백 튜플을 출력한다.

3. 예: 성능 목적으로는 join을 이용한 명령어가 가장 좋다.

주요 용어와 개념	예제
2.1 숫자	
int(정수)와 float(부동 소수점)는 숫자형 데이터 유형이다.	int: 3, −7, 0 float: 3., .025, −5.5
변수(variable)는 데이터를 보관하고 있는 메모리상의 위치를 지칭하는 변수명이다. 포인트 된(변수의 값을 호출) 데이터는 프로그램 실행 중에 변경할 수 있다.	`price = 19.99` `numberOfGrades = 32`
print 함수는 공백으로 구분된 코드의 값을 표시한다.	`print(32, 3., .25, price)`의 출력 결과는 다음과 같다. `32 3.0 0.25 19.99`.
숫자 연산자: +, *, −, /, **, //(정수 나누기), %(모듈러스)	3 + 2 = 5, 3 * 2 = 6, 3 − 2 = 1, 3 / 2 = 1.5, 3 ** 2 = 8, 7 // 2 = 3, 7 % 2 = 1, 4 ** .5 = 2
예약어는 변수명으로 사용할 수 없다.	return, lambda, while, if는 예약어다.
숫자 함수: abs, int, round	abs(−2) = 2, int(3.7) = 3, round(1.28, 1) = 1.3

주요 용어와 개념	예제
파이썬은 대소문자를 구분한다.	price는 Price와는 다른 변수다.
증분값 설정(augmented assignments)은 연산자와 값 설정 명령을 결합하여 사용한다.	n=3이라 할 때 n += 2의 계산 결과 n의 값은 5다.
오류: 구분 오류(syntax), 예외 오류(exception), 로직 오류(logic)	구문 오류: print((5)[print(5)로 수정해야 한다.] 예외 오류: num = 5 / 0 로직 오류: average = 3 + 5 / 2

2.2 문자열

주요 용어와 개념	예제
문자열은 인용 부호로 둘러싸인 여러 문자로 구성된 데이터 유형이다.	"Hello World!", 'x', "123-45-6789"
문자열의 개별 문자는 0에서 시작하는 양수 인덱스로 왼쪽을 기준으로 하는 상대 위치다. 또한 −1에서 시작하는 음수 인덱스로는 오른쪽을 기준으로 하는 상대 위치다.	s의 값이 "Python"이라고 가정해보자. s[3]의 값은 'h'이고, s[−4]의 값은 't'이다. s[10]은 인덱스 오류 예외를 발생시킨다.
문자열의 슬라이스는 사각 괄호 내에 콜론과 가능한 숫자로 이루어진 부분 문자열이다.	s는 값 "Python"을 갖고 있다고 가정해보자. s[2:5]는 "tho"이고 s[−3:]은 "hon"이며 s[:]는 "Python"이다.
String 함수와 메서드: len, find, upper, lower, count, title, rstrip	len("ab")는 2이고, "ab".find('b')는 1이다. "ab". upper()는 "AB"이며 "Ab".lower()는 "ab"이다. "bob". count('b')는 2이고 "quo vadis".title()는 "Quo Vadis"이며 "ab".rstrip()는 "ab"이다.
2개의 string 연산자로는 연결(+)과 반복(*)이 있다.	"ab"+'c'는 "abc"이고, "ha"*3은 "hahaha"이다.
input 함수는 프롬프트를 출력한 후 사용자가 입력한 데이터를 변수에 설정한다.	`name = input("Enter name: ")` `age = int(input("Enter age: "))`
주석은 # 문자로 시작하는 명령으로, 프로그램을 문서화하는 부분이다.	`rate = 5      # 이자율` `# 평균 등급을 계산한다.`
여러분은 행 연속 문자(\)를 이용하여 길이가 긴 명령을 분리하여 표현할 수 있다.	`print("Hello",        n = 2 +\` `      "World!")              3`

2.3 출력

주요 용어와 개념	예제

수평 탭 문자(\t)나 신규 행 문자(\n)가 문자열에 나타날 때, print 함수는 각각 다음 탭 중지나 다음 행에 따라오는 문자를 표시한다.	`print("spam\tand\neggs")`
	 [실행]
	 `spam and`
	 `eggs`

주요 용어와 개념	예제
`print(val1,...,valN, sep=str1, end=str2)`는 str1으로 구분되며 str2로 끝나는 N개의 숫자를 표시한다. 인자 sep와 end는 선택사항이며, 기본 설정값은 " "과 "\n"이다.	`print(1, 2, sep='*', end="")`는 1*2를 표시하고 커서를 신규 행으로 이동시킨다. `print(1, 2)`는 1 2를 출력하고 현재 행에서 출력을 종료한다.
Expandtabs 메서드는 수평 탭 멈춤 간 위치의 개수를 제어한다(기본 설정값은 8이다.).	`print("a\tbc\td".expandtabs(3))`의 실행 결과 a bc d를 출력한다.
ljust, rjust, center methods는 특정 폭의 필드 내 데이터 정렬을 제어한다.	``` print("01234567") print("spam".center(8)) [실행] 01234567 spam ```
format 메서드는 문자열 내의 폼{n:형식 지정자}의 숫자가 매겨진 자리 번호를 콤마로 구분된 메서드의 인자로 대체한다. 해당 포맷의 몇 가지 일반적인 요소는 인자가 표시되는 필드의 폭을 제공하는 숫자, 필드의 정렬 유형을 설정하는 부호, 숫자의 천 단위 자리 단위 구분자, 해당 숫자를 부동 소수점으로 표시하기 위한 .rf(r은 전체 숫자임), 인자가 숫자임을 표시하는 d, 인자가 문자열임을 표시하는 s이다.	``` s = "{0:8s}{1:>10s}" print(s.format("State", "Area")) s = "{0:8s}{1:10,d}" print(s.format("Ohio", 44830)) [실행] State Area Ohio 44,830 . print("{0:.1%}".format(.4568)) print("{0:9,.2f}".format(5876.237)) [실행] 45.7% 5,876.24 ```

2.4 리스트, 튜플, 파일 – 소개

주요 용어와 개념	예제
리스트는 아이템의 정렬된 순열이다. 아이템은 인덱스의 위치를 참고하라. 이 위치는 왼쪽을 기준으로 0에서 시작하거나 오른쪽 기준 위치인 −1에서 시작한다. 리스트의 슬라이스는 문자열의 슬라이스와 동일한 방법으로 정의한다.	L = ["spam", 35, 22.8] 아이템 "spam"은 L[0]이나 L[−3]으로 참조할 수 있다. L[0:2]와 L[:−1]의 값은 ["spam", 35]이다.
리스트 함수: del, len, max, min, sum(sum 함수는 숫자 리스트에만 사용한다.)	표 2.5를 참고하라.
리스트 메서드: append, clear, count, extend, index, insert, remove	표 2.5를 참고하라.

주요 용어와 개념	예제
| 튜플은 위치가 변동될 수 없다는 점만 제외하면, 리스트와 유사하다. 앞에서 언급한 리스트 함수는 튜플에도 적용 가능하다(del은 제외). 앞에서 언급한 리스트 메서드 중 튜플은 카운트와 인덱스만을 지원한다. 튜플은 연결하기(concatenation)와 반복(repetition)을 지원한다. | ```
t = (2, 3, 1, 3)
print(t[1], t.index(3), end=" ")
print(t.count(3), len(t), sum(t))
print(t + (7, 5))
print(t * 2)
[실행]
3 1 2 4 9
(2, 3, 1, 3, 7, 5)
(2, 3, 1, 3, 2, 3, 1, 3)
``` |
| Split 메서드는 1개 이상의 구분자(일반적으로 콤마나 공백) 인스턴스를 갖는 문자열을 리스트로 변환한다. join 메서드는 문자열 리스트나 튜플을 연결하여 각 항목 사이에 설정한 구분자가 포함된 하나의 문자열로 만든다. | ```
print("spam,eggs".split(','))
print(", ".join(['spam','eggs']))
[실행]
['spam', 'eggs']
spam, eggs
``` |
| Open 함수는 파일의 각 라인을 리스트의 아이템으로 리스트를 채우는 데 사용할 수 있다. | ```
infile = open("fileName", 'r')
L = [line.rstrip() for line in
    infile]
```<br>infile.close()는 파일로부터 행으로 구성된 문자열 리스트를 생성한다. |
| 리스트의 아이템이 모드 리스트일 때, 이러한 구성을 내포된 리스트라고 한다. | ```
L = [["Bonds", 762],["Aaron", 755]]
```<br>L[0][1]은 762라는 값을 갖는다. |
객체의 데이터를 대체 변경하는 것이 불가능한 경우를 불변(immutable)이라고 한다.	숫자, 문자열, 튜플은 불변한다. 리스트는 변경이 가능하다.
리스트나 튜플 내의 아이템을 해당 인덱스로 참고하는 과정은 인덱스 오류 역추적 메시지를 발생시킨다.	(5,3,2)[6]은 인덱스 오류 역추적 메시지를 생성한다.
list와 tuple 함수는 해당 튜플을 리스트로 변환하거나 리스트를 튜플로 변환한다.	list(2,3)은 값 [2,3]을 갖는다. tuple[2,3]은 값 (2,3)을 갖는다.

프로그래밍 프로젝트

1. 거스름돈 만들기

    사용자로부터 0에서 99센트의 입력받아 거스름돈을 만드는 프로그램을 작성해보자. 이 프로그램은 동전의 개수를 보여주어야 한다. 거스름돈을 만드는 데 사용되는 각 액면 금액으로부터 동전의 개수를 보여준다. 그림 2.34를 참고하라.

```
Enter amount of change: 93
Quarters: 3    Dimes: 1
Nickels: 1     Cents: 3
```

그림 2.34 프로그래밍 프로젝트 1의 결과

2. 자동차 담보 대출

자동차를 구매하기 위해 n년 동안 매달 지불 조건으로 A 달러를 r%의 월 복리 이자로 빌렸다고 가정할 경우, 매달 지불 금액은 다음 공식으로 계산할 수 있다.

$$매달\ 지불\ 금액 = \frac{i}{1 - (1 + i)^{-12n}} \cdot A$$

$i = \frac{r}{1200}$이다.

사용자가 론의 금액, 이자율, 연수를 입력한 후 매달 지불액을 계산하는 프로그램을 작성하라. 그림 2.35를 참고하라.

```
Enter amount of loan: 12000
Enter interest rate (%): 6.4
Enter number of years: 5
Monthly payment: $234.23
```

그림 2.35 프로그래밍 프로젝트 2의 결과

3. 채권 수익률

채권의 수익성과 측정값은 YTM$^{Yield\ To\ Maturity}$이다. 국채에 대한 YTM값은 계산이 복잡하기 때문에 표 형태로 공표된다. 하지만 간단한 공식 $YTM = \frac{intr + a}{b}$를 이용하여 근사할 수 있으며, 식에서 intr은 연간 수익률이고, $a = \frac{만기\ 시\ 액면가 - 현재\ 시장\ 가격}{만기\ 때까지\ 기간(년)}$, $b = \frac{액면가 + 현\ 시장\ 가격}{2}$으로 계산할 수 있다. 예를 들어, 채권은 액면 가격 $1,000, 쿠폰 이자율 4%, 만기 도래 기간 15년, 현재 판매액 $1,180이라고 가정해보자. 이 경우 $intr = .04 * 1,000 = 40$, $a = \frac{1000 - 1180}{15} = -12$, $b = \frac{1000 - 1180}{2} = 1090$ 이며, $YTM = \frac{40 - 12}{1090} \approx 2.57\%$이다. ([노트] 채권의 액면 가격은 만기가 도래할 때까지 묶여 있는 금액이다. 또한 쿠폰 이자율은 채권에 명시된 이자율이다. 만약 채권이 처음 발행되었을 때 이를 구매하였다면, YTM은 쿠폰 이자율과 같아진다. 액면가, 쿠폰 이자율, 현 시장 가격, 채권에 대한 만기까지의 기간(년)을 입력받은 후 해당 펀드의 YTM을 계산하는 프로그램을 개발하라. 그림 2.36을 참고하라.)

```
Enter face value of bond: 1000
Enter coupon interest rate: .04
Enter current market price: 1180
Enter years until maturity: 15
Approximate YTM: 2.57%
```

그림 2.36 프로그래밍 프로젝트 3의 결과

4. 단위 가격

파운드와 온스 단위의 무게와 가격을 입력받아 온스당 가격을 결정하는 프로그램을 작성하라. 그림 2.37을 참고하라.

```
Enter price of item: 25.50
Enter weight of item in
pounds and ounces separately.
Enter pounds: 1
Enter ounces: 9
Price per ounce: $1.02
```

그림 2.37 프로그래밍 프로젝트 4의 결과

5. 주식 포트폴리오

투자자의 주식 포트폴리오는 4개의 교환 거래 펀드(SPY, QQQ, EEM, VXX)로 구성되어 있다. 각 펀드에 투자된 양을 입력받아 총투자 금액과 각 펀드의 구성 비율을 표시하는 프로그램을 작성하라. 그림 2.38을 참고하라.

```
Enter amount invested in SPY: 876543.21
Enter amount invested in QQQ: 234567.89
Enter amount invested in EEM: 345678.90
Enter amount invested in VXX: 123456.78

ETF PERCENTAGE
------------------
SPY 55.47%
QQQ 14.84%
EEM 21.87%
VXX 7.81%

TOTAL AMOUNT INVESTED: $1,580,246.78
```

그림 2.38 프로젝트 5 프로그램의 결과

6. 길이 변환

US 길이 측정 체계를 마일, 야드, 피트와 인치를 국제 표준 체계인 킬로미터, 미터, 센티미터로 변환하는 프로그램을 작성하라. 샘플 실행 결과는 그림 2.39와 같다. 마일, 야드, 피트, 인치 숫자를 입력받은 후 해당 길이값을 전체 인치로 변환하고, 39.37로 나누어 미터로 변환한다. 총미터를 킬로미터와 미터로 변환하기 위해서는 int 함수를 사용해야 한다. 센티미터값은 소수점 첫째 자리까지 표시하도록 한다. 필요한 공식은 다음과 같다.

$$\text{총인치} = 63{,}360 * \text{마일} + 36 * \text{야드} + 12 * \text{피트} + \text{인치}$$

$$\text{총미터} = \text{총인치}/39.37$$

$$\text{킬로미터} = \text{int}(\text{미터}/1000)$$

```
Enter number of miles: 5
Enter number of yards: 20
Enter number of feet: 2
Enter number of inches: 4
Metric length:
  8 kilometers
  65 meters
  73.5 centimeters
```

그림 2.39 프로젝트 6 프로그램의 결과

3장

프로그램 흐름을
제어하는 구조

3.1 관계형과 논리형 연산

VideoNote
Relational
and Logical
Operators

1장에서 '2개의 논리형 프로그램은 판단^{decision}과 루프^{loop}를 만든다'라는 사실에 대해 설명했다. 3장에서는 판단과 루프 구조를 구현하는 방법에 대해 학습한다. 판단을 하려면(게다가 자주 루프를 제어하려면) 특정 기능을 수행하는 코스를 결정하는 조건을 설정해야 한다.

조건(또는 불린 표현)은 관계형 연산자(〈과 〉=과 같음)와 논리형 연산자(and, or, not과 같음)가 포함된 표현이다. ASCII값은 관계형 연산자와 문자열을 비교하는 데 사용하는 순서를 결정한다. 조건은 참이나 거짓(조건의 참값으로 참고되는 값)을 판정하는 데 사용한다. True와 False는 예약어다.

■ ASCII값

키보드의 중앙에 위치한 47개의 키를 이용하면 2개의 문자를 만들어 낼 수 있으므로 총 94개의 문자 생성이 가능하다. 여기에 스페이스 바 문자를 더하면 95개의 문자가 된다. 이러한 문자는 32에서 126까지의 값을 갖는다. 이 값을 ASCII값(부록 A 참고)이라고 하며, 표 3.1은 ASCII값의 일부다.

표 3.1   ASCII값

32	(space)	48	0	66	B	122	z
33	!	49	1	90	Z	123	{
34	"	57	9	97	a	125	}
35	#	65	A	98	b	126	~

ASCII 표준은 문자 일부에 대해 126을 초과하는 값을 할당하였다. 표 3.2는 이에 대한 예제다.

표 3.2 ASCII 코드값이 126을 초과하는 문자의 일부

표 3.2 ASCII 코드값이 126을 초과하는 문자의 일부

162	¢	177	±	181	μ	190	¾
169	©	178	²	188	¼	247	÷
176	°	179	³	189	½	248	ø

n이 양수이면, chr(n)은 ASCII값 n을 갖는 문자로 구성된 단일 문자열이 된다. 만약, str이 단일 문자열이면 ord(str)은 해당 문자의 ASCII값이 된다. 예를 들어 명령문 print(chr(65))는 문자 A를 표시하고, 명령문 print(ord('A'))는 숫자 65를 표시한다. ASCII값이 높은 문자를 포함한 문자열을 얻기 위해서는 문자열 연결 연산에서 chr을 이용해야 한다.

```
print("32" + chr(176) + " Fahrenheit")
```

예를 들어 다음 명령문은 32° Fahrenheit을 출력한다.

■ 관계형 연산자

(<)보다 작은 관계형 연산자는 숫자, 문자열, 다른 객체에 적용할 수 있다. 만약 숫자열상에서 a가 b의 왼쪽에 있다면, 숫자 a은 숫자 b보다 작다. 예를 들어 2 < 5, -5 < -2, 0 < 3. 5와 같다.

문자의 순서를 매기기 위해 ASCII표를 사용할 때 a가 b보다 먼저 위치하는 경우, a는 b보다 작다고 한다. 대문자는 소문자 앞에 위치하고, 숫자는 대문자 앞에 위치한다. 두 문자열 중 어느 것이 앞에 위치하는지 결정하기 위해 문자 단위로 비교한다. 따라서 "cat" < "dog", "cart" < "cat", "cat" < "catalog", "9W" < "bat", "Dog" < "cat", "sales_99" < "sales_retail"이다. 이러한 유형의 순서를 사전 편찬 순서lexicographical ordering라고 한다. 표 3.3은 다양한 관계형 연산자의 의미를 보여주고 있다.

표 3.3 관계형 연산자

파이썬 표기	숫자 의미	문자열 의미
==	같은	동일한
!=	같지 않은	다른
〈	선행값보다 작은	사전 편찬 기준 앞에 있는
〉	후속 값보다 큰	사전 편찬 기준 뒤에 있는
〈 =	보다 작거나 같음	사전 편찬 기준 앞에 있거나 동일한
〉=	보다 크거나 같음	사전 편찬 기준 뒤에 있거나 동일한
in		~의 서브스트링임
not in		~의 서브스트링이 아님

예제 1 　관계형 연산자

다음 조건이 참인지 거짓인지 결정한다.

(a) 1 〈 = 1
(b) 1〈1
(c) "car" 〈 "cat"
(d) "Dog" 〈 "dog"
(e) "fun" in "refunded"

해답

(a) 참. 〈= 은 "미만 또는 같음"을 의미한다. 즉, 이 조건은 두 상황이 같은 경우에 참이 된다. 두 번째 값이 같다.

(b) 거짓. 〈은 "미만"을 의미하며, 어떠한 값도 자신보다 작을 수 없다.

(c) 참. 문자열의 문자는 왼쪽부터 오른쪽까지 한 번에 1개씩 비교한다. 맨 앞의 두 문자가 일치하기 때문에 세 번째 문자가 순서를 결정한다.

(d) 참. ASCII 표에 대문자가 소문자보다 앞에 위치하기 때문에 "Dog"는 "dog"보다 사전 편찬 기준으로 앞에 위치한다.

(e) 참. 문자열 "fun"은 "refunded"의 부분 문자열 "refunded"[2:5]이다.

조건은 변수, 숫자 연산자, 함수를 포함할 수도 있다. 조건이 참인지 거짓인지 결정하려면, 숫자나 문자열 표현식을 연산한 후에 결과가 참인지 거짓인지 결정해야 한다.

 예제 2 　관계형 연산자

변수 a와 b가 값 4와 3을 갖고 있으며, 변수 c와 d는 값 "hello"와 "bye"를 갖는다고 가정해보자. 다음 조건은 참인가, 거짓인가?

(a) (a + b) 〈 (2 * a)
(b) (len(c) − b) = = (a / 2)
(c) c 〈 ("good" + d)

해답

(a) 참. a+b는 7이고, 2*a의 값은 8이다. 7 〈 8이므로 해당 조건은 참이다.

(b) 참. len(c)−b는 2이다. 이 값은 (a/2)와 같다.

(c) 거짓. 알파벳 순서상 h는 g 다음에 오기 때문에 조건 "hello" 〈 "goodbye"는 거짓이다.

int는 float와 비교할 수 있다. 이 밖에 서로 다른 형태의 값은 비교할 수 없다. 예를 들어 문자열은 숫자값과 비교할 수 없다.

관계형 연산자는 리스트나 튜플에 적용할 수 없다. 2개의 리스트나 2개의 튜플이 같으려면 길이와 값도 같아야 한다. 비교 조건의 참값을 결정하기 위해서는 두 아이템이 다를 때까지 비교하거나 순열값 중 한쪽의 아이템이 없어질 때까지 비교해야 한다. 첫 번째 아이템 쌍이 서로 다른 값을 갖는 경우, 해당 조건의 참값을 결정할 수 있다. 만약, 순열값 중 기존에 비교한 모든 아이템이 일치한 상태에서 한쪽의 비교 대상 아이템에 더 이상 존재하지 않는다면, 상대적으로 짧은 순열이 작은 값이 된다. 참값을 갖는 몇 가지 비교 사례는 다음과 같다.

```
[3, 5] < [3, 7]
[3, 5] < [3, 5, 6]
[3, 5, 7] < [3, 7, 2]
[7, "three", 5] < [7, "two", 2]
```

in 연산자를 리스트나 튜플에 적용할 때, 왼쪽에 위치한 피연산자가 오른쪽에 위치한 피연산자에 포함되어 있는지의 여부를 결정한다. 결과가 참인 2개의 예제는 다음과 같다.

```
'b' in ['a', 'b', 'c']
'B' not in ('a', 'b', 'c')
```

■ 리스트에서 아이템 정렬하기

비교할 수 있는 모든 아이템 쌍으로 이루어진 리스트 내의 아이템은 sort 메서드로 정렬할 수 있다. 명령문 list1.sort()는 list1와 동일한 아이템을 갖고 있지만, 해당 모든 아이템의 숫자나 문자를 오름차순으로 정렬한다.

✓ **예제 3** **리스트 정렬**

다음 프로그램을 보면 3개의 수식 앞에 두 변수를 사용하여 계산을 수행한다.

```
list1 = [6, 4, -5, 3.5]
list1.sort()
print(list1)
list2 = ["ha", "hi", 'B', '7']
list2.sort()
print(list2)
```
[실행]
```
[-5, 3.5, 4, 6]
['7', 'B', 'ha', 'hi']
```

예제 4 리스트 정렬

다음 프로그램은 파이썬이 문자열 형태의 복잡한 리스트 아이템을 정렬하는 방법을 보여준다.

(**[노트]** chr(177)은 ±문자이고 chr(162)는 ¢이다.)

```
list1 = [chr(177), "cat", "car", "Dog", "dog", "8-ball", "5" + chr(162)]
list1.sort()
print(list1)
```

[실행]

```
['5¢', '8-ball', 'Dog', 'car', 'cat', 'dog', '±']
```

 예제 5 리스트 정렬

다음 프로그램은 튜플 리스트에 있는 아이템을 정렬한다.

```
monarchs = [("George", 5), ("Elizabeth", 2), ("George", 6), ("Elizabeth", 1)]
monarchs.sort()
print(monarchs)
```

[실행]

```
[('Elizabeth', 1), ('Elizabeth', 2), ('George', 5), ('George', 6)]
```

■ 논리 연산

지금까지 프로그래밍에서 고려된 것보다 복잡한 조건이 필요한 경우가 종종 발생한다. 예를 들어, 변수 str1의 값은 길이가 10인 문자열이고, 부분 문자열 "gram"을 갖고 있다고 가정해보자. 이에 대해 적합한 파이썬 조건은 다음과 같다.

```
(len(str1) == 10) and ("gram" in str1)
```

이 조건은 조건 (len(str1) == 10)과 조건 ("gram" in str1)을 논리 연산 and로 결합한 결과다.

3개의 주요 논리 연산자는 예약어 and, or, not이다. 이러한 연산자를 사용하는 조건은 복합 조건이라고 한다. cond1과 cond2가 조건이면, 다음 복합 조건은 두 조건이 참일 때에 참이다.

```
cond1 and cond2
```

그렇지 않은 경우, 이 복합 조건은 거짓이 된다. 다음 복합 조건은 두 조건 중 하나만 참이거나 모두 참일 경우, 참이 된다. 이 밖의 경우는 거짓이다.

```
cond1 or cond2
```

다음 복합 조건은 해당 조건이 거짓일 때 참이 된다. 또한 해당 조건이 참이면 거짓이 된다.

```
not cond1
```

 예제 6　논리 연산자

변수 n이 값 4를 갖고 있고, 변수의 값은 "Y"라고 가정해보자. 다음 조건 연산이 참인지 거짓인지 결정하라.

(a) $(2 < n)$ and $(n < 6)$

(b) $(2 < n)$ or $(n == 6)$

(c) not $(n < 6)$

(d) (answ $==$ "Y") or (answ $==$ "y")

(e) (answ $==$ "Y") and (answ $==$ "y")

(f) not (answ $==$ "y")

(g) $((2 < n)$ and $(n == 5 + 1))$ or (answ $==$ "No")

(h) $((n == 2)$ and $(n == 7))$ or (answ $==$ "Y")

(i) $(n == 2)$ and $((n == 7)$ or (answ $==$ "Y"))

해답

(a) 참. 조건$(2 < 4)$와 $(4 < 6)$은 모두 참이기 때문이다.

(b) 참. 조건$(2 < 4)$이 참이기 때문이다. 조건$(4 == 6)$이 거짓이라는 사실은 결과에 영향을 미치지 않는다. 두 조건 중 하나만 참이면 된다.

(c) 거짓. $(4 < 6)$이 참이기 때문이다.

(d) 참. answ의 값이 Y이며, 첫 번째 조건이 ("Y" == "Y")가 되기 때문이다.

(e) 거짓. 두 번째 조건이 거짓이기 때문이다. 실제로 이러한 복합 조건은 answ에 어떤 값이 와도 거짓이 된다.

(f) 참. ("Y" == "y")이 거짓이기 때문이다.

(g) 거짓. 논리 연산에서 복합 조건문 $((2 < n)$ and $(n == 5 + 1))$과 간단한 조건(answ == "No")은 논리 연산자 or에 의해 연결되었다. 이 두 조건이 거짓이므로, 전체 조건은 거짓이다.

(h) 참. or 다음의 조건이 참이기 때문이다.

(i) 거짓. 첫 번째 조건이 거짓이기 때문이다((h)와 (i)를 비교해보면, 개발자가 의도한 조건을 그룹화하여 연산하기 위해서는 괄호를 사용해야 한다는 것을 알 수 있다.).

■ 단락 연산

파이썬이 복합 조건 (cond1 and cond2)을 실행할 때는 우선 cond1만을 연산한다. 만약 cond1이 거짓이면, 파이썬은 복합 조건을 거짓으로 판단하므로 cond2를 연산하지 않는다. 이와 유사하게 파이썬이 복합 조건 (cond1 or cond2)를 실행할 때는 우선 cond1만을 연산한다. 만약 cond1이 참이면, 파이썬은 복합 조건을 참이라고 판단하므로, cond2를 평가하지 않는다. 이러한 과정을 단락 연산^{short-circuit}이라고 한다.

몇 가지 프로그램 언어는 복합 조건에 값을 할당하기 전에 복합 조건의 일부분만을 연산한다. 만약 이런 경우, 해당 조건인 (number !=0) and (m == n / number))의 연산에서 number가 값이 0이 될 때 충돌과 오류 메시지를 야기할 수 있다. 하지만 단락 연산 때문에 이러한 복합 조건의 연산은 파이썬에서 문제를 발생시키지 않는다.

단락 연산은 때로 프로그램의 성능을 개선시킨다. 예를 들어, cond2의 결과가 시간이 소모되는 경우에 해당한다.

■ 불 데이터(bool data) 유형

print(condition) 형태의 명령문은 참 또는 거짓을 표시한다. 객체 참과 거짓은 불린^{boolean} 데이터 유형을 갖거나 불 데이터 유형이 된다. 다음 코드는 거짓을 표시한다.

```
x = 5
print((3 + x) < 7)
```

다음 코드는 참을 표시한다.

```
x = 2
y = 3
var = x < y
print(var)
```

예제 6의 part(i)에 대한 해답은 다음 코드를 실행한 결과, 거짓이다.

```
n = 4
answ = "Y"
print((n == 2) and ((n == 7) or (answ == "Y")))
```

■ 불린값을 반환하는 세 가지 메서드

만약 str1과 str2가 문자열이면, 조건 str1.startswith(str2)는 str1이 str2로 시작하는 경우에만 참값을 갖는다. 또한 조건 str1.endswith(str2)은 str1이 str2로 끝나는 경우에만 참값을 갖는다.

예를 들어 다음 두 조건은 참이다.

```
"fantastic".startswith("fan")
"fantastic".endswith("stic")
```

만약 var1이 "fantastic"이고, var2가 "Fant"이면 다음 조건은 거짓이다.

```
var1.startswith(var2)
"elephant".endswith(var2)
```

item이 문자나 변수이면 폼 isinstance(item, dataType)은 해당 아이템값이 특정 데이터 유형을 갖는 경우, 값이 참이다. 이 경우, 데이터 유형은 모든 유형(int, float, str, bool, list, tuple)이 가능하다. 예를 들어 조건 isinstance("32", int)는 거짓값을 가지며, 조건 isinstance(32, int)는 참값을 갖는다. 표 3.4는 불린값을 반환하는 몇 가지 다른 문자열 메서드다. 표에서 str1은 비어 있는 문자열이 아니다. str1이 빈 문자열인 경우, 표 3.4의 개별 메서드는 거짓을 반환한다.

표 3.4 참 또는 거짓을 반환하는 메서드

메서드	참을 반환하는 경우
str1.isdigit()	모든 str1의 문자가 숫자일 경우
str1.isalpha()	모든 str1의 문자가 알파벳일 경우
str1.isalnum()	모든 str1의 문자가 알파벳이나 숫자일 경우
str1.islower()	str1이 적어도 1개의 알파벳 문자를 갖고 모든 알파벳 문자가 소문자일 경우
str1.isupper()	str1이 적어도 1개의 알파벳 문자를 갖고 모든 알파벳 문자가 대문자일 경우
str1.isspace()	str1이 공백 문자만 갖고 있는 경우

■ 조건을 간단하게 만들기

리스트나 튜플은 논리 연산자를 포함한 길이가 긴 복합 조건을 간단히 만들기 위해 사용한다. 예를 들어 다음 복합 조건 (state == "MD") or (state == "VA") or (state == "WV") or (state == "DE")은 state in ["MD", "VA", "WV", "DE"]으로 대체할 수 있다.

부등호를 포함한 복합 조건은 좀 더 명료한 형태로 작성할 수 있다. 예를 들어 조건 (x > 10) and (x <= 20)은 조건 10 < x <= 20으로 대체할 수 있으며, 조건 (x <= 10) or (x > 20)은 not(10 < x <= 20)으로 대체할 수 있다. 드모르간 법칙에 따르면 2개의 논리 원칙은 다음과 같다.

not(cond1 and cond2)는 not(cond1) or not(cond2)와 같다.

not(cond1 or cond2)는 not(cond1) and not(cond2)와 같다.

드모르간 법칙은 왼쪽에서 오른쪽 또는 오른쪽에서 왼쪽으로 적용할 수 있다. 예를 들어 드모르간 법칙에 따라 복합 조건 not((temperature >= 80) and (humidity <= 60))은 (temperature < 80) or (humidity > 60))과 같고, 복합 조건 not(len(word) == 5) and not(word.startswith('A'))는 not((len(word) == 5) or (word.startswith('A')))와 같다.

■ 주석

1. 숫자 변수를 포함한 조건은 대수 등호나 부등호와 다르다. 예제 2에서 살펴보았던 (a+b) < (2*a)은 모든 a와 b의 값에 대해 참이 아니기 때문에 유효한 대수 부등호가 될 수 없다. 하지만 파이썬 프로그램에서는 변수의 현재 값에 대해 참인 경우, 참이 된다.

2. 일반적인 오류는 조건 (not(n<m))을 (n)m)으로 대체하면서 발생한다. 정확한 대체 조건은 (n>=m)이다.

3. 조건 "three"==3은 거짓으로 판정되지만, 조건 "three"<3은 역추적 오류를 발생시킨다.

4. 일반적인 오류는 조건문에서 1개의 등호를 사용하는 경우에 발생한다. 따라서 2개의 등호를 사용해야 한다.

5. sort 메서드는 설정 명령문에 사용할 수 없다. 예를 들어 명령문 list2 = list1.sort()는 sort가 어떠한 값도 반환하지 않기 때문에 유효하지 않다. 이 명령문은 단지 아이템을 재정렬한다. 다음 두 명령문으로 대체할 수 있다.

```
list1.sort()
list2 = list1
```

6. and, or, not, True, False는 예약어이기 때문에 IDLE에서는 오렌지색으로 표시된다.

연습문제 3.1

1. 조건 "Hello " == "Hello"는 참인가 거짓인가?

2. (27 > 9)는 참이고, ("27" > "9")는 거짓이 되는 이유를 설명하시오.

3. 표 3.5를 완성하라.

표 3.5 논리 연산자의 참값

조건 1	조건 2	조건 1 and 조건 2	조건 1 or 조건 2	not 조건 2
True	True	True		
True	False		True	
False	True			False
False	False			

4. 예제 5를 고려해보자. monarchs는 리스트 대신 튜플이라고 가정해보자. 튜플이 sort 메서드를 갖고 있지 않더라도 monachs의 아이템을 정렬할 수 있는 방법이 있는가?

5. 명령문 print("Hello World".isalpha())로 표시되는 결과는 무엇인가?

6. =과 ==의 차이는 무엇인가?

연습 3.1

연습 1부터 8까지 출력 결과를 결정해보자.

1. print(chr(104) + chr(105))

2. print('C' + chr(35))

3. print("The letter before G is " + chr(ord('G') - 1) + '.')

4. print(chr(ord('B'))) # B의 아스키코드 값은 66이다.

5. list1 = [17, 3, 12, 9, 10]
list1.sort()
print("Minimum:", list1[0])
print("Maximum:", list1[-1])

6. list1 = [17, 3, 12, 9, 10]
list1.sort()
print("Spread:", list1[-1] - list1[0])

7. letter = 'D'
print(letter + " is the " + str(ord(letter) - ord('A') + 1) +
"th letter of the alphabet.")

8. letter = 'D'
spread = ord('a') - ord('A')
print(chr(ord(letter) + spread))

연습 9에서 20까지 a의 값이 2이고, b의 값이 3이라고 가정할 때, 해당 조건이 참인지 거짓인지 결정하라. 다음으로 print 함수를 사용하여 결과를 출력하여 확인하라.

9. `3 * a == 2 * b`

10. `((5 - a) * b) < 7`

11. `b <= 3`

12. `a ** b == b ** a`

13. `a ** (5 - 2) > 7`

14. `3e-2 < .01 * a`

15. `(a < b) or (b < a)`

16. `(a * a < b) or not(a * a < a)`

17. `not((a < b) and (a < (b + a)))`

18. `not(a < b) or not (a < (b + a))`

19. `((a == b) and (a * a < b * b)) or ((b < a) and (2 * a < b))`

20. `((a == b) or not (b < a)) and ((a < b) or (b == a + 1))`

예제 21에서 44까지 조건이 참인지 거짓인지 결정하라.

21. `"9W" != "9w"`

22. `"Inspector" < "gadget"`

23. `"Car" < "Train"`

24. `'J' >= 'J'`

25. `"99" > "ninety-nine"`

26. `'B' > '?'`

27. `("Duck" < "pig") and ("pig" < "big")`

28. `"Duck" < "Duck" + "Duck"`

29. `not(('B' == 'b') or ("Big" < "big"))`

30. `"th" in "Python"`

31. `"ty" in "Python"`

32. `(7 < 34) and ("7" < "34")`

33. `isinstance(32, float)`

34. `isinstance(32., int)`

35. `isinstance(32., float)`

36. `isinstance(32, int)`

37. `"colonel".startswith('k')`

38. `"knight".startswith('n')`

39. `"potato".endswith("oe")`

40. `"flute".endswith('t')`

41. `True or False`

42. `True and False`

43. `not True`

44. `not False`

연습 45에서 54까지 두 조건이 같은지 여부를 결정하라. 즉, 모든 값에 대해 두 조건이 모두 참인지 아니면 거짓인지 결정하라.

45. `a <= b; (a < b) or (a == b)`

46. `not(a<b); a > b`

47. (a == b) or (a<b); a != b

48. not((a == b) or (a == c)); (a != b) and (a != c)

49. not((a == b) and (a == c)); (a != b) or (a != c)

50. (a < b) and ((a > d) or (a > e));
((a < b) and (a > d)) or ((a < b) and (a > e))

51. (a <= b) and (a <= c); not((a > b) or (a > c))

52. not(a >= b); (a <= b) and not(a == b)

53. ch in "abcdefghijklmnopqrstuvwxyz"; 97 <= ord(ch) <= 122

54. str1.upper() == str1; str1.isupper()
(str1은 적어도 1개의 알파벳 문자를 갖고 있다고 가정해보자.)

연습 55에서 60까지 주어진 조건의 부정에 해당하는 조건을 작성하라(예를 들어 a != b는 a ==
b의 부정에 해당한다.)

55. a > b

56. (a == b) or (a == d)

57. (a < b) and (c != d)

58. not((a == b) or (a > b))

59. a <= b

60. (a != "")   and   (a < b)   and   (len(a) < 5)

연습 61에서 68까지 다음 표현식을 단순화하라. 연습 63에서 69까지의 변수는 정수값을 갖는
다고 가정해보자.

61. (ans == 'Y') or (ans == 'y') or (ans == "Yes") or (ans == "yes")

62. (name == "Athos") or (name == "Porthos") or (name == "Aramis")

63. (year == 2010) or (year == 2011) or (year == 2012) or (year == 2013)

64. (n == 1) or (n == 2) or (n == 3) or (n == 4) or (n == 5) or (n == 6)

65. (n >= 3) and (n < 9)

66. (n <= 22) and (n > 1)

67. (n <= 10) and (n > -20)

68. (n <= 200) and (n >= 100)

연습 69에서 84까지 참 또는 거짓 중 무엇을 표시할지 결정하라.

69. ```
str1 = "target"
print(str1.startswith('t') and str1.endswith('t'))
```

**70.** `print("colonel".startswith('k'))`

**71.** ```
str1 = "ticket"
print(str1.startswith('t') or str1.endswith('t'))
```

72. ```
str1 = "target"
str2 = "get"
print(str1.endswith(str2))
```

**73.** ```
str1 = "Teapot"
str2 = "Tea"
print(str1.startswith(str2))
```

74. ```
str1 = "Teapot"
print(str1.startswith(str1[0:4]))
```

**75.** ```
str1 = "Teapot"
print(str1.endswith(str1[-4:]))
```

76. ```
str1 = "spam and eggs"
print(str1.endswith(str1[10:len(str1)]))
```

**77.** ```
str1 = "spam and eggs"
print(str1.startswith(str1[:len(str1) - 1]))
```

78. ```
num = "1234.56"
print(isinstance(num, float))
```

**79.** `print(isinstance(25, float))`

**80.** `print(isinstance("25", int))`

**81.** ```
num = str(34)
print(isinstance(num, int))
```

82. ```
letter = ord('M')
print(isinstance(letter, str))
```

**83.** ```
str1 = "5e-12"
print(str1.isdigit())
```

84. `print("seven".isdigit())`

85. escape 순열 대신 chr 함수를 사용하여 다음 명령문을 재작성하라.

```
print("He said \"How ya doin?\" to me.")
```

1. 거짓

   첫 번째 문자열은 6개 문자를 갖고 있으며, 두 번째 문자열은 5개 문자를 갖고 있다.
   2개의 문자열이 같으려면 100% 동일해야 한다.

2. 27과 9를 문자로 비교할 때, 첫 번째 문자인 2와 9에 근거하여 순서를 결정한다.
   아스키 코드 표에서 2는 9 앞에 오기 때문에 "27" < "9"가 된다.

3.

조건 1	조건 2	조건 1 and 조건 2	조건 1 or 조건 2	not 조건 2
True	True	True	True	False
True	False	False	True	True
False	True	False	True	False
False	False	False	False	True

4. 예

   Monach 내에 아이템을 포함한 리스트를 생성하기 위해 리스트 함수를 튜플에 적용한다.
   다음으로 sort 메서드를 리스트에 적용하고, tuple 함수를 사용하여 리스트를 튜플로 재변
   환한다.

5. 거짓

   공백은 알파벳 문자가 아니다.

6. 부호 =는 값을 설정할 때 사용하고, ==는 값을 비교할 때 사용한다.

VideoNote
Decision
Structures

3.2 조건문 구조

조건문 구조는 어떤 조건이 참인지 거짓인지의 여부에 근거하여 프로그램이 일련의 작동을 결
정한다.

■ if-else 명령문

if-else 명령문은 다음과 같은 형태를 갖는다.

```
if 조건
    들여쓰기한 명령문 블록
else
    들여쓰기한 명령문 블록
```

해당 조건이 참이면 프로그램이 첫 번째 블록의 명령문을 실행하고, 해당 조건이 거짓이면 프로그램이 두 번째 블록의 명령을 실행한다. 개별 들여쓰기 블록은 1개 이상의 파이썬 명령문으로 구성되어 있다. 예약어 if와 else는 소문자로 작성되어야 하고, 해당 명령문 블록 내의 개별 행은 오른쪽으로 같은 거리만큼 들여쓰기해야 한다. 즉, 해당 명령문은 열 기준으로 수직으로 얼라인되어 있어야 한다. 이러한 물리적 들여쓰기는 인터프리터와 해당 내용을 읽는 사람에게 해당 명령문 블록이 시작되고, 종료되는 위치를 알려준다(우리는 항상 4개의 공백 후에 명령문 블록을 들여쓰기할 것이다.).

✔ **예제 1** **상대적으로 큰 값을 찾기**

다음 프로그램은 사용자가 입력한 두 숫자 중에서 상대적으로 큰 숫자를 찾아내는 것이다. 해당 조건은 num1 〉 num2이고, 각 블록은 하나의 설정 명령문으로 이루어져 있다. num1과 num2에 대한 입력은 3과 7이므로 해당 조건은 거짓이 된다. 따라서 두 번째 블록이 실행된다. 그림 3.1은 해당 프로그램의 if-else에 대한 순서도다.

```
## 두 숫자 중에서 큰 숫자를 결정한다.
# 사용자로부터 두 숫자를 입력받는다.
num1 = eval(input("Enter the first number: "))
num2 = eval(input("Enter the second number: "))
# 보다 큰 값을 결정하고 표시한다.
if num1 > num2:
    largerValue = num1 # 조건이 참이면 이 명령문을 실행한다.
else:
    largerValue = num2   # 조건이 거짓이면 이 명령문을 실행한다.
print("The larger value is", str(largerValue) + ".")
```

[실행]
```
Enter the first number: 3
Enter the second number: 7
The larger value is 7.
```

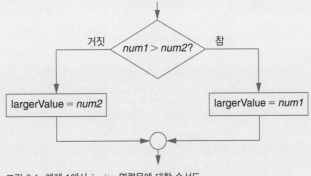

그림 3.1 예제 1에서 if-else 명령문에 대한 순서도

예제 2 **갤론 모자의 부피**

다음 프로그램에서 if-else 명령문은 조건 내에서 관계형 연산자를 갖고 있다.

```
## 퀴즈
# 질문에 대한 답을 얻어내기
answer = eval(input("How many gallons does a ten-gallon hat hold? "))
# 해답을 계산하기
if (0.5 6 <= answer 6 <= 1):
    print("Good, ", end="")
else:
    print("No, ", end="")
print("it holds about 3/4 of a gallon.")
```

[실행]

```
How many gallons does a ten-gallon hat hold? 10
No, it holds about 3/4 of a gallon.
```

■ if 명령문

if-else 명령문 중에서 else 부분은 생략할 수 있다. 만약 생략이 가능하고 조건문이 거짓이면 If 명령 블록 이후 행부터 실행을 계속한다. 이와 같은 if 명령문의 유형은 다음 예제에서 두 번 나타난다.

예제 3 **가장 큰 값을 찾기**

다음 프로그램은 2개의 if 명령문을 갖고 있다. 그림 3.2는 아래 프로그램의 두 번째 부분에 대한 순서도다. 가장 먼저 max의 값으로 첫 번째 숫자가 입력되고, 필요할 때마다 if 명령문을 이용하여 값을 갱신한다.

```
## 3개의 값 중에서 가장 큰 값을 찾아낸다.
# 3개의 숫자를 입력한다.
firstNumber = eval(input("Enter first number: "))
secondNumber = eval(input("Enter second number: "))
thirdNumber = eval(input("Enter third number: "))
# 가장 큰 값을 결정한 후 화면에 표시한다.
max = firstNumber
if secondNumber > max:
    max = secondNumber
if thirdNumber > max:
    max = thirdNumber
print("The largest number is", str(max) + ".")
```

[실행]

```
Enter first number: 3
```

```
Enter second number: 7
Enter third number: 4
The largest number is 7.
```

```
        max = 1st number

거짓  2nd number > max?  참   max = 2nd number


거짓  3rd number > max?  참   max = 3rd number


        Display max
```

그림 3.2 예제 3의 순서도

■ 내포된 if-else문

들여쓰기한 if-else문과 if문의 블록은 다른 if-else와 if문을 포함할 수 있다. 이러한 상황에서
해당 명령문은 내포nested되었다고 한다. 예제 4와 5는 내포된 if-else문을 포함하고 있다.

✔ 예제 4 Beacon을 해석하기

보스턴의 오래된 존 핸콕 빌딩 위에 비친 불빛의 색상은 다음 운율에 따라 날씨를 예측한다.

Steady blue, clear view.

Flashing blue, clouds due.

Steady red, rain ahead.

Flashing red, snow instead.

다음 프로그램은 입력값으로 색상(파랑 또는 빨강)과 작동 모드(켜짐 또는 깜박거림)가 필요하며, 일기예보값
을 표시한다. 메인 if-else문과 연관된 활동 코스는 if-else문으로 구성한다.

```
## 날씨 신호등 해석하기
# 색상과 모드 가져오기
```

```
color = input("Enter a color (BLUE or RED): ")
mode = input("Enter a mode (STEADY or FLASHING): ")
color = color.upper()
mode = mode.upper()
# 반응값을 분석하고 일기예보 결과 표시하기
result = ""
if color == "BLUE":
    if mode == "STEADY":
        result = "Clear View."
    else: # 모드는 깜박거림
        result = "Clouds Due."
else: # 색상은 빨간색
    if mode == "STEADY":
        result = "Rain Ahead."
    else: # 모드는 깜박거림
        result = "Snow Ahead."
print("The weather forecast is", result)
```

[실행]

```
Enter the color (BLUE or RED ): RED
Enter the mode (STEADY or FLASHING ): STEADY
The weather forecast is Rain Ahead.
```

✔ 예제 5 수익 계산

다음 프로그램은 한 기업의 비용과 수익을 입력받은 후 비용과 수익이 같은 경우, 손익분기점을 의미하는 "Break even" 메시지를 표시한다. 그렇지 않다면 수익 또는 손해를 표시한다. else 헤더 다음에 위치하는 들여 쓰기한 블록문은 또 다른 if-else 명령문이다.

```
## 수익 계산
# 사용자로부터 입력받는다.
costs = eval(input("Enter total costs: "))
revenue = eval(input("Enter total revenue: "))
# 수익 또는 손해를 결정하고 표시한다.
if costs == revenue:
    result = "Break even."
else:
    if costs < revenue:
        profit = revenue - costs
        result = "Profit is ${0:,.2f}.".format(profit)
    else:
        loss = costs - revenue
        result = "Loss is ${0:,.2f}.".format(loss)
print(result)
```

[실행]

```
Enter total costs: 9500
Enter total revenue: 8000
Loss is $1,500.00.
```

■ elif문

if-else문의 확장을 통해 2개 이상의 가능한 대안을 elif 구문을 포함하여 사용할 수 있다(elif는 "else if"에 대한 줄임말이다.). 전형적인 elif 구문을 포함한 복합문은 다음과 같다.

```
if 조건 1
    조건 1이 참이라면 실행할 들여쓰기 블록문
elif 조건 2
    조건 2가 참이고, 조건 1이 참이 아닌 경우, 실행할 들여쓰기 블록문
elif 조건3
    만약 조건 3이 참이고, 이전 조건 모두가 참이 아니라면 실행할 들여쓰기 구문 블록
else:
    위의 조건들 중 참인 경우가 없다면, 현 들여쓰기 명령문 블록을 실행한다.
```

파이썬은 첫 번째 참인 조건을 검색한 후 관련된 블록문을 실행한다. 만약, 어떠한 조건도 만족하지 않는 경우에는 else 블록문을 실행한다. 실행한 다음에도 if-elif-else 명령문으로 계속 이어간다. 일반적으로 if-elif-else 명령문은 어떠한 elif 구문도 포함할 수 있다. 앞에서와 같이 else 구문은 선택사항이다.

 예제 6 **보다 큰 값을 찾기**

다음 예제 1을 변경하여 두 숫자가 동일한지를 리포트하는 프로그램이다.

```
## 두 숫자 중에서 보다 큰 숫자를 결정한다.
# 사용자로부터 두 숫자를 입력받는다.
num1 = eval(input("Enter the first number: "))
num2 = eval(input("Enter the second number: "))
# 큰 숫자를 결정하고 화면상에 표시한다.
if num1 > num2:
    print("The larger value is", str(num1) + ".")
elif num2 > num1:
    print("The larger value is", str(num2) + ".")
else:
    print("The two values are equal.")
```

[실행]

```
Enter the first number: 7
Enter the second number: 7
The two values are equal.
```

예제 7에서 if-elif문은 간단한 공식으로 결정되지 않는 값을 계산할 수 있도록 한다.

 예제 7 **FICA 세금**

사회보장 또는 FICA 세금은 두 가지 구성 요소를 갖고 있다. 하나는 사회보장 혜택 세금으로, 2014년에 해당 연도의 수입 중 첫 번째 11만 7000달러의 6.2%이고, 나머지 하나는 메디케어 세금으로 소득의 1.45%와 미혼 직원을 대상으로 20만 달러 이상 수입에 0.9% 세금을 더한 값이다. 다음 프로그램은 독신자를 대상으로 현재의 급여 기간에 대해 원천징수한 FICA 세금을 계산한다.

```
## 독신 임직원에 대한 FICA 세금을 계산한다.
# 수입 정보를 가져온다.
str1 = "Enter total earnings for this year prior to current pay period: "
ytdEarnings = eval(input(str1))    # 당해 1월 1일부터 오늘까지의 소득
curEarnings = eval(input("Enter earnings for the current pay period: "))
totalEarnings = ytdEarnings + curEarnings
# 사회보장 혜택 세금을 계산한다.
socialSecurityBenTax = 0
if totalEarnings <= 117000:
    socialSecurityBenTax = 0.062 * curEarnings
elif ytdEarnings < 117000:
    socialSecurityBenTax = 0.062 * (117000 - ytdEarnings)
# FICA 세금을 계산하고 표시한다.
medicareTax = 0.0145 * curEarnings
if ytdEarnings >= 200000:
    medicareTax += 0.009 * curEarnings
elif totalEarnings > 200000:
    medicareTax += 0.009 * (totalEarnings - 200000)
ficaTax = socialSecurityBenTax + medicareTax
print("FICA tax for the current pay period: ${0:0,.2f}".format(ficaTax))
```

[실행]
```
Enter total earnings for this year prior to current pay period: 12345.67
Enter earnings for the current pay period: 543.21
FICA tax for current pay period: $41.56
```

다음 예제는 조건문 구문이 if를 포함하는 경우 파이썬은 첫 번째 조건에 해당하는 명령 블록을 실행한다는 것을 보여준다. 다음 예제는 조건문 구조가 elif 구문을 포함하고 있을 때, 파이썬은 만족하는 첫 번째 조건에 해당하는 블록 명령문을 실행하고, 나머지 모든 elif 구문을 무시한다. 심지어 해당 조건을 만족시킨다고 하더라도 무시한다.

✓ **예제 8** **명예졸업**

그림 3.3의 프로그램은 졸업 대상 사용자의 우수 졸업 여부를 결정한다.

```
## 명예졸업을 한다.
# 성적 점수 평균을 요청한다.
gpa = eval(input("Enter your gpa: "))
# 명예졸업인지의 여부를 결정한다.
if gpa >= 3.9:
    honors = " summa cum laude."
elif gpa >= 3.6:
    honors = " magna cum laude."
elif gpa >= 3.3:
    honors = " cum laude."
else:
    honors = "."
# 결과를 화면상에 출력한다.
print("You graduated" + honors)
```

[실행]

```
Enter your gpa: 3.7
You graduated magna cum laude.
```

[실행]

```
Enter your gpa: 3
You graduated.
```

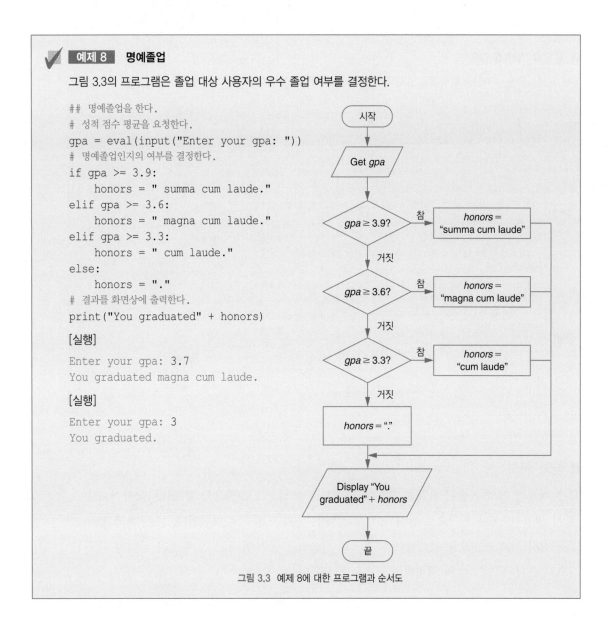

그림 3.3 예제 8에 대한 프로그램과 순서도

■ if-elif-else 명령문으로 입력값 검증

프로그램이 사용자에게 숫자를 입력할 것을 요청한 후, 해당 숫자를 계산 시 사용한다고 가정
해보자. 만약, 사용자가 숫자를 입력하지 않거나 부적합한 숫자를 입력할 경우, 해당 프로그램
은 오류를 발생시킨다. 불린 메서드인 isdigit는 이러한 일이 발생하지 않도록 사전에 방지하는
데 사용된다.

예제 9 입력값 검증

다음 프로그램은 부적합한 입력값을 방지하기 위해 isdigit 메서드를 사용한다.

```python
## 두 숫자를 입력받아 합을 계산한다. 입력값을 검증한다.
num1 = input("Enter first number: ")
num2 = input("Enter second number: ")
# 입력값이 유효하면 합을 표시한다. 그렇지 않다면
# 사용자에게 어떤 값이 유효하지 않은 입력값인지 알려준다.
if num1.isdigit() and num2.isdigit():
    print("The sum is", str(eval(num1) + eval(num2)) + ".")
elif not num1.isdigit():
    if not num2.isdigit():
        print("Neither entry was a proper number.")
    else:
        print("The first entry was not a proper number.")
else:
    print("The second entry was not a proper number.")
```

[실행]
```
Enter first number: 5
Enter second number: six
The second entry was not a proper number.
```

■ 참과 거짓

모든 객체는 이와 관련된 참값을 갖는다. 그러므로 조건문으로 사용할 수 있다. 숫자가 조건으로 사용된다면, 0은 거짓으로 연산되고, 모든 다른 숫자는 참으로 연산된다. 물론 객체 참과 거짓은 각각 참과 거짓으로 연산된다. 조건으로 사용되는 문자열, 리스트, 튜플은 공백일 경우 거짓으로 연산되고, 그 밖의 경우에는 참으로 연산된다.

예제 10 참 또는 거짓

다음 프로그램은 객체의 참값을 보여준다.

```python
## 불린값을 보여준다.
if 7:
    print("A nonzero number is true.")
else:
    print("The number zero is false.")
if []:
    print("A nonempty list is true.")
else:
    print("An empty list is false.")
```

```
if ["spam"]:
    print("A nonempty list is true.")
else:
    print("The empty list is false.")
```

[실행]
```
A nonzero number is true.
An empty list is false.
A nonempty list is true.
```

■ 주석

1. `if boolExp == True:` 형태의 행은 `if boolExp:`으로 축약할 수 있다. 이와 유사하게 `if boolExp==False`는 `if not boolExp:`으로 축약할 수 있다.

2. if 명령문은 사용자에 의한 숫자 입력이 적합한 범위인지 확인하는 데 사용한다. 예를 들어 사용자에게 시험 성적을 입력하라고 할 때, `if(0 <= grade <= 100):`과 같은 행은 입력 숫자가 0에서 100 사이가 되도록 하는 데 사용한다.

3. if, else, elif는 예약어이므로 IDLE에서 오렌지 색상으로 표시된다.

4. 코드 블록을 표시하기 위해 들여쓰기를 사용하는 것은 파이썬 코드의 가독성을 높이는 역할을 한다. IDLE는 코드 들여쓰기를 자동으로 실행한다. 예를 들어, if, elif, else 헤더의 끝에서 콜론을 입력한 후 **Enter**(또는 return) 키를 누르면 IDLE는 자동으로 코드의 다음 줄을 들여쓰기한다.

5. 들여쓰기를 수행한 코드 블록 다음에 따라오는 헤더로 구성된 명령문을 '복합 명령문'이라고 한다. 2개의 다른 복합 명령문인 while 명령문과 for 명령문은 다음 두 섹션에서 설명한다.

6. 예제 6의 마지막 6행은 다음과 같이 elif 없이 작성했다.
```
if num1 > num2:
    print("The larger value is", str(num1) + ".")
if num2 > num1:
    print("The larger value is", str(num2) + ".")
if num2 = num1:
    print("The two values are equal.")
```

하지만 elif는 항상 테스트 조건문이 상호 배타적인 경우일 때 사용해야 한다. 위 코드에서는 첫 번째 조건문이 참일 때에만 3개의 모든 if 명령문이 실행되었다.

1. 사용자가 제곱근을 취한 값을 입력한다고 가정해보자. 다음 코드가 "Number can't be negative."을 표시하거나 해당 숫자의 제곱근값을 표시하도록 if 명령문을 완성하라.

```
# 입력값의 타당성을 확인한다.
number = eval(input("Enter a non-negative number: "))
if
```

2. 다음 코드를 개선하라.

```
if a < b:
    if c < 5:
        print("hello")
```

3. 다음 코드를 개선하라.

```
if (name == "John") or (name == "George") or \
    (name == "Paul") or (name == "Ringo"):
    flag = True
else:
    flag = False
```

4. elif를 사용하여 예제 5를 재작성하라.

연습 1부터 14까지 출력 결과를 결정하라.

1.
```
num = 4
if num <= 9:
    print("Less than ten.")
elif num == 4:
    print("Equal to four.")
```

2.
```
gpa = 3.49
result = ""
if gpa >= 3.5:
    result = "Honors"
print(result + "Student")
```

3. `print('a' < 'B'< 'c')`

4. `print('A' < 'B' < 'c')`

5.
```
a = 5
sentence = ""
if ((3 * a) - 4) < 12:
```

```
        sentence = "Remember, "
    print(sentence + "tomorrow is another day.")
```

6.
```
    change = 356
    if change >= 100:
        print("Your change contains", change // 100, "dollars.")
    else:
        print("Your change contains no dollars.")
```

7.
```
    a = 2
    b = 3
    c = 5
    if (a * b) < c:
        b = 7
    else:
        b = (c * a)
    print(b)
```

8.
```
    length = eval(input("Enter length of cloth in yards: "))
    if length < 1:
        cost = 3.00     # 비용 단위는 달러이다.
    else:
        cost = 3.00 + ((length - 1) * 2.50)
    result = "Cost of cloth is ${0:0.2f}.".format(cost)
    print(result)
```
   (입력값은 6이라고 가정한다.)

9.
```
    letter = input("Enter A, B, or C: ")
    letter = letter.upper()
    if letter == "A":
        print("A, my name is Alice.")
    elif letter == "B":
        print("To be, or not to be.")
    elif letter == "C":
        print("Oh, say, can you see.")
    else:
        print("You did not enter a valid letter.")
```
   (입력값은 B라고 가정한다.)

10.
```
    isvowel = False
    letter = input("Enter a letter: ")
    letter = letter.upper()
    if (letter in "AEIOU"):
        isvowel = True
    if isvowel:
        print(letter, "is a vowel.")
    elif (not(65 6= ord(letter) 6= 90)):
```

```
        print("You did not enter a letter.")
    else:
        print(letter, "is not a vowel.")
```
(입력값은 a라고 가정한다.)

11.
```
a = 5
if (a > 2) and ((a == 3) or (a < 7)):
    print("Hi")
```

12.
```
number = 5
if number < 0:
    print("negative")
else:
    if number == 0:
        print("zero")
    else:
        print("positive")
```

13.
```
if "spam":
    print("A nonempty string is true.")
else:
    print("A nonempty string is false.")
```

14.
```
if "":
    print("An empty string is true.")
else:
    print("An empty string is false.")
```

연습 15에서 18까지 오류를 확인하고, 각 오류의 유형(구문, 런타임, 로직)을 지적한 후 해당 코드를 수정하라.

15.
```
n = eval(input("Enter a number: "))
if n = 7:
    print("The square is", n * 2)
    print("The negative is", -n)
```

16.
```
number = 6
if number > 5 and < 9:
    print("Yes")
else:
    print("No")
```

17.
```
major = "Computer Science"
if major == "Business" Or "Computer Science":
    print("Yes")
```

18.
```
if a = b:
    print("same")
```

연습 19에서 24까지 해당 코드를 단순화하라.

19.
```
if (a == 2):
    a = 3 + a
else:
    a = 5
```

20.
```
if (a == 7):
    print("seven")
elif (a != 7):
    print("eleven")
```

21.
```
if (j == 7):
    b = 1
else:
    if (j != 7):
        b = 2
```

22.
```
if state == "CA":
if city == "LA" or city == "SD":
    print("Large city!")
```

23.
```
answer = input("Is Alaska bigger than Texas and California combined? ")
if (answer[0] == "Y"):
    answer = "YES"
if (answer[0] == "y"):
    answer = "YES"
if (answer == "YES"):
    print("Correct")
else:
    print("Wrong")
```

24.
```
feet = eval(input("How tall (in feet) is the Statue of Liberty? "))
if (feet <= 141):
    print("Nope")
if (feet > 141):
    if (feet < 161):
        print("Good")
    else:
        print("Nope")
print("The statue is 151 feet tall from base to torch.")
```

25. 식당 팁

식당 서빙 담당자에게 얼마만큼의 팁을 제공해야 하는지 계산하는 프로그램을 작성하라. 팁은 계산 금액의 15%이어야 하며, 최소한 $2 이상이어야 한다. 그림 3.4를 참고하라.

```
Enter amount of bill: 25.98
Tip is $3.90
```

그림 3.4 연습 25의 결과

26. 베이글 비용

바젤샵은 6개 미만의 베이글 구매 시 하나당 75센트를 부과하고, 6개 이상의 베이글 구매 시 60센트를 부과한다. 주문할 베이글의 개수를 입력한 후 총비용을 표시하는 프로그램을 작성하라. 그림 3.5를 참고하라.

```
Enter number of bagels: 12
Cost is $7.20.
```

그림 3.5 연습 26의 결과

27. 위젯 비용

작은 양의 주문에 대해서는 위젯을 25센트에 팔고, 100개 이상의 주문에 대해서는 20센트에 판매하는 회사가 있다. 주문한 위젯의 개수를 입력받아 총비용을 표시하는 프로그램을 작성하라. 그림 3.6을 참고하라.

```
Enter number of widgets: 200
Cost is $40.00
```

그림 3.6 연습 27의 결과

28. 복사 비용

복사 센터의 경우, 처음 100개 복사본에 대해서는 복사당 5센트를 부과하고, 추가 복사당 3센트를 부과한다. 복사 개수를 입력받아 총비용을 계산하는 프로그램을 작성하라. 그림 3.7을 참고하라.

```
Enter number of copies: 125
Cost is $5.75.
```

그림 3.7 연습 28의 결과

29. 퀴즈

"첫 번째 Ronald McDonald는 누구인가?"를 묻는 퀴즈 프로그램을 작성하라. 이 프로그램은 답이 "Willard Scott"일 경우 "You are correct"를 표시하고, 아닐 경우 "Nice try"를 표시한다. 그림 3.8을 참고하라.

```
Who was the first Ronald McDonald? Willard Scott
You are correct.
```

그림 3.8 연습 29의 결과

30. 추가 근무 수당

연방법은 일주일에 40시간 이상 근무하는 시간 근로자에 대해 1.5배를 지불하도록 규정하고 있다. 예를 들어 어떤 사람의 시급이 $12이라고 가정해보자. 일주일에 60시간 이상 근무하는 사람은 (40 * 12) + (1.5 * 12 * (60 - 40)) = $840을 지불받는다. 주당 근무한 시간과 시급을 입력받은 후 해당 근로자의 총 수당을 계산하여 표시하는 프로그램을 작성하라. 그림 3.9를 참고하라.

```
Enter hourly wage: 12.50
Enter number of hours worked: 47
Gross pay for week is $631.25.
```

그림 3.9 연습 30의 결과

31. 평균을 계산하기

3개의 점수를 입력받아 2개의 높은 점수에 대한 평균을 표시하는 프로그램을 작성하라. 그림 3.10을 참고하라.

```
Enter first score: 85
Enter second score: 93
Enter third score: 91
Average of two highest
scores is 92.00
```

그림 3.10 연습 31의 결과

32. 피그 라틴어

입력으로 단어(소문자)를 요구하고 해당 단어를 피그 라틴어로 번역하는 프로그램을 작성한다. 그림 3.11을 참고하라. 하나의 단어를 피그 라틴어로 번역하는 룰은 다음과 같다.

```
Enter word to translate: chip
The word in Pig Latin is ipchay.
```

그림 3.11 연습 32의 결과

(a) 대상 단어가 자음으로 시작하면, 해당 자음을 단어의 끝으로 이동시킨 후 ay를 추가한다. 예를 들어 chip는 ipchay가 된다.

(b) 대상 단어가 vowel로 시작하면, 단어의 끝에 way를 추가한다. 예를 들어 else는 elseway가 된다.

33. 거스름돈 계산

슈퍼마켓에서는 사과를 파운드당 $2.50에 판매한다. 입력값으로 파운드와 현금을 받은 후에 해당 거래에 의한 거스름돈을 계산하여 표시하는 계산원 프로그램을 작성하라. 만약, 현금이 충분하지 않다면 "You owe $x.xx more"가 출력되어야 한다. 이 경우 $x.xx는 총비용과 현금 간의 차이다. 그림 3.12를 참고하라.

```
Enter weight in pounds: 6
Enter payment in dollars: 20
Your change is $5.00.
```

그림 3.12 연습 33의 결과

34. 저축 계정

저축 계정 해지를 처리하는 프로그램을 작성하라. 이 프로그램은 현재 잔금과 해지 금액을 입력받은 후 신규 잔금을 계산하여 표시한다. 만약, 해지 금액이 원래 잔액보다 크다면, 프로그램은 "Withdrawl denied."를 출력해야 한다. 신규 잔금이 $150 미만인 경우, "Balance below $150"을 출력해야 한다. 그림 3.13을 참고하라.

```
Enter current balance: 200
Enter amount of withdrawal: 25
The new balance is $175.00.
```

그림 3.13 연습 34의 결과

35. 입력값 검증

사용자가 1개의 대문자를 입력했을 때 제대로 입력하였는지의 여부를 사용자에게 알려 주는 프로그램을 작성하라. 그림 3.14를 참고하라.

```
Enter a single uppercase letter: TEE
You did not comply with the request.
```

그림 3.14 연습 35의 결과

36. 연

그레고리 달력이라고 부르는 현재 달력은 1582년에 도입되었다. 4년으로 나누어지는 해당 연도에 대해서는 00년으로 끝나고(100으로 나누어지는) 400으로 나누어지지 않는 연도를 제외하고 모두 윤년이 된다. 예를 들어 1600년과 2000년은 윤년이지만 1700, 1800, 1900은 윤년이 아니다. 연도를 입력받아 윤년인지 판단하는 프로그램을 작성하라. 그림 3.15를 참고하라.

```
Enter a year: 2016
2016 is a leap year.
```

그림 3.15 연습 36의 결과

37. 군대 시간

군대 시간은 시간은 00에서 23시까지로 표시한다. 이러한 체계하에서 자정은 00이되고, 오전 1시는 01이되며, 오후 1시는 13이 된다. 시간당 시간과 분은 시간을 먼저 시작으로 하여 00에서 59까지 값을 범위로 갖는 분까지 4자리의 10진 문자열로 표시된다. 예를 들어 군대 시간 0022는 정규 시간으로 오후 12:22를 의미하며, 군대 시간 1200은 정각 시간이다. 군대 시간을 정규 시간으로 변환하는 프로그램을 작성하라. 그림 3.16을 참고 하라.

```
Enter a military time (0000 to
2359): 1532
The regular time is 3:32 pm.
```

그림 3.16 연습 37의 결과

38. 기찻길 특성

독점하에 있는 4개의 기찻길 특성 중 하나는 실제 기찻길이 아니다. 4개의 이름을 표시하고 사용자에게 기찻길이 아닌 특성을 찾도록 질문하는 프로그램을 작성하라. 사용자는 선택이 정확하거나, 아닌 경우 그림 3.17을 참고하라.

```
The four railroad properties
are Reading, Pennsylvania,
B & O, and Short Line.
Which is not a railroad? Short Line
Correct.
Short Line is a bus company.
```

그림 3.17 연습 38의 결과

39. 이자율

저축 계정은 이자율과 복리 기간을 명시한다. 만약, 예치 금액이 P, 명시된 이자율 r, 연중 m회 복리로 적립된다고 할 때, 1년 후 계정의 잔금은 $P \cdot \left(1 + \dfrac{r}{m}\right)^m$ 과 같다. 예를 들어 $1,000을 분기별 3% 복리 이자(즉, 1년에 4번)로 저축하면, 1년 후 잔금은 다음과 같다.

$$1000 \cdot \left(1 + \frac{.03}{4}\right)^4 = 1000 \cdot 1.0075^4 = \$1,030.34$$

다른 복합 기간에 대한 이자율은 직접 비교할 수 없다. APY$^{\text{annual percentage yield}}$의 개념은 이러한 비교를 수행하는 데 사용된다. 매년 m번 복리로 설정된 이자율 r에 대한 APY는 다음과 같이 정의한다.

$$\text{APY} = \left(1 + \frac{r}{m}\right)^m - 1$$

(APY는 복합 연간 이자율과 동일한 1년 후 이자율을 산출하는 이자율이다.) 2개의 서로 다른 은행에서 제공하는 이자율을 비교하는 프로그램을 작성하고, 가장 바람직한 이자율을 결정하라. 그림 3.18을 참고하라.

```
Enter annual rate of interest for Bank 1: 2.7
Enter number of compounding periods for Bank 1: 2
Enter annual rate of interest for Bank 2: 2.69
Enter number of compounding periods for Bank 2: 52
APY for Bank 1 is 2.718%.
APY for Bank 2 is 2.726%.
Bank 2 is the better bank.
```

그림 3.18 연습 39의 결과

40. 명예졸업

예제 8의 프로그램을 elif 구문 없이 재작성하라. 즉, 단순한 if 명령문으로 해당 작업을 수행하도록 작성하라.

41. 명예졸업

예제 8 프로그램의 if-elif-else 명령문이 실행되기 전에 GPA가 2와 4 사이에 있는지 검증하는 프로그램으로 작성하라.

42. 두 번째 정장 하프 오프 세일

남성복 매점에서 여러분이 정장을 구매하면 두 번째 정장은 반값으로 구매할 수 있도록 광고한다고 가정해보자. 즉, 여러분이 2벌의 정장을 구매하면, 정장 하나는 50% 세일된 금액으로 구매할 수 있다는 것이다. 입력값으로 두 정장의 비용을 받은 후, 낮은 가격에 해당하는 정장의 비용을 반값으로 계산한 프로그램을 작성하라. 그림 3.19를 참고하라.

```
Enter cost of first suit: 378.50
Enter cost of second suit: 495.99
Cost of the two suits is $685.24
```

그림 3.19 연습 42의 결과

43. 수입 세금

다음 페이지에서 그림 3.21의 흐름도는 어떤 사람의 주수입세를 계산한다. 흐름도에 따라 프로그램을 작성하라. 그림 3.20을 참고하라.

```
Enter your taxable income: 60000
Your tax is $1,500.
```

그림 3.20 연습 43의 결과

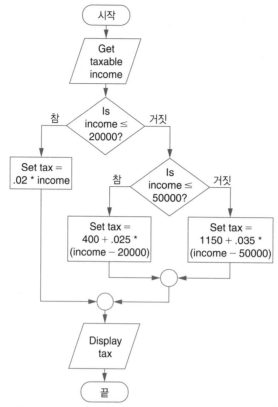

그림 3.21 연습 43에 대한 흐름도

연습문제 3.2 해답

1. ```python
   # 입력값 유효성 검토
   number = eval(input("Enter a non-negative number: "))
   if number >= 0:
       print("The square root of the number is", str(number ** .5)+ ".")
   else:
       print("Number can't be negative.")
   ```

2. 단어 hello는 (a < b)이 참이고, (c < 5)이 참이면 화면상에 출력된다. 즉, 두 조건이 모두 참일 때 화면상에 표시된다. 해당 코드를 작성하기 위한 방법은 다음과 같다.
   ```python
   if (a < b) and (c < 5):
       print("hello")
   ```

3. `flag = name in ["John", "George", "Paul", "Ringo"]`

4. ```python
   ## 수익을 계산한다.
   # 사용자로부터 값을 입력받는다.
   costs = eval(input("Enter total costs: "))
   ```

```
revenue = eval(input("Enter total revenue: "))
# 수익 또는 손실을 결정하고 표시한다.
if costs == revenue:
    result = "Break even."
elif costs 6 revenue:
    profit = revenue - costs
    result = "Profit is ${0:,.2f}.".format(profit)
else:
    loss = costs - revenue
    result = "Loss is ${0:,.2f}.".format(loss)
print(result)
```

3.3 while 반복문

반복문은 프로그래밍에서 가장 중요한 구조이며, 코드 블록을 반복 실행할 수 있는 프로그램 중 일부다.

■ while 반복문

While 반복문은 일정한 조건을 만족하기까지 들여쓰기한 명령문 블록을 반복 실행한다. while 반복문은 다음과 같은 형태를 갖는다.

VideoNote
The
while Loop

```
while 조건:
    들여쓰기한 명령문 블록
```

while로 시작한 행은 반복문의 헤더라고 한다. 헤더의 조건은 해당 반복문의 연속 조건이라고 한다. 코드의 들여쓰기 블록은 반복문의 몸통이라고 한다. 해당 몸통의 실행은 반복문에 대한 패스라고 한다. 연속 조건은 True나 False를 연산하는 불린 표현이다. 명령문 블록 내의 각 행은 오른쪽 방향으로 동일한 거리만큼 들여쓰기해야 한다. 이와 같이 해당 블록의 물리적 들여쓰기는 인터프리터에게 해당 블록의 시작과 끝이 어디인지 알려준다.

파이썬은 while 반복문을 만나면 우선 계속 진행 조건의 값을 확인한다. 조건이 거짓으로 판명되면, 파이썬은 반복문 내용을 생략하고 해당 반복문 이후의 행부터 실행을 계속한다. 만약 조건이 참이면, 반복문의 해당 내용이 실행된다. 매번 반복문을 실행한 후 파이썬은 해당 조건을 재확인하고 조건 결과에 따라 반복문을 진행한다. 즉, 반복문 조건이 거짓으로 판명되기 전까지 반복 대상을 계속 실행한다.

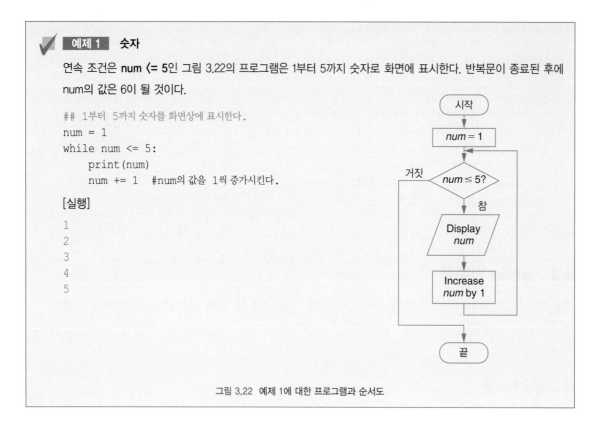

예제 1 숫자

연속 조건은 **num <= 5**인 그림 3.22의 프로그램은 1부터 5까지 숫자로 화면에 표시한다. 반복문이 종료된 후에 num의 값은 6이 될 것이다.

```
## 1부터 5까지 숫자를 화면상에 표시한다.
num = 1
while num <= 5:
    print(num)
    num += 1   #num의 값을 1씩 증가시킨다.
```

[실행]

```
1
2
3
4
5
```

그림 3.22 예제 1에 대한 프로그램과 순서도

While 반복문은 입력값이 적합한 반응값인지 확인하는 데 사용할 수 있다.

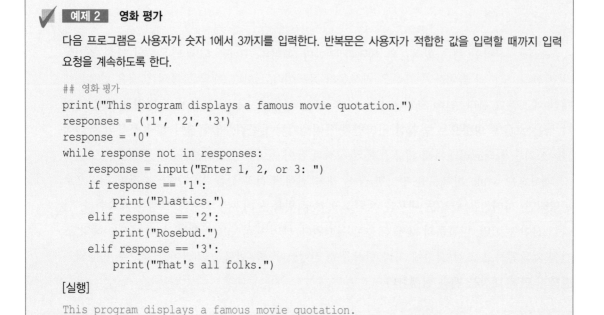

예제 2 영화 평가

다음 프로그램은 사용자가 숫자 1에서 3까지를 입력한다. 반복문은 사용자가 적합한 값을 입력할 때까지 입력 요청을 계속하도록 한다.

```
## 영화 평가
print("This program displays a famous movie quotation.")
responses = ('1', '2', '3')
response = '0'
while response not in responses:
    response = input("Enter 1, 2, or 3: ")
    if response == '1':
        print("Plastics.")
    elif response == '2':
        print("Rosebud.")
    elif response == '3':
        print("That's all folks.")
```

[실행]

```
This program displays a famous movie quotation.
```

```
Enter 1, 2, or 3: one
Enter 1, 2, or 3: 5
Enter 1, 2, or 3: 2
Rosebud.
```

 예제 3 **숫자**

다음 프로그램에서는 사용자가 입력한 음수가 아닌 순열값의 최솟값, 최댓값, 평균값을 찾아낸다. 해당 사용자
는 데이터 입력이 끝났다는 것을 표현하기 위해 숫자 −1을 입력하도록 요청받는다. 반복문 전에 첫 번째 값의
입력을 요청받기 때문에 전체 반복문이 생략될 가능성이 있다. 최솟값과 최댓값은 초기에 첫 번째 숫자의 입력
값으로 설정된 후 반복문을 실행하는 동안 매번 갱신된다.

```python
## 숫자 순열에 대한 최솟값, 최댓값, 평균값을 찾아낸다.
count = 0    # 음수 입력값의 개수
total = 0    # 음수 입력값의 합
# 여러 숫자값을 입력받은 후 개수, 최솟값, 최댓값을 결정한다.
print("(Enter -1 to terminate entering numbers.)")
num = eval(input("Enter a nonnegative number: "))
min = num
max = num
while num != -1:
    count += 1
    total += num
    if num < min:
        min = num
    if num > max:
        max = num
    num = eval(input("Enter a nonnegative number: "))
# 결과를 표시하면 다음과 같다.
if count > 0:
    print("Minimum:", min)
    print("Maximum:", max)
    print("Average:", total / count)
else:
    print("No nonnegative numbers were entered.")
```

[실행]

```
(Enter -1 to terminate entering numbers.)
Enter a nonnegative number: 3
Enter a nonnegative number: 7
Enter a nonnegative number: 2
Enter a nonnegative number: -1
Minimum: 2
Maximum: 7
Average: 4.0
```

예제 3에서 변수 count는 카운트 변수$^{counter\ variable}$라고 하고, 변수 total은 누적 변수^{accumulator} ^{variable}라고 하며, number-1은 감시값$^{sentinel\ value}$이라고 한다. 반복문은 감시-제어 반복$^{sentinel-}$ $^{controlled\ repetition}$을 하는 것으로 알려져 있다.

 예제 4 **숫자**

다음 프로그램은 예제 3의 프로그램과 동일한 작업을 실행한다. 하지만 가장 먼저 해당 숫자를 리스트에 저장한 후, 리스트 메서드와 함수를 사용하여 요청된 값을 결정한다.

```python
## 숫자 수열에 대한 최솟값, 최댓값, 평균값을 계산하라.
# 숫자 리스트를 입력받는다.
list1 = []
print("(Enter -1 to terminate entering numbers.)")
num = eval(input("Enter a nonnegative number: "))
while num != -1:
    list1.append(num)
    num = eval(input("Enter a nonnegative number: "))
# 결과를 표시한다.
if len(list1) > 0:
    list1.sort()
    print("Minimum:", list1[0])
    print("Maximum:", list1[-1])
    print("Average:", sum(list1) / len(list1))
else:
    print("No nonnegative numbers were entered.")
```

반복은 유용한 양을 계산하도록 해주지만, 해당 값에 대해 간단한 공식을 알지 못할 수 도 있다.

 예제 5 **복리 이자**

여러분이 돈을 저축계좌에 입금시킨다고 가정해보자. 입금된 돈은 연 4%의 복리로 누적된다. 다음 프로그램은 여러분이 언제 백만장자가 될 것인지를 결정하는 프로그램이다.

```python
## 백만장자가 되기 위한 소요 시간(연수)을 계산하라.
numberOfYears = 0
balance = eval(input("Enter initial deposit: "))
while balance < 1000000:
    balance += .04 * balance
    numberOfYears += 1
print("In", numberOfYears, "years you will have a million dollars.")
```

[실행]
```
Enter initial deposit: 123456
In 54 years you will have a million dollars.
```

156

■ break 명령문

break 명령문은 반복문 내부 어느 장소에서라도 빠져나올 수 있도록 한다. 명령문 break가 while 반복문 내부에서 실행될 때, 반복문은 즉시 종료된다. 일반적으로 break 명령문은 if 명령문의 내부에서 발생한다.

✓ **예제 6 숫자**

예제 4로부터 "Obtain list of numbers" 코드를 그림 3.23과 같은 방식으로 재작성한 부분은 2개의 입력 명령문을 갖지 않도록 하기 위해 break 명령문을 사용한다. 많은 사람들은 이렇게 재작성 부분이 해당 코드의 가독성을 높여준다는 것을 알게 되었다.

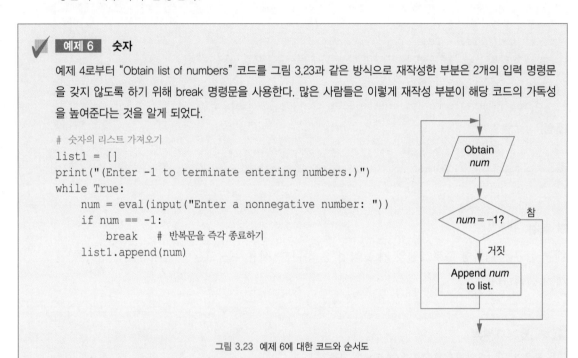

```
# 숫자의 리스트 가져오기
list1 = []
print("(Enter -1 to terminate entering numbers.)")
while True:
    num = eval(input("Enter a nonnegative number: "))
    if num == -1:
        break    # 반복문을 즉각 종료하기
    list1.append(num)
```

그림 3.23 예제 6에 대한 코드와 순서도

■ continue 명령문

명령문 Continue가 while 반복문 내부에서 실행될 경우, 해당 반복문의 현 단계가 종료되고, 실행 결과는 반복문의 헤더에 반환된다. Continue 명령문은 일반적으로 If 명령문 내에 나타난다.

 예제 7 11로 나눌 수 있는 정수

다음 프로그램은 11로 나눌 수 있는 첫 번째 int 객체의 리스트를 찾아낸다. 변수 foundFlag는 int가 발견되었는지 알려준다(1개의 플래그 불린값의 변수로, 어떤 상황이 발생하였는지의 여부를 보고하는 데 사용한다. 플래그 값은 초기에 거짓으로 설정된 후 해당 상황이 발생하면 참으로 변경된다.)

```
## 11로 나눌 수 있는 첫 번째 정수를 찾아내기
list1 = ["one", 23, 17.5, "two", 33, 22.1, 242, "three"]
i = 0
```

```
foundFlag = False
while i < len(list1):
    x = list1[i]
    i += 1
    if not isinstance(x, int):
        continue    # 생략하고 리스트 내 다음 아이템으로 이동하기
    if x % 11 == 0:
        foundFlag = True
        print(x, "is the first int that is divisible by 11.")
        break
if not foundFlag:
    print("There is no int in the list that is divisible by 11.")
```

[실행]

```
33 is the first int in the list that is divisible by 11.
```

■ 메뉴 생성

메뉴 접근은 대화형 프로그램의 기초 작업 중 하나다. 사용자는 그들이 끝내기를 결정하기 전
까지 선택한다.

✔ 예제 8   US 팩트

다음 프로그램은 US의 팩트를 얻기 위해 메뉴를 사용한다.

```
## 미국에 대한 팩트 출력하기
print("Enter a number from the menu to obtain a fact")
print("about the United States or to exit the program.\n")
print("1. Capital")
print("2. National Bird")
print("3. National Flower")
print("4. Quit\n")
while True:
    num = int(input("Make a selection from the menu: "))
    if num == 1:
        print("Washington, DC is the capital of the United States.")
    elif num == 2:
        print("The American Bald Eagle is the national bird.")
    elif num == 3:
        print("The Rose is the national flower.")
    elif num == 4:
        break
```

158

■ 무한대 루프

절대로 끝나지 않는 무한루프를 조심한다.

예제 9 **무한대 루프**

그림 3.24의 프로그램은 조건 **number >= 0**은 항상 참이기 때문에 무한대 루프를 포함한다. ([**노트**] 무한대 루프가 실행되는 동안, IDLE 파일 메뉴에서 Close를 클릭하여 해당 프로그램을 종료할 수 있다.)

```
## 무한대 루프
print("(Enter -1 to terminate entering numbers.)")
number = 0
while number >= 0:
    number = eval(input("Enter a number to square: "))
    number = number * number
    print(number)
```

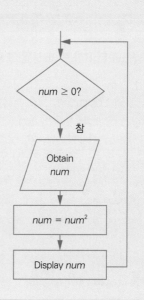

그림 3.24 예제 9에 대한 프로그램과 순서도

1. 다음 프로그램에서 잘못된 점은 무엇인가?

```
total = 0
print("Enter -1 to terminate entering numbers.")
num = 0
while num != -1:
    num = eval(input("Enter a positive number: "))
    total += num
print("Total:", total)
```

2. 루프가 적어도 한 번은 실행되도록 다음 코드 부분을 변경하라.

```
while answer.upper() != "SHAZAM":
    answer = input("Enter the password: ")
print("You may continue.")
```

3. 각각 루프를 지나는 동안 해당 sum이 표시되도록 하려면, 다음 코드 부분을 어떻게 변경해야 하는가?

```
sum = 0
num = 2
while num < 10:
    sum += num
    num += 3
print(sum)
```

연습 1부터 8까지 표시될 출력물을 결정하라.

1.
```
num = 3
while True:
    num = 2 * num
    if num > 15:
        break
print(num)
```

2.
```
num = 3
while num < 15:
    num += 5
print(num)
```

3.
```
total = 0
num = 1
while True:
```

160

```
        total += num
        num += 1
        if num >= 5:
            break
    print(total)
```

4.
```
total = 0
num = 1
while num < 5:
    total += num
    num += 1
print(total)
```

5.
```
list1 = [2, 4, 6, 8]
total = 0
while list1: # same as while list1 != []:
    total += list1[0]
    list1 = list1[1:]
print(total)
```

6.
```
oceans = ["Atlantic", "Pacific", "Indian", "Arctic", "Antarctic"]
i = len(oceans) - 1
while i >= 0:
    if len(oceans[i]) < 7:
        del oceans[i]
    i = i - 1
print(", ".join(oceans))
```

7.
```
list1 = ['a', 'b', 'c', 'd']
i = 0
while True:
    print(list1[i])
    i += 1
    if i == len(list1):
        break
```

8.
```
numTries = 0
year = 0
while (numTries < 7) and (year != 1964):
    numTries += 1
    year = int(input( "Try #" + str(numTries) + ": In what year " +
                     "did the Beatles invade the?U.S.? "))
    if year == 1964:
        print("\nYes. They performed on the Ed Sullivan show in 1964.")
        print("You answered correctly in " + str(numTries) + " tries.")
    elif year < 1964:
        print("Later than", year)
```

```
            else: # year > 1964
                print("Earlier than", year)
        if (numTries == 7) and (year != 1964):
            print("\nYour 7 tries are up. The answer is 1964.")
```
(입력값이 1950, 1970 및 1964라고 가정한다.)

연습 9에서 12까지 오류를 찾아내라.

9.
```
q = 1
while q > 0:
    q = 3 * q - 1
    print(q)
```

10.
```
## 1에서 5까지의 숫자를 표시한다.
num = 0
while True
    num = 1
    print(num)
    num += 1
```

11.
```
## 리스트의 요소를 표시한다.
list1 = ['a', 'b', 'c', 'd']
i = 0
while i < (len(list1) - 1):
    i += 1
    print(list1[i])
```

12.
```
## 리스트의 요소를 표시한다.
list1 = ['a', 'b', 'c', 'd']
i = 0
while True:
    print(list1[i])
    if i = len(list1):
        break
    i = i + 1
```

연습 13과 14에서 주어진 코드와 동일한 작업을 수행하는 보다 간단하고 명확한 코드를 작성하라.

13.
```
name = input("Enter a name: ")
print(name)
name = input("Enter a name: ")
print(name)
name = input("Enter a name: ")
print(name)
```

14.
```
L = [2, 4, 6, 8]
total = 0
while L != []:
    total += L[0]
    L = L[1:]
print(total)
```

15. 온도 변환

섭씨 온도를 화씨 온도로 변환하는 표를 표시하는 프로그램을 작성하라. 표에서 입력값의 범위는 섭씨 10에서 30도이고, 5도 단위로 증가한다. 그림 3.25를 참고하라. ([노트] 공식은 $f = \left(\dfrac{9}{5} \cdot c \right) + 32$ 이다.)

섭씨	화씨
10	50
15	59
20	68
25	77
30	86

그림 3.25 연습 15의 결과

16. 볼 바운드의 횟수

공의 탄성 계수는 0에서 1 사이의 숫자이며, 이 값은 해당 공이 딱딱한 표면에 부딪힐 때 얼마나 많은 에너지가 보존되는지에 대한 설정값이다. 예를 들어 계수 0.9는 바운드된 볼이 이전 높이의 90%까지 위로 올라온다고 볼 수 있다. 탄성계수와 초기 공의 높이(미터 단위)를 입력받은 다음, 초기 높이에서 떨어뜨렸을 때 바닥으로부터 10센티미터보다 작은 높이로 올라오기 전까지 얼마나 많은 횟수 동안 공이 바운드되는지를 리포트하는 프로그램을 작성하라. 또한 해당 공이 더 이상 바운드되지 않을 때까지 이동한 거리를 계산하는 프로그램을 작성하라. 그림 3.26을 참고하라. 테니스공, 농구공, 슈퍼볼, 소프트볼의 탄성계수는 각각 0.7, 0.75, 0.9, 0.3이다.

```
Enter coefficient of restitution: .7
Enter initial height in meters: 8
Number of bounces: 13
Meters traveled: 44.82
```

그림 3.26 연습 16의 결과

연습 17과 18의 해당 순서도에 해당하는 프로그램을 작성하라.

17. 최대공약수

그림 3.29의 순서도는 2개의 0이 아닌 정수를 사용자로부터 입력받아 최대공약수^{GCD}를 찾아내는 로직이다. ([노트] 두 숫자의 최대공약수는 두 숫자를 나누는 최대 정수다. 그림 3.27을 참고하라.)

```
Enter value of M: 30
Enter value of N: 35
Greatest common divisor: 5
```

그림 3.27 연습 17의 결과

18. 인수분해

그림 3.30의 순서도는 입력값으로 1보다 큰 전체 숫자를 요청한 후, 이 값을 주요 숫자들의 곱으로 분해한다. ([노트] 인수가 1과 해당 값뿐이라면 해당 숫자는 소수다. 그림 3.28을 참고하라.)

```
Enter a positive integer (>1): 2345
Prime factors are 5 7 67
```

그림 3.28 연습 18의 결과

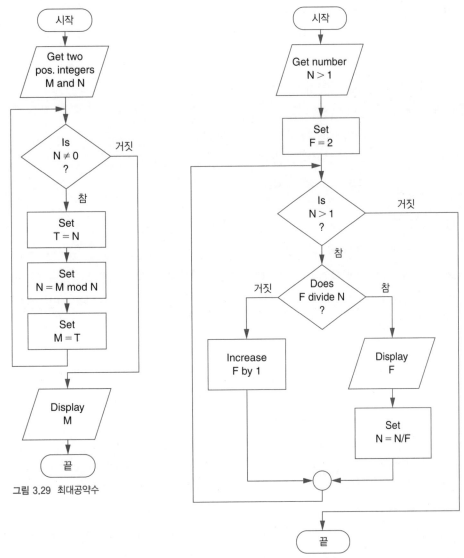

그림 3.29 최대공약수

그림 3.30 소수 요인

연습 19에서 31까지의 문제를 해결하는 프로그램을 작성하라.

19. 나이

1980년에 태어난 어떤 사람이 "내가 x살이 되면 해당 연도의 값이 x의 제곱이 된다."
x값은 얼마인가? 그림 3.31을 참고하라.

```
Person will be 45
in the year 2025.
```

그림 3.31 연습 19의 결과

20. 인구 성장

세계 인구는 2011년 10월 21일에 70억 명에 달할 것이다. 또한 매년 1.1%의 비율로 성장한다. 이 인구가 동일한 비율로 꾸준히 성장한다면, 언제쯤 인구가 80억 명에 도달할 것인가? 그림 3.32를 참고하라.

```
World population will be
8?billion in the year 2024.
```

그림 3.32 연습 20의 결과

21. 방사능 소멸

스트론튬-90, 방사성 요소는 핵 폭발로부터 발생되며, 28년의 반감기를 갖는다. 즉, 스프론튬-90의 양은 방사능 소자를 발산하며, 28년마다 크기가 반으로 소멸된다. 100그램의 스트론튬-90이 1그램 미만이 되기 위해서는 몇 년이 소요되는가? 그림 3.33을 참고하라.

```
The decay time is
196 years.
```

그림 3.33 연습 21의 결과

22. 소비자 가격 지수

소비자 가격 지수CPI는 고정된 장바구니 상품과 서비스의 평균 가격이다. 이 값은 인플레이션을 측정하는 지표이며, 연금을 조정하는 데도 자주 사용한다. 1913년 7월 CPI는 9.9였으며, 1983년 7월에는 100이었고, 2014년 7월에는 238.25이었다. 이는 1913년 7월의 $9.90과 1983년 7월의 $100.00은 동일한 구매력을 갖고 있다는 것을 의미한다. 또한 2014년 7월 $238.25와 동일하다고 할 수 있다. 2009년의 CPI는 1955년 이후 처음으로 떨어졌다. 하지만 이전 15년은 매년 평균 2.5%의 비율로 성장하였다. 미래에 CPI가 매년 2.5%으로 오른다고 가정하면, CPI가 2014년 7월 대비 적어도 두 배 이상이 되려면 몇 년이 소요되는가? ([노트] 매년 CPI는 1.025*직전 연도 CPI가 된다. 그림 3.34를 참고하라.)

```
Consumer prices will
double in 29 years.
```

그림 3.34 연습 22의 결과

23. 자동차 대출

여러분이 돈을 빌려 집이나 자동차를 구매할 때, 대출은 매달 복리로 계산한 연간 이자율을 설정한 상태에서 매년 동일한 비용을 지불한다는 조건으로 지불한다. 이때 빌린 돈을 원금^{principal}이라고 한다. 매년 이자율이 6%(0.6)라고 하면, 월 이자율은 .06/12=0.005가 된다. 대출 금액은 언제라도 지불해야 하는 금액이다. 매달 말에 지불해야 하는 금액은 이전 달 말의 잔금에 해당 잔금에 대한 이자를 더한 후, 매달 지불 금액을 제외한 금액이다. 예를 들어 매년 이자율이 6%라면

$$[신규 \ 잔금] = [이전 \ 잔금] + 0.005 \cdot [이전 \ 잔금] - [매달 \ 지불 \ 금액]$$
$$= 1.005 \cdot [이전 \ 잔금] - [월별 \ 상환액]$$

새로운 자동차를 구매하기 위해 $15,000을 매달 복합 이자율 6%와 지불 금액 $290.00으로 빌렸다고 가정해보자. 해당 자동차 금액의 반을 지불하기 위해서는 몇 달이 소요되어야 하는가? 즉, 몇 개월 후에 잔금이 빌린 원금 대비 반 미만이 되는가? 그림 3.35를 참고하라.

```
Loan will be half paid
off after 33 months.
```

그림 3.35 연습 23의 결과

24. 연금

연금은 동일 기간에 지불하는 금액이다. 저축 플랜이라고 하는 연금 유형은 미래 구매를 위한 금액을 생성하기 위해 연금 계좌에 매월 지불하는 금액으로 구성되어 있다. 여러분이 3%의 복리로 지불하는 저축계좌에 매달 말 $100를 저축하기로 결심하였다고 가정해보자. 월별 이자율은 0.3/12, 즉 0.025이고 매달 말에 계좌에 있는 잔금은 다음과 같이 계산된다.

$$[월말 \ 잔금] = (1.0025) \cdot [이전 \ 달의 \ 잔금] + 100$$

계좌에 $3,000 이상 있으려면 몇 개월이 필요한가? 그림 3.36을 참고하라.

```
Annuity will be worth more
than $3000 after 29 months.
```

그림 3.36 연습 24의 결과

25. 연금

연금은 동일한 기간마다 지불하는 금액이다. 한 가지 유형의 연금으로 많은 양의 금액을 은행계좌에 넣어둔 다음, 고정된 금액을 매달 받는 상품이 있다. 여러분은 $10,000을 3.6%의 이자율로 입금한 후 매달 말에 $600을 받는다고 가정해보자. 매달 이자율은 0.036/12로 0.003이며, 매달 말의 계좌에 남아 있는 잔금은 다음과 같다.

[매달 잔금] = (1.003) · [전달의 잔금] - 600이다.

계좌에 $600 미만이 있게 되는 기간(개월)은? 또한 이 시점에서 계좌에 남아 있는 금액은? 그림 3.37을 참고하라.

```
Balance will be $73.91
after 17 months.
```

그림 3.37 연습 25의 결과

26. 방사능 반감

탄소-14는 지구 대기의 상층부에서 우주선과 질소 간 반응으로 인해 꾸준히 생성된다. 또한 모든 동식물에서 발견된다. 동식물이 죽으면 탄소-14의 양은 매년 0.12%의 비율로 감소한다. 1그램의 탄소-14가 1/2그램 이하가 되는 데 소요되는 연수인 탄소-14의 반감기를 결정하라. 그림 3.38을 참고하라.

```
Carbon-14 has a half-life
of 5776 years.
```

그림 3.38 연습 26의 결과

27. 여러분과 동일한 생일

여러분이 n명의 학생과 함께 강의를 듣는다고 가정해보자. 여러분과 생일이 같은 확률이 50% 이상 되도록 하기 위해서는 얼마나 많은 n명이 필요한가? 그림 3.39를 참고하라.
([노트] 윤년은 생략하고 1년은 365일이라고 가정하며, 여러분과 같은 생일을 가진 학생이 아무도 없을 확률은 다음과 같다고 가정해보자.)

$$\left(\frac{364}{365}\right)^n$$

```
With 253 students, the
probability is greater than
50% that someone has the same
birthday as you.
```

그림 3.39 연습 27의 결과

28. 연금

사용자가 입력하는 값으로 기탁되는 돈의 양을 이용하여 연습 25를 재실행하라. 그림 3.40을 참고하라.

```
Enter amount of deposit: 10000
Balance will be $73.19
after 17 months.
```

그림 3.40 연습 28의 결과

29. 인구 증가율

2014년 중국 인구는 13억 7,000만 명이었고, 매년 0.51%씩 증가하고 있다. 2014년 인도의 인구는 12억 6,000만 명이었고, 매년 1.35%씩 증가하고 있다. 인도의 인구가 중국의 인구를 추월할 시점을 계산하는 프로그램을 작성하라. 2014년 인구 증가율은 계속 이어진다고 가정해보자. 그림 3.41을 참고하라. 조사에 따르면 2025년에는 인도의 인구가 중국의 인구를 추월할 것으로 예상된다.

```
India's population will exceed China's
population in the year 2025.
```

그림 3.41 연습 29의 결과

30. 냉각

뉴턴의 쿨링 법칙은 뜨거운 액체가 찬 방에 위치하게 될 때, 매분 온도가 감소하는 양은 액체의 온도와 방 안의 온도 간 차이에 비례한다. 즉, 매분별로 온도가 손실하는 상수 k는 다음과 같다.

k · (액체의 온도 – 방 안의 온도)

화씨 212도의 커피가 들어 있는 컵을 화씨 70도의 방 안에 넣는다고 가정하고, 상수를 k = 0.79라고 하자. 커피가 화씨 150도 아래로 냉각되는 데 소요되는 시간(분)을 계산하는 프로그램을 작성하라. 그림 3.42를 참고하라.

```
The coffee will cool to below
150 degrees in 7 minutes.
```

그림 3.42 연습 30의 결과

31. 저축계좌

사용자가 저축계좌를 이용하여 거래할 수 있도록 메뉴 기반 프로그램을 작성하라. 계정은 초기에 $1,000 잔고가 남아 있다고 가정해보자. 그림 3.43을 참고하라.

```
Options:
1. Make a Deposit
2. Make a Withdrawal
3. Obtain Balance
4. Quit
Make a selection from the options menu: 1
Enter amount of deposit: 500
Deposit Processed.
Make a selection from the options menu: 2
Enter amount of withdrawal: 2000
Denied. Maximum withdrawal is $1,500.00
Enter amount of withdrawal: 600
Withdrawal Processed.
Make a selection from the options menu: 3
Balance: $900.00
Make a selection from the options menu: 4
```

그림 3.43 연습 31의 가능한 결과

연습문제 3.3 해답

1. total에 number-1이 추가된다. 프로그램을 수정하려면 while 반복문의 블록 내 두 명령문을 교환한다.

2. 명령문 answer = ""을 반복문 앞에 두거나 다음 반복문으로 대체한다.

```
while True:
    answer = input("Enter the password: ")
    if answer.upper() == "SHAZAM":
        break
print("You may continue.")
```

170

3. print 명령문을 4공백 안으로 들여쓰기한다.

3.4 for 반복문

for 반복문은 순열값을 반복 수행하는 데 사용한다. 일반적인 형태의 for 반복문은 다음과 같다.

```
for var in sequence :
    indented block of statements
```

순열은 증가하는 숫자, 문자열, 리스트, 튜플, 파일 객체가 될 수 있다. 변수는 연속적으로 순열에 있는 값이 설정되며, 각 값을 설정한 이후에 들여쓰기한 명령문 블록이 실행된다. 블록 내의 개별 명령문은 동일한 들여쓰기 수준으로 작성된다. 물리적 들여쓰기는 인터프리터에게 블록의 시작과 끝을 알려준다.

■ 숫자의 진행을 통한 반복문

range 함수는 숫자의 진행을 생성하는 데 사용한다. 만약 m과 n이 정수값이고 m < n이라면 함수 range(m, n)은 정수 순열 m, m+1, m+2, ..., n-1을 생성한다.

즉, 순열은 m으로 시작하고 n에 도달할 때까지 1씩 반복하여 m에 추가된다. 몇 가지 예를 들면 다음과 같다.

range(3, 10)은 순열 3, 4, 5, 6, 7, 8, 9를 생성한다.

range(0, 4)는 순열 0, 1, 2, 3을 생성한다.

range(-4, 2)는 순열 -4, -3, -2, -1, 0, 1을 생성한다.

함수 range(0, n)은 range(n)으로 축약하여 사용할 수 있으며, 일반적으로 축약하여 사용한다.

```
for num in range(m,n)
    indented block of statements
```

형태의 반복문은 range(m, n)으로 생성된 순열 내의 각 정수에 대해 블록 형태의 명령문을 한 번 실행한다. 단어 for 다음에 따라오는 변수는 loop 변수라고 하고, 들여쓰기한 명령문 블록은 loop의 본문이라고 하며, 본문의 실행은 loop를 한 번 실행하는 것이라고 한다. 헤더는 loop 변수를 생성하고, 계속 반복문이 진행되는 동안 매번 순열 내의 숫자를 설정한다. for 반복문에 사용하는 가장 일반적인 문자에는 i, j, k가 있다. 하지만 적합한 이름을 생성하려면 숫자의 의미를 알려주는 것이 좋다. 예를 들어 `for year in range(2000, 2015)`로 설정하는 것이 좋다.

 예제 1   **제곱**

다음 두 행의 코드는 4개의 정수와 해당 정수값의 제곱을 보여준다. 반복 변수 i는 처음에 값 2를 가지며, 이 값을 이용하여 print 명령문을 실행한다. 해당 변수는 연속적으로 print 명령문을 정수값 3, 4, 5에 대해 각각 실행한다.

```
for i in range(2, 6)
    print(i, i * i)
```
[실행]
```
2 4
3 9
4 16
5 25
```

 예제 2   **인구 증가**

2014년 도시의 인구가 300,000명이고, 매년 3%의 비율로 성장한다고 하자. 다음 프로그램은 2018년까지 매년 인구를 보여준다. 그림 3.44는 이 프로그램에 대한 순서도다.

```
## 2014년부터 2018년까지 인구를 표시한다.
pop = 300000
print("{0:10} {1}".format("Year", "Population"))
for year in range(2014, 2019):
    print("{0:<10d} {1:,d}".format(year, round(pop)))
    pop += 0.03 * pop   # pop 값을 3퍼센트 증가시킴
# pop를 3% 증가시킨다.
```
[실행]
```
Year   Population
2014   300,000
2015   309,000
2016   318,270
2017   327,818
2018   337,653
```

172

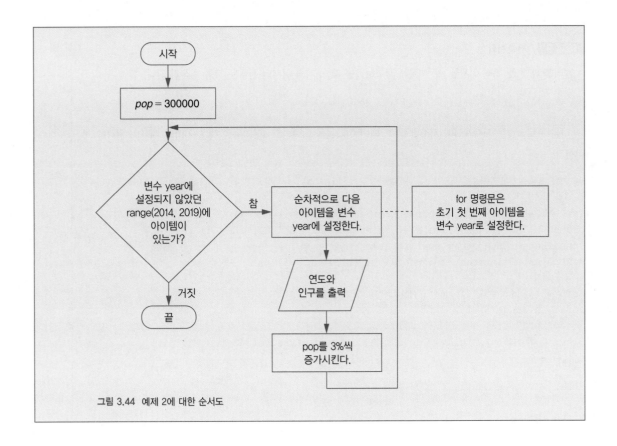

그림 3.44 예제 2에 대한 순서도

■ range 함수에 대한 Step값

다양한 range 함수는 정수 순열을 생성한다. 연속하는 정수는 1 이외의 다른 값만큼 차이가 난다. 만약 m < n이고 s가 양수인 경우 m, n, s가 정수라면 함수 range(m, n, s)는 m, m + s, m + 2s, m + 3s, ..., m + rs인 정수 순열을 생성한다.

이때 r은 m + rs < n을 만족하는 가장 큰 수다. 즉, 순열은 m으로 시작하고 s를 더한 값이 n 이상이 될 때까지 반복하여 m에 더한다. 선택 설정 숫자 s는 range 함수의 단계값step value이라고 한다.

이에 대한 예제는 다음과 같다.

range(3, 10, 2)는 순열 3, 5, 7, 9를 생성한다.
range(0, 24, 5)는 순열 0, 5, 10, 15, 20을 생성한다.
range(-10, 10, 4)는 순열 -10, -6, -2, 2, 6을 생성한다.

예제 3 **저축계좌**

A 달러를 매년 월 복리 이자율 r로 계좌에 저축하였을 때, m개월 이후의 잔금은 다음 수식과 같다.

$$A \cdot \left(1 + \frac{r}{12}\right)^m$$

다음 프로그램은 저축계좌에 저축할 금액, 매년 이자율을 입력받고 4분기동안 매 분기마다 계좌의 잔금을 계산한다.

```
## 매 3개월 이후마다 저축계좌의 잔금을 계산하라.
# 값을 입력받기
initialDeposit = eval(input("Enter amount deposited: "))
prompt = "Enter annual rate of interest; such as .02, .03, or .04: "
annualRateOfInterest = eval(input(prompt))
monthlyRateOfInterest = annualRateOfInterest / 12
# 표를 표시한다.
print("{0}{1:>15}".format("Month", "Balance"))
for i in range(3, 13, 3):
    print("{0:2}            ${1:<15,.2f}".
        format(i, initialDeposit * (1 + monthlyRateOfInterest) ** i))
```

[실행]
```
Enter amount deposited: 1000
Enter annual rate of interest; such as .02, .03, or .04: .03
Month  Balance
 3  $1,007.52
 6  $1,015.09
 9  $1,022.73
12  $1,030.42
```

range 함수는 초깃값이 종료값보다 작고, 증분값은 양수이어야 한다고 인식되었다. 하지만 음수 증분값이 사용되고 초깃값이 종료값보다 크면, range 함수는 초깃값으로 시작하여 종료값에 도달하기 전까지 감소하는 순열을 생성한다. 몇 가지 예제는 다음과 같다.

range(6, 0, -1) generates the sequence 6, 5, 4, 3, 2, 1.

range(5, 2, -3) generates the sequence 5.

range(10, -10, -4) generates the sequence 10, 6, 2, -2, -6.

■ 내포된 for 반복문

for 반복문은 모든 유형의 파이썬 명령문을 포함한다. 특히 또 다른 for 반복문의 내포가 가능하다. 하지만 두 번째 반복문은 첫 번째 반복문 내부에 완전히 포함되어야 하고, 다른 반복 변수를 가져야 한다. 이러한 구성 요건을 내포된 for 반복문이라고 한다.

다음 프로그램은 1부터 5까지 정수에 대한 곱 연산 표다. m은 곱의 왼쪽 요소이고, n은 오른쪽 요소다. 각 요소는 1부터 5까지의 값을 취한다. 이 값들은 외부 반복문에서 m까지 할당되어 있고, 내부 반복문에서는 n까지 할당되어 있다. 초기 m은 값 1로 설정되었고, 내부 반복문은 5회에 거쳐 곱의 첫 번째 행을 생성한다. 5회의 곱하기 연산이 끝나는 시점에서 m의 값은 여전히 1이다. 그리고 내부 반복문의 첫 번째 실행이 종료된다. 다음으로 m은 순열의 다음 번 숫자인 2가 된다. 다음으로 내부 반복문의 헤더가 실행되고 n의 값이 1로 재설정된다. 두 번째 곱하기 연산 결과가 내부 반복문의 다음 회 동안 화면상에 표시된다. 나머지의 경우에도 이와 동일한 과정을 거친다.

```
## 1부터 5까지 숫자에 대한 곱하기 표를 표시하라.
for m in range(1, 6):
    for n in range(1, 6):
        print(m, 'x', n, '=', m * n, "\t", end="")
    print()
```

[실행]
```
1 x 1 = 1       1 x 2 = 2       1 x 3 = 3       1 x 4 = 4       1 x 5 = 5
2 x 1 = 2       2 x 2 = 4       2 x 3 = 6       2 x 4 = 8       2 x 5 = 10
3 x 1 = 3       3 x 2 = 6       3 x 3 = 9       3 x 4 = 12      3 x 5 = 15
4 x 1 = 4       4 x 2 = 8       4 x 3 = 12      4 x 4 = 16      4 x 5 = 20
5 x 1 = 5       5 x 2 = 10      5 x 3 = 15      5 x 4 = 20      5 x 5 = 25
```

 예제 5　**별표 삼각형**

다음 프로그램은 들여쓰기한 for 반복문을 이용하여 별 모양이 삼각형이 되도록 표시한다.

```
## 별표로 이루어진 삼각형을 표시한다.
numberOfRows = int(input("Enter a number from 1 through 20: "))
for i in range(numberOfRows):
    for j in range(i + 1):
        print("*", end="")
    print()
```

[실행]
```
Enter a number from 1 through 20: 5
*
**
***
****
*****
```

■ 문자열의 문자에 대해 반복문 실행하기

만약 str1이 문자열값을 갖는다면, 다음 반복문은 일단 첫 번째 문자로 시작하는 문자열 내의 각 문자별로 한 번씩 본문에 있는 명령문을 실행한다.

```
for ch in str1:
    indented block of statements
```

첫 번째 문자로 시작하는 문자열의 각 문자에 대해 본문의 명령을 한 번 실행한다. 따라서 len(str1)은 반복문을 통과한다.

 예제 6 **역방향 문자**

다음 프로그램은 단어 하나를 입력받아 이를 화면상에 표시해준다. 이 프로그램은 해당 단어의 첫 번째 문자로 구성된 문자열을 생성한 후 연속적으로 각 부분 순차 문자를 해당 문자열의 앞에 덧붙인다.

```
## 단어 내의 문자를 거꾸로 한다.
word = input("Enter a word: ")
reversedWord = ""
for ch in word:
    reversedWord = ch + reversedWord
print("The reversed word is " + reversedWord + ".")
```

[실행]

```
Enter a word: zeus
The reversed word is suez.
```

■ 리스트나 튜플의 아이템을 반복 실행하기

listOrTuple가 리스트이거나 튜플이라면, 다음 반복문은 첫 번째 아이템부터 시작하여 리스트나 튜플에 존재하는 아이템별로 한 번씩 본문 내의 명령문을 실행한다.

```
for item in listOr Tuple
    indented block of statements
```

첫 번째 항목으로 시작하는 리스트의 각 항목에 대해 본문의 명령을 한 번 실행한다. 따라서 len(listOrTuple)은 반복문을 통과한다.

예제 7 R의 달

다음 프로그램은 월과 해당 월의 이름에 문자 r을 포함한 월을 화면상에 표시한다.

```
## 문자 r을 포함한 월을 표시한다.
months = ("January", "February", "March", "April", "May", "June",
          "July", "August", "September", "October", "November", "December")
for month in months:
    if 'r' in month.lower():
        print(month)
```

[실행]

```
January
February
March
April
September
October
November
December
```

리스트가 튜플 대신 사용되면 예제 6의 프로그램은 동일하게 작동한다. 아이템 순열은 고정되어 있고, 변동하지 않기 때문에 튜플을 사용하였다. 그렇지 않은 경우에는 리스트를 사용하였다. 이 프로그램은 매번 여러 개월당 모든 아이템에 접근하였지만, 순열에 존재하는 모든 값을 변동시키지는 않았다. 아이템에 접근하고 위치한 값을 변경하는 프로그램은 리스트를 사용해야 하며, 리스트 내의 인덱스값에 대해 반복 수행해야 한다.

 예제 8 축약 월 이름

다음 프로그램은 월 이름을 3개 문자로 된 약어로 대체한다. ([**노트**] 모든 리스트에 대해 list1이라고 부르며, 마지막 아이템은 len(list1)−1의 인덱스값을 갖는다. 따라서 range(len(list1))은 리스트의 인덱스를 생성한다.)

```
## 개별 월의 이름을 3개 문자 축약어로 대체하라.
months = ["January", "February", "March", "April", "May", "June",
          "July", "August", "September", "October", "November", "December"]
for i in range(len(months)):
    months[i] = months[i][0:3]
print(months)
```

[실행]

```
['Jan', 'Feb', 'Mar', 'Apr', 'May', 'Jun', 'Jul', 'Aug', 'Sep', 'Oct', 'Nov',
'Dec']
```

예제 9 카드 한 벌

다음 프로그램은 카드 한 벌에 52개의 카드로 구성된 리스트를 생성하기 위해 ranks의 리스트와 suits의 리스트로 내재된 for 반복문을 사용한다. 카드는 외부 반복문에서 자신의 순위를 설정하고 내부 반복문에서 첫 번째 for 명령은 모든 아이템을 접근할 때까지 순서대로 아이템을 실행하는 작업을 반복한다. 매번 내부 반복문의 진행 시 카드의 이름을 deckOfCards 리스트에 추가한다. 그림 3.45는 프로그램의 내부 for 반복문 부분에 대한 흐름도다.

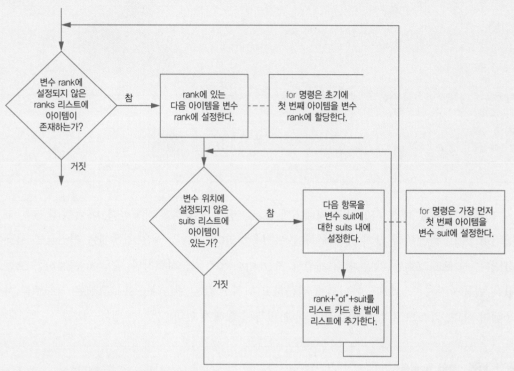

그림 3.45 예제 9에 대한 내부 for 반복문의 흐름 차트

```
## 카드 내 52개 카드의 이름을 표시하기
ranks = ['2', '3', '4', '5', '6', '7', '8', '9',
        "10", "jack", "queen", "king", "ace"]
suits = ["spades", "hearts", "clubs", "diamonds"]
deckOfCards = []   # 52개의 카드의 이름을 보관하는 리스트
# deckOfCards 리스트를 채우기 위해 중첩 반복문 사용하기
for rank in ranks:
    for suit in suits:
        deckOfCards.append(rank + " of " + suit)
# 52개의 카드를 표시하기
for card in deckOfCards:
    print(card)
```

```
[실행]
2 of spades
2 of hearts
.
.
.
ace of clubs
ace of diamonds
```

■ 텍스트 파일의 행 전체를 반복하기

만약 fileName.txt가 텍스트 파일이라면, 다음과 같은 형태의 코드는 첫 번째 행에서 시작하여 연속적으로 파일의 각 행을 읽고, 각 행에 대해 내부 들여쓰기한 명령의 블록을 실행한다.

```
infile = open("fileName.txt", 'r')
for line in infile:
    indented block of statements
infile.close()
```

첫 번째 명령은 프로그램과 파일 간 연결을 설정하여 프로그램이 파일에서 데이터를 읽을 수 있게 하고, 마지막 명령은 연결을 종료한다. 이러한 텍스트북 전반에 걸쳐 파일은 프로그램 파일과 동일한 폴더에 포함되어 있다고 가정한다. 이러한 방법으로 해당 파일에 대한 완벽한 경로를 제공하는 대신, 열린 함수 내에서 파일명을 사용할 수 있다.

✔ **예제 10** **미국 대통령**

파일 USPres.txt는 첫 번째 44명의 미국 대통령을 재임 순서대로 갖고 있다. 다음 프로그램은 이름을 입력받은 후 해당 이름을 갖고 있는 미국 대통령의 이름을 표시한다. 변수 foundFlag는 적어도 한 명의 대통령이라도 입력한 이름을 갖는지 알려준다. 텍스트 파일의 각 행은 특정 신규 행 문자로 끝난다. 이 문자를 제거하는 메서드는 rstrip이다.

```
## 이름이 같은 대통령을 표시한다.
firstName = input("Enter a first name: ")
foundFlag = False
infile = open("USPres.txt", 'r')
for line in infile:
    if line.startswith(firstName + ' '):
        print(line.rstrip())
        foundFlag = True
infile.close()
```

```
if not foundFlag:
    print("No president had the first name", firstName + '.')
```
[실행]
```
Enter a first name: John
John Adams
John Q. Adams
John Tyler
John Kennedy
```

■ pass 명령

for 반복문의 헤더는 적어도 들여쓰기한 1개 이상의 명령문 블록이 뒤따라야 한다. 하지만 아무것도 하지 않으면서 시퀀스를 반복하는 명령문이 필요한 경우가 있다. 이러한 경우 pass 명령문을 사용해야 한다. pass 명령문은 아무런 작업도 하지 않고 자리만 차지하는 명령문이다.

 예제 11 **파일의 마지막 행**

다음 프로그램은 파일의 마지막 행을 표시한다. 명령문이 전체 파일에 걸쳐 반복 실행된 후에 행의 값은 해당 파일의 마지막 행이 된다. rstrip 메서드는 텍스트 파일의 각 행의 끝에 있는 신규 행 문자를 제거한다.

```
## 텍스트 파일의 마지막 행을 표시한다.
infile = open("aFile.txt", 'r')
for line in infile:
    pass
print(line.rstrip())
infile.close()
```

■ 텍스트 파일의 내용으로 리스트 채우기

텍스트 파일 내 데이터를 분석하기 위한 최선의 방법은 데이터를 리스트에 위치시키고 리스트 함수와 메서드를 사용하는 것이다. 다음 여러 줄의 코드는 텍스트 파일의 내용을 리스트에 위치시키는 방법이다.

```
dataList = []
infile = open("Data.txt", 'r')
for line in infile:
    dataList.append(line.strip())
infile.close()
```

하지만 다음 4~5장에서 설명할 좀 더 효율적인 방법은 다음과 같다.

```
infile = open("Data.txt", 'r')
dataList = [line.rstrip() for line in infile]
infile.close()
```

두 경우 모두 리스트 내 각 아이템은 문자열이다. 만약, 파일 Data.txt가 숫자만을 갖고 있다면, 리스트 내 아이템은 문자열에서 숫자로 변환될 수 있다. 다음 두 행의 코드는 이러한 작업을 실행하지 않는다.

```
for item in dataList:
    item = eval(item)
```

하지만 해당 작업은 다음 코드로 실행할 수 있다.

```
for i in range(len(dataList)):
    dataList[i] = eval(dataList[i])
```

4~5장에서 설명하게 될 효율적인 방법은 다음과 같다.

```
infile = open("Data.txt", 'r')
dataList = [eval(line) for line in infile]
infile.close()
```

■ 주석

1. range 함수의 괄호는 1개, 2개, 3개의 값을 포함할 수 있다. 괄호는 2개나 3개의 값을 포함한다. 첫 번째 값은 항상 생성된 순서의 시작이 된다. 괄호가 1개의 값만을 가질 때, n이라고 하며, 어떠한 순서도 생성되지 않는다. 이 밖의 경우에는 0에서 n-1까지 n개의 숫자가 생성된다.

2. range 함수에 의해 생성되는 값은 list 함수를 사용하여 표시할 수 있다. 예를 들어 명령문 print(list(range(1, 8, 2)))는 [1, 3, 5, 7]을 화면상에 표시한다.

3. 함수 range(m, n, s)는 만약 n...m과 s가 양수이거나 m...n과 s가 음수라면 공백으로 구분된 순열을 생성한다.

4. 명령문이 for 반복문 내부에서 실행될 때, 반복문 내부의 나머지 명령문은 생략하고 반복의 다음 단계에서 실행을 계속 진행한다.

5. 명령문 break가 for 반복문의 내부 블록에서 실행되면 해당 반복문은 종료된다. 그리고 반복문 변수는 현재 값을 유지한다. break와 continue 명령문은 일반적으로 if 명령문의 내부 블록에서 나타나며, 제어를 변경하는 데 효율적인 방법을 제공한다.

6. 모든 유형의 반복문은 또 다른 반복문 내부에 포함할 수 있다. 예를 들어 for 반복문은 while 반복문 내부에 포함될 수 있으며, 그 반대도 가능하다.

7. pass 명령문은 while 반복문이나 if-elif-else 명령문과 같은 모든 복합 명령문에 사용할 수 있다.

연습문제 3.4

1. 함수 range(5)에 의해 생성되는 순열은?

2. 다음 코드가 의도한 대로 작동하지 않는 이유는?

```
for i in range(15, 1):
    print(i)
```

3. 예제 10의 일곱 번째 행을 고려해보자.

   만약 print(line.rstrip())가 print(line)로 변경되면 결과는 어떻게 변하는가?

4. 다음 코드를 단순화하라.

```
musketeers = ["Athos", "Porthos", "Aramis", "D'Artagnan"]
i = 0
while i 6 len(musketeers):
    print(musketeers[i])
    i += 1
```

5. 다음 코드의 결과는 무엇인가?

```
n = 7
for i in range(n):
    print(i, end=" ")
    n = 3
```

연습 3.4

연습 1부터 8까지에서 range 함수로 생성되는 순열을 결정하라.

1. range(7, 11)
2. range(-11, -7)
3. range(2, 14, 3)
4. range(2010, 2030, 5)
5. range(6)
6. range(1)

7. range(11, 7, -1)　　　　　　**8.** range(12, 2, -5)

연습 9에서 16까지 다음 숫자의 순열을 생성하는 range 함수를 결정하라.

9. 4, 9, 14, 19　　　　　　　**10.** 0, 1, 2, 3

11. -21, -20, -19, -18　　　　**12.** 4, 3, 2, 1

13. 20, 17, 14　　　　　　　　**14.** 7

15. 5, 4, 3, 2, 1, 0　　　　　**16.** -5, -3, -1, 1

연습 17에서 40까지 표시되는 결과를 결정하라.

17.
```
for i in range(1, 5):
    print("Pass #" + str(i))
```

18.
```
for i in range(3, 7):
    print(2 * i)
```

19.
```
num = 5
for i in range(num, 2 * num - 2):
    print(i)
```

20.
```
for i in range(-9, 0, 3):
    print(i)
```

21.
```
# chr(162)는 센트 기호이다.
stringOfCents = ""
for i in range(1, 11):
    stringOfCents += chr(162)
print(stringOfCents)
```

22.
```
n = 3
total = 0
for i in range(1, n + 1):
    total += i
print(total)
```

23.
```
for j in range(2, 9, 2):
    print(j)
print("Who do we appreciate?")
```

24.
```
for countdown in range(10, 0, -1):
    print(countdown)
```

25.
```
number_of_sibilants = 0
word = "stargazers"
for ch in word:
    if (ch == 's') or (ch == 'z'):
        number_of_sibilants += 1
print(number_of_sibilants)
```

26.
```
numCaps = 0
name = "United States of America"
for ch in name:
    if ch.isupper():
        numCaps += 1
print(numCaps)
```

27.
```
word = "183651"
sumOfOddIndexes = 0
oddIndex = False
for ch in word:
    if oddIndex:
        sumOfOddIndexes += int(ch)
    oddIndex = not oddIndex
print(sumOfOddIndexes)
```

28.
```
word = "cloudier"
newWord = ""
evenIndex = True
for ch in word:
    if evenIndex:
        newWord += ch
    evenIndex = not evenIndex
print(newWord)
```

29.
```
for ch in "Python":
    continue
print(ch)
```

30.
```
for ch in "Python":
    break
print(ch)
```

31.
```
numEvens = 0
sumOfEvens = 0
list1 = [2, 9, 6, 7, 12]
for num in list1:
    if num % 2 == 0:
        numEvens += 1
        sumOfEvens += num
print(numEvens, sumOfEvens)
```

32.
```
list1 = [2, 9, 6, 7, 13, 3]
maxOfOdds = 0
for num in list1:
    if (num % 2 == 1) and (num > maxOfOdds):
        maxOfOdds = num
print(maxOfOdds)
```

33.
```
boroughs = ("Manhatten", "Bronx", "Brooklyn", "Queens", "Staten Island")
minLetters = 100
for borough in boroughs:
    if len(borough) < minLetters:
        minLetters = len(borough)
print("The shortest word has length", minLetters)
```

34.
```
numOfNumbers = 0
list1 = ["three", 4, 5.7, "six", "seven", 8, 3.1416]
for item in list1:
    if isinstance(item, str):
        continue
    numOfNumbers += 1
print(numOfNumbers)
```

35.
```
list1 = [1, 2, "three", 4, 5.7, "six", "seven", 8, 3.1416]
for item in list1:
    if isinstance(item, str):
        break
print(item)
```

36.
```
# 네잎 클로버를 찾고 있다.
leaves = ("sunshine","rain", "the roses that bloom in the lane",
          "somebody I adore")
number = 1
for leaf in leaves:
    print("Leaf", str(number) + ':', leaf)
    number += 1
```

연습 37과 38에서 파일 Numbers.txt의 6행은 다음 데이터를 갖고 있다고 가정해보자.

6, 9, 2, 3, 6, and 4.

37.
```
sumEvens = 0
infile = open("Numbers.txt", 'r')
for line in infile:
    if eval(line) % 2 == 0:
        sumEvens += eval(line)
    infile.close()
print(sumEvens)
```

38.
```
dataList = []
infile = open("Numbers.txt", 'r')
for line in infile:
    dataList.append(eval(line))
infile.close()
print(sum(dataList))
```

연습 39와 40에서 파일 States.txt의 50행에 미합중국에 가입한 순서대로 50개 주의 이름을 갖고 있다고 가정해보자.

39.
```
infile = open("States.txt", 'r')
for line in infile:
    if line.startswith("North"):
        print(line, end="")
infile.close()
```

40.
```
infile = open("States.txt", 'r')
for line in infile:
    continue
infile.close()
print(line, end="")
```

연습 41에서 46까지 모든 오류를 확인하라.

41.
```
for j in range(1, 26, -1):
    print(j)
```

42.
```
for i in range(1, 4):
    print(i + " " + 2 ** i)
```

43.
```
list1 = [2, 5, 7, 2, 7, 8]
list2 = []
for item in list1:
    if item not in list2:
        list2.append(item)
print list2
```

44.
```python
list1 = ['a', 'b', 'c']
for letter in list1:
    letter = letter.upper()
print(list1)
```

45.
```python
# 13을 제외한 0에서 19까지의 모든 숫자를 표시하라.
for i in range(20, 0):
    if i != 13:
print(i)
```

46.
```python
list1 = ["one", "two", "three", "four"]
for item in list1:
    item = item.upper()
print(list1)
```

연습 47과 48에서 for 반복문을 사용하여 해당 프로그램을 재작성하라.

47.
```python
num = 1
while num <= 9:
    print(num)
    num += 2
```

48.
```python
print("hello")
print("hello")
print("hello")
print("hello")
```

연습 49와 50에서 해당 프로그램을 간략화하라.

49.
```python
lakes = ["Erie", "Huron", "Michigan", "Ontario", "Superior"]
result = ""
for i in range(len(lakes)):
    result += lakes[i]
    if i < len(lakes) - 1:
        result += ", "
print(result)
```

50.
```python
lakes = ["Erie", "Huron", "Michigan", "Ontario", "Superior"]
for i in range(len(lakes)):
    print(lakes[i], end="")
    if i < len(lakes) - 1:
        print(" | ", end="")
```

연습 51부터 65까지에서 아래 기입한 작업을 실행하는 프로그램을 작성하라.

51. 방사성 감소

암 치료에 사용되는 코발트의 방사성 형태인 코발트-60은 일정 기간 동안 감소한다. 매년 해당 연도의 시작 시점에 현재 양의 12%가 감소한다. 만약, 코발트-60의 양이 10그램이라면 5년 후에 남아 있게 될 잔존량을 결정하는 프로그램을 작성하라. 잔존량을 계산한 후 소수점 둘째 자리에서 올림하라. 그림 3.46을 참고하라.

```
The amount of cobalt-60 remaining
after five years is 5.28 grams.
```

그림 3.46 연습 51의 결과

52. 전화번호

사용자가 입력한 전화번호에서 대시를 제거하는 프로그램을 작성하라. 그림 3.47을 참고하라.

```
Enter a telephone number: 982-876-5432
Number without dashes is 9828765432.
```

그림 3.47 연습 52의 결과

53. 모음

사용자가 입력한 구문에서 모음의 개수를 카운트하는 프로그램을 작성하라. 그림 3.48을 참고하라.

```
Enter a phrase: Less is more.
The phrase contains 4 vowels.
```

그림 3.48 연습 53의 결과

54. 가장 큰 수

리스트를 사용하지 않고 사용자로부터 입력받은 3개 숫자 중 가장 큰 값을 찾아내는 프로그램을 개발하라. 그림 3.49를 참고하라.

```
Enter a number: 3.4
Enter a number: 9.3
Enter a number: 5.5
Largest number: 9.3
```

그림 3.49 연습 54의 결과

55. 분수의 합

1+1/2+1/3+1/4+c+ 1/100의 값을 소수점 다섯 자릿수까지 찾아내라. 그림 3.50을 참고하라.

```
The sum 1 + 1/2 + 1/3 + ... + 1/100
is 5.18738 to five decimal places.
```

그림 3.50 연습 55의 결과

56. 숫자의 합

1부터 100까지의 양수 합을 구하라. 그림 3.51을 참고하라.

```
The sum 1 + 2 + ... + 100
is 5050.
```

그림 3.51 연습 56의 결과

57. 알파벳 순서

입력값으로 단어 하나를 받아 해당 문자가 알파벳 순서로 되어 있는지의 여부를 결정하라. 알파벳 순서로 되어 있는 예제 단어에는 biopsy, adept, chintz, lost가 있다. 그림 3.52를 참고하라.

```
Enter a word: almost
Letters are in alphabetical order.
```

그림 3.52 연습 57의 결과

58. 모음 단어

모음 단어는 모든 모음을 갖고 있는 단어다. 모음 단어의 몇 가지 예로는 sequoia, facetious, dialogue가 있다. 단어 하나를 입력받아 모음 단어인지의 여부를 결정하는 프로그램을 개발하라. 그림 3.53을 참고하라.

```
Enter a word: education
EDUCATION is a vowel word.
```

그림 3.53 연습 58의 결과

59. 수입 금액 계산

노동자들이 65세에 퇴직하기 전에 얼마나 많은 돈을 벌 수 있는지 추정하라. 노동자의 이름, 나이, 돈을 벌기 시작하는 시점은 입력값으로 받는다. 노동자는 매년 5%의 연봉 인상액을 받는다고 가정해보자. 그림 3.54를 참고하라.

```
Enter name: Helen
Enter age: 25
Enter starting salary: 20000
Helen will earn about $2,415,995.
```

그림 3.54 연습 59의 결과

60. 단리 대 복리

$1,000을 5% 단리로 투자했을 때 매년 $50씩 증가한다. 동일한 금액을 5% 복리로 매년 투자했을 경우 매년 말의 금액은 연초의 금액의 1.05배가 된다. 5%의 단리와 복리로 투자 금액 $1,000에 대한 4년 후 금액을 표시하는 프로그램을 작성하라. 그림 3.55를 참고하라.

	단리	복리
1	$1,050.00	$1,050.00
2	$1,100.00	$1,102.50
3	$1,150.00	$1,157.62
4	$1,200.00	$1,215.51

그림 3.55 연습 60의 결과

61. 자동차 담보 대출

섹션 3.3의 연습 23에서 논의한 자동차 담보 대출을 생각해보자. 대출은 5년 후에 완납하게 된다. 자동차는 2013년 1월 초에 구매하고 5년 동안 매년 말의 잔존 가치를 화면에 표시한다고 가정해보자. 그림 3.56을 참고하라. ([노트] 마지막 지불 금액은 나머지 다른 지불 금액보다 약간 적다. 이러한 현상이 나타나는 이유는 마지막 잔금은 음의 금액이 되기 때문이다.)

연도	해당 연도 말의 잔존 가치
2013	$12,347.85
2014	$9,532.13
2015	$6,542.74
2016	$3,368.97
2017	$0.00

그림 3.56 연습 61의 결과

62. 연금

섹션 3.3의 연습 24에서 논의한 연금을 참고하라. 첫 번째 입금 금액은 2014년 1월 말에 이루어졌다. 2014년부터 2018년까지 매년 말에 계좌에 있는 잔고를 표시하는 프로그램을 작성하라.

```
연도              해당 연도 말의 잔금
2014             $1,216.64
2015             $2,470.28
2016             $3,762.06
2017             $5,093.12
2018             $6,464.67
```

그림 3.57 연습 62의 결과

63. 평균 등급

사용자에게 세 가지 등급을 입력할 것을 요청한 후, 최저 등급을 버린 후에 평균을 계산하는 프로그램을 작성하라. 그림 3.58을 참고하라.

```
Enter a grade: 70
Enter a grade: 90
Enter a grade: 80
Average: 85
```

그림 3.58 연습 63의 결과

64. 자동차 감가상각

개인용 자동차는 매년 15%의 감가상각을 적용한다고 한다. 신규 자동차를 $20,000에 구매했다고 가정해보자. 4년 후에 이 자동차의 가치를 보여주는 표를 만드는 프로그램을 개발하라. 그림 3.59를 참고하라.

```
1        $17,000.00
2        $14,450.00
3        $12,282.50
4        $10,440.12
```

그림 3.59 연습 64의 결과

65. 공급과 수요

매년 농산물에 대한 생산과 부셸당 가격의 수준은 다음 해의 생산과 가격 수준에 영향을 미친다. 2014년 어떤 국가의 콩 수확량이 8,000만 부셸이라고 가정해보자.

[매년 가격] = 20 - .1 * [해당 연도의 양]

[매년 수확량] = 5 * [이전 연도의 가격] - 10

수확량은 백만 부셸의 단위로 측정된다. 2014년부터 2018년까지 수확량과 가격표를 생성하라. 그림 3.60을 참고하라.

```
연도       수확량       가격
2014      80.00       $12.00
2015      50.00       $15.00
2016      65.00       $13.50
2017      57.50       $14.25
2018      61.25       $13.88
```

그림 3.60 연습 65의 결과

66. 중위수

정렬한 측정값 집합의 중위수는 하위값 50%와 상위값 50%를 구분하는 숫자다. 만약, 측정값의 수가 홀수라면 중위수는 중간 측정값이고, 짝수라면 중위수는 2개의 중심 측정값의 평균이다. 숫자 n과 n개의 측정값 집합(정렬될 필요는 없음)을 입력받은 후 측정값의 중위수를 표시하는 프로그램을 작성하라. 그림 3.61을 참고하라.

```
How many numbers do you want to enter? 4
Enter a number: 9
Enter a number: 3
Enter a number: 6
Enter a number: 5
Median: 5.5
```

그림 3.61 연습 66의 결과

67. 임금 옵션

여러분은 다음 두 가지 임금 옵션을 제의받았다고 가정해보자.

옵션 1: 연간 $20,000, 매년 말에 $1,000만큼 인상

옵션 2: 반년간 $10,000, 반년 말에 $250만큼 인상

각 옵션별로 10년 후에 받게 될 총금액을 계산하고 최고의 선택을 결정하라. 그림 3.62 를 참고하라(아마 놀랄 만한 결과를 얻게 될 것이다.).

```
Option 1 earns $245,000.
Option 2 earns $247,500.
```

그림 3.62 연습 67의 결과

68. 잘못된 백분율

연초에 여러분이 $10,000에 주식을 매수하였다고 가정해보자. 연말에 여러분은 주식은 18%가 올라 평균 변화율이 매달 +1%였다고 가정해보자. 좋은 뉴스처럼 들리는가? 후에 여러분의 주식은 처음 6개월 동안 16%의 손실을 보았고, 마지막 6개월 동안 18%의 이득을 보았다는 것을 알게 되었다. 해당 연도 말에 주식의 가치를 결정하는 프로그램을 작성하라. 그림 3.63을 참고하라.

```
The value of the stock at the
end of the year was $9,483.48.
```

그림 3.63 연습 68의 결과

파일 SBWinners.txt는 초기 47회의 슈퍼볼 게임 우승팀 정보를 갖고 있다.[1] 파일의 첫 번째 3행은 패커스, 패커스, 제트팀의 데이터를 갖고 있다. 연습 65와 66에 이 파일을 사용하라.

69. 슈퍼볼

스틸러가 슈퍼볼에서 승리한 횟수를 계산하는 프로그램을 작성하라. 그림 3.64를 참고하라.

```
The Steelers won
6 Super Bowl games.
```

그림 3.64 연습 69의 결과

70. 슈퍼볼

Steelers first가 슈퍼볼에서 승리를 거둔 게임의 수를 결정하는 프로그램을 작성하라. 그림 3.65를 참고하라.

---

1 파일 SBWinners.txt는 피어슨 웹사이트에서 다운로드할 수 있는 파일의 폴더 Programs/Ch3에 위치한다. 3장의 연습문제에서 필요한 모든 텍스트 파일은 이 폴더에 위치하고 있다.

```
The Steelers first won the
Super Bowl in game #9.
```

그림 3.65 연습 70의 결과

71. 평균 성적

Final.txt는 어떤 학생의 기말고사 성적이다. 데이터의 수, 평균 성적, 평균 성적 이상인 비율을 계산하는 프로그램을 작성하라. 그림 3.66을 참고하라.

```
Number of grades: 24
Average grade: 83.25
Percentage of grades above
average: 54.17%
```

그림 3.66 연습 71의 결과

72. 평균 등급

5개의 등급을 입력받은 후 2개의 가장 낮은 등급을 제외하고, 평균을 계산하는 프로그램을 작성하라. 그림 3.67을 참고하라.

```
Enter one of five grades: 84
Enter one of five grades: 96
Enter one of five grades: 88
Enter one of five grades: 77
Enter one of five grades: 90
Average grade: 91.33
```

그림 3.67 연습 72의 결과

73. 모음의 개수

단어 1개를 입력받아 단어 내에 있는 서로 다른 모음의 개수를 카운트한다. 그림 3.68을 참고하라.

```
Enter a word: successful
Number of different vowels: 2
```

그림 3.68 연습 73의 결과

74. 퍼즐

다음 퍼즐은 The Big Cross-Out Swindle라고 한다. 단어 "NAISNIENLGELTETWE
ORRSD"로 시작하여 9개의 문자를 교차하고 나머지 문자가 1개의 단어가 되도록 한다.
startingWord, crossedOutLetters, remainingLetters라는 변수를 생성하는 프로그램을
작성하라. 이 프로그램은 퍼즐에서 주어진 문자열을 startingWord에 설정하고, 문자 N으
로 시작하는 startingWord의 모든 다른 문자를 포함하는 리스트를 crossedOutLetters
에 설정하며, 두 번째 문자 A로 시작하는 startingWord의 모든 다른 문자를 포함하는 리
스트를 remainingLetters에 설정한다. 또한 이 프로그램은 3개의 변수의 값을 표시해야
한다. 그림 3.69를 참고하라.

```
Starting word: NAISNIENLGELTETWEORRSD
Crossed out letters: N I N E L E T T E R S
Remaining letters: A S I N G L E W O R D
```

그림 3.69 연습 74의 결과

75. 생일이 같음

r명의 사람들 중 적어도 두 사람 이상의 생일이 같을 확률은 다음과 같다.

$$1 - \left(\frac{n}{n} \times \frac{n-1}{n} \times \frac{n-2}{n} \times \cdots \times \frac{n-(r-1)}{n} \right)$$

수식에서 n은 해당 연도의 전체 날짜 수다. r=21에서 25일 경우, 확률을 계산하는 프로
그램을 작성하라. n=365를 사용한다. 그림 3.70을 참고하라.

사람의 수	확률
21	0.444
22	0.476
23	0.507
24	0.538
25	0.569

그림 3.70 연습 75의 결과

76. 초기 미국 주

파일 States.txt는 50개의 미국 주를 미합중국에 조인한 순서대로 갖고 있다. 초기 13개 주
를 알파벳 순서로 출력하는 프로그램을 작성하라. 그림 3.71은 첫 번째 5개 행의 결과다.

```
Connecticut
Delaware
Georgia
Maryland
Massachusetts
```

그림 3.71 연습 76의 일부 결과

77. 보스턴 액센트

사용자가 문장을 입력한 후, 선택한 문자를 해당 문장에서 제거하는 프로그램을 작성하라. 그림 3.72를 참고하라.

```
Enter a sentence: Park the car in Harvard Yard.
Revised sentence: Pak the ca in Havad Yad.
```

그림 3.72 연습 77의 결과

78. 특정 숫자

abcd라고 하는 4자리 수의 숫자를 찾아내는 프로그램을 작성하라. abcd의 10진수는 숫자 4로 곱할 때 역방향이 된다. 즉, 4 × abcd = dcba가 된다. 그림 3.73을 참고하라.

```
Since 4 times 2178 is 8712,
the special number is 2178.
```

그림 3.73 연습 78의 결과

연습 79에서 80까지 연습 10에서 사용한 파일 USPres.txt를 사용하라.

79. US 대통령

목록에 있는 44명의 대통령의 이름을 위치시키고, 해당 리스트를 사용하여 여섯 번째 대통령의 이름을 결정하는 프로그램을 작성하라. 그림 3.74를 참고하라.

```
The 16th president was
Abraham Lincoln.
```

그림 3.74 연습 79의 결과

80. US 대통령

34번째 대통령의 이름을 결정하는 프로그램을 작성하라. 프로그램 내에서는 리스트를 사용하지 않도록 한다. 그림 3.75를 참고하라.

```
The 34th president was
Dwight Eisenhower.
```

그림 3.75 연습 80의 결과

81. 주행거리계 읽기

자동차의 주행거리계에 나타나는 숫자는 000000에서 999999까지의 범위를 갖는다. 10
진수 1을 갖는 읽은 값의 개수를 결정하는 프로그램을 작성하라. 그림 3.76을 참고하라.

```
468,559 numbers on the odometer
contain the digit 1.
```

그림 3.76 연습 81의 결과

82. 10진수 합

1에서 100만까지 정수로 되어 있는 10진수의 합을 계산하는 프로그램을 작성하라. 그림
3.77을 참고하라.

```
The sum of the digits in the numbers
from 1 to one million is 27,000,001.
```

그림 3.77 연습 82의 결과

83. 최고 법정

다음 목록은 2015년 시무식 때 U. S. 최고 법정의 멤버다. 개별 이름 다음에 이들을 임명
한 대통령이 속한 정당(공화당, 민주당)을 알려주는 문자가 뒤따른다.

justices= ["Scalia R", "Kennedy R", "Thomas R", "Ginsburg D", "Breyer D",
"Roberts R", "Alito R", "Sotomayor D", "Kagan D"]

2개의 리스트를 생성하고, 이를 이용하여 그림 3.78과 같은 출력을 생성하는 프로그램을
작성하라.

```
Democratic appointees: Ginsburg, Breyer, Sotomayor, Kagan
Republican appointees: Scalia, Kennedy, Thomas, Roberts, Alito
```

그림 3.78 연습 83의 결과

1. range(5)에 의해 생성된 순열은 range(0, 5)로 생성된 순열과 같다. 즉 0, 1, 2, 3, 4가 된다.

2. loop는 15가 1보다 크기 때문에 실행되지 않는다. 의도한 첫 번째 라인은

   `for i in range(15, 1, -1):`이거나

   `for i in range(2, 16):`이 가능하다.

3. 파일의 각 라인은 신규 라인 문자로 끝나기 때문에 해당 이름은 더블 공백으로 표시된다.

4. `musketeers = ["Athos", "Porthos", "Aramis", "D'Artagnan"]`
   `for name in musketeers:`
   `    print(name)`

   리스트의 아이템이 변경되지 않는다면, 리스트 전체에 대해 반복하기 위해 인덱스 대신 in 을 사용한다.

5. 0 1 2 3 4 5 6

   for 반복문의 헤더는 반복되는 7개의 숫자 순열로 생성된다. 이러한 순열은 영원하다. break 명령문을 만나지 않는다면 loop 전체에 대해 7번 반복 실행한다.

주요 용어와 개념	예제
3.1 관계형과 논리형 연산자	
불린 데이터 유형(불)은 두 가지 형태의 값(참과 거짓)을 갖는다.	
ASCII 표는 음수가 아닌 숫자를 갖는 문자와 관련이 있다. chr(n)의 값은 해당 숫자 n과 관련된 문자이다. 함수 ord는 chr의 역함수가 된다. 데이터의 아이템을 정렬하기 위한 ASCII 표의 사용은 렉시코 그래픽컬 정렬이라고 한다.	chr(49)는 '1', chr(65)는 'A', chr(97)은 'a'이다. ord('9')는 57이고, ord('Z')은 90이며, ord('z')은 122이다. 사전 편찬 기준으로 "Spam"⟨"spa"이다. [8,'X']⟨[8,'x']는 참값을 갖는다.
관계형 연산자는 ⟨, ⟩, ==, !=, ⟨=, ⟩=, in, not in이 있다.	2 ⟨ 3, 2 != 3, 'a' in ['a', 'b']는 참값을 갖는다. 2 == 3, "spam" ⟨= "Spam"은 거짓값을 갖는다.
주요 논리 연산자는 and, or, not이 있다.	(7 ⟨ 5) or (2 != 3)은 참값을 갖는다.
조건은 참 또는 거짓으로 평가할 수 있는 리터럴, 변수, 함수, 연산자(산술형, 관계형, 논리형)이다.	a = 3 and b = "spam"이라고 가정해보자. ((5 ⟨ (2*a)) and (len(b) == 4))는 참값을 갖는다. not((2*len(b)) == 8)은 거짓값을 갖는다.

주요 용어와 개념	예제
리스트 sort 메서드는 렉시코 그래픽컬하게 해당 아이템을 정렬한다.	['b', 'a', 'c'].sort()은 ['a', 'b', 'c'] 값을 갖는다.
startswith와 endswith 메서드는 이름이 의미하는 값을 반환한다.	"spam".startwith("sp")는 참값을 갖는다. "spam".endwith('m')는 참값을 갖는다.
String 메서드는 불린값을 isdigit, isalpha, isalnum, islower, isupper, isspace 등을 통해 반환한다.	"hi!".isalpha()는 거짓값을 갖는다. "ne1".isalnum()는 참값을 갖는다.
in 연산자는 복잡한 조건을 단순화하는 데 사용할 수 있다.	(s == 'p') or (s == 'i') or (s == 'e')는 (s in "pie")로 교체할 수 있다.

3.2 조건문 구조

if 명령문은 다음과 같은 형태를 갖는다.

```
if condition1:
    indented block of statements
elif condition2:
    indented block of statements
else:
    indented block of statements
```

연관된 조건문이 참인 경우, 첫 번째 블록을 실행한다. elif와 구문은 선택사항이며, 여러 개의 elif 구문 사용이 가능하다.

```
n = int(input("Enter an int: "))
if n 6= 0:
    print(n, "is neg or zero")
elif n % 2 == 0:
    print(n, "is pos and even")
else:
    print(n, "is pos and odd")
```
[실행]
```
Enter an int: 5
5 is pos and odd
```

3.3 while 반복문

while 반복문은 다음과 같은 형태를 갖는다.

```
while condition:
    indented block of statements
```

반복문은 조건이 참이라면 해당 블록을 반복해서 실행한다. while 반복문은 카운터 변수를 사용하여 이벤트가 발생한 횟수를 추적한다. 누적 변수는 총횟수를 저장하고, 센티널값은 입력한 순열의 마지막 값을 가르킨다.

```
n = 1
while n < 6:
    print(n, end=" ")
    n += 1
```
[실행]
```
1 2 3 4 5
```
```
print("Enter -1 to end input.")
# -1은 센티널값이다.
counter = 0
accumulator = 0
s = "Enter a positive integer: "
n = int(input(s))
while n != -1:
    counter += 1
    accumulator += n
    n = int(input(s))
```

주요 용어와 개념	예제
	``python
print(counter, "ints entered")
print("Sum:", accumulator)
```
[실행]
```
Enter -1 to end input.
Enter a positive integer: 3
Enter a positive integer: 4
Enter a positive integer: -1
2 ints entered
Sum: 7
``` |
| while 반복문이 실행되는 동안 break 명령문을 만나면, 해당 반복문을 즉시 빠져 나온다. | Can replace lines 6–10 with
```python
while True:
    n = int(input(s))
    if n == -1:
        break
    counter += 1
    accumulator += n
``` |
| while 반복문에서 continue 명령문을 만나면 실행 순서를 while 반복문을 종료하는 가장 가까운 지점으로 이동시킨다. | ```python
n = 9
while(n <= 15):
    n += 1
# 불운의 숫자를 생략한다.
    if n == 13:
        continue
    print(n, end=" ")
```
[실행]
```
10 11 12 14 15 16
``` |

3.4 for 반복문

Range 함수는 숫자에 대한 산술 진행을 생성한다.	range(5)는 0, 1, 2, 3, 4를 생성한다. range(1, 9 ,2)는 1, 3, 5, 7을 생성한다.
for 반복문은 반복 실행 변수가 순차적으로 실행되는 동안 명령문 블록을 반복한다. 이러한 순차 명령문은 산술 진행, 리스트나 튜플의 아이템, 문자열의 개별 문자, 파일 객체의 특정 행이 될 수 있다. 명령문 break와 continue는 while 반복문에서와 동일한 역할을 for 반복문에서 수행한다.	```python
list1 = []
for i in range(9, 0, -1):
    list1.append(i)
for item in list1:
    print(item, end="")
```
[실행]
```
987654321
``` |
| 플래그는 어떤 이벤트가 발생하였는지의 여부나 어떤 상황이 존재하는지의 여부를 나타내는 데 사용한다. | 예제 10을 참고하라. |
```

주요 용어와 개념	예제
Pass 명령문은 아무것도 실행하지 않는 자리 표시 (placeholder)로, 때로는 해당 구문이 명령을 필요로 하는 경우에 사용한다.	예제 11을 참고하라.

프로그래밍 프로젝트

1. 자동차 담보 대출

   자동차 담보 대출을 분석하는 프로그램을 작성하라. 그림 3.79를 참고하라. 사용자는 론의 양, 연간 이자율, 론의 상환 기간(개월)을 입력한다. 각 데이터를 입력한 후 해당 데이터가 문제가 없는지 검증한다. 만약 잘못된 데이터를 입력했다면, 이를 사용자에게 알려야 한다. 그렇지 않은 경우에는 매달 지불 금액과 지불한 총이자 금액을 화면상에 출력한다. 매월 지불 금액에 대한 공식은 다음과 같다.

   $$\text{monthly payment} = \frac{p \cdot r}{1 - (1 + r)^{-n}}$$

   p는 빌린 금액이고, r은 매월 이자율(연간 이자율 / 12)이며, 0에서 100까지의 값을 가지고, n은 이자 상환 기간(개월)이다.

   지불된 총이자에 대한 공식은 다음과 같다.

   $$\text{total interest} = n \cdot [\text{monthly payment}] - p$$

   ```
   Enter the amount of the loan: 18000
   Enter the interest rate: 5.25
   Enter the duration in months: 60
   Monthly payment: $341.75
   Total interest paid: $2,505.00
   ```

   그림 3.79 프로그래밍 프로젝트 1의 결과

2. 2차 방정식

   a, b, c 값의 입력을 요청한 후, 이차방정식 $ax^2 + bx + c = 0$ (where $a \neq 0$)의 실제 근을 계산하는 프로그램을 작성하라. 근의 값을 알아내기 전에 a는 0이 아니어야 한다. ([노트] 방

정식은 $b^2 - 4ac$의 값이 양수, 0, 음수인지에 따라 2, 1, 0개의 해를 갖는다. 첫 번째 두 사례의 경우에 해의 값은 이차방정식 근의 공식 $(-b \pm (b^2 - 4ac)^{.5})/2a$.에 의해 계산할 수 있다. 이전 페이지의 그림 3.80을 참고하라.)

```
Enter a: 1
Enter b: -11
Enter c: 28
Solutions: 7 and 4
```

그림 3.80 프로그래밍 프로젝트 2의 결과

3. 카페인 흡수

카페인이 몸에 흡수된 후에 매시간마다 13%가 몸으로부터 제거된다. 어떤 사람이 130mg의 카페인이 포함된 8oz 컵의 숙성된 커피를 마시며, 이때 카페인은 몸에 즉시 흡수된다고 가정해보자. 다음 값을 계산하는 프로그램을 작성하라. 그림 3.81을 참고하라.

(a) 초기 양의 반인 65mg보다 작은 양이 몸에 남아 있을 때까지 소요되는 시간은?

(b) 실험 대상자가 커피를 마신 후 24시간 후에 몸에 남아 있는 카페인의 양은?

(c) 실험 대상자가 오전 7시에 한 잔의 커피를 마신 후, 다음날 오전 7시까지 매시간의 끝 부분에 커피를 마신다고 가정해보자. 24시간 후에 몸에 남아 있을 카페인의 양은?

```
CAFFEINE VALUES
One cup: less than 65 mg. will remain after 5 hours.
One cup: 4.60 mg. will remain after 24 hours.
Hourly cups: 969.24 mg. will remain after 24 hours.
```

그림 3.81 프로그래밍 프로젝트 3의 결과

4. 72 룰

이 룰은 인플레이션에 의해 해당 가격이 2배가 되는 데 소요되는 시간을 추정할 때 사용한다. 인플레이션이 r%라면 72 룰 추정은 해당 가격이 72/r 년에 2배가 될 것으로 추정한다. 예를 들어 인플레이션율이 6%라면, 72/6인 12년 즈음에 가격이 2배가 된다. 이 룰의 정확도를 테스트하는 프로그램을 작성하라. 1%에서 20%까지 해당하는 이자율에 대해 프로그램은 72/r의 올림값과 r% 인플레이션율에서 해당 가격이 2배가 되는 실제 연수를 화면에 표시한다(가격은 매년 말에 증가한다고 가정해보자.). 그림 3.82는 첫 번째 5개 값의 집합이다.

```
                       Rule of 72
        Interest       Doubling Time       Actual Doubling
        Rate           (in years)          Time (in years)
        1%             72                  70
        2%             36                  36
        3%             24                  24
        4%             18                  18
        5%             14                  15
```

그림 3.82 프로그래밍 프로젝트 4의 결과 일부분

5. 개인 은퇴 계좌

일반적인 저축계좌에서 벌어들인 돈은 연방, 주, 지역 수입 세금을 내도록 되어 있다. 하지만 기존의 개인 은퇴 계좌IRA와 같은 특별한 유형은 은퇴 이후까지 이러한 세금 지불을 연기한다. IRA는 재정 계획자들에게 매우 매력적인 상품이다. 이러한 프로그래밍 프로젝트는 IRA를 이른 나이에 시작하는 것의 가치를 보여준다. 얼과 래리는 각각 2015년 1월에 풀타임 직업을 얻었다. 그들은 48년 동안 일한 후에 2063년 1월에 은퇴할 계획이다. IRA에 저축한 금액은 복리 4%의 연이자를 벌어들인다고 가정해보자. 얼은 일반적인 IRA 계좌를 즉시 만들었고, $5,000을 15년 동안 매년 말에 입금한다. 이후에 그는 더 이상 저축하지 않는 계획을 갖고 있고, 단지 IRA 계좌의 이자만을 받으려는 계획을 갖고 있다.

래리는 15년을 기다린 후에 일반적인 IRA 계좌를 만들어 은퇴할 때까지 매년 $5,000을 입금할 계획을 갖고 있다. 두 사람 각자가 입금하게 될 금액과 은퇴할 시점에 각 계좌 내의 돈의 양을 계산하는 프로그램을 작성하라. 그림 3.83을 참고하라.

```
                  AMOUNTS DEPOSITED
    Earl: $75,000.00              Larry: $165,000.00
             AMOUNTS IN IRA UPON RETIREMENT
    Earl: $365,268.39             Larry: $331,047.64
```

그림 3.83 프로그래밍 프로젝트 5의 결과

6. 사운드엑스 시스템

사운드엑스 시스템은 하나의 단어를 하나의 문자와 해당 단어가 발음되는 방법을 대략적으로 묘사하는 세 가지 숫자로 변환하는 방법이다. 유사한 음성 단어는 동일한 4개 문자 코드를 갖는다. 예를 들어, 단어 Carrot와 Caret는 모두 C123으로 코드화한다. 사운드엑스 코드화 알고리즘을 약간 수정한 결과는 다음과 같다.

1. 첫 번째 문자는 그대로 둔다.
2. 나머지 문자의 a, e, i, o, u, h, y, w를 모두 삭제한다.
3. 남은 다른 문자에 대한 숫자를 설정한다.

   (a) b, f, p, v는 1이 된다.

   (b) c, g, j, k ,q, s, x, z는 2가 된다.

   (c) d와 t는 3이 된다.

   (d) l은 4가 된다.

   (e) m과 n은 5가 된다.

   (f) r은 6이 된다.

4. 동일한 숫자로 변경된 2개 이상의 문자가 원래 전체 단어에서 서로 이웃해 있다면 2개 문자 중 하나만을 보관한다.

5. 여러분이 남겨두었던 첫 번째 문자 4개를 보관한다. 남은 문자가 4개보다 작으면 길이 4를 갖는 문자를 만들기 위해 끝부분에 0을 더한다. 이러한 알고리즘을 수행하는 프로그램을 작성하라. 그림 3.84를 참고하라.

```
Enter a word to code: Robert
The coded word is R163.
```

그림 3.84 프로그래밍 프로젝트 6의 결과

7. 오류 감지

14개의 10진수 신용카드 번호를 웹사이트에 입력한다고 가정해보자. 여러분이 카드 번호 중 하나를 잘못 입력하거나 2개의 인접한 숫자를 바꿔 입력했다고 가정해보자. 웹사이트는 항상 첫 번째 유형의 오류를 감지하고, 항상 두 번째 유형의 오류를 감지한다. 이와 같은 신용카드 번호를 확인하는 방법은 다음과 같다.

1. 가장 왼쪽에 위치한 값을 2배로 한다. 그런 다음, 하나씩 건너 위치한 값을 2배로 한다. 그러나 2배가 된 숫자가 2자릿수가 되면, 해당 값에서 9를 차감한다. 그후 신규로 생성된 값을 합산한다. 예를 들어 신용카드 번호가 58667936100244이면 대상 10진수는 5, 6, 7, 3, 1, 0, 4이고, 이 값에 대한 신규 대체값은 1, 3, 5, 6, 2, 0, 8이며, 합은 25가 된다.

2. 신용카드 번호에서 나머지 7개 숫자를 합한다. 즉, 홀수 위치에 있는 숫자를 합한다. 신용카드 번호를 이용하면 8 + 6 + 9 + 6 + 0 + 2 + 4 = 35가 된다.

3. 두 합을 더한다. 만약, 결과가 10의 곱이면, 신용카드 번호를 받는다. 그렇지 않으면 신용카드를 거부한다. 앞의 경우에는 25 + 35 = 60이므로 10의 곱이다. 따라서 신용카드 번호를 채택한다.

신용카드 번호를 검증하는 프로그램을 개발하라. 그림 3.85를 참고하라.

```
Enter a credit card number: 58667936100244
The number is valid.
```

그림 3.85 프로그래밍 프로젝트 7의 결과

8. 회문

회문은 문장 부호, 대문자, 공백을 무시하고 앞에서나 뒤에서 읽어도 동일한 단어나 구문을 말한다.

몇 가지 예를 들면 "racecar", "Madam, I'm Adam", "Was it a cat I saw?"가 있다. 사용자로부터 단어나 구문을 입력받아 해당 입력값이 회문인지를 결정하는 프로그램을 작성하라. 그림 3.86을 참고하라. ([노트] 단어나 구문을 분석하기 전에 모든 공백과 문장 부호를 제거한다.)

```
Enter a word or phrase: A man, a plan, a canal: Panama.
A MAN, A PLAN, A CANAL: PANAMA. is a palindrome.
```

그림 3.86 프로그래밍 프로젝트 8의 결과

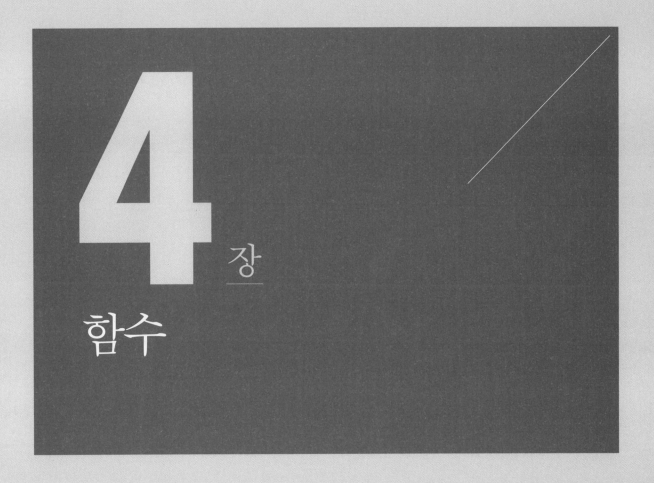

4 장

함수

4.1 함수, Part 1

함수는 복잡한 문제를 작은 문제로 쪼개어 한 번에 하나씩 해결할 때 사용한다. 함수는 가장 먼저 해당 작업에 초점을 두어야 하며, 그 다음에는 개별 작업을 수행하는 방법에 초점을 두어야 한다. 따라서 함수는 다른 프로그램에서도 재사용할 수 있도록 하기 위해 코드의 반복을 제거한다.

함수에는 값을 반환하는 유형과 값을 반환하지 않는 유형이있다. 두 번째 유형의 예로는 print 명령문이나 파일을 생성하는 경우를 들 수 있다. 여기서는 값을 반환하기 위해 설계된 함수부터 설명한다.

■ 내장 함수

파이썬은 많은 내장 함수를 갖고 있다. 어떤 측면에서 보면 함수는 미니 프로그램과 같다. 이것은 입력값을 받아 처리하며, 출력물을 생성한다. 몇 가지 내장 함수는 표 4.1과 같다.

표 4.1 몇 가지 파이썬 내장 함수

함수	예제	입력	출력
Int	int(2.6)은 2	number	number
chr	chr(65)는 'A'	number	string
ord	ord('A')은 65	string	number
round	round(2.34, 1)은 2.3	number, number	number

테이블에서 각 4개 함수에 대한 결과는 1개의 값이다. 함수는 결과물을 반환한다. 예를 들어 표 4.1의 예제에서 int 함수는 값을 반환한다. 괄호 안의 아이템은 인자arguments라고 한다. 첫

번째 표 4.1의 세 가지 함수는 1개의 인자를 갖고, 네 번째 함수는 2개의 인자를 갖는다. 인자는 리터럴(표 4.1), 변수, 다른 유형의 표현식이 될 수 있다. 다음 코드는 int 함수에서 리터럴, 변수, 표현식을 사용한 예제다. 코드의 세 번째 행은 int 함수를 호출하고 num1의 값을 함수에 전달한다.

```
num = int(3.7)              # 리터럴 인자

num1 = 2.6
num2 = int(num1)            # 변수 인자

num1 = 1.3
num2 = int(2 * num1)        # 표현식 인자
```

VideoNote
User-Defined
Functions

■ 사용자 정의 함수

내장 함수 외에 값을 반환하는 자체 함수를 정의할 수도 있다. 이러한 함수는 다음과 같은 형태의 명령문으로 정의한다.

```
def functionName(par1,   par2, ...):
    indented block of statements
    return  expression
```

par1, par2는 변수(파라미터)이며, 표현식은 모든 유형의 리터럴로 연산된다([노트] def는 define의 약자다.). 3장에서 설명한 제어 명령문과 마찬가지로 함수 헤더는 콜론으로 끝나야 한다. 게다가 return 명령문을 포함하여 헤더 다음에 오는 블록 내 명령문은 동일 공백만큼 안으로 들여쓰기해야 한다. 들여쓰기는 함수 정의 시 실제 내용에 해당하는 부분을 의미한다. IDLE 편집기는 들여쓰기 기능을 제공한다. 종종 1개 이상의 return 명령문이 있다. 이 경우, 해당 함수는 첫 번째 return 명령이 실행되는 즉시 종료한다. return 명령문은 블록 내 어느 곳에나 나타날 수 있다.

인자를 파라미터로 전달하는 방법에는 위치 전달pass by position, 키워드 전달pass by keyword, 기본값 전달pass by default value이 있다. 섹션 4.1에서는 이 중에서 위치 전달만을 고려한다. 나머지 두 가지 종류의 전달은 다음 섹션에서 설명한다. 인자가 위치로 전달되고 명령문을 호출할 때는 이 중에서 순서를 근거로 하며, 함수 헤더 내의 파라미터와 일치해야 한다. 즉, 첫 번째 인자는 첫 번째 파라미터와 일치해야 한다. 다시 말해서 첫 번째 인자는 첫 번째 파라미터에 전달되고, 두 번째 인자는 두 번째 파라미터로 전달되며, 나머지도 이와 동일하다. ([노트] 인자가 표현식이면 해당 표현식이 우선 연산된 후 결과값이 파라미터로 전달되어야 한다.)

함수 정의에서 파라미터와 return 명령은 선택사항이다. 하지만 초기에는 함수만을 고려해야 한다.

함수 이름은 함수에 의해 실행되는 역할을 설명해주어야 하며, 변수명의 규칙에도 부합해야 한다. 가장 먼저 모든 함수 정의를 코드 편집 툴의 맨 위에 위치시킨 후, 각 함수 정의를 공백 행으로 만든다.

■ 1개의 파라미터를 갖는 함수

다음 두 함수는 1개의 파라미터를 갖는다. 그림 4.1은 첫 번째 함수 헤더 구성 항목을 구분한 것이다.

```
def fahrenheitToCelsius(t):
    ## 화씨 온도를 섭씨 온도로 변환한다.
    convertedTemperature = (5 / 9) * (t - 32)
    return convertedTemperature

def firstName(fullName):
    ## 전체 이름에서 성을 제외한 이름을 추출한다.
    firstSpace = fullName.index(" ")
    givenName = fullName[:firstSpace]
    return givenName
```

그림 4.1 fahrenheitToCelsius 함수의 헤더

✔ **예제 1** **온도 변환**

다음 프로그램은 함수 fahrenheitToCelsius를 사용한다. 프로그램 celsiusTemp = fahrenheit에서 함수 fahrenheitToCelsius를 호출한다. 인자 fahrenheitTemp의 값은 함수의 파라미터로 설정된다(fahrenheitTemp의 값은 파라미터 t에 전달된다.). 함수 fahrenheitToCelsius는 파라미터 t의 값을 이용하여 연산을 실행하고, return 명령문은 연산 결과를 함수 fahrenheitToCelsius의 결과로 반환한다. 따라서 이 값은 변수 celsiusTemp가 된다. 그 다음으로 프로그램은 변수의 값을 출력한다.

```
def fahrenheitToCelsius(t):
    ## 화씨 온도를 섭씨 온도로 변환한다.
    convertedTemperature = (5 / 9) * (t - 32)
    return convertedTemperature

fahrenheitTemp = eval(input("Enter a temperature in degrees Fahrenheit: "))
celsiusTemp = fahrenheitToCelsius(fahrenheitTemp)
```

```
print("Celsius equivalent:", celsiusTemp, "degrees")
```

[실행]
```
Enter a temperature in degrees Fahrenheit: 212
Celsius equivalent: 100.0 degrees
```

([노트 1] 함수 정의는 호출되기 전에 파이썬 인터프리터에 의해 처리되어야 한다.)

([노트 2] 프로그램의 마지막 2개의 행은 1개의 행으로 대체할 수 있다.

```
print("Celsius equivalent:", fahrenheitToCelsius(fahrenheitTemp), "degrees"))
```

 예제 2 **성을 제외한 이름 추출하기**

다음 프로그램은 firstName을 사용한다. 프로그램의 마지막 행은 `print("First name:",` `firstName(fullName))`이며, 인자 fullName의 값을 함수 내 파라미터인 fullName에 전달한다. 함수 내 파라미터가 전달된 인자와 동일한 이름을 갖더라도 동일 변수가 아니라는 것을 알아두도록 한다.

```
def firstName(fullName):
    firstSpace = fullName.index(" ")
    givenName = fullName[:firstSpace]
    return givenName
## 이름에서 성을 제외한 결과를 가져온다.
fullName = input("Enter a person's full name: ")
print("First name:", firstName(fullName))
```

[실행]
```
Enter a person's full name: Franklin Delano Roosevelt
First name: Franklin
```

■ 함수에 값을 전달하기

함수 호출에서 인자가 변수라면, 인자 변수가 지정하는 객체(인자 변수가 아님)는 파라미터 변수로 전달된다. 따라서 생성한 객체는 변경할 수 없다. 따라서 함수가 파라미터 변수의 값을 변경하더라도 인자 변수가 가르키는 객체는 변하지 않는다. 그 이유는 2개의 변수가 동일한 이름을 갖더라도 완전히 다른 변수로 처리되기 때문이다. 따라서 인자 변수가 숫자, 문자열, 튜플 객체를 가르킨다면 인자 변수의 값이 함수 호출의 값에 의해 변경될 가능성은 없다.

210

예제 3 값을 함수에 전달하기

다음 프로그램은 함수 정의에서 파라미터 num의 값이 변화하더라도 해당 함수를 호출한 프로그램의 일부분에서 인자 num의 값이 변화하지 않는다.

```
def triple(num):
    num = 3 * num
    return num

num = 2
print(triple(num))
print(num)
```

[실행]
```
6
2
```

그림 4.2는 예제 3의 프로그램이 실행될 때의 메모리 위치 상태다. 함수 내의 변수 num은 파란색으로 표시하였고, 함수 외부 변수 num은 검은색으로 표시하였다. 값 6을 갖는 객체의 메모리 위치는 part(c)이다. 값 6은 파트(d)에도 여전히 존재하고 있지만, num이 아니다. 즉, 어떠한 변수도 값 6을 가르키지 않는다.

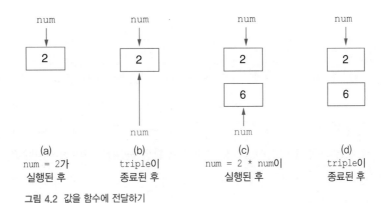

그림 4.2 값을 함수에 전달하기

몇몇 프로그래머는 함수 파라미터값의 변경 여부를 함수 정의에서 좀 더 쉽게 판단할 수 있어야 한다고 생각한다. 따라서 이 프로그래머는 예제 3의 함수를 다음과 같이 정의한다.

```
def triple(num):
    product = 3 * num
    return product
```

■ 몇 가지 파라미터를 갖는 함수

다음 두 함수는 1개 이상의 파라미터를 갖는다. 수학 공식에 보다 가깝고, 읽기에 편하도록 하기 위해 함수 futureValue에서 파라미터로 1개 문자로 구성된 명칭이 사용되었다. 하지만 해당 명칭은 설명이 부족하므로 파라미터에 대한 의미를 주석에 기입해야 한다. ([노트] 미래 가치에 대한 공식은 $P\left(1 + \dfrac{r}{m}\right)^{mt}$ 이다.)

```
def pay(wage, hours):
    ## 초과 근무에 대해 1.5배의 근무 수당을 적용한 주급을 계산한다.
    if hours <= 40:
        amount = wage * hours
    else:
        amount = (wage * 40) + ((1.5) * wage * (hours - 40))
    return amount

def futureValue(p, r, m, t):
    ## 저축계좌에 있는 금액의 미래 가치를 계산한다.
    # P 원금, 저축 금액
    # r 매년 이자율, 10진 형태
    # m 연간 복리 이자율 적용 횟수
    # t 연도의 수
    i = r / m       # 기간별 이자율
    n = m * t       # 복리 이자 총횟수
    amount = p * ((1 + i) ** n)
    return amount
```

파이썬은 다양한 수의 인자를 갖는 함수를 허용하지만, 초기에는 고정된 수의 인자를 받아야 하는 함수만을 고려한다. 함수를 호출하고 위치에 근거하여 인자를 전달할 때는 파라미터로서 동일한 개수의 인자가 있어야 한다. 또한 인자값의 데이터 유형은 파라미터에 의해 예상되는 데이터 유형과 호환성이 있어야 하며, 위치가 동일한 순서로 되어 있어야 한다. 예를 들어 다음 형태의 명령문 numVar = futureValue(arg1, arg2, arg3, arg4)에서 인자는 모두 숫자형 데이터 형태를 갖고 있어야 한다.

✔ **예제 4** **수입**

다음 프로그램은 pay 함수를 사용한다. 인자는 해당 파라미터와 달리 다양한 이름을 갖는다. 그림 4.3은 인자의 값이 위치 기준으로 함수의 파라미터로 전달되는 방법을 보여준다.

```
def pay(wage, hours):
    ## 초과 근무 포함 주간 급여를 계산한다.
    if hours <= 40:
        amount = wage * hours
```

```
    else:
        amount = (wage * 40) + ((1.5) * wage * (hours - 40))
    return amount

## 사람의 주급을 계산한다.
hourlyWage = eval(input("Enter the hourly wage: "))
hoursworked = eval(input("Enter the number of hours worked: "))
earnings = pay(hourlyWage, hoursWorked)
print("Earnings: ${0:,.2f}".format(earnings))
```

[실행]

```
Enter the hourly wage: 24.50
Enter the number of hours worked: 45
Earnings: $1,163.75
```

근거

pay(hourlyWage, hoursWorked)

def pay(wage, hours):

파라미터

그림 4.3 인자를 함수에 전달하기

✔ **예제 5**　**은행 예치금의 미래 가치**

다음 프로그램은 미래 가치를 사용한다. 함수는 저축계좌의 잔금을 계산한다. 적립금(p), 연간 이자율(r), 연간 복리 이자 상환 횟수(m), 이자 적립 연수(t)가 주어질 때 저축계좌의 잔금을 계산한다.

```
def futureValue(p, r, m, t):
    # P 원금, 저축 금액
    # r 연간 이자율
    # m 연간 복리 이자 상환 횟수
    # t 이자 적립 연수
    i = r / m      # 기간별 이자율
    n = m * t      # 복리 이자 총횟수
    amount = p * ((1 + i) ** n)
    return amount

## 저축계좌 잔금에 대한 미래 가치 계산
p = eval(input("Enter amount deposited: "))
r = eval(input("Enter annual rate of interest in decimal form: "))
m = eval(input("Enter number of times interest is compounded per year: "))
t = int(input("Enter number of years: "))
balance = futureValue(p, r, m, t)
print("Balance after", t, "years: ${0:,.2f}".format(balance))
```

```
Enter amount deposited: 1000
Enter annual rate of interest in decimal form: .04
Enter number of times interest is compounded per year: 4
Enter number of years: 5
Balance after 5 years: $1,220.19
```

■ 부울 논리 연산과 리스트값 함수

지금까지 함수가 반환한 값은 숫자나 문자열이었다. 하지만 함수는 모든 형태의 값을 반환할 수 있다. 다음 2개의 프로그램은 불린값을 반환하는 함수와 리스트를 반환하는 함수를 사용한다.

 예제 6 **모음 단어**

모음 단어는 모든 모음을 갖고 있는 단어다. 몇 가지 모음 단어의 예로는 sequoia, facetious, dialogue를 들 수 있다. 다음 프로그램은 불린값 함수를 사용하여 사용자가 입력한 단어 입력이 모음 단어인지의 여부를 결정한다. 함수 isVowelWord는 모음 단어를 한 번에 하나씩 조사한다.

```python
def isVowelWord(word):
    word = word.upper()
    vowels = ('A', 'E', 'I', 'O', 'U')
    for vowel in vowels:
        if vowel not in word:
            return False
    return True

## 단어가 모든 모음을 갖고 있는지 결정한다.
word = input("Enter a word: ")
if isVowelWord(word):
    print(word, "contains every vowel.")
else:
    print(word, "does not contain every vowel.")
```

[실행]

```
Enter a word: Education
Education contains every vowel.
```

214

예제 7　포함된 모음

다음 프로그램은 사용자가 입력한 단어에 포함된 모음을 표시한다. 이 프로그램은 리스트값으로 된 함수를 사용한다.

```python
def occurringVowels(word):
    word = word.upper()
    vowels = ('A', 'E', 'I', 'O', 'U')
    includedVowels = []
    for vowel in vowels:
        if (vowel in word) and (vowel not in includedVowels):
            includedVowels.append(vowel)
    return includedVowels

## 단어에 나타나는 모음을 표시한다.
word = input("Enter a word: ")
listOfVowels = occurringVowels(word)
print("The following vowels occur in the word: ", end="")
stringOfVowels = " ".join(listOfVowels)
print(stringOfVowels)
```

[실행]

```
Enter a word: important
The following vowels occur in the word: A I O
```

■ 값을 반환하지 않는 함수

값을 반환하지 않는 함수는 앞에서 설명한 것과 같이 Return 명령을 포함하지 않는 예외를 갖는 함수와 같다. 이러한 함수는 파라미터를 갖거나 갖지 않을 수 있고, 1개 행에 명령으로 함수명을 위치시켜 호출할 수도 있다.

예제 8　오래된 맥도널드 농장

다음 프로그램은 잘 알려진 동요의 3구절이다. 이 경우, 해당 함수는 반복 코드 작성을 방지한다.

```python
def oldMcDonald(animal, sound):
    print("Old McDonald had a farm. Eyi eyi oh.")
    print("And on his farm he had a", animal + ".", "Eyi eyi oh.")
    print("With a", sound, sound, "here, and a", sound, sound, "there.")
    print("Here a", sound + ",", "there a", sound + ",",
          "everywhere a", sound, sound + ".")
    print("Old McDonald had a farm. Eyi eyi oh.")
```

```
## 오래된 맥도널드는 농장을 갖고 있었다.
oldMcDonald("lamb", "baa")
print()
oldMcDonald("duck", "quack")
print()
oldMcDonald("cow", "moo")
```

[실행]

```
Old McDonald had a farm. Eyi eyi oh.
And on his farm he had a lamb. Eyi eyi oh.
With a baa baa here, and a baa baa there.
Here a baa, there a baa, everywhere a baa baa.
Old McDonald had a farm. Eyi eyi oh.

Old McDonald had a farm. Eyi eyi oh.
And on his farm he had a duck. Eyi eyi oh.
With a quack quack here, and a quack quack there.
Here a quack, there a quack, everywhere a quack quack.
Old McDonald had a farm. Eyi eyi oh.

Old McDonald had a farm. Eyi eyi oh.
And on his farm he had a cow. Eyi eyi oh.
With a moo moo here, and a moo moo there.
Here a moo, there a moo, everywhere a moo moo.
Old McDonald had a farm. Eyi eyi oh.
```

■ 파라미터가 없는 함수

예제 2에서 프로그램을 재작성하는 데 있어 main 함수는 파라미터와 return 명령이 없다.

```
def main():
    ## 전체 이름에서 성을 제외한 이름만을 추출한다.
    fullName = input("Enter a person's full name: ")
    print("First name:", firstName(fullName))

def firstName(fullName):
    firstSpace = fullName.index(" ")
    givenName = fullName[:firstSpace]
    return givenName

main()
```

이러한 형식에서 해당 프로그램은 main과 프로그램을 지시하는 함수로 구성된 2개의 순차적인 함수로 구성되어 있다. 프로그램의 마지막 행은 함수 main을 호출하고, 이를 통해 실행될 작업을 초기화한다. 대부분의 프로그램은 이러한 스타일로 작성한다.

예제 9 **인구밀도**

다음 프로그램은 어떤 주의 인구밀도를 계산한다. 파라미터가 없는 함수 describeTask는 이 프로그램의 목적을 설명해준다.

```
def main():
    ## 하와이 인구밀도를 계산하라.
    describeTask()
    calculateDensity("Hawaii", 1375000, 6423)

def describeTask():
    print("This program displays the population")
    print("density of the last state to become")
    print("part of the United States.\n")

def calculateDensity(state, pop, landArea):
    density = pop / landArea
    print("The density of", state, "is")
    print("{0:,.2f} people per square mile.".format(density))

main()
```

[실행]

```
This program displays the population
density of the last state to become
part of the United States.

The density of Hawaii is
214.07 people per square mile.
```

■ 변수의 범위

VideoNote
Scope of
Variables

함수 내에 생성된 변수는 해당 함수 내에서 명령으로 접근할 수 있고, 해당 함수의 실행이 끝날 때 존재하지 않게 된다. 이러한 변수는 해당 함수가 호출될 때마다 재생성된다. 이 변수는 '함수에 대한 local이 된다.'라고 하거나 'local scope를 갖는다.'고 한다. 함수 파라미터의 경우도 이와 동일하다.

따라서 만약 2개의 다른 함수에서 생성된 변수가 동일한 이름을 갖는다면, 서로 어떠한 관계도 갖고 있지 않다. 따라서 완전히 다른 변수로 처리된다. 함수의 파라미터인 경우도 이와 동일하다.

다음 프로그램은 변수가 위치한 함수에 대해 해당 변수가 로컬인 사실을 설명한다. 함수 main에서 변수 x와 함수 trivial에서 변수 x는 서로 다른 변수다. 파이썬은 이러한 변수를 각각 main_x와 trivial_x와 같은 것처럼 처리한다.

```
def main():
    ## 변수의 범위를 입증한다.
    x = 2
    print(str(x) + ": function main")
    trivial()
    print(str(x) + ": function main")

def trivial():
    x = 3
    print(str(x) + ": function trivial")

main()
```

[실행]

```
2: function main
3: function trivial
2: function main
```

다음 프로그램은 NameError 역추적 오류 메시지를 생성한다. 함수 main에서 생성된 변수 x는 함수 trivial로 인식되지 않는다.

```
def main():
    ## 지역 변수의 범위를 입증한다.
    x = 5
    trivial()

def trivial():
    print(x)

main()
```

일반적으로 변수의 범위는 변수를 참조할 수 있는 프로그램의 부분이다. 파이썬은 프로그램 내의 모든 곳에서 변수를 인식할 수 있도록 하기 위한 방법을 제공한다. 이러한 변수를 전역 변수global variable라고 한다. 변수를 전역으로 만들기 위한 방법은 프로그램의 최상위에 변수 생성을 위한 설정 명령을 위치시켜야 한다.

모든 함수는 전역 변수의 값을 읽을 수 있다. 하지만 이러한 값을 다음과 같은 형태로 변경하지 않는다면 함수 내부에서 변경할 수 없다.

```
global globalvariableName
```

global 명령은 함수 블록에서 이를 따르는 명령에만 영향을 미친다. 전역 변수는 다른 함수 내에서 변경되는 것을 허용하지 않는다.

✔ **예제 12** **전역 변수**

다음 프로그램은 전역 변수를 갖고 있다.

```
x = 0      # 전역 변수를 선언한다.
def main():
    ## 전역 변수의 범위를 데모로 보여준다.
    print(str(x) + ": function main")
    trivial()
    print(str(x) + ": function main")
def trivial():
    global x
    x += 7
    print(str(x) + ": function trivial")
main()
```

[실행]

```
0: function main
7: function trivial
7: function main
```

많은 프로그래머는 전역 변수의 사용에 제한을 둔다. 특히 대용량 프로그램의 경우, 해당 제한을 둔다. 전역 변수는 프로그래밍을 이해하기 어렵게 하고, 오류를 쉽게 발생시킨다. 하지만 한 가지 유형의 전역 변수인 상수는 매우 유용하고 자주 사용된다.

■ 이름이 있는 상수

프로그램은 때로 프로그램에서 여러 번 사용될 특정 상수를 사용한다. 이러한 상수는 이자율이나 최소 연령을 참조한다. 전역 변수를 생성할 때 프로그래머가 사용하는 한 가지 규약은 변수 이름을 대문자로 써야 하며, 단어를 밑줄로 구분해야 한다는 것이다. 게다가 상수를 이 변수에 할당한다. 몇 가지 예제는 다음과 같다.

```
INTEREST_RATE = 0.04
MINIMUM_VOTING_AGE = 18
BOOK_TITLE = "Programming with Python"
```

특정 이름을 명명하는 관행은 프로그래머에게 해당 프로그램이 실행되는 동안 변수에 어떠한 재설정도 이루어져서는 안 된다는 것을 상기시킨다. 파이썬은 모든 변수에 재설정을 허용하므로, 해당 프로그래머는 변수의 값을 변경하지 않도록 해야 하는 책임이 있다. 이러한 상수를 '이름 있는 상수^{named constants}'라고 한다.

이름 있는 상수를 사용한 몇 가지 명령의 예제는 다음과 같다.

```
interestEarned = INTEREST_RATE * amountDeposited
if (age >= MINIMUM_VOTING_AGE):
    print("You are eligible to vote.")
print("The title of the book is", BOOK_TITLE + ".")
```

INTEREST_RATE와 같이 이름 있는 상수의 값은 프로그램이 실행되는 동안 변경되지 않더라도 이 값은 나중에 변경될 필요가 있다. 프로그래머는 오래된 이자율의 발생에 대해 전체 프로그램을 대상으로 찾기를 실행하는 대신, 해당 프로그램의 최상위에 있는 코드의 한 줄만을 변경하여 이러한 변화를 조정할 수 있다.

■ 라이브러리 모듈

파이썬은 Library module라는 파일로 함수의 재사용을 지원한다. 라이브러리 모듈은 모든 프로그램에서 사용 가능한 함수와 변수를 갖고 있는 확장자 .py를 갖는 파일이다. 라이브러리 모듈은 IDLE이나 모든 텍스트 에디터에서 생성할 수 있으며, 일반 파이썬 프로그램과 같다. 예를 들어 두 함수 pay와 future Value를 포함한 파일을 생성할 수 있고, 이 파일을 finance.py라고 한다고 가정해보자. 그 다음 finance.py가 예제 4, 5와 동일한 폴더에 위치한다고 가정하면, 예제 4는 다음과 같이 재작성할 수 있다.

```
import finance
## 어떤 사람의 주급을 계산한다.
hourlyWage = eval(input("Enter the hourly wage: "))
hoursworked = eval(input("Enter the number of hours worked: "))
earnings = finance.pay(hourlyWage, hoursWorked)
print("Earnings: ${0:,.2f}".format(earnings))
```

또한 예제 5는 다음과 같이 재작성할 수 있다.

```
import finance
## 저축 계정 내 저축액에 대한 미래 가치를 계산한다.
p = eval(input("Enter amount deposited: "))
```

```
r = eval(input("Enter annual rate of interest in decimal form: "))
m = eval(input("Enter number of times interest is compounded per year: "))
t = int(input("Enter number of years: "))
balance = finance.futureValue(p, r, m, t)
print("Balance after", t, "years: ${0:,.2f}".format(balance))
```

두 프로그램의 유일한 차이는 import 명령으로 함수를 대체하고, print 명령의 pay와 futureValue를 finance.pay와 finance.futureValue로 대체하였다는 점이다.

파이썬은 standard library로 참고하는 라이브러리의 집합으로 제공된다. 표 4.2는 다음 장에 사용될 표준 라이브러리로부터 가져온 모듈을 보여준다.

표 4.2 몇 가지 표준라이브러리 모듈

모듈	함수에 의해 실행되는 작업
os	파일 삭제하고 이름을 변경함.
os.path	특정 폴더에 파일이 존재하는지 결정함. 이 모듈은 os의 서브 모듈임.
pickle	파일 내 객체(사전, 리스트, 세트)를 저장하고 파일에서 가져옴.
random	숫자와 서브 세트를 랜덤하게 선택함.
tkinter	프로그램이 GUI를 갖도록 함.
turtle	거북 그래픽을 가능하게 함.

함수와 라이브러리 모듈의 변수에 대한 접근을 얻기 위해서는 다음과 같은 명령을 프로그램의 시작 부분에 위치시켜야 한다.

```
import moduleName
```

그런 다음, 함수 이름을 마침표 다음에 오는 모듈 이름을 접두어로 하여 해당 모듈의 모든 함수를 프로그램 내에서 사용할 수 있다.

import 명령의 또 다른 명령은 다음과 같다.

```
from moduleName import *
```

모듈의 모든 함수는 이와 같은 명령이 실행된 후, 모듈 이름과 마침표를 접두어로 하지 않고 직접 사용할 수 있다. 이러한 import 방법은 프로그램이 모듈에서 많은 함수를 사용할 때 가장 자주 이용된다. 예를 들어 앞에 나타난 프로그램에서 명령 import finance를 from finance import *으로 대체하면 balance 설정 명령은 balance=futureValue(p, r, m, t)가 될 수 있다. 몇 가지 library 모듈을 사용할 때 특정 함수가 어떤 라이브러리에서 나왔는지에 대한 명확한 정보를 제공하기 때문에 프로그래머는 import 명령의 또 다른 명령 표현 방식을 선호한다.

■ 주석

1. 함수는 변수가 숫자, 문자열, 리스트를 명령하는 것과 유사한 방법으로 코드 세그먼트를 명명한다. 함수는 프로그래머가 복잡한 업무의 주요 흐름에 초점을 두고 실행의 상세 내용을 defer할 수 있도록 한다. 현대 프로그램은 함수를 자유롭게 사용한다. 이러한 프로그램 구축 메서드를 '모듈러' 또는 '톱-다운 설계'라고 한다. 이러한 메서드의 룰로서 함수는 오직 한 가지 작업만을 실행하거나 몇 가지 연관된 작업을 실행하고 상대적으로 작은 상태를 유지해야 한다.

2. 함수는 복잡한 문제를 작은 문제로 분해하거나, 반복 코드를 제거하거나, 프로그램을 논리적 단위로 구분하여 상대적으로 읽기 쉽도록 한다. 또한 함수는 다른 프로그램에서 재사용될 수 있다.

3. IDLE는 사용자 정의 함수의 이름을 파란색으로 표시한다.

4. 함수 정의에서 파라미터는 형식적 파라미터라 하며, 함수 호출에서 인자는 실제 파라미터라고 한다.

5. 몇 명의 프로그래머는 함수가 적어도 1개의 return 명령을 갖도록 하는 것을 좋아한다. 이렇게 함으로써 함수를 이해하고 디버그하기 쉽도록 할 수 있다. 복수 개의 return 명령은 변수에 다른 함수를 설정한 후 함수 블록의 끝부분에 변수의 값을 반환하여 피할 수 있다.

```
def parityOfNumber(num):
    if num % 2:
        return "odd"
    else:
        return "even"
```

```
def parityOfNumber(num):
    if num % 2:
        parity = "odd"
    else:
        parity = "even"
    return parity
```

6. 파이썬은 값의 부족과 메서드가 없음을 의미하고, None라는 객체를 갖는다. None 객체는 다음 프로그램과 같이 return 명령을 갖지 않는 함수가 반환하는 객체다.

```
def f():
    pass
print(f())
```

[실행]

None

7. 앞에서 언급한 바와 같이 대부분 프로그램은 순차적 함수로 작성될 것이다. 첫 번째 함수는 main이고, 때로는 import 명령과 전역 변수를 맨 앞에 위치시킨다. 모든 프로그램은 main 함수를 호출하기 위해 main() 명령으로 끝난다.

8. 함수 main은 길이가 긴 계산을 수행할 수 있다. 이상적으로 main은 감독 함수로, 응용 프로그램의 로직에 따라 다른 함수를 호출하는 감독 함수이어야 한다.

9. 표준 라이브러리 모듈 math는 삼각 함수, 지수, 로그 함수를 포함하고 있으며, 수학, 과학, 공학 분야에서 사용한다.

연습문제 4.1

1. 예제 6의 3행은 `vowel="AEIOU"`로 대체할 수 있는가?

2. 아래 왼쪽 프로그램은 숫자 7을 표시한다. 하지만 오른쪽 프로그램은 오류 메시지를 나타낸다. 오른쪽 프로그램의 문제점은 무엇인가?

```
x = 7

def main():
    print(x)

main()
```

```
x = 7

def main():
    x += 1
    print(x)

main()
```

3. 다음 함수를 간략화하라.

```
def f(x):
    if x > 0:
        return True
    else:
        return False
```

연습 4.1

연습 1부터 24까지 프로그램의 결과를 제시하라.

```
1. def main():
       print(uc('h'))
       print(uc('w'))

   def uc(letter):
       if letter == 'h':
           return 'H'
       else:
           return letter

       main()
```

```
2. def main():
       acres = 5 # number of acres in a parking lot
```

```python
        print("You can park around", cars(acres), "cars on a five-acre lot.")
    def cars(n):
        numberOfCars = 100 * n
        return numberOfCars
    main()
```

3.
```python
    def main():
        p = float(input("Enter the population growth as a percent: "))
        print("The population will double ", end="")
        print ("in about {0:.2f} years.".format(doublingTime(p)))
    def doublingTime(x):
        ## x퍼센트 성장률로 인구수가 두 배가 되는 데 소요되는 시간을 추정한다.
        time = 72 / x
        return time
    main()
```
(반응값은 2라고 가정한다.)

4.
```python
    def main():
        num = 27
        if isEven(num):
            print(num, "is an even number.")
        else:
            print(num, "is an odd number.")

    def isEven(n):
        if n // 2 == 0:
            return True
        else:
            return False

    main()
```

5.
```python
    def main():
        taxableIncome = 16000
        print("Your income tax is ${0:,.2f}".format(stateTax(taxableIncome)))

    def stateTax(income):
        ## 캔자스 주에 거주하는 솔로인에 대한 주 세금을 계산한다.
        if income <= 15000:
            return .03 * income
        else:
            return 450 + (.049 * (income - 15000))

    main()
```

6.
```python
    def main():
        states = 50
        senators = 2
        senate(states * senators)
```

```
    def senate(num):
        print("There are", num, "U.S. senators.")

    main()
```

7.
```
    def main():
        question()
        answer()

    def answer():
        print("Because they were invented in the northern")
        print("hemisphere where sundials go clockwise.")

    def question():
        print("Why do clocks run clockwise")
        print()

    main()
```

8.
```
    def main():
        ## 두 도시의 이야기의 시작
        times("best")
        times("worst")

    def times(word):
        ## 문장을 표시한다.
        print("It was the", word, "of times.")

    main()
```

9.
```
    def main():
        ## 숫자, 물건, 장소를 사용하여 문장을 표시한다.
        sentence(168, "hour", "a week")
        sentence(76, "trombone", "the big parade")

    def sentence(num, thing, where):
        print(num, thing + "s in", where)

    main()
```

10.
```
    def main():
        ## 앙리 8세 6명 부인의 운명
        commonFates()
        print("died")
        commonFates()
        print("survived")

    def commonFates():
        ## 가장 일반적인 운명
        print("divorced")
        print("beheaded")

    main()
```

11.
```
def main():
    pres = "Bush"
    college = "Yale"
    presAlmaMater(pres, college)
    pres = "Obama"
    college = "Columbia"
    presAlmaMater(pres, college)

def presAlmaMater(pres, college):
    print("President", pres, "is a graduate of", college + '.')

main()
```

12.
```
def main():
    listPres = getListOfPresidents()
    num = int(input("Enter a number from 1 through 44: "))
    print(listPres[num - 1], "was president number", num)

def getListOfPresidents():
    # 파일 USpres.txt는 대통령의 이름을 즉위한 순서대로 갖고 있다.
    infile = open("USpres.txt", 'r')
    listPres = [line.rstrip() for line in infile]
    infile.close()
    return listPres

main()
```
(반응값은 1이라고 가정해보자.)

13.
```
x = 7

def main():
    x = 5
    f()
    print(x)

def f():
    print(x)

main()
```

14.
```
x = 7

def main():
    global x
    x = 5
    f()
    print(x)

def f():
    print(x)

main()
```

15.
```
name = "Fred"

def main():
    global name
    otherName = getName()
    name += otherName
    print(name)

def getName():
    name = "rick"
    return name

main()
```

16.
```
word = "spam"

def main():
    f()
    print(word)

def f():
    global word
    word = word.upper()

main()
```

17.
```
SALES_TAX_RATE = 0.06

def main():
    price = 100
    cost = (1 + SALES_TAX_RATE) * price
    print("Total cost: ${0:,.2f}".format(cost))

main()
```

18.
```
ESTATE_TAX_EXEMPTION = 1000000
TAX_RATE = .45

def main():
    valueOfEstate = 3000000
    tax = TAX_RATE * (valueOfEstate - ESTATE_TAX_EXEMPTION)
    print("You owe ${0:,.2f} in estate taxes.".format(tax))

main()
```

19.
```
def main():
    num = 5
    triple(num)
    print(num)

def triple(num):
    num = 3 * num

main()
```

20.
```
def main():
    word = "garb"
    reverseWord(word)
    print(word)

def reverseWord(word):
    list1 = list(word)
    list1.reverse()
    word = "".join(list1)
    print(word)

main()
```

21.
```
def main():
    # 파일 Independence.txt는 7행을 포함하고 있다.
    # 각 행은 다음 단어 중 하나를 포함한다.
    # When, in, the, course, of, human, events
    independenceList = obtainList("Independence.txt")
    print(" ".join(independenceList))

def obtainList(file):
    infile = open(file, 'r')
    independenceList = [line.rstrip() for line in infile]
    infile.close()
    return independenceList

main()
```

22.
```
def main():
    grades = [80, 75, 90, 100]
    grades = dropLowest(grades)
    average = sum(grades) / len(grades)
```

```
        print(round(average))

    def dropLowest(grades):
        lowestGrade = min(grades)
        grades.remove(lowestGrade)
        return grades

main()
```

23.
```
    def main():
        ## 학기 성적을 결정하라.
        grade = getAverageGrade()
        typeOfStudent = getTypeOfStudent()
        if typeOfStudent == "PASS/FAIL":
            semesterGrade = calculatePFgrade(grade)
        else:
            semesterGrade = calculateLetterGrade(grade)
        print("Semester grade:", semesterGrade)

    def getAverageGrade():
        midtermGrade = int(input("Enter grade on midterm exam: "))
        finalExamGrade = int(input("Enter grade on final exam: "))
        return round((midtermGrade + finalExamGrade) / 2)

    def getTypeOfStudent():
        prompt = "Enter type of student (Pass/Fail) or (Letter Grade): "
        typeOfStudent = input(prompt)
        return typeOfStudent.upper()

    def calculatePFgrade(grade):
        if grade >= 60:
            return "Pass"
        else:
            return "Fail"

    def calculateLetterGrade(grade):
        if grade >= 90:
            return "A"
        elif grade >= 80:
            return "B"
        elif grade >= 70:
            return "C"
        elif grade >= 60:
            return "D"
        else:
            return "F"

main()
```
(다음 각 반응값을 가정해보자: "85, 94, Letter Grade"; "50, 62, Pass/Fail"; "56, 67, Letter Grade".)

24.
```
def main():
    ## 인용 부호를 분석한다.
    quotation = input("Enter a quotation: ")
    print("\nMENU")
    print("  1. Count number of vowels in the quotation.")
    print("  2. Count number of uppercase letters in the quotation.")
    choice = int(input("Select 1 or 2 from menu: "))
    if choice == 1:
        print("Number of vowels:", calculateNumberOfVowels(quotation))
    else:
        print("Number of uppercase letters:",
                calculateNumberOfCaps(quotation))

def calculateNumberOfVowels(quotation):
    numberOfVowels = 0
    for ch in quotation:
        if ch.upper() in "AEIOU":
            numberOfVowels += 1
    return numberOfVowels

def calculateNumberOfCaps(quotation):
    numberOfCaps = 0
    for ch in quotation:
    if 'A' <= ch <= 'Z':
        numberOfCaps += 1
    return numberOfCaps

main()
```
(인용 부호는 "You miss 100% of the shots you never take. --Wayne Greatsky"라 가정하고 메뉴에서 각 선택 내용을 실행한다.)

25. max 함수

리스트용 max 함수는 존재하지 않는다고 가정해보자. 숫자 리스트에서 최댓값을 반환하는 함수를 정의하라.

26. count 함수

문자열 count 함수가 존재하지 않는다고 가정해보자. 문자열에서 부분 문자열의 겹치지 않는 발생 횟수를 반환하는 함수를 정의하라.

27. Qwerty 단어

대부분의 컴퓨터에서 사용하는 키보드는 최상위 문자열이 QWERTYUIOP이므로 'Qwerty 키보드'라고 한다. 어떤 단어를 구성하는 문자가 모두 키보드의 최상위 단어 라인상에 위치할 경우, 'Qwerty 단어'라고 한다. 이러한 단어의 예로는 typewriter, repertoire, treetop 등이 있다. 단어 1개를 입력받은 후 Qwerty 단어인지의 여부를 결정하는 프로그램을 작성하라. isQwerty라고 하는 불린값 함수를 사용하여 해당 단어를 평가하라. 그림 4.4를 참고하라.

```
Enter a word: TRY
TRY is a Qwerty word.
```

그림 4.4 연습 27의 결과

28. 팩토리얼

양의 정수 n의 팩토리얼(n!이라고 적음)은 1*2*3*,...,*n이다. 사용자가 양수를 입력받은 후 해당 숫자의 팩토리얼을 계산하고 표시하는 프로그램을 작성하라. 이 프로그램은 getN 이라는 함수를 호출해야 하며, 입력값이 양의 정수이어야 한다. 또한 입력 숫자의 팩토리얼은 fact라는 함수를 이용하여 계산한다. 그림 4.5를 참고하라.

```
Enter a positive integer: 5
5! is 120
```

그림 4.5 연습 28의 결과

29. 급여 옵션

여러분이 10일 작업에 대한 두 가지 급여 옵션을 제의받았다고 가정해보자.

옵션 1: 하루에 $100 지급

옵션 2: 첫째 날에 $1, 둘째 날에 $2, 셋째 날에 $4 등 매일 전일 급여의 두 배를 받음.

두 가지 옵션 중에서 어떤 경우가 좀 더 유리한 옵션인지 결정하라. Option1과 option2 라는 함수를 사용하여 두 가지 옵션하에서 벌어들인 금액의 양을 계산하라. 그림 4.6을 참고하라.

```
Option 1 pays $1,000.00
Option 2 pays $1,023.00
Option 2 is better.
```

그림 4.6 연습 29의 결과

30. 급여 인상

이름, 성, 현 급여를 입력하면 다음 연도의 연봉을 표시해주는 급여 인상 프로그램을 개발한다고 가정해보자. 연봉이 $40,000 미만인 사람은 5%를 인상받고, $40,000 이상인 사람은 $2,000 인상과 $40,000 초과 금액에 대해는 2% 추가 인상을 받는다고 가정해보자. 입출력 기능을 하는 함수와 신규 연봉을 계산하는 함수를 사용하라. 그림 4.7을 참고하라.

```
Enter first name: John
Enter last name: Doe
Enter current salary: 48000
New salary for John Doe: $50,160.00
```

그림 4.7 연습 30의 결과

31. FICA 세금

상수 WAGE_BASE, SOCIAL_SECURITY_TAX_RATE, MEDICARE_RATE를 이용하여 섹션 3.2의 예제 7을 재작성하라. 함수 main은 입력을 처리하고 출력을 표시하는 함수를 호출해야 한다.

32. R 달

파일 Months.txt는 1년의 각 달을 한 행에 1개씩 기입하여 12개의 행을 갖고 있다.[1] 문자 r을 포함한 월을 표시하는 프로그램을 작성하라. 이 프로그램은 전역 변수 months를 사용해야 하며, 빈 공백 리스트로 초기화되어 있다. 함수 main은 3개의 함수를 호출해야 하며, 텍스트 파일의 내용으로 리스트 months를 채우는 함수, 문자 r을 포함하지 않는 월을 리스트 months에서 제거하는 함수, 리스트 내 남아 있는 월의 이름을 표시하는 함수다. 그림 4.8을 참고하라.

```
The R months are:
January, February, March, April, September, October, November, December
```

그림 4.8 연습 32의 결과

33. 크레용 색상

파일 Colors.txt는 123개 크레용 색상의 이름을 한 행에 1개씩 갖고 있다. 알파벳 한문자를 입력받아 해당 문자로 시작하는 색상을 표시하는 프로그램을 작성하라. 이 프로그램은 빈 공백 리스트로 초기화되어 있는 전역 변수 colors를 사용해야 한다. 함수 main은 초기 문자를 요청하는 함수, 요청한 초기 문자를 갖는 색상으로 리스트 colors를 채우는

---

1 파일 Months.txt는 피어슨 웹사이트에서 다운로드할 수 있는 자료 중 폴더 Programs/Ch4에 위치하고 있다. 이 장의 연습에 사용된 모든 텍스트 파일은 이 폴더에 위치하고 있다.

함수, 리스트 내 색상의 이름을 표시하는 함수를 호출해야 한다. 그림 4.9를 참고하라.

```
Enter a letter: D
    Dandelion
    Denim
    Desert Sand
```

그림 4.9 연습 33의 결과

34. 연금

민간 서비스 은퇴 시스템에 근무하는 사람은 20년 근무 경력 55살이면 은퇴가 가능하다. 이 경우, 사람별 연금 금액의 계산 결과에 존재하는 차이는 다음과 같다.

1. 3년 동안 평균 연봉을 계산한다. 이를 'ave'라 한다.

2. (개월 수/12)를 계산한다. 이를 'yrs'라 한다.

3. 퍼센트 비율을 계산한다.

   처음 5년간은 1.5%, 다음 5년간은 1.75%, 남은 기간에 대해는 매년 2%로 계산한다. 이 값을 'perRate'라고 한다.

4. perRate와 80%의 최솟값을 계산한다. 이 값을 'p'라 한다.

5. 연금 금액을 'p*ave'라 한다.

   그림 4.10과 같이 입력값을 요청하는 프로그램을 작성한다. ave와 p의 값은 함수에서 계산해야 한다.

```
Enter your age: 65
Enter number of months of service: 448
Enter first of three highest salaries: 123456.78
Enter second of three highest salaries: 119876.55
Enter third of three highest salaries: 107546.45
Annual pension: $82,944.08
```

그림 4.10 연습 34의 결과

연습문제 4.1 해답

1. 맞다.

2. 명령 x += 1은 전역 변수 x의 값을 변경한다. 전역 변수의 값은 모든 함수에서 접근 가능하지만, 변경 명령이 global x보다 앞에 위치하는 경우에만 변경할 수 있다.

3.
```
def f(x):
    return (x > 0)
```

4.2 함수, Part 2

■ 다른 함수를 호출하는 함수

함수는 또 다른 함수를 호출할 수 있다. 이와 같이 다른 함수를 호출하는 경우, 호출된 함수가 종료될 때 해당 제어는 함수 호출이 발생한 시점으로 되돌아와 이 시점부터 진행한다.

 예제 1   **함수 호출**

다음 프로그램에서 함수 firstPart는 함수 secondPart를 호출한다. secondPart의 명령을 실행한 후 함수 main으로 돌아가기 전에 함수 실행은 함수 firstPart의 남은 부분을 진행한다.

```
def main():
    ## 다른 함수를 호출하는 함수
    firstPart()
    print(str(4) + ": from function main")

def firstPart():
    print(str(1) + ": from function firstPart")
    secondPart()
    print(str(3) + ": from function firstPart")

def secondPart():
    print(str(2) + ": from function secondPart")

main()
```
[실행]
```
1: from function firstPart
2: from function secondPart
3: from function firstPart
4: from function main
```

■ 다중 반환 함수

함수는 숫자, 문자열, 불린값뿐만 아니라 모든 객체의 유형을 반환할 수 있다. 예를 들어 함수는 튜플을 반환할 수 있다.

예제 2 **저축 계정**

다음 프로그램에서 balanceAndInterest 함수는 저축 계정에 들어 있는 금액과 연관된 값을 제공하는 튜플을 반환한다.

```
INTEREST_RATE = .04      # 연간 이자율

def main():
    ## 저축 계정에서 벌어들인 잔금과 이자를 계산한다.
    principal = eval(input("Enter the amount of the deposit: "))
    numberOfYears = eval(input("Enter the number of years: "))
    (bal, intEarned) = balanceAndInterest(principal, numberOfYears)
    print("Balance: ${0:,.2f}   Interest Earned: ${1:,.2f}".
            format(bal, intEarned))

def balanceAndInterest(prin, numYears):
    balance = prin * ((1 + INTEREST_RATE) ** numYears)
    interestEarned = balance - prin
    return (balance, interestEarned)

main()
```

[실행]
```
Enter the amount of the deposit: 10000
Enter the number of years: 10
Balance: $14,802.44   Interest Earned: $4,802.44
```

예제 2와 같이 return 명령은 다음과 같이 사용할 수 있다.

```
return balance, interestEarned
```

또한 main 함수의 다섯 번째 행은 다음과 같이 작성할 수 있다.

```
bal, intEarned = balanceAndInterest(principal, numberOfYears)
```

이 경우, 함수 balanceAndInterest는 2개의 값을 반환한다. 하지만 실제로는 2개의 값을 갖는 1개의 튜플만을 반환한다.

다중값을 반환하는 함수를 사용하여 프로그램의 세 가지 기본 부분인 input, processing, output를 main 함수에서 호출된 3개의 함수로 실행할 수 있다.

예제 3 **저축 계정**

다음과 같이 예제 2는 3개 함수에 의해 각각 실행되는 입력, 처리, 출력으로 변경할 수 있다.

```
INTEREST_RATE = .04      # 연간 이자율

def main():
    ## 저축 계정에서 벌어들인 잔금과 이자를 계산한다.
    (principal, numberOfYears) = getInput()
    bal, intEarned = balanceAndInterest(principal, numberOfYears)
    displayOutput(bal, intEarned)

def getInput():
    principal = eval(input("Enter the amount of the deposit: "))
    numberOfYears = eval(input("Enter the number of years: "))
    return (principal, numberOfYears)

def balanceAndInterest(prin, numYears):
    balance = prin * ((1 + INTEREST_RATE) ** numYears)
    interestEarned = balance - prin
    return (balance, interestEarned)

def displayOutput(bal, intEarned):
    print("Balance: ${0:,.2f}   Interest Earned: ${1:,.2f}".
          format(bal, intEarned))

main()
```

■ 리스트 컴프리헨션

일반적인 for 반복문은 리스트의 아이템별로 함수를 적용할 때 이러한 작업을 한다. 하지만 상대적으로 간단한 방법은 리스트 컴프리헨션List Comprehension이다. 만약 list1이 리스트이면 다음 명령은 리스트인 list2를 신규로 생성하고 f(item)을 list1의 각 item에 대한 리스트에 위치시킨다. 이 경우 f는 파이썬 내장 함수이거나 사용자 정의 함수다.

```
list2 = [f(x) for x in list1]
```

예를 들어 list1 = ['2', '5', '6', '7']이면, [int(x) for x in list1]은 다음과 같은 리스트 [2, 5, 6, 7]이 된다. 즉 int 함수는 list1의 개별 아이템에 적용할 수 있다. 만약 함수 g가

```
def g(x):
    return(int(x) ** 2)이면
```

[g(x) for x in list1]은 리스트 [4, 25, 36, 49]가 될 것이다.

리스트 컴프리헨션 내 for 구문은 if 구문을 사용할 수 있다. 예를 들어 앞에서 언급한 g와 list1로 다음 코드는 필터링된 리스트 [25, 49]가 된다.

```
[g(x) for x in list1 if int(x) % 2 == 1]
```

즉, 신규 리스트에는 홀수 숫자의 제곱값만이 남게 된다. ([노트] 위와 같이 리스트 컴프리헨션 내 변수로서 x를 사용하거나 리스트명에 대한 변수를 사용하는 것이 일반적이다. 예를 들어 첫 번째 리스트 컴프리헨션은 다음과 같이 작성할 수 있다.)

```
[int(num) for num in ['2', '5', '6', '7']]
```

리스트 컴프리헨션은 리스트 외의 객체인 문자열, 튜플, range 함수로 생성한 숫자 증감 progression에서 사용할 수 있다. 리스트 컴프리헨션의 몇 가지 다른 예는 표 4.3과 같다.

표 4.3 리스트 컴프리헨션의 예

리스트 컴프리헨션	결과
`[ord(x) for x in "abc"]`	`[97, 98, 99]`
`[x ** .5 for x in (4, -1, 9) if x >= 0]`	`[2.0, 3.0]`
`[x ** 2 for x in range(3)]`	`[0, 1, 4]`

■ 기본 설정값

몇 가지 함수의 파라미터는 어떤 값도 전달되지 않을 때 설정되는 값인 기본 설정값을 가질 수 있다. 즉, 함수를 호출할 때 해당 인자를 생략하면, 기본 설정값이 파라미터에 설정된다. 기본 설정값을 이용한 전형적인 함수 정의 형태는 다음과 같다.

```
def functionName(par1, par2, par3=value3, par4=value4):
```

functionName(인자 1, 인자 2)의 호출은 인자 1의 값을 par1에 설정하고, 인자 2의 값을 par2에 설정하며, value3과 value4를 각각 par3와 par4에 설정한다. 예를 들어 다음과 같이 설정한 함수 total을 고려해보자.

```
def total(w, x, y=10, z=20):
    return (w ** x) + y + z
```

표 4.4는 세 가지 함수의 호출값과 계산 방법을 보여준다.

함수 호출	값	계산 결과
total(2, 3)	38	$2^3 + 10 + 20$
total(2, 3, 4)	32	$2^3 + 4 + 20$
total(2, 3, 4, 5)	17	$2^3 + 4 + 5$

([중요한 노트] 함수 정의에 있어 기본 설정값이 없는 파라미터는 기본 설정값을 갖는 파라미터보다 앞에 위치해야 한다. 예를 들어 다음과 같은 헤더는 유효하지 않다.)

```
def func(par1, par2=value2, par3):
```

 예제 4 **퀴즈**

다음은 사용자가 3번의 시도를 하여 질문에 답하도록 하는 프로그램이다. 프로그래머는 쉽게 시도 횟수를 변경할 수 있다. 예를 들어 함수 main의 마지막 행이 askQuestion(q,a,5)로 변경되면, 사용자는 질문에 답하기 위해 5번의 시도를 하게 된다는 것을 의미한다.

```
def main():
    ## A 퀴즈
    q = "What is the capital of California? "
    a = "Sacramento"
    askQuestion(q, a)

def askQuestion(question, answer, numberOfTries=3):
    numTries = 0
    while numTries < numberOfTries:
        numTries += 1
        ans = input(question)
        if ans == answer:
            print("Correct!")
            break
    if ans != answer:
        print("You have used up your allotment of guesses.")
        print("The correct answer is", answer + '.')

main()
```

■ 파라미터 이름으로 전달

인자는 위치에 상관없이 해당 파라미터의 이름으로 함수에 전달할 수 있다. 이렇게 값을 함수에 전달하는 '메서드를 키워드 전달keyword passing'이라고 한다. 예를 들어 표 4.4에서 첫 번째 함수 호출은 total(w=2, x=3)이거나 total(x=3, w=2)이다.

표 4.4의 두 번째 함수는 여러 가지 방법으로 작성할 수 있다. 이 중 세 가지 방법은 다음과 같다.

```
total(y=4, x=3, w=2), total(2, y=4, x=3), and total(2, 3, y=4)
```

([노트] 위치에 의해 전달된 인자는 키워드에 의해 전달된 인자보다 앞에 위치해야 한다. 이는 앞에서 설명한 파라미터와 유사하다. 예를 들어 다음 함수 호출은 유효하지 않다.)

```
total(w=2, 3, y=4)
```

 예제 5 값 전달

다음 프로그램은 저축 계정의 잔금을 계산할 때 원금, 저축 기간(년), 연 금리, 복리 적용일 경우, 값을 전달하는 몇 가지 방법이다.

사용한 공식은 balance = principal $*$ (1 + interest rate)$^{number\ of\ years}$이다.

```python
def main():
    ## 값의 전달을 보여준다.
    print("Balance:")
    print("${0:,.2f}".format(balance(1000, 5)))
    print("${0:,.2f}".format(balance(1000, 5, .04)))
    print("${0:,.2f}".format(balance(1000, intRate=.04, numYears=5)))
    print("${0:,.2f}".format(balance(numYears=5, prin=1000)))
    print()
    print("${0:,.2f}".format(balance(1000, 5, .03)))
    print("${0:,.2f}".format(balance(1000, intRate=.03, numYears=5)))
    print("${0:,.2f}".format(balance(intRate=.03, numYears=5, prin=1000)))
    print("${0:,.2f}".format(balance(numYears=5, intRate=.03, prin=1000)))

def balance(prin, numYears, intRate=.04):
    return prin * ((1 + intRate) ** numYears)

main()
```

[실행]
```
Balance:
$1,216.65
$1,216.65
$1,216.65
$1,216.65

$1,159.27
$1,159.27
$1,159.27
$1,159.27
```

238

([**노트**] 이 프로그램은 위치 전달과 키워드 전달이 동일 함수 호출에서 사용될 수 있다는 것을 보여준다.)

■ 사용자 정렬

리스트의 아이템을 오름차순으로 만들기 위한 sort 메서드를 사용하였다. 하지만 함수는 선택한 모든 기준에 의해 아이템을 정렬할 수 있도록 해야 한다. 예를 들어 문자열 리스트로 시작하여 길이, 마지막 문자, 포함된 모음의 개수, 다른 많은 특성 등에 의해 정렬이 가능해야 한다.

사용자 정렬을 만들기 위해 리스트의 각 아이템을 입력으로 취하고, 정렬하기 원하는 특성의 값을 반환하는 함수를 사용해야 한다. 예를 들어 각 문자열 내 모음의 개수를 기준으로 정렬하려면 함수를 정의하고, 문자열을 입력받고, 해당 문자열의 모음 개수를 반환하는 numberOfVowels를 호출해야 한다. 그런 다음, 인자 key=numberOfVowels를 sort 메서드에 추가해야 한다. 내림차순으로 정렬하기 위해 인자 reverse=True를 추가할 수도 있다.

✔️ **예제 6** **단어 정렬**

다음 프로그램은 앞에서 설명한 세 가지 특성을 이용하여 워드 리스트를 정렬한다.

```
def main():
    ## 워드 리스트를 사용자 정렬한다.
    list1 = ["democratic", "sequoia", "equals", "brrr", "break", "two"]
    list1.sort(key=len)
    print("Sorted by length in ascending order:")
    print(list1, '\n')
    list1.sort(key=lastCharacter)
    print("Sorted by last character in ascending order:")
    print(list1, '\n')
    list1.sort(key=numberOfVowels, reverse=True)
    print("Sorted by number of vowels in descending order:")
    print(list1)

def lastCharacter(word):
    return word[-1]

def numberOfVowels(word):
    vowels = ('a', 'e', 'i', 'o', 'u')
    total = 0
    for vowel in vowels:
        total += word.count(vowel)
    return total

main()
```

[실행]

```
Sorted by length in ascending order:
['two', 'brrr', 'break', 'equals', 'sequoia', 'democratic']

Sorted by last character in ascending order:
['sequoia', 'democratic', 'break', 'two', 'brrr', 'equals']

Sorted by number of vowels in descending order:
['sequoia', 'democratic', 'equals', 'break', 'two', 'brrr']
```

list1 내의 최대와 최소 모음의 개수를 포함한 단어를 표시한다고 가정해보자. key=numberOf Vowels를 사용하여 리스트를 정렬하고 사용자 정렬 리스트 내 첫 번째와 마지막 아이템을 찾아낼 수 있다. 하지만 max와 min 함수의 확장은 보다 많은 작업을 쉽게 실행할 수 있다.

```
maxValue = max(list1, key=numberOfVowels)
minValue = min(list1, key=numberOfVowels)
```

VideoNote
Lambda
Expressions

■ 람다 표현

람다 표현은 한 행으로 된 미니 함수로, 간단한 함수가 필요할 때 자주 사용한다. 한 행으로 된 미니 함수는 1개의 표현으로 복잡한 함수를 대체할 수 있다. 람다 표현은 다음과 같은 형태를 갖는다.

```
lambda par1, par2, ...: expression
```

expression은 반환되는 값이다. 예를 들어 예제 6에서 list1.sort(key=lastCharacter)은 다음과 같이 대체할 수 있다.

```
list1.sort(key=lambda x: x[-1])
```

이 경우, 함수 lastCharacter를 정의할 필요가 없다([노트] 예제 6에서 함수 numberOfVowels는 너무 복잡하므로 람다 표현으로 대체할 수 없다.). 람다 표현의 한 가지 유용한 특성은 코드화 대상 함수의 변수를 사용한다는 점이다. 이러한 특성은 다음 장에서 딕셔너리를 설명하는 데 큰 도움이 된다.

예제 7 이름 정렬

다음 프로그램은 이름을 성에 의해 정렬한다. 두 번째 행은 이름 리스트를 정렬하고, 마지막 두 번째 행은 정렬된 리스트의 내용을 표시한다.

```
names = ["Dennis Ritchie", "Alan Kay", "John Backus", "James Gosling"]
names.sort(key=lambda name: name.split()[-1])
nameString = ", ".join(names)
print(nameString)
```

[실행]

```
John Backus, James Gosling, Alan Kay, Dennis Ritchie
```

■ Sorted 함수

sort 메서드는 리스트 내 아이템 순서를 변경하는 반면, sorted 함수는 새로운 정렬된 리스트를 반환한다. 특히 명령 lsit2=sorted(list1)이 실행된 후에 lsit2는 list1과 동일한 요소를 갖고 있지만, 정렬된 형태를 갖는다.

sort 메서드와 sorted 함수는 선택 인자인 key와 reverse를 사용할 수 있다. Sort 메서드는 리스트와 함께 사용할 수 있는 반면, sorted 함수는 리스트, 문자열, 튜플과도 함께 사용할 수 있다. 문자열과 사용한다면 문자열의 각 문자에 정렬된 형태로 된 리스트를 생성한다. 표 4.5는 몇 가지 sorted 명령의 결과다.

표 4.5 sorted 함수에 의해 생성된 값(list = ["white", "blue", "red")

명령	print(list2)의 결과
list2 = sorted(list1)	['blue', 'red', 'white']
list2 = sorted(list1, reverse=True)	['white', 'red', 'blue']
list2 = sorted(list1, key=len)	['red', 'blue', 'white']
list2 = sorted("spam")	['a', 'm', 'p', 's']

■ 주석

1. 요약

함수가 사용할 수 있는 파라미터에는 위치 파라미터(비디폴트 파라미터)와 디폴트 파라미터가 있다. 디폴트 파라미터는 param=defaultValue의 형태를 가지며, default Value는 문자 그대로 기본 설정값을 의미한다. 하지만 표현expression도 가능하다. 위치 파라미터는 등호와 디폴트값에 따라오지 않는다. 만약 함수가 두 종류의 파라미터를 갖는다면, 위치 파라미터는 디폴트 파라미터보다 앞에 위치해야 한다.

2. 요약

함수 호출에는 위치 인자(비키워드 인자)와 키워드 인자가 있으며, 두 가지 종류의 인자를 동시에 호출할 수도 있다. 키워드 인자는 parameterName=value의 형태를 가지며, value는 표현이다. 위치 인자는 표현으로만 구성된다. 만약, 함수 호출이 두 종류의 인자를 갖는다면, 위치 인자는 키워드 인자 앞에 위치해야 한다. 함수에서 위치 인자의 개수는 함수 정의에서 위치 파라미터의 개수보다 같거나 초과해야 한다. 함수에서 위치 인자의 개수가 함수 정의 시 위치 파라미터의 개수를 초과하면, 여분 인자의 값은 함수 정의 시 설정한 남은 파라미터의 순서대로 전달된다. 전달되는 값을 갖지 않는 디폴트 파라미터는 기본값을 갖고 있다고 가정한다. 위치 인자의 순서는 매우 중요하지만, 키워드 인자의 순서는 중요하지 않다.

3. 리스트 구축은 리스트 컴프리헨션 프로세스에 대한 좀 더 적합한 표현이다.

4. 람다 표현은 이름 없는 함수이므로, 종종 무기명 함수라고도 한다.

연습문제 4.2

1. 예제 4의 main 함수를 함수의 내부가 1개의 명령으로 구성되도록 재작성하라(키워드 전달을 이용하는 함수 호출).

2. 예제 4의 main 함수를 다음과 같이 작성할 수 있는가?

```
def main():
    a = "Sacramento"
    askQuestion(question="What is the capital of California? ", a)
```

3. 키워드로 1개 인자만 전달되도록 예제 4의 main 함수를 재작성하라.

4. list1=['c', 'D', 'a', 'B']이면 코드 print(sorted(list1))은 ['B', 'D', 'a', 'c']를 출력한다. Sorted 함수에 람다 표현을 추가하면, 리스트가 알파벳 순서인 ['a', 'B', 'c', 'D']가 된다. 즉, 대소문자 구분을 하지 않는다.

5. 파일 States.txt는 미국에 가입한 순서대로 50개의 주 이름을 한 행에 한 주씩 갖고 있다. 다음 코드의 결과로 무엇이 표시되는가?

```
infile = open("States.txt", 'r')
print([line.rstrip() for line in infile if line.startswith("North")])
infile.close()
```

연습 1에서 24까지의 프로그램 결과는 무엇인가?

1.
```python
def main():
    howMany(24)
    print("a pie.")

def howMany(num):
    what(num)
    print("baked in", end=" ")

def what(num):
    print(num, "blackbirds", end = " ")

main()
```

2.
```python
def main():
    ## Good advice to follow
    advice()

def advice():
    print("Keep cool, but don't freeze.")
    source()

def source():
    print("Source: A jar of mayonnaise.")

main()
```

3.
```python
def main():
    cost = 250
    displayBill(cost, shippingCost(cost))

def shippingCost(costOfGoods):
    if costOfGoods < 100:
        return 10
    elif costOfGoods < 500:
        return 15
    else:
        return 20

def displayBill(cost, addedCost):
    print("Cost: ${0:.2f}".format(cost))
    print("Shipping cost: ${0:.2f}".format(addedCost))
    print("Total cost: ${0:.2f}".format(cost + addedCost))

main()
```

4.
```python
def main():
    grade = int(input("Enter your numeric grade: "))
    showResult(grade)
```

```
def showResult(grade):
    if passedExam(grade):
        print("You passed with a grade of", str(grade) + '.')
    else:
        print("You failed the exam.")

def passedExam(grade):
    if grade >= 60:
        return True
    else:
        return False

main()
```
(입력값은 92라고 가정해보자.)

5.
```
def main():
    gradeList = list(getThreeGrades())
    gradeList.sort()
    print(gradeList)

def getThreeGrades():
    x = int(input(("Enter first grade: ")))
    y = int(input(("Enter second grade: ")))
    z = int(input(("Enter third grade: ")))
    return x, y, z

main()
```
(입력값은 88, 99, 92라고 가정해보자.)

6.
```
def main():
    n, yob = getNameAndYOB()
    print(n, "will be", 2020 - yob, "years old in 2020.")

def getNameAndYOB():
    name = input("Enter a name: ")
    yearOfBirth = int(input("Enter a year of birth: "))
    return name, yearOfBirth

main()
```
(2개의 입력값은 Fred, 1995라고 가정해보자.)

7.
```
list1 = ["pear", "Banana", "apple"]
list1.sort()
print(list1)
list1.sort(key=lambda x: x.upper())
print(list1)
```

8.
```
list1 = ["pear", "Banana", "apple"]
list1.sort(reverse=True)
print(list1)
```

```
        list1.sort(key=lambda x: len(x), reverse=True)
        print(list1)

  9. def main():
        display("nudge ")
        display("nudge ", 4)

     def display(x, times=2):
        print(x * times)

     main()

 10. def main():
        for i in range(3):
            print(func())

     def func(x=[]):
        x.append("wink")
        return x

     main()

 11. def main():
        display("spam", "and", "eggs", 5)
        display("spam", "and", "eggs")

     def display(x, y, z, spacing=1):
        print(x + (" " * spacing) + y + (" " * spacing) + z)

     main()

 12. def main():
        x, y = getTwoIntegers()
        x, y = calculateSumAndProduct(x, y)
        displaySumAndProduct(x, y)

     def getTwoIntegers():
        a = int(input("Enter first integer: "))
        b = int(input("Enter second integer: "))
        return a, b

     def calculateSumAndProduct(x, y):
        return x + y, x * y

     def displaySumAndProduct(x, y):
        print("Sum" + ':', x)
        print("Product" + ':', y)

     main()
     (2개의 입력값은 4와 25라고 가정해보자.)

 13. presidents = [("John Adams", 61), ("George Washington", 57)]
     presidents.sort(key=lambda pres: pres[1])
```

```
        for pres in presidents:
            print(pres[0])

14. def main():
        composers = ["Johann Sebastian Bach", "Wolfgang Amadeus Mozart",
                     "Franz Joseph Haydn", "Ralph Vaughan Williams"]
        composers.sort(key=lengthOfLastName)
        for composer in composers:
            print(composer)

    def lengthOfLastName(composer):
        compList = composer.split()
        return len(compList[-1])

    main()

15. def main():
        composers = ["Johann Sebastian Bach", "Wolfgang Amadeus Mozart",
                     "Franz Joseph Haydn", "Ralph Vaughan Williams"]
        composers.sort(key=middleName)
        for composer in composers:
            print(middleName(composer))

    def middleName(composer):
        compList = composer.split()
        return compList[1]

    main()

16. def main():
        list1 = ["e", "pluribus", "unum"]
        list2 = sorted(list1, key=numberOfVowels)
        print(list2)

    def numberOfVowels(word):
        return len([ch for ch in word if (ch in "aeiou")])

    main()

17. def main():
        list1 = sorted("alMoSt")
        print(list1)
        list2 = sorted("alMoSt", key=f)
        print(list2)

    def f(letter):
        return letter.lower()

    main()
```

18.
```python
popularLanguages = ["Python", "Java", "C", "C++", "Ruby", "VB", "PHP"]
for item in sorted(popularLanguages):
    print(item, end = " ")
```

19.
```python
popularLanguages = ["Python", "Java", "C", "C++", "Ruby", "VB", "PHP"]
for item in sorted(popularLanguages, reverse=True):
    print(item, end = " ")
```

20.
```python
popularLanguages = ["Python", "Java", "C", "C++", "Ruby", "VB", "PHP"]
for item in sorted(popularLanguages, key=len):
    print(item, end = " ")
```

21.
```python
popularLanguages = ["Python", "Java", "C", "C++", "Ruby", "VB", "PHP"]
for item in sorted(popularLanguages, key=len, reverse=True):
    print(item, end = " ")
```

22.
```python
numbers = [4, 6, -2, -3, 5]
for num in sorted(numbers, key=abs):
    print(num, end = " ")
```

23.
```python
numbers = [4, 6, -2, -3, 5]
for num in sorted(numbers, key=lambda x: x ** 3):
    print(num, end = " ")
```

24.
```python
popLanguages = ["Python", "Java", "C", "C++", "Ruby", "VB", "PHP"]
sentence = "I program in VB, Python, and Ruby."
list1 = sentence.split()
myLanguages = [word[:-1] for word in list1 if word[:-1] in popLanguages]
for language in myLanguages:
    print(language, end = " ")
```

연습 25에서 30까지 list2의 값을 결정하라.

`list1 = ["democratic", "sequoia", "equals", "brrr", "break", "two"].`의 값은 다음과
같다.

25. `list2 = [len(word) for word in list1]`

26. `list2 = [word.capitalize() for word in list1]`

27. `list2 = [word.upper() for word in list1 if len(word) < 5]`

28. `list2 = [word for word in list1 if numberOfVowels(word) > 3],`
numberOfVowels는 예제 6에서 정의한 함수다.

29. `list2 = [x[-1] for x in list1 if numberOfVowels(x) > 3],`
numberOfVowels는 예제 6에서 정의한 함수다.

```
30. list2 = [x[0:2] for x in list1 if len(x) % 2 == 1]
```

연습 31과 32에서 리스트 컴프리헨션을 사용하여 코드를 간단하게 하라.

```
31. names = ["George Boole", "Charles Babbage", "Grace Hopper"]
    lastNames = []
    for name in names:
        lastNames.append(name.split()[-1])
```

```
32. numbers = [9, -5, 4, 1, -7]
    newList = []
    for num in numbers:
        if num >= 0:
            newList.append(num ** .5)  # 제곱 루트
    print(newList)
```

연습 33에서 36까지 코드의 실행 결과 표시되는 값을 표시하라. 파일 States.txt는 미국에 가입한 순서대로 50개의 주 이름을 갖고 있다.

```
33. infile = open("States.txt", 'r')
    print([line.rstrip().upper() for line in infile])
```

```
34. infile = open("States.txt", 'r')
    print(sorted([line.rstrip() for line in infile]))
```

```
35. infile = open("States.txt", 'r')
    print(sorted([line.rstrip() for line in infile], key=len))
```

```
36. infile = open("States.txt", 'r')
    print([line.rstrip() for line in infile if len(line.rstrip()) == 4])
```

연습 37에서 42까지 명령 호출이 유효한지 여부를 결정하라. 해당 함수의 정의는 헤더 def bestFilm(year, film, star):.를 갖는다.

```
37. bestFilm(2012,"Argo", "Ben Affleck")
```

```
38. bestFilm(2012, star="Ben Affleck", film="Argo")
```

```
39. bestFilm(star="Ben Affleck", film="Argo", year=2012)
```

```
40. bestFilm(star="Ben Affleck", 2012, film="Argo")
```

```
41. bestFilm()
```

```
42. bestFilm(2012, director="Ben Affleck", film="Argo")
```

연습 43에서 46까지 명령 호출이 유효한지 여부를 결정하라. 함수 정의는 헤더 def breakfast (toast, coffee, spam=0, eggs=0):.이다.

43. `breakfast(2, spam=1, eggs=1, coffee=1)`

44. `breakfast(2, 1, 1, 1)`

45. `breakfast(spam=1, 1, eggs=1, toast=2)`

46. `breakfast(2, 1, 1)`

연습 47과 48에서 명령에 의해 표시되는 출력값을 정하라.

47. `print("".join(sorted("stomal")))`

48. `print("".join(sorted("pengos", reverse=True)))`

49. 우표값

항공 우편의 원래 우표값은 첫 1온스당 5센트이고, 이를 초과할 경우 온스별로 10센트를 추가한다. 사용자가 입력한 무게에 대한 비용을 계산하는 프로그램을 작성하라. 그림 4.11을 참고하라. 비용은 이름이 cost인 함수로 계산한다. 함수 cost는 정수가 아닌 숫자를 가장 근접한 정수로 만드는 함수인 ceil을 호출한다.

```
Enter the number of ounces: 4
Cost: $0.35
```

그림 4.11 연습 49의 결과

50. 학기 성적

중간과 기말 성적을 입력받은 후 semesterGrade라는 함수를 사용하여 학기 성적(A, B, C, D, F)를 정하는 프로그램을 작성하라. 기말 성적은 중간 성적보다 2배의 가중치를 둔다. 학기 평균은 전체 점수에 대해 가장 가까운 정수로 한다. 학기 성적은 다음을 기준으로 설정한다.

90-100(A), ...

80-89(B), ...

그림 4.12를 참고하라. 함수 semesterGrade는 ceil 함수를 호출하여 정수가 아닌 값을 정수로 변환한다.

```
Enter grade on midterm: 88
Enter grade on final exam: 91
Semester Grade: A
```

그림 4.12 연습 50의 결과

51. 애너그램^{anagram}

단어나 구문의 애너그램은 동일 빈도, 동일한 문자를 사용하는 단어나 구문이다. 마침표, 대소문자, 공백은 무시한다. 애너그램의 몇 가지 예제는 "angered"/"enraged"와 "A gentleman"/"Elegant man"이다. 2개의 단어나 구문을 입력받아 애너그램인지의 여부를 결정하는 프로그램을 작성하라. 그림 4.13을 참고하라. 이 프로그램은 다음 2개의 문자열이 애너그램이면 True를, 애너그램이 아니면 False를 반환하는 헤더와 함께 불린 함수를 사용해야 한다.

```
def areAnagrams(string1, string2):
```

```
Enter the first word or phrase: Elvis
Enter the second word or phrase: lives
Are anagrams.
```

그림 4.13 연습 51의 결과

52. 성적

5개의 점수를 입력받은 후 최저 점수 2개를 제외하고 남은 3개 점수의 평균 점수와 범위를 표시하는 프로그램을 작성하라. 그림 4.14를 참고하라.

```
Enter grade 1: 90
Enter grade 2: 75
Enter grade 3: 85
Enter grade 4: 72
Enter grade 5: 80
Range: 10
Average: 85
```

그림 4.14 연습 52의 결과

([노트] 숫자값의 범위는 최고 점수와 최저 점수 간 차이다. 프로그램은 2개의 값을 반환하는 함수를 사용한다.)

53. 미국 대통령

다음 리스트 pres = [("Lyndon", "Johnson"),("John", "Kennedy"),("Andrew", "Johnson")]를 생각해보라. 위 3명의 이름을 성과 이름 순서로 정렬하여 표시하는 프로그램을 작성하라. 그림 4.15를 참고하라. ([노트] 이 코드는 sort 함수를 두 번 사용해야 한다.)

```
Johnson, Andrew
Johnson, Lyndon
Kennedy, John
```

그림 4.15 연습 53의 결과

연습 54에서 57까지 다음 튜플 리스트를 사용하라. 각 튜플은 지명, 넓이(제곱마일), 뉴잉글랜드 주의 인구(백만 명)를 값으로 한다.

NE = [("Maine", 30840, 1.329), ("Vermont", 9217, .626), ("New Hampshire", 8953, 1.321), ("Massachusetts", 7800, 6.646), ("Connecticut", 4842, 3.59), ("Rhode Island", 1044, 1.05)]

54. 뉴잉글랜드 주

리스트 뉴잉글랜드 내 주의 이름을 인구수 기준 내림차순으로 표시하는 프로그램을 작성하라. 그림 4.16을 참고하라.

```
Sorted by population in descending order:
Massachusetts  Connecticut  Maine  New Hampshire  Rhode Island  Vermont
```

그림 4.16 연습 54의 결과

55. 뉴잉글랜드 주

리스트 잉글랜드 내 주의 이름을 땅넓이 기준, 내림차순으로 표시하는 프로그램을 작성하라. 그림 4.17을 참고하라.

```
Sorted by land area in descending order:
Maine  Vermont  New Hampshire  Massachusetts  Connecticut  Rhode Island
```

그림 4.17 연습 55의 결과

56. 뉴잉글랜드 주

리스트 잉글랜드 내 주의 이름과 길이를 기준으로 오름차순 표시하는 프로그램을 작성하라. 그림 4.18을 참고하라.

```
Sorted by length of name in ascending order:
Maine  Vermont  Connecticut  Rhode Island  New Hampshire  Massachusetts
```

그림 4.18 연습 56의 결과

57. 뉴잉글랜드 주

리스트 잉글랜드 내 주의 인구밀도를 기준으로 오름차순 표시하는 프로그램을 작성하라. 그림 4.19를 참고하라.

```
Sorted by population density in ascending order:
Maine  Vermont  New Hampshire  Connecticut  Massachusetts  Rhode Island
```

그림 4.19 연습 57의 결과

연습 58에서 61까지 다음 리스트를 사용하라.

numbers = [865, 1169, 1208, ..., 329]

58. 숫자

리스트 numbers 내 값을 대상으로 개별 자릿수의 값(digit)을 합한 결과를 기준으로 오름차순 표시하는 프로그램을 작성하라. 그림 4.20을 참고하라.

```
Sorted by sum of digits:
[1243, 1208, 290, 1169, 865]
```

그림 4.20 연습 58의 결과

59. 숫자

리스트 numbers의 값을 대상으로 가장 큰 소수 인자를 기준으로 오름차순 표시하는 프로그램을 작성하라. 섹션 3.3의 그림 3.30의 흐름도와 그림 4.21을 참고하라.

```
Sorted by largest prime factor:
[290, 1243, 1208, 1169, 865]
```

그림 4.21 연습 59의 결과

60. 숫자

마지막 자릿수의 값을 기준으로 내림차순 표시하는 프로그램을 작성하라. 그림 4.22를 참고하라.

```
Sorted by last digit:
[1169, 1208, 865, 1243, 290]
```

그림 4.22 연습 60의 결과

61. 숫자

리스트 numbers의 값을 대상으로 각 자릿수의 값 중 홀수인 값의 합을 계산하여 내림차
순 표시하는 프로그램을 작성하라. 그림 4.23을 참고하라.

```
Sorted by sum of odd digits:
[1169, 290, 865, 1243, 1208]
```

그림 4.23 연습 61의 결과

62. 미국 대통령

파일 USpres.txt는 첫 번째 44명의 미국 대통령을 취임 순서대로 갖고 있다. 리스트 내
이름을 대통령의 기준으로 알파벳 순서대로 정렬하여 위에서 여섯 번째까지 표시하는
프로그램을 작성하라. 그림 4.24를 참고하라.

```
John Adams
John Q. Adams
Chester Arthur
James Buchanan
George H. W. Bush
George W. Bush
```

그림 4.24 연습 62의 결과

63. 미국 대통령

파일 USpres.txt는 첫 번째 44명의 미국 대통령을 취임 순서대로 갖고 있다. 대통령 이름
first name 의 길이를 기준으로 오름차순 정렬한 후, 리스트 내 위에서 여섯 번째까지의 이름
을 표시하는 프로그램을 작성하라. 그림 4.25를 참고하라.

```
John Adams
John Q. Adams
John Tyler
John Kennedy
Bill Clinton
James Madison
```

그림 4.25 연습 63의 결과

64. 미국 주

파일 States.txt는 50개의 미국 주 이름을 미국에 가입한 순서대로 갖고 있다. 리스트 내 주의 이름을 기준으로 내림차순 정렬한 후, 위에서 여섯 번째까지의 주 이름을 표시하는 프로그램을 작성하라. 그림 4.26을 참고하라.

```
South Carolina
North Carolina
Massachusetts
New Hampshire
West Virginia
Pennsylvania
```

그림 4.26 연습 64의 결과

65. 미국

파일 States.txt는 50개의 미국 주 이름을 미국에 가입한 순서대로 갖고 있다. 리스트 내 주의 이름을 모음 수 기준으로 내림차순 정렬한 후, 위에서 여섯 번째까지의 주 이름을 표시하는 프로그램을 작성하라. 그림 4.27을 참고하라.

```
South Carolina
Louisiana
North Carolina
California
West Virginia
South Dakota
```

그림 4.27 연습 65의 결과

66. 연봉 인상 프로그램

어떤 사람의 이름, 성, 현 연봉을 입력받은 후 다음 해의 연봉을 표시하는 프로그램을 작성하라. $40,000보다 적은 연봉을 받는 사람은 5% 인상받고 $400,000 이상인 사람은 $2,000과 $40,000 이상 금액의 2%의 합에 대한 금액을 인상받는다. Main 함수는 다음 3개의 함수를 호출해야 한다.

1) 다중값을 입력받은 함수

2) 신규 연봉 계산 함수

3) 출력 함수

그림 4.28을 참고하라.

```
Enter first name: John
Enter last name: Doe
Enter current salary: 48000
New salary for John Doe: $50,160.00.
```

그림 4.28 연습 66의 결과

67. 신용카드 지불

신용카드 계약 조건에 대한 잔고와 최소 지불 금액을 계산하는 프로그램을 작성하라. 그림 4.29를 참고하라. 금융 수수료는 기존 잔고의 1.5%다. 신규 잔고가 $20 이하이면 최소 지불 금액은 전체 신규 잔고가 되어야 한다. 그렇지 않은 경우, 최소 지불 금액은 $20와 이를 초과하는 신규 잔고액의 10%가 된다. Main 함수는 다음 3개의 함수를 호출해야 한다.

1) 다중값 입력 함수
2) 신규 잔고와 최소 지불 금액을 계산하는 함수
3) 출력 함수

```
Enter old balance: 200
Enter charges for month: 150
Enter credits: 100
New balance: $253.00.
Minimum payment: $43.30
```

그림 4.29 연습 67의 결과

68. 담보 대출 계산

모기지와 관련된 3개의 월간 가치를 계산하는 프로그램을 작성하라. 그림 4.30을 참고하라. 매월 지불 이자는 해당 월 초의 잔금에 적용하는 이자율이다(연간 이자율/12). 매월 원금의 상환액은 매월 지불액에서 지불된 이자 금액을 감한 값이다. 어떠한 경우에도 담보 대출의 잔금은 빌린 금액이다. 즉, 대출을 모두 상환하는 데 필요한 총액이다. 월말 잔금은 [월초 잔금]−[원금의 상환액]으로 계산한다. Main 함수는 다음 3개의 함수를 호출해야 한다.

1) 다중값 입력 함수
2) 다중값 계산 함수
3) 출력 함수

```
Enter annual rate of interest: 5
Enter monthly payment: 1932.56
Enter beg. of month balance: 357819.11
Interest paid for the month: $1,490.91
Reduction of principal: $441.56
End of month balance: $357,377.46
```

그림 4.30 연습 68의 결과

69. 수입

40시간 초과 근무를 하면, 1.5배의 금액을 지불하는 어떤 사람의 주급을 계산하는 프로그램을 작성하라. 그림 4.31을 참고하라. main 함수는 다음 3개의 함수를 호출해야 한다.

1) 입력 함수

2) 값 계산 함수

3) 출력 함수

```
Enter hours worked: 42
Enter hourly pay: 10.00
Week's pay: $430.00
```

그림 4.31 연습 69의 결과

70. 윌슨의 이론

유일한 요소가 1과 어떤 숫자의 자기 자신일 경우, 소수라고 한다. 숫자가 소수인지 여부를 결정하는 프로그램을 작성하라. 숫자 n이 (n-1)!+1으로 나눠진다면 소수라고 한다. 섹션 4.1의 연습 28을 참고하라. 이 프로그램은 isPrime이라고 하는 불린값 함수를 정의해야 하며, factorial이라는 함수를 호출해야 한다. 그림 4.32를 참고하라.

```
Enter an integer greater than 1: 37
37 is a prime number.
```

그림 4.32 연습 70의 결과

1.
```
def main():
    askQuestion(question="What is the capital of California? ",
                answer="Sacramento")
```

2. 아니요

위치별 전달 인자는 키워드별 전달 인자보다 앞에 위치해야 한다.

3.
```
def main():
    q = "What is the capital of California? "
    askQuestion(q, answer="Sacramento")
```

4. print 명령을 다음과 같이 변경한다.

```
print(sorted(list1, key=lambda letter: letter.upper()))
```

5. `[North Carolina, North Dakota].`

노스캐롤리나 주는 초기 13개 주 중의 하나이며, 노스다코다보다 앞에 위치한다.

4.3 프로그램 설계

■ 톱-다운 설계

전체 기능이 구현될 소프트웨어는 일반적으로 큰 프로그램이다. 복잡한 문제를 보다 쉽게 이해할 수 있도록 하기 위해 사용하는 방법은 상대적으로 작고, 덜 복잡한 서브 문제로 쪼개는 것이다. 반복적으로 '나누고-정복하기' 접근 방법을 사용하여 대규모 문제를 상대적으로 작은 서브 문제로 쪼개는 접근 방법을 '단계적 정제stepwise refinement'라고 한다. 단계적 정제는 일반적인 작업이 설계 윗부분에서 발생하고, 상세한 수준의 해당 업무는 아래 단계에서 발생하는 톱-다운 설계로 해당 문제를 작성하는 대규모 방법의 일부다. 톱-다운 설계와 구조적 프로그래밍은 프로그래밍 생산성을 개선하기 위한 기술로 출현하였다. 프로그램은 이러한 기술의 사용을 통해 가독성이 높아지고 유지 보수도 쉬워졌다. 또한 상대적으로 적은 수의 초기 오류를 발견하고 수정하기 쉬운 프로그램을 생성하기도 한다. 이러한 프로그램은 향후 변경되더라도 신규 오류를 발생시킬 확률이 상대적으로 적다.

톱-다운 설계의 목적은 프로그램을 흐름도, 함수로 변경할 수 있는 개별 서브 작업으로 쪼개기 위함이다. 복잡하게 남아 있는 모든 서브 작업은 좀 더 잘게 쪼개진다. 서브 작업을 정교화할 수 있는 이유는 최소 서브 작업이 쪼개질 수 있기 때문이다. 정교화의 각 단계는 어떤 작업이 수행되어야 하는지에 대해 보다 완벽한 사양을 추가한다. 톱-다운 설계의 주요 아이디어는 일반화에서 구체화하는 단계로 전개한다. 문제를 작업으로 쪼개고 구성하는 프로세스는 계층 차트를 이용하여 도식화할 수 있다. 톱-다운 설계를 사용하기 위해서는 다음과 같은 기준을 만족해야 한다.

1. 가독성이 좋아야 하고, 작은 함수 표기를 중요시해야 한다.

2. 작업은 차트를 읽어 내려가는 것과 마찬가지로 일반 단계에서 구체적 단계로 진행되어야 한다.

3. 서브 작업은 1개의 잘 정의된 작업을 실행해야 한다.

4. 서브 작업은 가능한 한 서로 독립적이어야 하고, 서브 작업 간 모든 관계는 규정되어 있어야 한다.

다음 예제는 이와 같은 과정을 보여준다.

 예제 1 **자동차 대출**

그림 4.33은 자동차 대출에 대한 정보를 제공하는 프로그램의 계층도 시작 부분이다. 입력은 대출 금액, 기간 (년), 이자율이다. 결과는 매월 상환 금액과 첫째 달에 지불해야 하는 이자율이다. 넓은 의미에서 이 프로그램은 입력을 가진 채 계산하며, 결과를 표시한다.

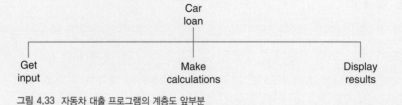

그림 4.33 자동차 대출 프로그램의 계층도 앞부분

각 작업은 보다 구체적인 서브 작업으로 세분화할 수 있다(그림 4.34는 마지막 계층도에 대한 내용이다.). 세 첫 번째 항 내의 대부분 서브 작업은 간단하며, 추가 세분화 작업이 필요하지 않다. 예를 들어 첫 번째 달의 이 자는 대출 금액에 연 이자율의 1/12을 곱하여 계산한다. 가장 복잡한 서브 작업은 월 지불 금액의 계산이며, 좀 더 상세하게 분리할 수 있다. 이러한 작업은 금융 관련 도서에서 찾아볼 수 있는 표준 공식을 적용하여 계산할 수 있다. 다만 이 공식은 지불 횟수가 요구된다.

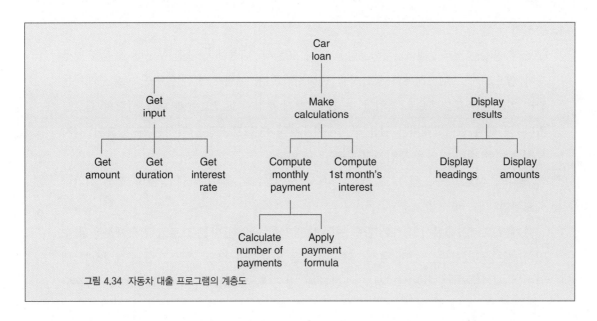

그림 4.34 자동차 대출 프로그램의 계층도

계층도를 살펴보면 '최상위 작업은 하위에 위치한 서브 작업을 조정한다'는 것을 알 수 있다. 상위 수준의 작업은 프로그램의 흐름을 제어하지만, 하위 수준의 작업은 실제 작업을 수행한다. 최상위 모듈을 설계하면 특정 프로세싱 의사결정을 뒤로 미룰 수 있다.

■ 구조적 프로그래밍

프로그램이 현대 프로그램 설계 표준을 만족시키는 것을 '구조적'이라고 한다. 비록 구조적 프로그램의 공식적 정의가 없지만, 컴퓨터 과학자는 이와 같은 프로그램에 톱-다운 설계를 사용하거나 1장에서 설명한 세 가지 유형의 논리 구조(순차, 의사결정, 반복)를 사용해야 한다.

순차sequences: 명령은 순서대로 실행된다.
의사결정decisions: 몇 가지 프로그램 코드 블록 중 하나는 몇몇 조건에 대한 테스트에 근거하여 실행한다.
반복Loops: 1개 이상의 명령은 특정 조건이 참이라면 반복하여 실행한다.

■ 구조적 프로그래밍의 장점

구조적 프로그래밍의 목적은 작성하고, 디버그하고, 이해하고, 변경하기 쉬운 명확한 프로그램을 생성하기 위함이다. 제한된 수의 논리적 구조와 함께 구조적 프로그램이 이러한 목적을 달성하는 데 기여하는 방법을 좀 더 상세히 살펴보자.

1. 작성하기 쉽다.

구조적 설계는 프로그래머가 큰 그림을 먼저 그린 후, 나중에 상세한 부분에 초점을 맞추도록 함으로써 프로그래머의 생산성을 증대시켜준다. 실제 코딩하는 동안 프로그래머는 관리 가능한 프로그램으로 작업할 수 있고, 전체 복잡한 프로그램에 대해 생각할 필요도 없다. 몇 명의 프로그래머가 팀을 구성하여 1개의 큰 프로그램을 작성할 수 있으며, 각자 특정 작업에 대한 작업을 책임지고 수행할 수 있다.

연구에 따르면 구조적 프로그램은 비구조적인 프로그램에 비해 상당히 적은 시간이 소요된다.

1개의 프로그램에서 작성한 함수는 동일 작업이 필요한 다른 프로그램에 재사용할 수 있다. 재사용된 함수는 이미 테스트와 디버깅을 완료하였으므로 프로그램을 작성하는 데 걸리는 시간뿐만 아니라 신뢰성도 개선된다. 많은 프로그램에서 사용할 수 있는 함수는 '재사용 가능'이라고 한다.

2. 디버깅하기 쉽다.

각 함수는 1개 작업이나 몇 가지 관련 작업을 실행하기 위해 구체화할 수 있으므로, 함수 1개는 신뢰도를 결정하기 위해 개별적으로 확인할 수 있다. 더미 프로그램은 드라이버 driver라고 하며, 함수를 테스트하기 위해 설정한다. 드라이버는 테스트할 함수를 호출하는 데 필요한 최소 정의만 한다. 예를 들어 테스트 함수가 반환 명령을 갖는다면, 드라이버 프로그램은 다양한 값을 해당 인자에 설정하고 난 후, 반환되는 해당 값을 검사한다. 인자는 일반적인 경우의 값과 특별한 경우의 값을 모두 갖고 있어야 한다.

프로그램은 Stub 프로그래밍 기술로 설계되었기 때문에 테스트와 디버깅할 수 있다. 이러한 기술에서 주요 함수와 작은 함수 몇 개는 먼저 코드화한다. 더미 함수나 스터브는 나머지 함수용으로 작성한다. 초기에 스터브 함수는 특정 프로시저가 호출되었는지를 표시하는 print 명령으로 구성할 수 있다. 이를 통해 적시에 해당 함수가 호출되었는지를 확인한다. 이후에 stub는 해당 함수가 호출되었는지와 전달된 값을 간단히 표시할 수 있다. stub는 입력이나 계산을 시뮬레이션하기 위해 새로운 값을 1개 이상의 인자에 설정할 수 있다. 이러한 기능은 상당한 조건의 제어를 테스트할 수 있도록 한다. stub 함수는 항상 실제 함수보다 상대적으로 간단하다. stub 함수는 최종 프로그램의 뼈대일 뿐이지만, 프로그램의 구조를 여전히 디버그와 테스트할 수 있다(stub 프로그램은 몇 개의 코드화한 함수와 stub 함수로 구성되어 있다.).

구방식의 비구조화한 프로그램은 특정 작업으로 그룹화되지 않은 선형 순차적인 명령으로 구성한다. 이러한 프로그램의 로직은 상세하게 cluttered되므로 이해하기가 쉽지 않다. 필요한 작업을 쉽게 빼먹을 수 있고, 중요한 상세 부분이 쉽게 무시될 수도 있다. 또한 프로그램의 복잡한 부분을 분리하고 조사할 수도 없다. 버그는 프로그램의 모든 부분에 존재할 수 있기 때문에 찾아내기가 어렵다.

3. 이해하기 쉽다.

함수 간 상호 연결은 프로그램의 구조적 설계를 보여준다. 연관된 주석과 함께 의미 있는 함수 이름은 해당 함수에 의해 실행된 작업을 쉽게 식별할 수 있도록 한다. 의미 있는 변수 이름은 프로그래머가 각 변수의 목적을 이해할 수 있도록 해준다.

4. 변경하기 쉽다.

구조적 프로그램은 자체 문서화이므로, 또 다른 프로그래머가 쉽게 해석할 수 있다. 구조적 프로그램을 변경하는 작업은 전체 복잡한 프로그램을 변경하기보다는 몇 가지 함수를 삽입하거나 변경하는 것을 말한다. 프로그래머는 모든 프로그램을 살펴볼 필요가 없다. 이러한 점은 비구조적 프로그램의 상황과는 대조적이며, 확신을 갖고 프로그램을 변경하기 전에 전체 로직을 이해해야 하는 비구조적 프로그램의 상황과는 상당히 대조적이다.

■ 객체지향 프로그래밍

객체는 데이터와 이를 활용하여 작동하는 코드를 캡슐화할 것이다. 객체는 속성을 가지며, 메서드에 응답한다. 복잡한 문제에 대한 가장 효과적인 유형의 프로그래밍은 '객체지향 설계'라고 한다. 객체지향 프로그램은 상호 협력하는 객체의 집합으로 볼 수 있다. 현재의 많은 프로그래머는 객체지향 설계와 함께 기존 구조화 프로그래밍을 혼합하여 사용한다. 파이썬은 객체지향 프로그래밍 언어다. 사실 리스트나 문자열과 같은 모든 구조는 사실 객체다. 이 책은 앞부분에서 파이썬의 빌딩 블록을 설명한 후, 7장에서 객체지향 기술을 이용하여 통합한다.

■ 관련 발언

1987년 더글러스 애덤스, 사이먼 인, 슈스터가 저술한 『*Dirk Gently's Holistic Detective Agency*』의 몇 가지 문장으로 이 장을 마친다.

'어떤 사람에게 무엇을 가르치는 데 있어 핵심은 무엇인가?'라는 질문은 여기저기서 교감하는 말들이 나오도록 한다.

리처드는 "여러분이 무언가를 이해하기 원하면, 최고의 방법은 이를 타인에게 설명해보아야 한다. 이를 위해서는 여러분이 알고 있는 것을 정리해야 한다. 그리고 여러분이 가르칠 대상이 이해하는 속도가 느리거나 이해도가 떨어진다면, 보다 간단한 내용으로 세분화해야 한다."

라고 말한다. 이 점은 프로그래밍의 핵심이기도 하다. 복잡한 아이디어를 멍청한 기계로 처리할 수 있을 만큼 여러분은 스스로 무언가를 학습할 수 있게 된 것이다. 선생님은 일반적으로 학생보다 많은 것을 학습한다. 그렇지 않을까?

주요 용어와 개념	예제

4.1 함수, Part 1

함수 정의는 def functionName(par1, par2, . . ., parN): 형태의 헤더로 시작하여 들여쓰기한 명령 블록이 뒤따른다. 선택 인자 par1, par2, . . ., parN은 변수다. 블록에서 선택 부분인 return 명령은 해당 함수가 값을 호출한 명령으로 전달할 수 있도록 한다. 인자 arg1, arg2, . . ., argN이 표현인 functionName(arg1, arg2, . . ., argN)의 형태를 갖는 명령은 해당 인자의 값을 함수의 인자에 전달하고, 해당 함수 블록이 실행되도록 한다. 이러한 명령 과정은 해당 함수를 호출한다. 위치 전달(positional passing)은 첫 번째 인자의 값을 첫 번째 파라미터에 전달하고, 두 번째 인자의 값은 두 번째 파라미터에 전달한다. 나머지도 이와 동일하다. 변수가 파라미터에 전달되고 파라미터의 값이 변경 불가한 객체일 경우, 함수가 해당 파라미터에 대한 변경을 하더라도 해당 인자에 어떠한 효과도 갖지 못한다.

```
def main():
    invented("browser", 1990)
def invented(what, when):
    print("The", what,
        "was invented in", when)
main()
```
[실행]
```
The browser was invented in 1990
```
```
def main():
    what = getInvention()
    invented(what, 1959)
def getInvention():
    s = "Enter an invention: "
invention = input(s)
    return invention
def invented(what, when):
    print("The", what,
        "was invented in", when)
main()
```
[실행]
```
Enter an invention: chip
The chip was invented in 1959
```

변수의 범위(scope)는 이를 참조할 수 있는 부분이다. 함수 블록에서 생성된 변수는 블록 내에서만 참조가 가능한데, 이를 '지역 변수(local variable)'라고 한다. 함수 외 블록에서 생성된 변수는 프로그램의 모든 곳에서 참고할 수 있는데, 이를 '전역 변수(global variable)'라고 한다. 하지만 전역 변수의 값은 변경 명령이 global variableName 형태의 함수 블록 내 명령보다 앞에 위치하면 함수 블록 내에서만 해당 값을 변경할 수 있다.

```
def main():
    what = "computer"
    alter(what)
    print(what)
def alter(what):
    what = "typewriter"
main()
```
[실행]
```
computer
```

주요 용어와 개념	예제
이름이 붙여진 상수는 어떤 함수에 의해 서로 변경되지 않도록 하기 위한 전역 변수다.	```python
(x, y) = (2, 3)
def main():
    z = 5
    global y
    y += 1 * x += 1 is an error
    display()
    print(x, y, z)
def display():
    print(x, y, end=" ")
    z = 8
main()
```
[실행]
```
2 4   2 4 5
``` |
| 라이브러리 모듈(library modules)은 프로그래머가 생성한 함수를 재사용하도록 해주며, 표준 라이브러리는 프로그래머에게 파이썬에서 만들어지지 않은 광대한 종류의 함수에 접근할 수 있는 편의를 제공한다. | ```python
INTEREST_RATE = .04

import finance
``` |

4.2 함수, Part 2

주요 용어와 개념	예제
| 함수는 다른 함수를 호출할 수 있다. | ```python
def main():
    str1 = getInput()
    str2 = precessInput(str1)
    displayOutput(str2)
``` |
| 함수는 1개의 레코드를 반환함으로써 1개 이상의 값을 반환할 수 있다. | ```python
def main():
    x, y = returnTwoValues()
    print(", ".join((x, y)))
def returnTwoValues():
    return ("spam", "eggs")
main()
```
[실행]
```
spam, eggs
``` |
| 정렬 함수(sorted function)는 리스트, 튜플, 문자열로부터 신규 정렬된 리스트를 생성한다. | ```python
print(sorted(("MBA","MA")))
```
displays ['MA', 'MBA']. |
| 사용자 정렬(Custom sorting)은 함수 이름이나 람다 표현을 주인자에 설정하거나 1개의 값을 sort 메서드나 정렬된 함수의 역인자(reverse argument)에 설정하여 실행할 수 있다. | ```python
print(sorted(["MA", "MBA"],
    key=lambda x: len(x),
    reverse=True))
```
displays ['MBA', 'MA']. |

주요 용어와 개념	예제

리스트 컴프리헨션(list comprehension)은 for 구문 내의 각 아이템 앞에 for 구문을 위치시킨 후 함수를 실행하여 리스트를 생성한다(해당 아이템이 if 구문에 의해 설정된 선택 조건을 만족하는 조건하에).	```python
	L=[ord(x) for x in ['1','A','a']
	        if x.isalpha()]
	print(L)
	``
	[실행]
	`[65, 97]`

키워드 전달(keyword passing)은 `parameterName =value` 형태로 인자를 작성함으로써 1개의 인자가 파라미터에 전달되도록 한다. 함수 헤더 내 1개의 파라미터가 `par=defaultValue` 형태를 갖거나 호출 명령 시 인자가 파라미터에 설정되지 않는다면, 기본 설정값이 파라미터에 설정된다.	```python
	def main():
	    invented(what="Web")
	def invented(what, when=1989):
	    print("The", what,
	          "was invented in", when)
	main()
	``
	[실행]
	`The Web was invented in 1989`

4.3 프로그램 설계 구조적 프로그래밍은 톱-다운 설계를 이용하여 대규모 문제를 상대적으로 작은 여러 개의 서브 문제로 세분화한다.	섹션 4.3을 참고하라.

프로그래밍 프로젝트

1. 프로젝타일 모션

    공중에 수직으로 던진 공의 높이에 대한 정보를 제공하는 프로그램을 작성하라. 이 프로그램은 초기 높이(h피트), 초기 속도(v피트/초)를 값으로 입력받는다. t초 후 공의 높이는 $h + vt - 16t^2$ 피트가 된다. 이 프로그램은 다음 2개의 연산을 수행해야 한다.

    (a) 공의 최대 높이를 결정하라.

    ([노트] 공은 v/32초 후에 최대 높이에 도달한다.)

    (b) 공이 언제 땅에 닿을 것인지를 추정하라.

    ([힌트] 매 1초 후의 높이를 계산하고 높이 값이 더 이상 양수가 아닌 시간을 계산하라.)

    h와 v의 값을 얻기 위해 getInput라는 명칭의 함수를 사용한다. 이 함수는 입력값이 양수인지 확인하기 위해 isValid라는 함수를 호출해야 한다. 작업(a)와 (b)는 각각 함수에 의해 실행되어야 한다. 그림 4.35를 참고하라.

```
Enter the initial height of the ball: 5
Enter the initial velocity of the ball: 34
The maximum height of the ball is 23.06 feet.
The ball will hit the ground after approximately 2.27 seconds.
```

그림 4.35 프로그래밍 프로젝트 1의 결과

2. 소인수 분해

1보다 큰 양의 정수를 입력받아 해당 숫자의 최대와 최소 소인수를 표시하는 프로그램을 작성하라. 소인수에 대해는 섹션 3.3 연습 18과 그림 4.36을 참고하라. 프로그램은 2개의 값을 반환하는 함수를 사용해야 한다.

```
Enter a positive integer > 1: 2345
Largest prime factor: 67
Smallest prime factor: 5
```

그림 4.36 프로그래밍 프로젝트 2의 결과

3. 숫자에 대한 동사화

적어도 27개의 양의 숫자를 입력받고, 헤더가 def verbalizeNumber(number)인 함수를 작성하라.

그림 4.37은 verbalizeNumber(123000000405677788899901234)의 결과다.

```
123 septillion
  0 sextillion
  4 quintillion
 56 quadrillion
777 trillion
888 billion
999 million
 12 thousand
345
```

그림 4.37 프로그래밍 프로젝트 3의 결과

4. 감가상각

세금 용도로 n년 동안의 기간에 대해 감가상각할 수 있다. straight-line 감가상각 메서드를 사용하면 매년 해당 아이템을 초기 가치의 (1/n)만큼 감가상각된다. 감가상각의 double-declining-balance 감가상각 메서드를 사용하면, 해당 아이템은 매년 초기 연도

가치의 (2/n)만큼 감가상각된다(마지막 연도에 초기 연도 가치만큼 감가상각된다.). 다음 작업을 수행하는 프로그램을 작성하라.

(a) 해당 아이템이 무엇인지와 그 입년도, 비용, 감가상각 기간(최종 수명), 감가상각 방법을 입력받는다.

(b) 매년 감가상각 결과를 표시하라. 그림 4.38을 참고하라.

```
Enter name of item purchased: computer
Enter year purchased: 2012
Enter cost of item: 2000
Enter estimated life of item (in years): 5
Enter method of depreciation (SL or DDB): DDB

Description: computer
Year of purchase: 2012
Cost: $2,000.00
Estimated life: 5 years
Method of depreciation: double- declining balance

              Value at    Amount Deprec   Total Depreciation
              Beg of Yr.   During Year      to End of Year
        2012    2,000.00       800.00              800.00
        2013    1,200.00       480.00            1,280.00
        2014      720.00       288.00            1,568.00
        2015      432.00       172.80            1,740.80
        2016      259.20       259.20            2,000.00
```

그림 4.38 프로그래밍 프로젝트 4의 가능한 결과

5. 알파벳 순서

다음 단어는 알파벳 순서로 연속된 3개의 문자를 갖고 있다. 단어 1개를 입력받아 알파벳 상으로 연속적인 문자를 갖고 있는지를 결정하는 프로그램을 작성하라. 이 프로그램은 전체 단어를 입력받은 불린값 함수인 isTripleconsecutive 함수를 사용한다.

([힌트] ord 함수를 사용한다. 그림 4.39를 참고하라.)

```
Enter a word: HIJACK
HIJACK contains three successive letters
in consecutive alphabetical order.
```

그림 4.39 프로그래밍 프로젝트 5의 결과

6. ISBN 검증기

모든 책은 10자리 문자의 국제 표준 책 번호^{ISBN}으로 확인할 수 있으며, 일반적으로 책의 뒷면에 출력된다. 첫 번째 9개는 숫자이고, 마지막은 숫자 또는 문자 X(10을 의미함.)이다. ISBN의 세 가지 예를 들어보면 0-13-030657-6, 0-32-108599-X, 0-471-58719-2이다. 하이픈은 문자를 4개의 블록으로 구분해준다. 첫 번째 블록은 1개의 숫자로 이루어져 있으며 책의 언어를 의미한다(0은 영어, 2는 불어, 3은 독일어 등). 두 번째 블록은 출판사를 의미한다. 세 번째 블록은 해당 출판사가 대상 도서에 대해 선택한 숫자이다. 네 번째 블록은 확인 숫자$^{check\ digit}$로 항상 1개의 단어로 이루어져 있고, 주로 오류 검정을 위해 사용한다. ISBN의 10개 문자를 d1, d2, d3, d4, d5, d6, d7, d8, d9, d10이라고 가정해보자. 확인 숫자는 다음 합의 결과가 11의 곱이 되도록 하기 위해 선정한다.

$$10{*}d1 + 9{*}d2 + 8{*}d3 + 7{*}d4 + 6{*}d5 + 5{*}d6 + 4{*}d7 + 3{*}d8 + 2{*}d9 + 1{*}d10\ (*)$$

([노트] 정확히 11로 나누어질 수 있다면, 해당 숫자는 11의 곱이라 할 수 있다.)

만약 ISBN의 마지막 문자가 X라면, 합(*)에서 d10은 10이 된다. 예를 들어, ISBN 0-32-108599-X의 경우, 합은 $10{*}0 + 9{*}3 + 8{*}2 + 7{*}1 + 6{*}0 + 5{*}8 + 4{*}5 + 3{*}9 + 2{*}9 + 1{*}10 = 165$이다.

165/11은 15이므로 합은 11의 곱이다. 이와 같은 확인 방법은 모든 숫자와 근접한 숫자 transposition 위치 변경 오류를 감지한다. 즉, ISBN 숫자를 복사하는 동안 여러분이 글자 1개를 잘못 복사하거나 2개의 인접한 글자를 바꾼다면 합(x)은 더 이상 11의 곱이 될 수 없을 것이다.

하이픈 포함 ISBN 유형 번호를 입력받아 합(*)을 계산하고 ISBN가 유효한지를 알려주는 프로그램을 작성하라. 그림 4.40을 참고하라([힌트] n%11이 0이면, 번호 n은 11로 나눌 수 있다고 할 수 있다.).

합을 계산하기 전에 첫 번째 9개가 모두 숫자인지, 마지막이 숫자인지, 또는 X인지 확인해야 한다.

```
Enter an ISBN: 0-13-030657-6
The number is valid.
```

그림 4.40 프로그래밍 프로젝트 6의 결과

5장

데이터 처리

5.1 데이터 처리, Part 1

지금까지 프로그램의 결과는 스크린상에 표시한 후에 제거하였다. 하지만 대부분의 상황에서는 출력 결과를 파일로 저장하여 향후에도 사용할 필요가 있을 것이다. 워드프로세서, 스프레드시트와 같은 프로그램은 결과물을 보존하여 이후에 사용할 수 있어야 한다. 이미 우리는 텍스트 파일에서 데이터를 추출하는 방법을 살펴보았다. 이번 섹션에서는 텍스트 파일에서 데이터를 읽는 능력을 확장하여 새로운 텍스트 파일을 생성하는 프로그램을 작성하는 방법을 살펴본다.

2장에서 핵심 객체인 숫자, 문자열, 리스트, 튜플에 대해 설명하였다. 이번 장에서는 2개의 다른 핵심 객체인 집합sets과 사전dictionaries을 설명한다. 사전은 대용량의 데이터를 효과적으로 접근하는 데 사용하며, 이는 섹션 5.3에서 설명한다. ([노트] 이 책에서 프로그램이 참고하는 모든 파일은 해당 프로그램과 동일한 폴더에 있다.)

■ 텍스트 파일 읽기

VideoNote
Reading
Text Files

4장에서 for 반복문으로 텍스트 파일의 모든 행을 연속하여 접근하는 방법과 리스트 컴프리헨션을 사용하여 텍스트 파일의 모든 행을 리스트에 두는 방법을 살펴보았다.

다음과 같은 형태의 명령은 프로그램과 파일 간의 연결을 설정하고, 해당 프로그램이 파일로부터 데이터를 읽어올 수 있도록 한다.

```
infile = open(fileName,'r')
```

해당 파일은 읽기 위해 오픈된다고 말한다(입력을 위한 오픈). open 함수는 파일 객체를 반환한다고 한다. 변수 infile은 파일로부터 여러 행을 읽어오고 파일에 대한 연결을 점차 종료하기 위해 사용한다. 텍스트 파일을 읽기 용도로 오픈하고, infile 내에 행에 대한 헤더를 갖는

for 반복문(파일의 여러 행을 연속으로 접근)과 명령문 listVar = [line.rstrip() for line in infile]을 이용하여 문자열 리스트를 생성한다. 이 경우, 해당 리스트의 각 아이템은 파일 한 행 빼기 신규 라인 문자다. ([노트] for 반복문과 함께 신규 문자 (\n)는 각 행의 끝부분에 나타난다(마지막 행은 제외).)

어떤 경우라도 프로그램에서 파일 연결은 infile.close() 명령으로 종료할 수 있다. 일반적으로 파일을 오픈한 함수를 종료하면 해당 파일은 자동으로 닫힌다. 하지만 실제로는 해당 파일을 사용하는 작업을 종료할 때 모든 파일이 종료된다. ([노트] 대부분의 텍스트 파일은 마지막 행의 끝부분에 신규 라인 문자를 갖는다. 하지만 그렇지 않은 경우도 있다. 예를 들어 노트패드나 텍스트 에디트와 같은 텍스트 편집기에서 텍스트 파일을 생성하였다면, 마지막 종료 라인 문자의 존재 유무는 해당 파일을 생성한 사람이 Enter(또는 return) 키를 눌렀는지의 여부에 따라 결정된다. 두 가지 유형의 텍스트 파일을 갖고 의도한 바를 해당 파일에 적용할 수 있도록 프로그램을 작성해보자.)

 예제 1　첫 번째 세 명의 대통령

파일 FirstPresidents.txt의 3행은 처음 세 명의 미국 대통령 이름이다. 다음 프로그램은 해당 파일의 내용을 표시하기 위한 두 가지 방법을 보여준다.

```python
def main():
    ## 처음 세 명의 대통령 이름을 표시한다.
    file = "FirstPresidents.txt"
    displayWithForLoop(file)
    print()
    displayWithListComprehension(file)

def displayWithForLoop(file):
    infile = open(file, 'r')
    for line in infile:
        print(line, end="")
    infile.close()

def displayWithListComprehension(file):
    infile = open(file, 'r')
    listPres = [line.rstrip() for line in infile]
    infile.close()
    print(listPres)

main()
```

[실행. 파일은 신규 라인 문자로 끝난다고 가정한다.]

```
George Washington
John Adams
Thomas Jefferson

['George Washington', 'John Adams', 'Thomas Jefferson']
```

읽기 용도로 오픈한 파일은 read와 readline 메서드를 이용하여 접근할 수 있다. strVar = infile.read() 형태의 명령문은 전체 파일의 내용을 단일 문자열에 위치시킨다.

텍스트 파일을 입력 용도로 오픈할 때, 1개의 포인터는 해당 파일의 첫 번째 행의 시작으로 설정한다. 매번 strVar = infile.readline()의 명령이 실행될 때, 현재 행은 strVar에 설정되고, 포인터는 해당 라인의 끝까지 진행된다. readline 메서드는 파일의 모든 라인을 읽은 후에 공백 문자열을 반환한다. 다음 함수는 파일 FirstPresidents.txt의 내용을 표시하기 위한 또 다른 방법으로 예제 1에 추가할 수 있다.

```python
def displayWithReadline(file):
    infile = open(file, 'r')
    line = infile.readline()
    while line != "":
        print(line, end="")
        line = infile.readline()
    infile.close()
```

그림 5.1은 displayWithReadline 함수를 실행하는 동안 해당 포인터의 연속 위치이다. 세 번째 readline 메서드를 실행한 후 포인터는 파일의 끝부분에 위치하게 될 것이므로 네 번째 readline 메서드는 빈 공백 문자열을 반환하게 될 것이다. 각각의 readline 메서드의 다음에 오는 행의 값은 George Washington\n, John Adams\n, Thomas Jefferson\n, ""이다. ([노트] 신규 행 문자(\n)는 별도의 행에 출력한다.)

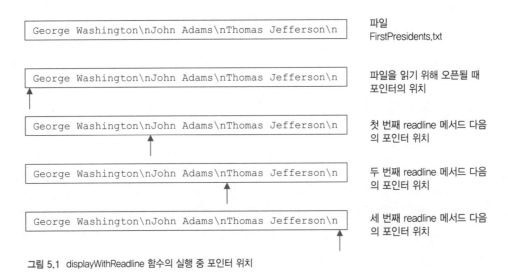

그림 5.1 displayWithReadline 함수의 실행 중 포인터 위치

■ 텍스트 파일 생성하기

다음 형태의 명령은 특정 이름을 갖는 신규 텍스트 파일을 생성한다.

```
outfile = open(fileName,'w')
```

이 파일은 쓰기 목적으로 오픈된다. 변수 outfile은 파일에 여러 행에 쓰기 작업을 실행한 후 점차 해당 파일을 닫는 데 사용한다. 만약 list1이 각 문자열은 신규 행 문자(\n)로 종료하는 문자열 목록이라면 명령 outfile.writelines(list1)은 리스트의 각 아이템을 파일 내 리스트 각 아이템을 한 행으로 작성한다. 만약 strVar의 값이 문자열이라면, 명령 outfile.write(strVar)는 strVar의 값을 해당 파일에 추가한다.

메모리 접근은 디스크 접근보다 빠르기 때문에 파이썬은 데이터를 디스크에 쓰기 위한 임시 장소로서 버퍼라고 하는 메모리 일부분을 보관해둔다. 버퍼의 내용이 모두 차거나 파일이 닫힐 때에는 디스크에 쓰기를 실행한다. 따라서 모든 write와 writelines 명령이 실행된 후 모든 데이터가 물리적으로 디스크에 전송되었음을 확인하기 위해 해당 파일이 닫혀야 한다.

✔ **예제 2** **미국 대통령**

다음 프로그램은 FirstPresidents.txt와 동일한 파일을 생성하기 위한 두 가지 방법이다. 그림 5.2는 메인 함수의 마지막 두 행을 실행하는 동안 버퍼의 내용을 보여준다. Close 메서드를 실행한 후 3행은 디스크에 쓰이며 어떠한 변수도 버퍼를 참조하지 않는다. 모든 실용적인 목적을 위해 해당 버퍼는 더 이상 존재하지 않는다.

```
def main():
    ## 첫 번째 세 명의 대통령을 포함하는 파일  2개를 생성한다.
    outfile = open("FirstPresidents2.txt", 'w')
    createWithWritelines(outfile)
    outfile = open("FirstPresidents3.txt", 'w')
    createWithWrite(outfile)

def createWithWritelines(outfile):
    list1 = ["George Washington", "John Adams", "Thomas Jefferson"]
    # 리스트의 아이템에 종료행 문자를 추가한다.
    for i in range(len(list1)):
        list1[i] = list1[i] + "\n"
    # 리스트의 아이템을 파일에 쓴다.
    outfile.writelines(list1)
    outfile.close()

def createWithWrite(outfile):
    outfile.write("George Washington\n")
    outfile.write("John Adams\n")
    outfile.write("Thomas Jefferson\n")
    outfile.close()

main()
```

[실행, 신규로 생성된 개별 파일은 텍스트 에디터에서 열었을 때와 같을 것이다.]

```
George Washington
John Adams
Thomas Jefferson
```

	쓰기 용도로 파일 오픈 시 내용

```
George Washington\n
```
첫 번째 write 메서드 이후 버퍼의 내용

```
George Washington\nJohn Adams\n
```
두 번째 write 메서드 이후 버퍼의 내용

```
George Washington\nJohn Adams\nThomas Jefferson\n
```
세 번째 write 메서드 이후 버퍼의 내용

그림 5.2 두 번째 open 명령과 예제 2의 createWithWrite 함수의 실행 이후 버퍼의 내용

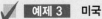 **예제 3** 미국

파일 States.txt는 U.S. states의 이름을 미국에 조인한 순서대로 나열하였다. 다음 프로그램은 이 파일을 사용하여 알파벳 순서로 미국 주에 포함한 States Alpha.txt라는 텍스트 파일을 생성한다.

```python
def main():
    ## 알파벳 순서로 50주를 포함한 텍스트 파일을 생성한다.
    statesList = createListFromFile("States.txt")
    createSortedFile(statesList, "StatesAlpha.txt")

def createListFromFile(fileName):
    infile = open(fileName, 'r')
    desiredList = [line.rstrip() for line in infile]
    infile.close()
    return desiredList

def createSortedFile(listName, fileName):
    listName.sort()
    for i in range(len(listName)):
        listName[i] = listName[i] + "\n"
    outfile = open(fileName, 'w')
    outfile.writelines(listName)
    outfile.close()

main()
```

[실행] 신규로 생성된 파일 StatesAlpha.txt는 텍스트 편집기에서 열었을 때와 동일한 모양이 될 것이다.

```
Alabama
Alaska
Arizona
  ⋮
```

```
West Virginia
Wisconsin
Wyoming
```

 예제 4 **미국 대통령**

파일 USPres.txt는 취임 순서대로 미국 대통령의 이름을 갖고 있다. 파일 VPres.txt는 취임 순서대로 미국 부통령의 이름을 갖고 있다. 다음 프로그램은 부통령으로도 업무를 수행했던 대통령의 이름을 갖는 파일 Both.txt를 생성한다.

```python
def main():
    ## 부통령으로 업무를 수행했던 대통령 목록 파일을 생성한다.
    vicePresList = createListFromFile("VPres.txt")
    createNewFile(vicePresList, "USPres.txt", "Both.txt")

def createListFromFile(fileName):
    infile = open(fileName, 'r')
    desiredList = [line.rstrip() for line in infile]
    infile.close()
    return desiredList

def createNewFile(listName, oldFileName, newFileName):
    infile = open(oldFileName, 'r')
    outfile = open(newFileName, 'w')
    for person in infile:
        if person.rstrip() in listName:
            outfile.write(person)
    infile.close()
    outfile.close()

main()
```

[실행. 신규로 생성된 파일 Both.txt를 텍스트 편집기에서 오픈하면 다음과 같다.]

```
John Adams
Thomas Jefferson
Martin Van Buren
   :
Richard Nixon
Gerald Ford
George H. W. Bush
```

■ 현 텍스트 파일에 행 하나를 추가하기

다음과 같은 형태의 명령 outfile = open(fileName, 'a')는 해당 프로그램이 설정한 파일의 끝에 행을 추가하는 프로그램이다. writelines와 write 메서드는 신규 행을 추가하는 데 사용할 수 있다. 파일은 행을 추가^{append}하기 위한 목적으로 오픈한다.

 예제 5

다음 프로그램이 실행된 후 파일 FirstPresidents.txt은 첫 여섯 명의 미국 대통령 이름을 갖게 된다.

```
def main():
    ## 다음 세 명의 대통령을 처음 세 명의 대통령을 갖고 있는 파일에 추가한다.
    outfile = open("FirstPresidents.txt", 'a')
    list1 = ["James Madison\n", "James Monroe\n"]
    outfile.writelines(list1)
    outfile.write("John Q. Adams\n")
    outfile.close()

main()
```

[실행. 파일 FirstPresidents.txt를 텍스트 편집기에서 오픈하면 다음과 같다.]

```
George Washington
John Adams
Thomas Jefferson
James Madison
James Monroe
John Q. Adams
```

■ 텍스트 파일 내 아이템을 변경하기

이미 설명한 파일-관리 연산으로 텍스트 파일의 한 행을 변경, 삽입, 삭제하는 연산이 있다. 이러한 유형의 변경은 직접 이루어질 수 없다. 신규 파일은 원래 파일에서 각 아이템을 읽어와 변경사항을 해당 신규 파일에 기록함으로써 생성된다. 이 경우 이전 파일은 삭제되며 신규 파일은 원래 파일의 이름으로 재설정된다. 이러한 업무에 필요한 함수의 접근을 얻기 위해서는 가장 먼저 명령 import os를 이용하여 표준 라이브러리 모듈 os를 import해야 한다.

이러한 명령은 일반적으로 main 함수 앞의 프로그램 최상단에 위치한다. 다음으로 명령 os.remove(fileName)는 특정 파일을 삭제한다.

또한 명령 os.rename(oldFileName, newFileName)은 파일의 경로와 이름을 변경한다. ([노트] remove와 rename 함수는 오픈되어 있는 파일에서 사용할 수 없다. 억지로 실행하게 될 경우 오류 메시지가 나타난다. 또한 rename 함수의 두 번째 인자는 이미 존재하는 파일의 이름을 사용할 수 없다.)

제거하거나 이름을 변경하거나 읽기용으로 오픈할 파일이 존재하지 않는다면 오류 메시지가 발생한다. 특정 파일이 존재하면 함수 os.path.isfile(fileName)은 참을 반환하지만, 그렇지 않은 경우에는 거짓을 반환한다. 따라서 이름 변경, 삭제, 파일 읽기를 수행하기 전에 해당 파일이 존재하는지의 여부를 검증하는 데 사용할 수도 있다.

주제를 바꾸어 세트라고 하는 신규 데이터 유형에 대해 설명한 후 텍스트 파일을 정교하게 다루고 관련 텍스트 파일에서 데이터를 추출하기 위해 세트가 어떠한 강력한 기능을 제공하는지에 대해 설명한다.

■ 세트

리스트는 가능한 반복하여 아이템을 정렬한 컬렉션이다. 세트는 정렬되지 않고 중복이 없는 아이템 컬렉션이다(요소라고도 함). 리스트 내 아이템은 사각 괄호에 구분하는 반면, 세트 내 요소는 일반 괄호로 구분한다. 세트는 숫자, 문자열, 튜플, 불린값을 갖는다. 하지만 세트는 리스트나 다른 세트를 포함할 수 없다. 세트의 예는 다음과 같다.

{"spam", "ni"}, {3, 4, 7}, {True, 7, "eleven"}, {'a', 'b', (3, 4)}.

많은 리스트와 튜플은 모든 요소에 대해 연산(in, len, max, min, sum, writelines)과 for 반복문이 사용 가능하며 이 점은 세트에도 해당한다. 세트와 리스트(또는 튜플) 간 주요 차이점은 세트 내 아이템은 두 번 나타날 수 없다는 점이며, 세트 내 요소는 순서가 없다는 점이다. 세트 내 요소는 순서를 갖고 있지 않기 때문에 인덱스할 수 없고 슬라이싱과 sort와 reverse와 같은 리스트 메서드는 세트에서 무의미하다. 표 5.1은 세트에 대한 몇 가지 기초 메서드와 함수다([노트] 세트 함수를 리스트나 레코드에 적용할 때, 중복 아이템은 세트에서 한 번만 나타난다.). 2개의 세트가 동일 요소를 갖는다면 같다고 한다.

표 5.1 세트 연산(word = {"spam", "ni"})

메서드와 함수	예제	세트의 값	설명
add	words.add("eggs")	{"spam", "ni", "eggs"}	세트에 아이템을 추가한다.
discard	words.discard{"ni"}	{"spam"}	특정 아이템을 제거한다.
clear	words.clear()	set()	set()는 빈 세트가 된다.
Set	set([3, 7, 3]) Set((3, 7, 3))	{3, 7} {3, 7}	리스트를 세트로 변환한다. 튜플을 세트로 변환한다.

비록 세트의 요소가 정렬될 수 없다고 하더라도 다음 형태의 명령으로 커스터마이징된 리스트 내에 위치할 수 있다.

```
sorted(set1, key=f, reverse=BooleanValue)
```

 예제 6 **다음 프로그램은 몇 개의 연산 세트다.**

다음 프로그램을 보면 3개의 수식 앞에 두 변수를 사용하여 계산을 수행한다.

```
def main():
    # 세트를 사용하여 리스트에서 복사본을 제거한다.
    words = ["nudge", "nudge", "wink", "wink"]
    terms = set(words)
    print(terms)
    words = list(terms)
    print(words)
    # add 메서드의 효과를 입증한다.
    terms.add("nudge")    # 'nudge'는 이미 세트에 존재하므로 어떠한 효과도 없다.
    terms.add("maybe")
    print(terms)
    # discard 메서드의 효과를 입증한다.
    terms.discard("nudge")
    print(terms)              # 'nudge'는 세트(set)에서 제거되었다.
    # 세트를 튜플로 변환한다.
    words = tuple(terms)
    print(words)
main()
```

[실행]

```
{'nudge', 'wink'}
['nudge', 'wink']
{'nudge', 'wink', 'maybe'}
{'wink', 'maybe'}
('wink', 'maybe')
```

■ 세트 컴프리헨션

세트는 리스트와 마찬가지로 다음과 같은 컴프리헨션으로 생성할 수 있다. 예를 들어 명령 {x
* x for x in range(-3, 3)}은 세트 {0, 1, 4, 9}를 생성한다.

■ 세트-이론적 메서드

파이썬은 2개의 현존하는 세트에서 신규 세트를 생성할 수 있는 메서드를 갖고 있다. 예를 들
어 2개의 세트를 병합하고 싶어한다고 가정해보자. 또는 현존하는 2개의 세트에 나타난 아이
템을 포함하는 신규 세트를 원한다고 가정해보자. 또는 다른 세트에 나타난 아이템을 삭제하

여 1개의 세트를 변경한다고 가정해보자. 이러한 연산을 수행하는 데 사용되는 세 가지 메서드는 다음과 같다.

set1.union(set2)는 set1이나 set2에 있는 요소를 복사 없이 포함하는 세트다.

set1.intersection(set2)는 set1과 set2 모두에서 발생되는 요소를 포함하는 세트다.

set1.difference(set2)는 set2의 요소를 제거한 set1의 요소를 포함한 세트다.

■ 세트-이론적 메서드를 파일과 함께 사용하기

2개의 관련 있는 텍스트 파일에서 정보를 추출하는 세 가지 단계는 다음과 같다.

1. 2개의 텍스트 파일 중 1개의 내용을 포함하는 2개의 세트를 생성한다.

2. 세트에 합, 교차, 차이와 같은 세트 연산을 적용한다.

3. 결과 세트를 신규 텍스트 파일로 작성한다.

 예제 7 세트 이론 메서드

다음 프로그램은 아래와 같은 내용을 갖는 2개의 간단한 텍스트 파일을 대상으로 3개의 세트 이론 연산을 사용한 예를 보여준다. 이 프로그램은 2개의 파일을 세 가지 방법으로 연결한다. 다섯 번째와 여덟 번째 행에서와 같이 파일의 마지막 행은 신규 행 문자로 종료되지 않는 경우에는 주의가 필요하다.

File1.txt	File2.txt
Alpha	Bravo
Bravo	Delta
Charlie	

```
def main():
    ## 세트 이론 메서드를 설명한다.
    # 두 세트를 생성하기 위해 2개의 파일을 이용한다.
    infile = open("File1.txt", 'r')
    firstSet = {line.rstrip() + "\n" for line in infile}
    infile.close()
    infile = open("File2.txt", 'r')
    secondSet = {line.rstrip() + "\n" for line in infile}
    infile.close()
    # 원래 2개 파일의 합, 교차, 차이를 포함한 파일을 생성한다.
    outfile = open("Union.txt", 'w')
    outfile.writelines(firstSet.union(secondSet))
    outfile.close()
    outfile = open("Intersection.txt", 'w')
    outfile.writelines(firstSet.intersection(secondSet))
```

```
        outfile.close()
        outfile = open("Difference.txt", 'w')
        outfile.writelines(firstSet.difference(secondSet))
        outfile.close()

main()
```

[실행] 3개의 신규 텍스트 파일을 살펴본다.]

The file Union.txt contains the four words Alpha, Bravo, Charlie, and Delta.
The file Intersection.txt contains the single word Bravo.
The file Difference.txt contains the two words Alpha and Charlie.

✔ **예제 8** **미국 대통령**

예제 4를 다시 작성한 코드로, 대통령이 되었던 부통령의 이름을 포함하는 파일을 생성하기 위해 set 메서드를 사용한다.

```
def main():
    ## 부통령으로도 업무를 수행했던 대통령 목록 파일을 생성한다.
    vicePresSet = createSetFromFile("VPres.txt")
    presSet = createSetFromFile("USPres.txt")
    bothPresAndVPresSet = createIntersection(vicePresSet, presSet)
    writeNamesToFile(bothPresAndVPresSet, "PresAndVPres.txt")

def createSetFromFile(fileName):
    # 파일의 마지막 행은 신규 행 문자로 끝난다.
    infile = open(fileName, 'r')
    namesSet = {name for name in infile}
    infile.close()
    return namesSet

def createIntersection(set1, set2):
    return set1.intersection(set2)

def writeNamesToFile(setName, fileName):
    outfile = open(fileName, 'w')
    outfile.writelines(setName)
    outfile.close()

main()
```

[실행 파일 PresAndVPres.txt는 텍스트 에디터에서 오픈하였을때 아래 파일과 유사하다(두 파일은 신규 행 문자로 끝난다고 가정한다.)]

```
Theodore Roosevelt
Andrew Johnson
    :
    :
George H. W. Bush
Martin Van Buren
```

■ 주석

1. 변수 이름 infile과 outfile은 변수가 수행하는 역할을 암시하기 때문에 사용되어왔다. 하지만 유효한 변수 이름이라면 모두 사용할 수 있다. 2개의 다른 추천 이름으로 fin은 "file input"에 대한 약어이고, fout는 "file output"의 약어다.

2. 입력용으로 존재하지 않는 파일을 오픈하면 런타임 오류가 발생한다. 이미 존재하는 파일을 쓰기용으로 오픈하면, 파일 내용이 삭제된다. 이러한 두 가지 원하지 않는 이벤트 발생을 방지하려면 불린값을 갖는 os.path.isfile 함수를 사용한다. 이를 방지하기 위한 또 다른 방법은 try 명령을 사용하는 것이다. try 명령은 6장에서 설명한다.

3. 만약 파일이 "open for append" 명령으로 설정된 파일이 존재하지 않는다면, open 명령은 특정 이름으로 신규 파일을 생성한다. 즉 설정된 파일이 존재하지 않는 경우 append 모드는 "open for writing" 모드와 동일한 기능을 수행한다.

4. "Open for reading"은 파일을 오프닝하기 위한 디폴트 모드다. 따라서 아래 형태의 명령은 `infile = open(fileName , 'r')`

   다음과 같이 축약할 수 있다.

   `infile = open(fileName)`

5. 문자열만 오직 텍스트 파일에 기입할 수 있다. 따라서 `outfile.write(7)`과 같은 명령은 유효하지 않다.

6. object1이 리스트나 튜플인 `set1.union(object1)`의 값은 `set1.union(set(object1))`의 값과 같다. intersection과 difference 메서드와 유사하다.

7. s가 문자열이라면, `set(s)`의 값은 반복이 없는 문자열 문자를 포함하는 집합이다. 예를 들어 `print(set("Mississippi"))`는 `{'M', 's', 'p', 'i'}`를 표시한다.

8. `set()`의 값은 비어 있는 집합이다.

연습문제 5.1

1. 파일 Words.txt는 한 번 이상 표시한 몇몇 단어와 함께 소문자로 작성된 단어를 포함하고 있다고 가정해보자. 다음 코드의 효과는 무엇인가?

```
infile = open("Words.txt", 'r')
wordList = [line.rstrip() for line in infile]
infile.close()
wordSet = set(wordList)
outfile = open("Words.txt", 'w')
```

```
for word in sorted(wordSet):
    outfile.write(word + "\n")
outfile.close()
```

2. 인자 end=""가 앞에서 설명한 displayWithReadline 함수에서 생략된다면 어떤 일이 발생하는가?

3. listNumbers는 숫자 리스트라고 가정해보자. listNumbers의 내용을 파일 SomeNumbers. txt에 위치시키는 코드를 작성하라.

4. 명령 list2 = list(set(list1))은 제거된 list1로부터 모든 복사값을 갖는 리스트를 생성한다. Set 함수를 사용하지 않고 동일 작업을 실행하는 코드를 작성하라.

연습 5.1

연습 1부터 12까지 해당 코드에 의해 표시된 결과를 결정하라.

1.
```
outfile = open("Greetings.txt", 'w')
outfile.write("Hello\n")
outfile.write("Aloha\n")
outfile.close()
infile = open("Greetings.txt", 'r')
for line in infile:
    text = infile.readline().rstrip()
infile.close()
print(text)
```

2.
```
outfile = open("Greetings.txt", 'w')
outfile.write("Hello\n")
outfile.write("Aloha\n")
outfile.close()
infile = open("Greetings.txt", 'r')
text = infile.readline().rstrip()
infile.close()
print(text)
```

3.
```
list1 = ["Hello\n", "Aloha\n"]
outfile = open("Greetings.txt", 'w')
outfile.writelines(list1)
outfile.close()
infile = open("Greetings.txt", 'r')
text = infile.read()
infile.close()
print(text.rstrip())
```

```
4.  list1 = ["Hello", "Aloha\n"]
    outfile = open("Greetings.txt", 'a')
    outfile.writelines(list1)
    outfile.close()
    infile = open("Greetings.txt", 'r')
    text = infile.read().rstrip()
    infile.close()
    print(text)

5.  print(len(set("Bookkeeper")))

6.  print(sorted(set([3, 4, 1, 4, 3])))

7.  print([x ** 2 for x in range(-2, 3)])

8.  print(sorted({x ** 2 for x in range(-2, 3)}))

9.  s = {"Believe", "yourself."}
    s.add("in")
    print(" ".join(sorted(s)))

10. s = {"Always", "up.", "give", "Never"}
    s.discard("Always")
    print(" ".join(sorted(s, key=len, reverse=True)))

11. s = set("cat")
    s.add('t')
    print(sorted(s))

12. s = set("dozen")
    s.discard('d')
    print(sorted(s, reverse=True))
```

연습 13에서 22까지 해당 코드에서 발생되는 모든 오류를 확인하라. 파일 ABC.txt는 데이터 A, B, C를 갖는 3개의 행을 갖고 있다고 가정한다.

```
13. infile = open("ABC.txt", 'w')
    line = infile.readline()
    infile.close()
```

```
14. outfile = open(ABC.txt, 'a')
    outfile.write("D\n")
    outfile.close()
```

```
15. infile = open("ABC.txt", 'r')
    line = infile.readline()
    "ABC.txt".close()
```

```
16. outfile = open("ABC.txt", 'r')
    outfile.write("D\n")
    outfile.close()
```

```
17. outfile = open("Data.txt", 'w')
    for i in range(5):
        outfile.write(i)
    outfile.close()
```

```
18. list1 = ["spam\n", "eggs\n"]
    outfile = open("Data.txt", 'w')
    outfile.writelines(list1)
    print(len(outfile))
    outfile.close()
```

19.
```
list1 = ["Hello\n", "Aloha"]
outfile = open("Greet.txt", 'w')
outfile.writelines(list1)
infile = open("Greet.txt", 'r')
text = infile.read()
outfile.close()
print(text)
```

20.
```
list1 = ["spam", "and", "eggs"]
outfile = open("Data.txt", 'w')
for word in list1:
    outfile.write(word + "\n")
    outfile.write((len(word))
outfile.close()
```

21.
```
infile = open("ABC.txt", 'r')
infile.close()
line = infile.readline()
```

22.
```
set1 = {"xyz", 5, [3, 4]}
list1 = list(set1)
```

연습 23에서 24는 다음 프로그램을 참고하라(현 폴더는 ABC.txt라는 파일을 갖고 있지 않다고 가정한다.).

```
import os.path
if os.path.isfile("ABC.txt"):
    print("File already exists.")
else:
    infile = open("ABC.txt", 'w')
    infile.write("a\nb\nc\n")
    infile.close()
```

23. 프로그램이 처음 실행될 때 어떤 일이 발생하는가?

24. 프로그램이 두 번째 실행될 때 어떤 일이 발생하는가?

연습 25에서 28까지 sets를 사용하여 해당 함수를 간략화한다. 리스트 내 항목 순서를 유지할 필요는 없다.

25.
```
def removeDuplicates(list1):
    list2 = []
    for item in list1:
        if item not in list2:
            list2.append(item)
    return list2
```

26.
```
def findItemsInBoth(list1, list2):
    list3 = []
    for item in list1:
        if (item in list2) and (item not in list3):
            list3.append(item)
    return list3
```

27.
```
def findItemsInEither(list1, list2):
    list3 = []
    for item in list1:
        if (item not in list3):
            list3.append(item)
    for item in list2:
        if (item not in list3):
            list3.append(item)
    return list3
```

28. set 컴프리헨션을 사용하여 다음 코드를 간략화하라.
```
names = ["Donald Shell", "Harlan Mills", "Donald Knuth", "Alan Kay"]
setLN = set()          # 비어있는 집합
for name in names:
    setLN.add(name.split()[-1])
print(setLN)
```

29. 게티스버그 주소

파일 Gettysburg.txt는 전체 게티스버그 주소를 1개의 행으로 갖고 있다.[1] 게티스버그 주소 중 첫 번째 89개 문자, 게티스버그 주소의 단어 개수, 서로 다른 단어의 개수를 표시하는 코드를 작성하라. 그림 5.3을 참고하라.

```
Four score and seven years ago, our fathers brought
forth on this continent a new nation:
The Gettysburg Address contains 268 words.
The Gettysburg Address contains 139 different words.
```

그림 5.3 연습 29의 결과

연습 30에서 32까지 코드에 의해 생성된 신규 파일을 설명하라. 파일 NYTimes.txt는 뉴욕타임즈의 구독자 이름을 갖고 있으며 파일 WSJ.txt는 월스트리트 저널의 구독자 이름을 갖고 있다.

30.
```
infile = open("NYTimes.txt", 'r')
timesList = [line.rstrip() for line in infile]
infile.close()
timesSet = set(timesList)
infile = open("WSJ.txt", 'r')
wsjList = [line.rstrip() for line in infile]
infile.close()
wsjSet = set(wsjList)
combinationSet = timesSet.union(wsjSet)
```

---

1 파일 Gettysburg.txt는 피어슨 웹사이트에서 다운로드할 수 있는 자료 중 폴더 Programs/Ch5에 있다. 5장의 연습에 필요한 모든 파일은 이 폴더에 있다.

```
combinationList = list(combinationSet)
combinationString = ('\n').join(combinationList)
outfile = open("NewFile.txt", 'w')
outfile.write(combinationString)
outfile.close()
```

31. 연습 30번의 9행 union을 intersection으로 변경한 후 재작업하라.

32. 연습 30번의 9행 union을 difference으로 변경한 후 재작업하라.

33. 크레용 색상

1990년 초에 크레욜라[2] 크레용은 72개의 색상(파일 Pre1990.txt)을 갖고 있었다. 1990년 대 8색상(파일 Retired.txt)이 빠지게 되었고 56개의 새로운 색상(파일 Added.txt)이 추가되었다. 지난 1990년대 120개의 크레용 색상을 알파벳 순서로 나열한 텍스트 파일을 생성하는 프로그램을 작성하라. ([노트] 신규 텍스트 파일의 첫 4행은 색상 Almond, Artique Brass, Apricot, Aquamarine이다.)

파일 Numbers.txt는 정수 6, 9, 2, 3, 6, 4를 각 행마다 1개씩 갖고 있다. 연습 34에서 42까지 리스트를 사용하지 않고 아래 작업을 실행하는 프로그램을 작성하라.

34. 숫자

파일 Numbers.txt의 숫자 개수를 표시한다. 그림 5.4를 참고하라.

```
The file Numbers.txt
contains 6 numbers.
```

그림 5.4 연습 34의 결과

35. 숫자

파일 Numbers.txt에서 최대 숫자를 표시한다. 그림 5.5를 참고하라.

```
The largest number in the
file Numbers.txt is 9.
```

그림 5.5 연습 35의 결과

---

2 크레욜라(Crayola)는 비니 & 스미스(Binny & Smith)의 등록 상표다.

36. 숫자

파일 Numbers.txt에서 최솟값을 표시하라. 그림 5.6을 참고하라.

```
The smallest number in the
file Numbers.txt is 2.
```

그림 5.6 연습 36의 결과

37. 숫자

파일 Numbers.txt에서 숫자의 합을 표시하라. 그림 5.7을 참고하라.

```
The sum of the numbers in
the file Numbers.txt is 30.
```

그림 5.7 연습 37의 결과

38. 숫자

파일 Numbers.txt에서 숫자의 평균을 표시하라. 그림 5.8을 참고하라.

```
The average of the numbers in
the file Numbers.txt is 5.0.
```

그림 5.8 연습 38의 결과

39. 숫자

파일 Numbers.txt에서 마지막 숫자를 표시하라. 그림 5.9를 참고하라.

```
The last number in the
file Numbers.txt is 4.
```

그림 5.9 연습 39의 결과

40. 개월

파일 SomeMonths.txt는 12개월의 이름을 갖고 있다. 파일에서 문자 r을 포함하지 않는 모든 월의 이름을 삭제하는 프로그램을 작성하라.

41. 크레용 색상

파일 shortcolors.txt는 크레욜라 크레용의 색상 이름을 모두 갖고 있다. 색상 이름 중 길이가 6 이상인 색상은 모두 삭제하는 프로그램을 작성하라.

42. 주

파일 SomeStates.txt는 미국 50개 모든 주의 이름을 갖고 있다. 파일 내용에서 모음으로 시작하지 않는 주를 삭제하는 프로그램을 작성하라.

43. 주

파일 AllStates.txt는 미국의 50개 모든 주의 이름을 갖고 있다. 파일 FirstStates.txt는 13개의 초기 미국의 주 이름을 갖는다. 미국이 생성된 이후 가입한 37개의 주 이름을 알파벳 순서로 나열한 텍스트 파일을 생성하라.

44. 주

파일 PresStates.txt는 첫 44명 대통령의 출신 주 이름을 내용으로 하고 있다. 파일의 첫 4행은 Virginia, Massachusetts, Virginia, Virginia로 되어 있다. 이 파일에 모든 중복을 제거하고 대통령이 한 명이라도 나온 주의 개수를 표시하는 프로그램을 작성하라. 그림 5.10을 참고하라.

```
18 different states have
produced presidents of the
United States.
```

그림 5.10 연습 44의 결과

45. 미국 대통령

파일 USPres.txt는 미국의 첫 44명 대통령의 이름을 취임 순서대로 갖고 있다. 리스트를 사용하지 않고 숫자 범위를 입력받아 해당 범위에 존재하는 모든 대통령을 표시하는 프로그램을 작성하라. 그림 5.11은 실행 사례이다. John Tyler은 10대 대통령이고, James Polk는 11대 대통령이며 나머지도 동일하다.

```
Enter the lower number for the range: 10
Enter the upper number for the range: 14
   10 John Tyler
   11 James Polk
   12 Zachary Taylor
   13 Millard Fillmore
   14 Franklin Pierce
```

그림 5.11 연습 45의 결과

46. 이름 파일

파일 Names.txt는 알파벳 순서로 이름 목록을 갖고 있다. 사용자로부터 이름을 입력받아 파일 내에 적합한 위치에 삽입하는 프로그램을 작성하라. 이름이 이미 파일 내에 있을 경우에는 삽입하지 않는다.

연습문제 5.1 해답

1. 신규 파일은 기존 파일의 모든 단어를 중복 제거하고 알파벳 순서로 나열하여 생성한다.

2. 이름은 2행 공간을 두고 출력한다.

3.
```
# 리스트 내에 각 숫자를 "\n"을 추가한 문자열로 변환한다.
for i in range(len(listNumbers)):
    listNumbers[i] = str(listNumbers[i]) + "\n"
# 리스트를 파일에 쓴다.
outfile = open("SomeNumbers.txt", 'w')
outfile.writelines(listNumbers)
outfile.close()
```

또는

```
# 숫자 리스트를 파일에 쓴다. 쓰기를 실행하는 동안 문자열로 변환한다.
outfile = open("SomeNumbers.txt", 'w')
for num in listNumbers:
    outfile.write(str(num) + "\n")
outfile.close()
```

4.
```
list2 = []
for x in list1:
    if x not in list2:
        list2.append(x)
```

5.2 데이터 처리, Part 2

처리 대상 데이터는 대규모 표를 갖는 파일 안으로 불러온다. 섹션 5.2는 이러한 표를 분석하는 방법을 설명한다. 또한 웹에서 데이터를 가져오는 방법도 설명한다.

■ CSV 파일

지금까지는 행별로 1개의 데이터를 갖는 텍스트 파일만을 살펴보았다. 예를 들어 파일 States. txt의 각 행은 주의 이름을 가지며, 파일 USPres.txt의 각 행은 대통령의 이름을 갖는다. 또 다른 유형의 텍스트 파일인 CSV 포맷의 파일은 각 행에 여러 개의 데이터 항목을 콤마로 구분하여 갖고 있다(CSV는 콤마 구분값을 의미한다.). 이러한 예제 파일로는 UN.txt가 있으며 UN 가입국 193개를 알파벳 순서로 나열한 데이터를 내용으로 한다. 파일의 각 행은 국가에 대한 데이터 항목 4개(국가명, 소속 대륙, 인구수(100만 명), 면적(제곱마일))을 갖고 있다. 이 파일의 몇몇 행은 다음과 같다.

```
Canada,North America,34.8,3855000
France,Europe,66.3,211209
New Zealand,Australia/Oceania,4.4,103738
Nigeria,Africa,177.2,356669
Pakistan,Asia,196.2,310403
Peru,South America,30.1,496226
```

이 텍스트 파일의 각 행은 레코드^{record}라고 하며 각 레코드는 4개의 필드^{Fields}를 갖는다고 한다. 4개의 필드로는 국가명^{name} 필드, 소속 대륙^{continent}필드, 인구^{population} 필드, 면적^{area} 필드가 있다. 각 레코드 필드의 데이터는 상호 연관되어 있다. 즉 동일 국가에 대한 정보에 해당한다.

■ CSV 파일 내 데이터 접근하기

VideoNote
Accessing
Data in a
CSV File

Split 메서드는 CSV 형태 파일의 필드에 접근하기 위해 사용한다. 예를 들어 변수 line은 첫 번째 레코드를 갖고 있고 변수 data의 값이 리스트 line.split(",")이라면 data[0]의 값은 Canada이고 data[1]의 값은 North America이며 eval(data[2])는 숫자 34.8이고 eval(data[3])은 숫자 3855000이 된다.

예제 1 UN

다음 프로그램은 소속 대륙의 이름을 입력받아 해당 대륙에 위치한 UN 가입국의 이름을 표시한다.

```
def main():
    ## 특정 대륙의 국가를 표시한다.
    continent = input("Enter the name of a continent: ")
    continent = continent.title()    # 소문자를 모두 허용한다.
    if continent != "Antactica":
        infile = open("UN.txt", 'r')
        for line in infile:
            data = line.split(',')
            if data[1] == continent:
                print(data[0])
    else:
        print("There are no countries in Antarctica.")
main()
```

[실행]

```
Enter the name of a continent: South America
Argentina
Bolivia
Brazil
  .
  .
  .
Uruguay
Venezuela
```

■ 리스트로 CSV 파일의 데이터 분석하기

CSV파일의 데이터는 리스트로 변환하여 분석할 수 있다. 리스트의 항목은 파일의 한 행의 내용을 갖고 있는 다른 리스트이다.

 예제 2 UN

파일 UN.txt의 내용을 193개 아이템 리스트에 집어 넣는 프로그램이다. 각 아이템은 해당 국가의 데이터 4개 항목을 갖는 리스트다. 텍스트 파일 내 모든 데이터는 문자열로 저장하기 때문에 인구수와 면적은 숫자로 변환해야 한다. ([노트] placeRecordsIntroList 함수의 세 번째 행이 실행되면 listOfRecords의 첫 번째 아이템은 다음과 같이 된다.)

　"Afghanistan,Asia,31.8,251772"

split 메서드를 placeRecordsIntroList의 여섯 번째 행에 있는 아이템에 적용하면 해당 아이템은 다음과 같이 4개의 아이템 리스트로 대체된다.

["Afghanistan", "Asia", "31.8", "251772"]

Eval 함수가 리스트 내 마지막 2개의 엔터티에 적용된 후, 4개 항목 리스트는 다음과 같이 된다.

["Afghanistan", "Asia", 31.8, 251772].

```python
def main():
    ## 모든 국가와 면적을 면적 기준으로 정렬한 파일을 생성한다.
    ## 파일의 첫 5행을 표시한다.
    countries = placeRecordsIntoList("UN.txt")
    countries.sort(key=lambda country: country[3], reverse=True)  # 면적 기준으로 정렬
    displayFiveLargestCountries(countries)
    createNewFile(countries)    # 국가와 면적으로 구성된 파일을 생성한다.

def placeRecordsIntoList(fileName):
    infile = open(fileName, 'r')
    listOfRecords = [line.rstrip() for line in infile]
    infile.close()
    for i in range(len(listOfRecords)):
        listOfRecords[i] = listOfRecords[i].split(',')
        listOfRecords[i][2] = eval(listOfRecords[i][2])  # 인구수
        listOfRecords[i][3] = eval(listOfRecords[i][3])  # 면적
    return listOfRecords

def displayFiveLargestCountries(countries):
    print("{0:20}{1:9}".format("Country", "Area (sq. mi.)"))
    for i in range(5):
        print("{0:20}{1:9,d}".format(countries[i][0], countries[i][3]))

def createNewFile(countries):
    outfile = open("UNbyArea.txt", 'w')
    for country in countries:
        outfile.write(country[0] + ',' + str(country[3]) + "\n")

main()
```

[실행]

```
Country             Area (sq. mi.)
Russian Federation  6,592,800
Canada              3,855,000
United States       3,794,066
China               3,696,100
Brazil              3,278,597
```

CSV파일 UNbyArea.txt의 첫 번째 3행은 다음과 같다.

```
Russian Federation,6592800
Canada,3855000
United States,3794066
```

[노트] 예제 2에서 국가명, 면적과 같은 데이터는 2개의 인덱스를 사용한 변수로 접근할 수 있다. 예를 들어 country[0][0]은 첫 번째 국가의 명칭이고, country[0][3]은 첫 번째 국가의 면적이다. 두 인덱스 중 첫 번째 인덱스는 각 국가에 대한 4개 아이템 리스트를 결정하고, 두 번째 인덱스는 해당 국가에 대한 4개 필드 중 하나를 결정한다. 리스트에서 마지막 국가의 인구수는 country[-1][2] 또는 country[len(countries)-1][2]로 구할 수 있다.

■ 숫자 데이터 분석

193개국의 면적에 대한 통계 분석을 하려 한다고 가정해보자. 예를 들어 평균, 중위수, 표준편차를 계산한다고 가정해보자. 이러한 작업은 193개 숫자를 리스트에 넣고 쉽게 계산할 수 있다.

✔ **예제 3** UN

다음 프로그램은 UN 가입국의 면적에 대한 통계 분석을 실행한다(중위수, 표준편차 정의는 섹션 3.4의 연습 66과 5장 프로그래밍 프로젝트 2를 참고한다.).

```
def main():
    ## 국가 면적에 대한 통계 분석을 실행한다.
    areasAsStrings = extractField("UN.txt", 4)     # 면적을 리스트에 넣는다.
    areas = [eval(num) for num in areasAsStrings]
    displaySomeStatistics(areas)

def extractField(fileName, n):
    ## CSV 파일의 각 레코드에서 n 번째 필드를 추출하고 해당 데이터를 리스트에 집어 넣는다.
    infile = open(fileName, 'r')
    return [line.rstrip().split(',')[n - 1] for line in infile]

def displaySomeStatistics(listOfNumbers):
    ## 면적에 대한 평균, 중위수, 표준편차를 표시한다.
    average = sum(listOfNumbers) / len(listOfNumbers)
    median = calculateMedian(listOfNumbers)
    standardDeviation = calculateStandardDeviation(listOfNumbers, average)
    print("Average area: {0:,.2f} square miles".format(average))
    print("Median area: {0:,d} square miles".format(median))
    print("Standard deviation: {0:,.2f} square miles".format(standardDeviation))

def calculateMedian(listOfNumbers):
    listOfNumbers.sort()
    if len(listOfNumbers) % 2 == 1:
        median = listOfNumbers[int(len(listOfNumbers) / 2)]   # 중간 숫자
    else:
        # 중위수는 중간 숫자 2개의 평균이다.
        m = int(len(listOfNumbers) / 2)
        median = (listOfNumbers[m] + listOfNumbers[m + 1]) / 2
    return median
```

```
def calculateStandardDeviation(listOfNumbers, average):
    m = average
    n = len(listOfNumbers)
    listOfSquaresOfDeviations = [0] * n
    for i in range(n):
        listOfSquaresOfDeviations[i] = (listOfNumbers[i] - m) ** 2
    standardDeviation = (sum(listOfSquaresOfDeviations) / n) ** .5
    return standardDeviation

main()
```

[실행]

```
Average area: 268,550.96 square miles
Median area: 46,528 square miles
Standard deviation: 741,598.06 square miles
```

■ 엑셀과 CSV 파일

CSV 파일은 엑셀 스프레드시트로 변환할 수 있고 그 반대도 가능하다. 예를 들어 CSV 파일 UN.txt를 살펴보자. 엑셀에서 해당 파일을 연 후 구분자로 콤마를 선택하면 엑셀은 193행과 4 열로 이루어진 스프레드시트를 생성한다. 그림 5.12는 스프레드시트의 첫 번째 4행이다.

	A	B	C	D
1	Afghanistan	Asia	31.8	251772
2	Albania	Europe	3	11100
3	Algeria	Africa	38.3	919595
4	Andorra	Europe	0.085	181

그림 5.12 UN.txt로 만든 스프레드시트

이와 반대로 인터넷에서 다운로드하거나 생성한 스프레드시트도 CSV 파일로 변환할 수 있다. FILE 메뉴에서 Save As를 클릭한 후 드롭 박스에서 "CSV(콤마 구분자)(*.csv)"를 선택한다.

■ 주석

1. 예제 3의 함수 extractField는 이 책의 연습문제에서 약간 변경하면 유용하게 사용할 수 있는 다목적 함수가 될 것이다. 또한 함수 calculateMedian과 calculateStandard Devication은 통계값이 필요한 경우에 편리하게 사용할 수 있다.

2. 예제 2에서 데이터를 유지하기 위해 길이가 긴 4개 아이템 리스트를 사용하였다. 각 4개 아이템 리스트로 이루어진 정보는 한 쌍의 인덱스로 참조할 수 있다. 다음 섹션에서 popl

과 area와 같은 의미 있는 명칭으로 데이터를 접근할 수 있는 구조에 대해 설명한다.

1. 다음 프로그램의 결과는 무엇인가?

```
def main():
    continents = extractField("UN.txt", 2)    # continent를 세트에 집어 넣기
    displayElementsOfSet(continents)

def extractField(fileName, n):
    ## CSV 파일의 각 레코드에서 n 번째 필드를 추출하고 해당 데이터를 세트에 집어 넣기
    infile = open(fileName, 'r')
    return {record.rstrip().split(',')[n - 1] for record in infile}

def displayElementsOfSet(setName):
    ## 정렬한 요소 표시하기
    for element in sorted(setName):
        print(element)

main()
```

2. 다음 프로그램의 결과는 무엇인가?

```
def main():
    list1 = extractFields("UN.txt", 1, 4)
    for pair in list1:
        pair[1] = eval(pair[1])
    for pair in list1:
        print(pair[0], pair[1])

def extractFields(fileName, m, n):
    ## 각 레코드의 m과 n 번째 필드를 추출한다.
    infile = open(fileName, 'r')
    return [[record.rstrip().split(',')[m - 1],
            record.rstrip().split(',')[n - 1]] for record in infile]

main()
```

연습 1에서 6은 UN의 193 구성 국가를 알파벳 순서로 제공하는 UN.txt 파일을 참고하라. 파일의 각 행은 1개 국가에 대한 4개의 데이터 항목으로 국가명, 대륙, 인구(100만 명), 면적(제곱마일)을 제공한다. 파일의 첫 번째 2행은 다음과 같다.

```
Afghanistan,Asia,31.8,251772
Albania,Europe,3.0,11100
```

연습 1에서 4까지에서 코드에 의해 생성된 신규 파일의 첫 번째 두 행을 결정하라.

1.
```python
infile = open("UN.txt", 'r')
outfile = open("NewFile.txt", 'w')
for line in infile:
    line = line.rstrip()
    data = line.split(',')
    data[3] = eval(data[3])
    outfile.write("The area of {0} is {1:,.0f} sq. miles.".format(data[0],
                data[3]) + '\n')
infile.close()
outfile.close()
```

2.
```python
infile = open("UN.txt", 'r')
outfile = open("NewFile.txt", 'w')
for line in infile:
    data = line.split(',')
    outfile.write(data[0] + " is in " + data[1] + '.\n')
infile.close()
outfile.close()
```

3.
```python
infile = open("UN.txt", 'r')
outfile = open("NewFile.txt", 'w')
for line in infile:
    data = line.split(',')
    country = data[0]
    continent = data[1]
    area = data[3]
    outfile.write(country + ',' + continent + ',' + area)
infile.close()
outfile.close()
```

4.
```python
infile = open("UN.txt", 'r')
outfile = open("NewFile.txt", 'w')
for line in infile:
    data = line.split(',')
    country = data[0]
    pop = 1000000 * eval(data[2])
    area = eval(data[3])
    popDensity = pop / area
    outfile.write("{0}'s pop. density is {1:0,.2f}".format(country,
                popDensity) + " people per sq. mile.\n")
```

```
    infile.close()
    outfile.close()
```

연습 5에서 6까지 해당 프로그램으로 생성된 신규 파일에 대해 설명하라.

5.
```
def main():
    countries = placeDataIntoList("UN.txt")
    countries.sort(key=byPop, reverse=True)
    createFile(countries)

def placeDataIntoList(fileName):
    countries = []
    infile = open(fileName, 'r')
    for line in infile:
        line = line.split(',')
        if line[1] == "Europe":
            countries.append(list((line[0], eval(line[2]))))
    infile.close()
    return countries

def byPop(country):
    return country[1]

def createFile(countries):
    outfile = open("EuropeByPop.txt", 'w')
    for country in countries:
        outfile.write(country[0] + ',' + str(country[1]) + "\n")
    outfile.close()

main()
```

6.
```
def main():
    countries = placeDataIntoList("UN.txt")
    countries.sort(key=byContinent)
    createFile(countries)

def placeDataIntoList(fileName):
    listOfInfo = []
    infile = open(fileName, 'r')
    line = infile.readline()
    while line.startswith('A'):
        line2 = line.split(',')
        listOfInfo.append(list((line2[0], line2[1])))
        line = infile.readline()
    infile.close()
    return listOfInfo

def byContinent(country):
    return country[1]
```

```
def createFile(countries):
    outfile = open("CountriesByContinent.txt", 'w')
    for country in countries:
        outfile.write(country[0] + ',' + str(country[1]) + "\n")

main()
```

연습 7에서 10까지 회사명, 기호, 주식 시장명, 산업 유형, 2012년 12월 31일의 종가, 2013년 12월 31일의 종가, 2013년 주당 순이익(EPS), 2013년 다우존스 산업 평균 30개 주식에 대한 평균 배당금 데이터를 갖는 파일 DOW.txt를 참고하라. 이 파일의 첫 번째 3행은 다음과 같다.

```
American Express,AXP,NYSE,Consumer finance,57.48,90.73,4.88,.89
Boeing,BA,NYSE,Aerospace & Defense,75.36,136.49,5.96,2.19
Caterpillar,CAT,NYSE,Construction & Mining Equipment,89.61,90.81,5.75,2.32
```

7. 다우

30개의 다우 주식에 대한 기호를 알파벳 순서로 표시하는 프로그램을 작성하라. 사용자가 심벌 중 하나를 입력하면 그림 5.13과 같은 정보를 표시해야 한다. 주가/주당 순이익 비율은 2013년 12월 31일 한 주당 주가를 2013년 주당 순이익으로 나눈 결과다.

```
Symbols for the Thirty DOW Stocks
AXP    BA    CAT    CSCO    CVX    DD    DIS    GE    GS    HD
IBM    INTC  JNJ    JPM     KO     MCD   MMM    MRK   MSFT  NKE
PFE    PG    T      TRV     UNH    UTX   V      VZ    WMT   XOM

Enter a symbol: CSCO
Company: Cisco Systems
Industry: Computer networking
Exchange: NASDAQ
Growth in 2013: 14.15%
Price/Earning ratio in 2013: 15.05
```

그림 5.13 연습 7의 결과

8. 다우

퍼센트 성장과 관련하여 2013년 최고와 최악의 성과를 보인 주식은 무엇인가? 그림 5.14를 참고하라.

```
Best performing stock: Boeing 81.12%
Worst performing stock: International Business Machines -2.08%
```

그림 5.14 연습 8의 결과

9. 다우의 개^{Dogs of the DOW3}

"Dogs of the DOW"로 알려진 간단한 투자 전략은 수년 동안 성과가 좋았다. 이러한 전략을 사용한 투자자는 10개의 다우 주식에 대한 포트폴리오를 유지하고 있다. 매년 초에 포트폴리오를 재조정하여 전년도 연말 주가 대비 최고의 배당율을 제공하는 최고의 배당 수익 10개 주식에 동일한 양의 돈을 투자한다. 2014년 초 포트폴리오에 포함되어야 하는 10개 주식을 결정하는 프로그램을 작성하라. 그림 5.15를 참고하라.

회사	기호	2013년 12월 31일의 수익률
AT&T	T	5.15%
Verizon	VZ	4.19%
Intel	INTC	3.47%
Merck	MRK	3.46%
McDonald's	MCD	3.22%
Cisco Systems	CSCO	3.21%
Chevron Corporation	CVX	3.20%
Pfizer	PFE	3.20%
Procter & Gamble	PG	3.06%
Microsoft	MSFT	2.86%

그림 5.15 연습 9의 결과

10. 다우의 작은 개⁴

"Small Dogs of the DOW"로 알려진 투자 전략은 수년 동안 좋은 성과를 보여주었다. 이러한 전략은 어떤 투자가가 5개의 최저가 다우 주식에 대한 포트폴리오를 유지한다고 가정해보자. 이러한 포트폴리오는 매년 초에 재조정한다. 2014년 초 해당 포트폴리오에 포함될 5개의 주식을 결정하는 프로그램을 작성하라. 그림 5.16을 참고하라.

회사의 가격	기호	2013년 12월 31일
Cisco Systems	CSCO	$22.43
Intel	INTC	$25.95
General Electric	GE	$28.03
Pfizer	PFE	$30.63
AT&T	T	$35.16

그림 5.16 연습 10의 결과

---

3 미국 주식 시장에서 해마다 배당을 많이 주는 우량 주식인 데도 주가는 더디게 움직여 투자자들을 애태우게 하는 종목을 일컫는다. 우량주임에도 제대로 대접받고 있지 못하고 있다는 뜻에서 '개'라는 표현을 쓰는 것이다. 미국 다우 지수의 구성 종목 30개 중 전년도 배당 수익률이 높은 10개 종목을 말한다.

4 다우의 개에 해당하는 10종목 중 가격이 상대적으로 낮은 5개 종목을 'Small Dogs of the Dow'라고 부르는데, 주로 소액 투자자들이 투자하기에 좋은 종목들이다.

연습 11에서 14까지 2015년 1월 현재와 과거의 대법원 관련 데이터를 갖고 있는 파일 Justices.txt를 사용하라. 파일의 각 레코드는 6개의 필드인 이름, 성, 임명한 대통령, 임명 당시 재직한 주, 임명 연도, 대법원을 사임한 연도를 포함하고 있다(현 대법관의 경우 마지막 항목은 값을 0으로 설정하였다.). 파일의 첫 번째 5행은 다음과 같다.

```
Samuel,Alito,George W. Bush,NJ,2006,0
Henry,Baldwin,Andrew Jackson,PA,1830,1844
Philip,Barbour,Andrew Jackson,VA,1836,1841
Hugo,Black,Franklin Roosevelt,AL,1937,1971
Harry,Blackman,Richard Nixon,MN,1970,1994
```

11. 대법원

대통령의 이름을 입력받은 후 해당 대통령이 임명한 대법관을 표시하는 프로그램을 작성하라. 대법관은 해당 법원에서 근무한 기간에 의해 내림차순으로 정렬되어야 한다([노트] 현 사법부에 대해서는 근무 기간을 2015-취임 연도(yrAppointed)로 계산하라. 이밖의 경우에는(사임 연도-취임 연도)로 계산하라.). 그림 5.17을 참고하라.

```
Enter the name of a president: George W. Bush
Justices Appointed:
  John Roberts
  Samuel Alito
```

그림 5.17 연습 11의 결과

12. 대법원

대법원에서 근무한 연도를 기준으로 정렬하여 현 대법관을 표시하는 프로그램을 작성하라. 그림 5.18을 참고하라.

```
Current Justices:
Antonin Scalia
Anthony Kennedy
Clarence Thomas
Ruth Ginsburg
Stephen Breyer
John Roberts
Samuel Alito
Sonia Sotomayor
Elena Kagen
```

그림 5.18 연습 12의 결과

13. 대법원

1980년 초에 대법원의 구성을 표시하는 프로그램을 작성하라. 대법관은 임명된 연도 순서대로 정렬해야 하고 임명한 대통령의 이름도 표시해야 한다. 그림 5.19를 참고하라.

```
Justice                 Appointing President
William Brennan         Dwight Eisenhower
Potter Stewart          Dwight Eisenhower
Byron White             John Kennedy
Thurgood Marshall       Lyndon Johnson
Warren Burger           Richard Nixon
Harry Blackman          Richard Nixon
Lewis Powell            Richard Nixon
William Rehnquist       Richard Nixon
John Stevens            Gerald Ford
```

그림 5.19 연습 13의 결과

14. 대법원

주의 약자를 입력받아 해당 주에서 임명된 대법관을 표시하라. 해당 대법관은 근무 기간 순서대로 정렬해야 한다. 임명한 대통령의 이름과 근무 기간도 표시해야 한다[노트] 현재 대법관에 대해서는 근무 기간을 2015-임명연도로 계산하고, 나머지는 퇴임연도-임명연도로 계산한다.) 또한 이 프로그램은 입력한 주에서 임명된 대법관이 없는 경우, 사용자에게 관련 사실을 알려주어야 한다. 그림 5.20을 참고하라.

```
Enter a state abbreviation: NH
Justice             Appointing Pres      Yrs Served
David Souter        Bush                 19
Levi Woodbury       Polk                 6
```

그림 5.20 연습 14의 결과

15. 12월의 크리스마스

매년 피츠버그의 PNC 자문사는 크리스마스 가격 인덱스를 출간한다. 표 5.2를 참고하라. 1부터 12까지의 정수를 입력받아 해당 날짜의 비용과 함께 해당 일의 선물을 리스트화하라. N 번째의 날에 n개의 선물은 다음과 같다.

1개의 배나무의 새(patridge, 예수 그리스도를 의미함)
2개의 거북비둘기(turtle doves, 구약 및 신약 성경을 의미함)

...
N 번째 선물 중 n개

이 프로그램은 해당 일을 포함한 날까지의 전체 내용이다. 예를 들어 그림 5.21은 사용자가 3을 입력했을 때의 결과다. 각 선물에 해당하는 날짜와 함께 표 5.2의 내용은 파일 Gifts.txt에 포함되어 있다. 해당 파일의 첫 번째 3행은 다음과 같다.

```
1,partridge in a pear tree,207.68
2,turtle doves,62.50
3,French hens,60.50
```

표 5.2 **2014년 크리스마스 가격 인덱스**

아이템	비용	아이템	비용
배나무의 새	207.68	헤엄치는 백조	1000.00
거북비둘기	62.50	우유 짜는 아가씨	7.25
프랑스 암탉	60.50	춤추는 여인	839.20
우는 새	149.99	껑충 뛰는 시인	534.82
금반지	150.00	피리 부는 사람	239.56
알 낳는 거위	60.00	북 치는 사람	237.83

```
Enter a number from 1 through 12: 3
The gifts for day 3 are
1 partridge in a pear tree
2 turtle doves
3 French hens

Cost for day 3: $514.18
Total cost for the first 3 days: $1,054.54
```

그림 5.21 연습 15의 결과

16. 컴퓨터 개척자 파일

파일 pioneers.txt는 몇 대의 컴퓨터 개척자와 업적을 내용으로 하고 있다. 첫 번째 3개 레코드는 다음과 같다.

```
Charles Babbage,is called the father of the computer.
Augusta Ada Byron,was the first computer programmer.
Alan Turing,was a prominent computer science theorist.
```

이름을 표시하는 프로그램을 작성하라. 이름을 입력하면 해당 개척자의 업적이 표시되어야 한다. 그림 5.22를 참고하라.

```
Charles Babbage       Augusta Ada Byron    Alan Turing         John V. Atanasoff
Grace M. Hopper       John Mauchley        J. Presper Eckert   John von Neumann
John Backus           Reynold B. Johnson   Harlan B. Mills     Donald E. Knuth
Ted Hoff              Stan Mazer           Robert Noyce        Federico Faggin
Douglas Engelbart     Bill Gates           Paul Allen          Stephen Wozniak
Stephen Jobs          Dennis Ritchie       Ken Thompson        Alan Kay
Tim Berners-Lee       Charles Simonyi      Bjarne Stroustrup   Richard M. Stallman
Marc Andreessen       James Gosling        Linus Torvalds      Guido van Rossum

Enter the name of a computer pioneer: Augusta Ada Byron
Augusta Ada Byron was the first computer programmer.
```

그림 5.22 연습 16의 결과

연습 17과 18에서 파일 Colleges.txt는 1800년 전에 설립된 대학의 데이터(이름, 주, 설립 연도)를 갖고 있다. 이 파일의 첫 번째 4행은 다음과 같다.

```
Harvard University, MA, 1636
William and Mary College, VA, 1693
Yale University, CT, 1701
University of Pennsylvania, PA, 1740
```

17. 초기 대학

주의 이름을 약자로 입력받은 후 해당 주의 대학을 설립 연도와 명칭을 알파벳 순서로 표시하는 프로그램을 작성하라. 해당 주에 건국 초기 대학이 없다면, 사용자에게 이를 알려주어야 한다. 그림 5.23을 참고하라.

```
Enter a state abbreviation: PA
Dickinson College 1773
Moravian College 1742
University of Pennsylvania 1740
University of Pittsburgh 1787
Washington & Jefferson 1781
```

그림 5.23 연습 17의 결과

18. 초기 대학

주의 이름을 약자로 입력받은 후 1800년 이전에 설립된 대학들 중 설립 시기가 가장 늦은 대학을 표시하라. 그림 5.24를 참고하라.

```
Enter a state abbreviation: PA
Last college in PA founded before 1800:
University of Pittsburgh
```

그림 5.24 연습 18의 결과

연습 19와 20에서 미국 내 각 주의 이름, 약어, 별칭, 수도를 내용으로 하는 파일 StatesANC.txt
를 사용하라. 각주는 알파벳 순서로 표시한다. 파일의 첫 번째 3행은 다음과 같다.

```
Alabama,AL,Cotton State, Montgomery
Alaska,AK,The Last Frontier, Juneau
Arizona,AZ,Grand Canyon State, Phoenix
```

19. 주의 수도

수도의 명칭이 동일한 문자로 시작되는 주를 선택하여 표시하는 프로그램을 작성하라.
그림 5.25를 참고하라.

```
Dover, Delaware
Honolulu, Hawaii
Indianapolis, Indiana
Oklahoma City, Oklahoma
```

그림 5.25 연습 19의 결과

20. 주데이터

주의 이름을 입력받아 약자와 별칭, 수도를 표시하는 프로그램을 작성하라. 그림 5.26을
참고하라.

```
Enter the name of a state: Ohio
Abbreviation: OH
Nickname: Buckeye State
Capital: Columbus
```

그림 5.26 연습 20의 결과

연습 21과 22에서는 1928년에서 2013년까지 최고의 영화상을 수행한 각 필름의 이름
과 장르를 내용으로 하는 파일 Oscars.txt를 사용하라. 영화명은 수상 연도 순서로 표시
한다. 파일의 첫 3행은 다음과 같다.

```
Wings, silent
The Broadway Melody, musical
All Quiet on the Western Front, war
```

21. 아카데미 수상

다양한 영화 장르를 표시하고 특정 장르를 입력받은 후 해당 장르의 오스카 수상작을 표시하는 프로그램을 작성하라. 그림 5.27을 참고하라.

```
The different film genres are as follows:
adventure   bioptic    comedy    crime     drama
epic        fantasy    musical   romance   silent
sports      thriller   war       western

Enter a genre: silent

The Academy Award winners are
  Wings
  The Artist
```

그림 5.27 연습 21의 결과

22. 아카데미 수상

1928년에서 2013년까지에서 특정 연도를 입력받은 후 해당 연도의 최고 영화 수상작의 이름과 장르를 표시하는 프로그램을 작성하라. 그림 5.28을 참고하라.

```
Enter year from 1928-2013: 2012
Best Film: Argo
Genre: drama
```

그림 5.28 연습 22의 결과

연습 23에서 26까지는 표 5.3의 데이터를 이용한다. 연습 2.3에서 생성된 파일은 연습 24에서 26까지 사용되어야 한다.

23. 카우보이

다음 페이지 표 5.3의 정보를 갖고 있는 파일 Cowboy.txt를 생성하는 프로그램을 작성하라.

표 5.3	1800년도 중반 카우보이가 지불한 가격
항목	가격($)
권총	12.20
권총집	2.00
리바이스 청바지	1.35
말안장	40.00
카우보이 모자	10.00

24. 카우보이

말 안장의 가격은 20% 할인을 받는다고 가정해보자. 파일 Cowboy.txt를 이용하여 새로운 가격 리스트를 갖는 파일 Cowboy2.txt를 생성하라.

25. 카우보이

3개의 Colt Peacemakers와 2개의 Holsters, 10벌의 LeviStrauss jeans, 1개의 말 안장, 4개의 Stetson을 주문한다고 가정해보자. 다음 업무를 수행할 프로그램을 작성하라.

(a) 파일 5행에 걸쳐 숫자 3, 2, 10, 1, 4를 갖는 Order.txt를 생성한다.

(b) 파일 Cowboy.txt와 Order.txt를 사용하여 주문한 각 항목에 대한 양, 이름, 비용 정보를 제공하는 판매 영수증을 출력하라. 그림 5.29를 참고하라.

(c) 주문 항목의 총 비용을 계산하고, 이를 판매 영수증의 끝에 표시하라.

```
3 Colt Peacemaker: $36.60
2 Holster: $4.00
10 Levi Strauss jeans: $13.50
1 Saddle: $40.00
4 Stetson: $40.00
TOTAL: $134.10
```

그림 5.29 연습 26의 결과

26. 카우보이

파일 Cowboy.txt의 끝에 한 행 Winchester Rifle, 20.50을 추가하는 프로그램을 작성하라.

27. (a) 캘린더

365개의 행과 2개의 열로 구성된 스프레드시트를 생성하라. 각 행의 첫 번째 열은 2015년의 날짜를 갖고 있어야 하며 두 번째 열은 해당 요일을 내용으로 한다. 스프레드시트의 나머지 입력란은 그림 5.30의 셀을 선택하여 확보할 수 있으며 365명까지 아래로 생성하였다.

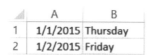

	A	B
1	1/1/2015	Thursday
2	1/2/2015	Friday

그림 5.30 연습 27의 스프레드시트

(b) 스프레드시트를 CSV 파일 Calendar2015.csv로 저장하라. ([노트] "Save as type" 드롭-다운 박스에서 "CSV(콤마 구분)(*.csv)"를 선택한다.)

(c) 파일 이름은 Calendar2015.txt로 변경한다.

(d) 2015년의 날짜 하나를 입력받아 요일을 표시하는 프로그램에서 이 파일을 이용한다. 그림 5.31을 참고하라.

```
Enter a date in 2015: 11/3/2015
11/3/2015 falls on a Tuesday
```

그림 5.31 연습 28의 결과

연습문제 5.2 해답

1. 다음 프로그램은 국가를 포함하고 있는 6대륙의 이름을 표시한다. 첫 번째 2행의 출력 결과는 다음과 같다.

```
Africa
Asia
```

2. 다음 프로그램은 UN의 모든 가입 국가의 이름과 면적을 표시한다. 결과물의 첫 번째 2행은 다음과 같다.

```
Afghanistan 251772
Albania 11100
```

VideoNote
Dictionaries

5.3 딕셔너리

영어를 스페인어로 해석하는 함수를 살펴보자.

```
def translate(color):
    if color == "red":
        return "rojo"
```

```
    elif color == "blue":
        return "aloz"
    elif color == "green":
        return "verdi"
    elif color == "white":
        return "blanco"
```

이 함수는 미니 영어-스페인어 사전이다. 이러한 유형의 함수를 매핑^{mapping}이라고 한다. 이 함수는 영어 단어를 스페인어 단어로 매핑한다. 매핑 용어에서 단어 red, blue, green, white는 키^{key}라 하고 단어 rojo, aloz, verdi, blanco는 값^{values}이라고 한다. 수천 개의 단어를 갖고 있으며 확장할 수 있는 함수는 개별 키에 대한 값을 갖는다. 파이썬은 딕셔너리라고 하는 효율적이고 융통성 있는 매핑 디바이스를 갖고 있다. 위의 함수와 동일한 매핑 기능을 수행하는 딕셔너리는 다음과 같이 정의한다.

```
translate={"red":"rojo", "blue":"aloz", "green":"verdi", "white":"blanco"}
```

translate["red"]의 값은 "rojo"이고 translate["blue"]의 값은 "aloz"이며 나머지도 동일하다. 이 딕셔너리는 4개의 아이템을 포함한다고 할 수 있다.

■ 딕셔너리

일반적으로 파이썬 딕셔너리는 콤마로 구분된 "key:value"의 값을 괄호로 포함한 데이터의 집합으로 정의한다. 이러한 키값은 변경할 수 없는 문자열, 숫자, 튜플과 같은 객체이지만 해당 값은 모든 데이터 유형을 가질 수 있다. 키값은 유일하지만 값은 유일하다고 할 수 없다.

key1과 연관된 값은 표현 dictionaryName[key1]에 의해 제공된다. 딕셔너리를 사용하는 짧은 프로그램의 예는 다음과 같다.

```
bob = {"firstName":"Robert", "lastName":"Smith", "age":19}
print(bob["firstName"], bob["lastName"], "is", bob["age"], "years old.")
```
[실행]
```
Robert Smith is 19 years old.
```

```
phoneNum = {"Sam":2345678, "Ted":5436666, "Joe":4443456}
name = input("Enter a person's name: ")
print(name + "'s phone number is", phoneNum[name])
```
[실행]
```
Enter a person's name: Ted
Ted's phone number is 5436666
```

```
band = {6:"Six", "instrument":"Trombone", 7:"seventy"}
print(band[7].capitalize() + '-' + band[6], band["instrument"] + "s" )
```

[실행]

```
Seventy-Six Trombones
```

표 5.4는 딕셔너리에 적용할 수 있는 함수와 메서드다.

표 5.4 **딕셔너리 연산**

연산	의미
len(d)	딕셔너리 내 아이템(key:value 쌍)의 개수
x in d	x가 딕셔너리의 키이면 참이다.
x:y in d	x:y가 딕셔너리의 아이템이면 참이다. 그렇지 않으면 거짓이다.
x:y not in d	x:y가 딕셔너리의 아이템이 아니라면 참이다. 그렇지 않으면 거짓이다.
d[key1] = value1	key1이 딕셔너리의 키이면 key1과 연관된 값을 value1로 변경한다. 그렇지 않으면 아이템 key1:value1을 딕셔너리에 추가한다.
d[key1]	key1과 연관된 값을 반환한다. key1이 d의 키가 아니면 오류를 발생시킨다.
d.get(key1, default)	key1이 딕셔너리의 키가 아니면 기본 설정값을 반환한다. 그렇지 않은 경우 key1과 연관된 값을 반환한다.
list(d.keys())	딕셔너리 내 키 리스트를 반환한다.
list(d.values())	딕셔너리 내 값의 리스트를 반환한다.
list(d.items())	d(key)=value인 (key, value)형태로 두 튜플의 리스트를 반환한다.
list(d)	딕셔너리 내 키 리스트를 반환한다.
tuple(d)	딕셔너리 내 키 튜플을 반환한다.
set(d)	딕셔너리 내 키의 세트를 반환한다.
c = {}	비어 있는 딕셔너리를 만든다.
c = dict(d)	딕셔너리 d의 복사본을 만든다.
del d[key1]	key1을 key로 갖는 아이템을 제거한다. key1이 발견되지 않으면 예외를 발생시킨다.
d.clear()	모든 아이템(key:value 쌍)을 딕셔너리에서 제거한다.
for k in d:	딕셔너리 내 모든 키에 대해 반복한다.
d.update(c)	모든 딕셔너리 c의 입력값을 딕셔너리 d와 병합한다. 두 아이템이 동일한 키를 가지면 c의 값을 d의 값으로 대체한다.
max(d)	d.keys()의 최댓값(모든 키는 동일한 데이터 유형을 갖는다고 가정함)
min(d)	d.keys()의 최솟값(모든 키는 동일한 데이터 유형을 갖는다고 가정함)

예제 1 **딕셔너리 함수와 메서드**

다음 프로그램은 딕셔너리 함수와 메서드를 보여준다. (**[노트]** 딕셔너리를 print 함수로 표시할 인용 부호는 문자열에 사용하며 콜론 다음에 공백을 삽입한다. 리스트와 달리 딕셔너리는 정렬되어 있는 구조가 아니다. 따라서 print 함수에 표시된 순서는 딕셔너리가 만들어졌을 때 사용한 순서와는 다르다.)

```
def main():
    ## 딕셔너리 함수와 메서드를 보여준다.
    d = {}   # 비어 있는 딕셔너리
    d["spam"] = 3
    print(d)
    d.update({"spam":1, "eggs":2})
    print(d)
    print("d has", len(d), "items")
    print("eggs" in d)
    print("keys:", list(d.keys()))
    print("values:", list(d.values()))
    for key in d:
        print(key, d[key])
    print(d.get("toast", "not in dictionary"))
    del(d["eggs"])
    print(d)
main()
```

[실행]

```
{'spam': 3}
{'eggs': 2, 'spam': 1}
d has 2 items
True
keys: ['eggs', 'spam']
values: [2, 1]
eggs 2
spam 1
not in dictionary
{'spam': 1}
```

■ dict 함수

두 아이템 리스트나 두 아이템 튜플로 이루어진 리스트는 dict 함수로 딕셔너리 형 변환이 가능하다. 예를 들어

```
list1 = [["one", 1], ["two", 2], ["three", 3]]
```

또는

```
list1 = [("one", 1), ("two", 2), ("three", 3)]이면
```

dict(list1)의 값은 다음 딕셔너리가 될 것이다.

```
{"one":1, "two":2, "three":3}
```

■ 텍스트 파일에서 딕셔너리를 생성하기

프로그램이 대규모 딕셔너리를 합칠 경우, 해당 딕셔너리는 일반적으로 텍스트 파일과 같은 file에서 생성한다. 파일 Textese.txt의 각 행은 단어 1개를 갖고 있으며 textese에 번역값을 갖는다. 파일의 첫 번째 5행은 다음과 같다.

```
anyone,ne1
are,r
ate,8
band,b&
be,b
```

✔ **예제 2** **말 줄이기**

다음 프로그램은 간단한 문장을 말 줄이기로 해석한다. 함수 createDictionary는 텍스트 파일의 내용을 두 아이템 리스트로 위치시킨 후 dict 함수를 이용하여 리스트를 딕셔너리로 변환한다. 원래 문장의 단어가 딕셔너리의 키가 아니라면 항상 get 메서드는 단어 자체를 해석된 문장에 위치시킨다.

```python
def main():
    ## 영어 문장을 말 줄이기로 변환한다.
    texteseDict = createDictionary("Textese.txt")
    print("Enter a simple sentence in lowercase letters without")
    sentence = input("any punctuation: ")
    print()
    translate(sentence, texteseDict)

def createDictionary(fileName):
    infile = open(fileName, 'r')
    textList = [line.rstrip() for line in infile]
    infile.close()
    return dict([x.split(',') for x in textList])

def translate(sentence, texteseDict):
    words = sentence.split()
    for word in words:
        print(texteseDict.get(word, word) + " ", end="")

main()
```

312

```
Enter a simple sentence in lowercase letters without
any punctuation: enjoy the excellent band tonight

njoy the xlnt b& 2nite
```

 예제 3 입학금

길이가 긴 if–elif 명령을 갖는 프로그램은 딕셔너리를 이용하여 간단하게 만들 수 있다. 입학금을 계산하는 다음 프로그램을 생각해보자.

```python
def main():
    ## 나이 그룹에 근거하여 입학금을 결정하라.
    print("Enter the person's age group ", end="")
    ageGroup = input("(child, minor, adult, or senior): ")
    print("The admission fee is", determineAdmissionFee(ageGroup), "dollars." )

def determineAdmissionFee(ageGroup):
    if ageGroup == "child":        # 나이 < 6세
        return 0                   # 무료
    elif ageGroup == "minor":      # 나이 6세에서 17세
        return 5                   # $5
    elif ageGroup == "adult":      # 나이 18세에서 64세
        return 10
    elif ageGroup == "senior":     # 나이 >= 65
        return 8

main()
```

[실행]

```
Enter the person's age group (child, minor, adult, or senior): adult
The admission fee is 10 dollars.
```

아래와 같이 determineAdmissionFee 함수를 재작성하여 if–elif 딕셔너리로 대체하였다.

```python
def determineAdmissionFee(ageGroup):
    dict = {"child":0, "minor":5, "adult":10, "senior":8}
    return dict[ageGroup]
```

■ 빈도표로서 딕셔너리 사용하기

 예제 4 **단어 개수**

파일 Gettysburg.txt는 전체 Gettysburg 주소를 1개의 행으로 갖고 있다. 다음 프로그램은 게티스버그 주소 내 단어의 개수를 카운트하고 가장 빈발하는 단어를 표시한다.

```
def main():
    ## 게티스버그 주소 내 단어 빈도를 분석한다.
    listOfWords = formListOfWords("Gettysburg.txt")
    freq = createFrequencyDictionary(listOfWords)
    displayWordCount(listOfWords, freq)
    displayMostCommonWords(freq)

def formListOfWords(fileName):
    infile = open(fileName)
    originalLine = infile.readline().lower()
    # 해당 행에서 마침표를 제거한다.
    line = ""
    for ch in originalLine:
        if ('a' <= ch <= 'z') or (ch == " "):
            line += ch
    # 개별 단어를 리스트에 위치시킨다.
    listOfWords = line.split()
    return listOfWords

def createFrequencyDictionary(listOfWords):
    ## '단어: 단어 빈도'와 같은 형태를 아이템으로 갖는 딕셔너리를 생성한다.
    freq = {}   # 비어 있는 딕셔너리
    for word in listOfWords:
        freq[word] = 0
    for word in listOfWords:
        freq[word] = freq[word] + 1
    return freq

def displayWordCount(listOfWords, freq):
    print("The Gettysburg Address contains", len(listOfWords), "words.")
    print("The Gettysburg Address contains", len(freq), "different words.")
    print()

def displayMostCommonWords(freq):
    print("The most common words and their frequencies are:")
    listOfMostCommonWords = []   # 비어 있는 리스트
    for word in freq.keys():
        if freq[word] >= 6:
            listOfMostCommonWords.append((word, freq[word]))
    listOfMostCommonWords.sort(key=lambda x: x[1], reverse=True)
    for item in listOfMostCommonWords:
        print("   ", item[0] + ':', item[1])
```

```
main()
```

[실행]

```
The Gettysburg Address contains 268 words.
The Gettysburg Address contains 139 different words.
The most common words and their frequencies are:
    that: 13
    the: 11
    we: 10
    to: 8
    here: 8
    a: 7
    and: 6
```

■ 바이너리 파일로 딕셔너리를 저장하기

텍스트 파일은 데이터를 연속으로 나열한 문자로 저장한다. 이러한 문자는 워드나 노트패드와 같은 텍스트로 읽어올 수 있다. 또 다른 파일 유형은 바이너리 형태로 데이터를 특정 리더기로만 접근할 수 있는 바이트의 연속으로 저장한다. 파이썬은 딕셔너리를 바이너리 파일로 저장하고 바이너리 파일에서 딕셔너리를 불러오는 함수를 갖는다. 이러한 함수는 pickle라는 모듈에서 임포트할 수 있다. 텍스트 파일은 간단한 딕셔너리에 적합하더라도 바이너리 파일은 가장 복잡한 딕셔너리를 쉽게 다룰 수 있다.

다음 코드는 딕셔너리를 바이너리 파일로 저장하며, 모드 'wb'는 해당 파일을 바이너리 파일로 저장한다는 것을 의미한다.

```
import pickle

outfile = open(fileName , 'wb')
pickle.dump(dictionaryName, outfile)
outfile.close()
```

다음 코드는 바이너리 파일에서 딕셔너리를 생성하며 모드 'rb'는 대상 바이너리 파일을 읽기 용도로 파일을 열게 된다는 것을 의미한다.

```
infile = open(fileName , 'rb')
dictionaryName = pickle.load(infile)
infile.close()
```

([노트] 이 책에서 딕셔너리를 저장하는 2진 파일에 대해 확장명 "dat"를 사용할 것이다.)

만일 예제 2에서 딕셔너리 textestDict를 2진 파일 TextestDict.dat로 저장하고 pickle 모듈을 임포트하면 함수에서 createDictionary의 내부는 다음과 같이 적을 수 있다.

```
infile = open(fileName , 'rb')
dictionaryName = pickle.load(infile)
infile.close()
return dictionaryName
```

■ 딕셔너리값을 갖는 딕셔너리

딕셔너리값은 딕셔너리는 물론 모든 유형의 객체가 가능하다. 섹션 5.2에서 논의한 CSV 파일 UN.txt를 생각해보자. 파일의 각 행은 UN 가입국의 이름, 소속 대륙, 인구(100만 명), 면적(제곱마일)을 내용으로 한다. 파일의 몇 행을 예를 들어보면 다음과 같다.

```
Canada,North America,34.8,3855000
France,Europe,66.3,211209
New Zealand,Australia/Oceania,4.4,103738
Nigeria,Africa,177.2,356669
Pakistan,Asia,196.2,310403
Peru,South America,30.1,496226
```

이 데이터가 다음 딕셔너리에 위치하면 효율적으로 접근할 수 있다.

```
nations = {"Canada":{"cont":"North America", "popl":34.8, "area":3855000},
           "France":{"cont":"Europe","popl":66.3},"area":211209} ...}
```

다음으로 nations["Canada"]의 값은 딕셔너리가 된다.

```
{"cont":"North America", "popl":34.8, "area":3855000}
```

nations["Canada"]["cont"]의 값은 North America가 되고,

nations["Canada"]["popl"]의 값은 34.8이며,

nations["Canada"]["area"]의 값은 3855000이 된다.

UN의 193개 가맹국에 대한 데이터를 갖는 전체 딕셔너리 국가가 생성되었고 2진 파일 UNdict.dat로 저장한다. 이 파일은 다음 2개의 예제에 저장된다.

예제 5 UN

다음 프로그램은 입력한 국가에 대한 데이터를 표시한다.

```python
import pickle

def main():
    ## 개별 국가의 데이터를 표시한다.
    nations = getDictionary("UNdict.dat")
    nation = inputNameOfNation(nations)
    displayData(nations, nation)

def getDictionary(fileName):
    infile = open(fileName, 'rb')
    nations = pickle.load(infile)
    infile.close()
    return nations

def inputNameOfNation(nations):
    nation = input("Enter the name of a UN member nation: ")
    while nation not in nations:
        print("Not a member of the UN. Try again.")
        nation = input("Enter the name of a UN member nation: ")
    return nation

def displayData(nations, nation):
    print("Continent:", nations[nation]["cont"])
    print("Population:", nations[nation]["popl"], "million people")
    print("Area:", nations[nation]["area"], "square miles")

main()
```

[실행]

```
Enter the name of a UN member nation: Canada
Continent: North America
Population: 34.8 million people
Area: 3855000 square miles
```

■ 딕셔너리에서 정렬된 데이터를 추출하기

딕셔너리는 정렬되지 않은 구조이므로 sort 메서드를 갖지 않는다. 하지만 딕셔너리의 아이템은 다음 형태의 명령으로 개인화한 순서로 된 두 튜플로서 리스트 내에 위치할 수 있다.

```python
sorted(dict1.items(), key=f, reverse=BooleanValue):
```

UN

특정 대륙에 대한 다음 프로그램은 UN 가맹국을 표시한다. 해당 국가들은 인구수 기준으로 정렬한다.

```python
import pickle

def main():
    ## 특정 대륙의 국가와 인구수를 표시한다.
    nations = getDictionary("UNdict.dat")
    continent = input("Enter the name of a continent other than Antarctica: ")
    continentDict = constructContinentNations(nations, continent)
    displaySortedResults(continentDict)

def getDictionary(fileName):
    infile = open(fileName, 'rb')
    nations = pickle.load(infile)
    infile.close()
    return nations

def constructContinentNations(nations, continent):
    ## 전체 193개 아이템 딕셔너리를 특정 대륙에 위치하는 국가들로만 모아 1개의 딕셔너리로 축소시킨다.
    continentDict = {}    # 빈 딕셔너리
    for nation in nations:
        if nations[nation]["cont"] == continent:
            continentDict[nation] = nations[nation]
    return continentDict

def displaySortedResults(dictionaryName):
    ## 인구수에 근거하여 내림차순으로 국가를 표시한다.
    continentList = sorted(dictionaryName.items(),
                    key=lambda k: k[1]["popl"], reverse=True)
    for k in continentList:
        print("  {0:s}: {1:,.2f}".format(k[0], k[1]["popl"]))

main()
```

[실행. 첫 번째 6행은 다음과 같다.]

```
Enter the name of a continent other than Antarctica: Europe
  Russian Federation: 142.50
  Germany: 81.00
  United Kingdom: 66.70
  France: 66.30
  Italy: 61.70
```

■ 키로 튜플을 갖는 딕셔너리 사용하기

파일 USpresStatesDict.dat는 대통령의 이름과 출신 주에 대한 딕셔너리를 갖는다. 각 주는 (성, 이름) 형태의 튜플이다. 딕셔너리 내 두 아이템의 예를 들면 ('Kennedy', 'John'):

`'Massachusetts'`와 `('Reagan', 'Ronald'):'California'`가 된다.

 예제 7 미국 대통령

다음 프로그램은 어떤 주의 이름을 출력한다. 해당 주의 대통령은 성의 알파벳 순서로 표시한다. 이름을 저장하기 위해 튜플을 사용하면 이름을 알파벳화하는 과정을 간소화할 수 있다. 딕셔너리의 아이템을 정렬할 수 없더라도 해당 아이템은 `print(sorted (dictName))`과 같은 명령을 이용하여 특정 순서대로 표시할 수 있다.

```python
import pickle

def main():
    presDict = createDictFromBinaryFile("USpresStatesDict.dat")
    state = getState(presDict)
    displayOutput(state, presDict)

def createDictFromBinaryFile(fileName):
    infile = open(fileName, 'rb')
    dictionaryName = pickle.load(infile)
    infile.close()
    return dictionaryName

def getState(dictName):
    state = input("Enter the name of a state: ")
    if state in dictName.values():
        return state
    else:
        return "There are no presidents from " + state + '.'

def displayOutput(state, dictName):
    if state.startswith("There"):
        print(state)
    else:
        print("Presidents from", state + ':')
        for pres in sorted(dictName):
            if dictName[pres] == state:
                print("  " + pres[1] + " " + pres[0])

main()
```

[결과]

```
Enter the name of a state: Virginia
Presidents from Virginia:
  Thomas Jefferson
  James Madison
  James Monroe
  John Tyler
  George Washington
```

■ 딕셔너리 컴프리헨션

딕셔너리는 딕셔너리 컴프리헨션으로 만들 수 있다. 예를 들어 `{x: x * x for x in range(4)}`는 딕셔너리 `{0:0, 1:1, 2:4, 3:9}`를 생성한다.

딕셔너리 컴프리헨션은 딕셔너리의 부분 집합을 추출하는 데 사용한다. 예제 7의 딕셔너리 presDict를 생각해보자. 다음 코드는 뉴잉글랜드 주 출신의 대통령으로 구성된 presDict의 부분 집합을 생성한다.

```
NE = ["Maine", "Connecticut", "New Hampshire",
      "Massachusetts", "Vermont", "Rhode Island"]
subSet = {key:presDict[key] for key in presDict if presDict[key] in NE}
```

예제 2에서 createDictionary 함수는 딕셔너리 컴프리헨션을 사용하여 다음과 같이 재작성할 수 있다.

```
def createDictionary(fileName):
    infile = open(fileName, 'r')
    return {line.split(',')[0]:line.split(',')[1].rstrip()
            for line in infile}
```

■ 주석

1. 딕셔너리 키는 변경할 수 없는 객체다. 따라서 리스트와 세트는 키로 사용할 수 없다. 또한 아이템이 리스트나 세트인 튜플은 키로 사용할 수 없다.

2. 문자열, 리스트, 튜플과 세트는 pickle 모듈을 이용하여 2진 파일로 저장할 수 있다.

연습문제 5.3

1. 마지막 두 행을 예제 6의 함수 displaysortedResults를 변경하여 인구수가 많은 순서로 5개 국가를 표시한다.

2. 다음 문구 중 참인 것은?

   (a) 문자열, 숫자, 튜플, 리스트는 딕셔너리의 키가 될 수 있다.

   (b) 문자열, 숫자, 튜플, 리스트는 딕셔너리의 값이 될 수 있다.

   (c) 2개의 서로 다른 키가 같은 값으로 매핑될 수 있다.

   (d) 2개의 서로 다른 값이 같은 키를 가질 수 있다.

연습 1부터 20까지에서 딕셔너리 NE가 6개의 뉴잉글랜드 주의 인구(100만 명 단위)를 제공하는 print 함수의 결과를 결정하라.

```
NE = {"CT":3.6, "ME":1.3, "MA":6.5, "NH":1.5, "RI":1.1, "VT":0.6}
```

1. `print(NE["MA"])` **2.** `print(len(NE))`

3. `print(list(NE.keys()))` **4.** `print(list(NE.values()))`

5. `print(list(NE.items()))` **6.** `print("NH" in NE)`

7. `print(NE.get("PA", "absent"))` **8.** `print(NE.get("RI", "absent"))`

9. `print(max(NE))` **10.** `print(min(NE))`

11.
```
NE["ME"] += .2
print(round(NE["ME"]))
```
12.
```
del NE["ME"]
print(len(NE))
```

13.
```
NE.update({"CT":3.7, "ME":2})
print(NE["ME"])
```
14.
```
NE.clear()
print(NE)
```

15.
```
for x in NE:
    print(x + " ", end="")
```
16.
```
for x in sorted(NE):
    print(x + " ", end="")
```

17.
```
total = 0
for x in NE.values():
    total += x
print("{0:.1f}".format(total))
```
18.
```
total = 0
for x in NE:
    total += NE[x]
print("{0:.1f}".format(total))
```

19.
```
newEngland = NE
del newEngland["VT"]
print(len(NE))
```
20.
```
newEngland = dict(NE)
del newEngland["VT"]
print(len(NE))
```

연습 21부터 44까지에서 딕셔너리 homeRunKings는 수위 홈런 타자가 쳐낸 홈런의 개수를 제공한다. Print 함수의 결과를 결정하라.

```
homeRunKings = {"Bonds":762, "Aaron":755}
```

21. `print(len(homeRunKings))` **22.** `print(homeRunKings["Aaron"])`

23. `print("Ruth" in homeRunKings)` **24.** `print(list(homeRunKings.items()))`

25. `print(min(homeRunKings))` **26.** `print(max(homeRunKings))`

27. `print(list(homeRunKings))` **28.** `print("Aaron" not in homeRunKings)`

29. `print(list(homeRunKings.values()))` **30.** `print(list(homeRunKings.keys()))`

31. `print(homeRunKings.get("Bonds","NA"))`

32. `print(homeRunKings.get("Ruth", "NA"))`

33.
```
del homeRunKings["Bonds"]
print(homeRunKings)
```
34.
```
homeRunKings["Ruth"] = 714
print(homeRunKings)
```

35.
```
homeRunKings.clear()
print(len(homeRunKings))
```
36.
```
homeRunKings["Bonds"] += 1
print(homeRunKings)
```

37.
```
for x in homeRunKings:
    print(x)
```
38.
```
for x in homeRunKings.keys():
    print(x)
```

39.
```
for x in homeRunKings.items():
    print(x[1])
```
40.
```
for x in sorted(homeRunKings):
    print(x)
```

41.
```
dupHRKs = dict(homeRunKings)
dupHRKs["Bonds"] = 750
print(homeRunKings["Bonds"])
```
42.
```
dupHRKs = homeRunKings
dupHRKs["Bonds"] = 750
print(homeRunKings["Bonds"])
```

43.
```
homeRunKings.update({"Bonds":761,
"Ruth":714})
print(homeRunKings)
```
44.
```
newHRKs = {}
newHRKs.update(homeRunKings)
print(newHRKs["Aaron"])
```

연습 45부터 46까지 **if** 명령 대신 딕셔너리를 이용하여 코드를 재작성하라.

45.
```
pres = input("Who was the youngest U.S. president? ")
pres = pres.upper()
if (pres == "THEODORE ROOSEVELT") or (pres == "TEDDY ROOSEVELT"):
    print("Correct. He became president at age 42 ")
    print("when President McKinley was assassinated.")
elif (pres=="JFK") or (pres=="JOHN KENNEDY") or (pres=="JOHN F. KENNEDY"):
    print("Incorrect. He became president at age 43. However,")
    print("he was the youngest person elected president.")
else:
    print("Nope")
```

46.
```
def determineRank(years):
    if years == 1:
        return "Freshman"
    elif years == 2:
        return "Sophmore"
    elif years == 3:
```

```
        return "Junior"
    else:
        return "Senior"
```

연습 47부터 50까지 아래 딕셔너리 topHitter를 사용하라.

```
topHitters = {"Gehrig":{"atBats":8061, "hits":2721},
              "Ruth":{"atBats":8399, "hits":2873},
              "Williams":{"atBats":7706, "hits":2654}}
```

47. 야구

3명의 야구선수 평균 타율을 제공하는 그림 5.32를 만들어 내는 코드를 작성하라.

```
Ruth        0.342
Williams    0.344
Gehrig      0.338
```

그림 5.32 연습 47의 결과

48. 야구

그림 5.33의 코드로 표시되는 결과는?

```
del topHitters[max(topHitters)]
del topHitters[min(topHitters)]
print(topHitters)
```

그림 5.33 연습 48의 코드

49. 야구

그림 5.34는 3명의 선수가 쳐낸 평균 안타 수를 보여준다. 이러한 기능을 위한 코드를 작성하라.

```
The average number of hits by
the baseball players was 2749.3.
```

그림 5.34 연습 49의 결과

50. 야구

그림 5.35는 3명의 선수 중 안타율이 가장 높은 선수가 친 안타 수다. 이를 위한 코드를 작성하라. 이 코드는 max 함수를 사용해야 한다.

```
The most hits by one of the
baseball players was 2873.
```

그림 5.35 연습 50의 결과

연습 51에서 54까지에서는 과거와 현재의 대법관에 대한 데이터를 갖는 딕셔너리를 저장하는 파일인 JusticesDict.dat를 사용한다. 딕셔너리의 각 아이템은 "name of justice: datadictionary"의 형태를 갖고 있다. justice에 대한 데이터 딕셔너리는 임명한 대통령, 임명된 주, 취임 연도, 사임 연도를 데이터로 갖도록 해야 한다(현 법원관의 경우 법원을 떠난 연도는 0이다.). 딕셔너리의 아이템 3개를 예를 들면 다음과 같다.

```
'Earl Warren':{'pres':'Dwight Eisenhower','yrLeft':1969,'yrAppt':1953,'state':'
CA'}
'Sonia Sotomayor':{'pres':'Barack Obama','yrLeft':0,'yrAppt':2009,'state':'NY'}
'Salmon Chase':{'yrAppt':1864,'pres':'Abraham Lincoln','state':'OH','yrLeft':1873}
```

51. 대법원

대통령의 이름을 입력받은 후 해당 대통령이 임명한 대법관의 이름과 연도를 표시하라. 그림 5.36을 참고하라.

```
Enter a president: John Kennedy
    Arthur Goldberg  1962
    Byron White      1962
```

그림 5.36 연습 51의 결과

52. 대법원

주의 약자를 입력받은 후 해당 주에서 임명된 대법관의 이름과 연도를 표시한다. 그림 5.37을 참고하라.

```
Enter a state abbreviation: NH
    David Souter      1990
    Levi Woodbury     1845
```

그림 5.37 연습 52의 결과

53. 대법원

대법관의 이름을 입력받아 대법관의 데이터를 표시하는 프로그램을 작성하라. 그림 5.38
을 참고하라.

```
Enter name of a justice: John Roberts
Appointed by George W. Bush
State: MD
Year of appointment: 2005
Currently serving on Supreme Court.
```

그림 5.38 연습 53의 결과

54. 대법원

대법원을 만들었던 각 주의 이름과 대법관의 수를 표시하는 프로그램을 작성하라. 그림
5.39는 첫 번째 6행을 표시한 결과다.

```
31 states have produced justices.
  AL: 3
  AZ: 2
  CA: 5
  CO: 1
  CT: 3
```

그림 5.39 연습 54의 결과

55. 문자 발생 빈도

한 문장을 입력받은 후 해당 문장 내 문자를 빈도 순에 따라 표시하는 프로그램을 작
성하라. 해당 문자는 빈도 순으로 정렬해야 한다. 그림 5.40은 첫 번째 5행을 표시한 결
과다.

```
Enter a sentence: Always look on the bright side of life.
  O: 4
  L: 3
  I: 3
  E: 3
```

그림 5.40 연습 55의 결과

56. 로즈 볼^{Rose Bowl}

파일 Rosebowl.txt는 로즈 볼 우승자의 이름을 (2014년까지) 게임 순서대로 갖고 있다. 4번 이상 로즈 볼에서 우승한 팀의 이름과 각 팀의 우승 횟수를 표시하라. 표시할 팀은 승리 횟수를 기준으로 정렬해야 한다. 그림 5.41을 참고하라.

```
Teams with four or more
Rose Bowl wins as of 2014:
  USC: 24
  Washington: 8
  Michigan: 8
  Ohio State: 7
  Stanford: 6
  UCLA: 5
  Alabama: 4
  Michigan State: 4
```

그림 5.41 연습 56의 결과

57. 미국 대통령

세 명 이상의 대통령을 배출한 주^{state}의 목록을 얻기 위해 USpresStatesDict.dat 파일을 이용하라. 각 주는 주의 대통령 수를 표시해야 하며 대통령 수에 근거하여 정렬되어야 한다. 그림 5.42를 참고하라.

```
States that produced three or
more presidents as of 2016:
  Ohio: 6
  New York: 6
  Virginia: 5
  Massachusetts: 4
  Tennessee: 3
  California: 3
  Texas: 3
  Illinois: 3
```

그림 5.42 연습 57의 결과

58. 미국 대통령

입력한 이름을 갖는 대통령 목록을 얻기 위해 USpresStatesDict.dat 파일을 이용하라. 그림 5.43을 참고하라. 입력한 이름을 갖는 대통령이 파일 내에 없다면 해당 사실을 표시해야 한다.

```
Enter a first name: John
   John Adams
   John Q. Adams
   John Kennedy
   John Tyler
```

그림 5.43 연습 58의 결과

59. 달력

텍스트 파일의 내용을 딕셔너리에 위치시키고 해당 딕셔너리를 사용하여 해당 주의 요청 날짜를 찾아내는 섹션 5.2의 연습 27을 재실행하라.

연습 60과 61에서 각 주의 대도시(인구수>250,000)를 딕셔너리에 저장한 파일 LargeCitiesDict.dat를 사용하라. 딕셔너리의 각 아이템은 "주의 이름: 해당 주에 위치한 대도시 목록"의 형태를 갖는다. 딕셔너리의 첫 번째 3개의 아이템은 다음과 같다.

Alabama":[],"Alaska":["Anchorage"],"Arizona":["Phoenix", "Tucson", "Mesa"]

60. 대도시

주의 이름을 입력받아 해당 주의 대도시를 표시하라. 그림 5.44와 5.45를 참고하라.

```
Enter the name of a state: Arizona
Large cities: Phoenix Tucson Mesa
```

그림 5.44 연습 60의 결과

```
Enter the name of a state: Alabama
There are no large cities in Alabama.
```

그림 5.45 연습 60의 결과

61. 대도시

0부터 13까지 정수를 입력받아 해당 숫자만큼의 대도시를 갖고 있는 주의 이름을 알파벳 순서로 표시하라. 그림 5.46을 참고하라.

```
Enter an integer from 0 to 13: 3
The following states have exactly 3 large cities:
Arizona  Colorado  Delaware  Florida  New York  North Carolina
```

그림 5.46 연습 61의 결과

1. 함수의 마지막 2행을 다음과 같이 변경한다.

```
for i in range(5):
    print("  " + continentList[i][0] + ':', continentList[i][1]["popl"])
```

2. (b)와 (c)는 참이다.

주요 용어와 개념	예제

5.1 데이터 처리, Part 1
 	
함수 open(fileName, 'r'), open(fileName, 'w'), open(fileName, 'a')는 텍스트 파일에 연결된 파일 객체를 생성한다. 이 객체는 파일의 내용을 읽고 작성하며, 파일의 내용을 추가하기 위해 사용한다. 내용을 작성하거나 추가하기 위해 파일을 연다면 write(str1) 형태의 명령은 버퍼를 통하여 str1을 파일에 쓴다. Close 메서드는 버퍼 내 모든 데이터를 파일에 쓰고 연결을 종료한다. 파일 객체에 대한 몇 가지 다른 메서드는 writelines(문자열 리스트의 모든 아이템을 파일에 쓰기), read(파일의 모든 내용을 1개의 문자열로 반환하기), readline(파일의 다음 행을 읽어오기)가 있다.
	```f = open("Python.txt", 'w')```
	```f.write("spam\n")```
	```f.close()```
	```f = open("Python.txt", 'a')```
	```f.write("eggs\n")```
	```f.close()```
	```f = open("Python.txt", 'r')```
	```L = [line.rstrip() for line in f]```
	```print(L)```
	[실행]
	```['spam', 'eggs']```
	
	```L = ["a\n", "b\n"]```
	```outfile = open("ab.txt", 'w')```
	```outfile.writelines(L)```
	```outfile.close()```
	```infile = open("ab.txt", 'r')```
	```print(infile.read(), end="")```
	```f = open("ab.txt", 'r')```
	```print(f.readline().rstrip(),end="")```
	```print(f.readline().rstrip(),end="")```
	[실행]
	a
	b
	ab

주요 용어와 개념	예제
| Os 모듈을 임포트한 후 닫힌 파일에 대해 os.rename (oldFileName, newFileName) 형태로 이름을 변경할 수 있으며 os.remove(fileName) 형태로 삭제할 수 있고, os.path.exists(fileName) 형태의 불린 함수로 존재 유무를 검증할 수 있다. | ```
import os
# "ab.txt"는 현 폴더에 있다고 가정한다.
os.rename("ab.txt", "alpha.txt")
print(os.path.exists("ab.txt"))
print(os.path.exists("alpha.txt"))
os.remove("alpha.txt")
print(os.path.exists("alpha.txt"))
[실행]
False
True
False
``` |
| set는 개별 객체를 정렬하지 않은 컬렉션이다. set function을 리스트나 튜플에 적용하여 괄호 내 요소를 목록화하여 set를 생성할 수 있다. 수학 연산인 합집합, 교집합, 차집합에 대한 union, intersection, difference 메서드를 지원한다. sets는 많은 리스트 연산을 지원하지만 인덱스나 순서와 관련한 리스트 연산은 지원하지 않는다. | ```
s1 = {1, "one"}
s2 = set([2, "one"])
print(s1.union(s2))
print(s1.intersection(s2))
print(s1.difference(s2))
[실행]
{1, 'one', 2}
{'one'}
{1}
``` |
| 세트(set)는 set comprehension으로 생성할 수 있다. 세트는 sorted 함수를 이용하여 정렬된 리스트로 만들 수 있다. | ```
s = {x * x for x in range(-2, 3)}
print(s)
L = sorted(s, reverse=True)
print(L)
[실행]
{0, 1, 4}
[4, 1, 0]
``` |

5.2 데이터 처리, Part 2

| CSV 파일은 각 행에 동일한 개수의 데이터 항목을 가지며 각 항목이 콤마로 구분되어 있는 표 형태의 데이터를 저장한다. 텍스트 파일 InaugAge.txt는 미국 대통령의 이름과 취임 시 나이 데이터다. 파일의 첫 번째 5행은 우측 표를 참고하기 바란다. | ```
George Washington,57
John Adams,61
Thomas Jefferson,57
James Madison,57
James Monroe,58
``` |

주요 용어와 개념	예제
split 메서드는 CSV 파일에서 정보를 추출하는 데 필요한 메서드다.	```
f = open("InaugAge.txt", 'r')
L = f.readline().split(',')
s = "{0} inaugurated at {1}"
print(s.format(L[0], L[1]))
```
[실행]
```
George Washington inaugurated at 57
``` |
CSV 파일의 데이터는 엑셀 스프레드시트로 만들 수 있고 분석할 수도 있다. 엑셀 데이터는 CSV 파일로 전송할 수 있으며 파이썬으로 분석할 수 있다.			A	B
1	George Washington	57
2	John Adams	61
3	Thomas Jefferson	57
4	James Madison	57
5	James Monroe	58	
CSV 파일의 내용은 리스트(또는 튜플)로 이루어진 리스트로 만들 수 있고 개별 데이터는 2개의 인덱스로 표시된 변수로 접근할 수 있다.	```
infile = open("InaugAge.txt", 'r')
L = [line.rstrip().split(',') for
      line in infile]
infile.close()
s = "{0} inaugurated at {1}"
print(s.format(L[4][0], L[4][1]))
```
[실행]
```
James Monroe inaugurated at 58
``` |

5.3 딕셔너리

주요 용어와 개념	예제
딕셔너리는 순서대로 정렬되어 있지 않은 각각의 키를 값으로 매핑한 key:value 쌍의 콜렉션이다. 딕셔너리를 만드는 방법은 여러 key:value 쌍을 콤마로 구분하여 괄호 안에 위치시키는 것이다. dictionaryName[key]는 키와 연관된 값을 반환한다.	```
# 스페인어로 번역한다.
d={"red":"rojo", "balloon":"globo"}
print(d["red"], d["balloon"])
```
[실행]
```
rojo globo
``` |
| 딕셔너리 연산: len, in, get, keys, values, items, del, clear, update, list, tuple, set, max, min | 표 5.4를 참고하라. |
| 숫자, 문자열, 튜플(리스트는 아님)은 키가 될 수 있으며 모든 타입의 파이썬 객체는 값(value)이 될 수 있다. | ```
d={("Blue","Green"):"Cyan"}    valid
d={["Blue","Green"]:"Cyan"}    invalid
``` |

주요 용어와 개념	예제
pickle module의 dump와 load 함수는 2진 파일로 딕셔너리를 저장하고 2진 파일에서 딕셔너리를 가져오는 데 사용할 수 있다.	``` import pickle d1 = {("Blue", "Yellow"):"Green"} outfile = open("Colors.dat", 'wb') pickle.dump(d1, outfile) outfile.close() infile = open("Colors.dat", 'rb') d2 = pickle.load(infile) print(d2) [실행] {('Blue', 'Yellow'): 'Green'} ```

프로그래밍 프로젝트

1. 단위 변환

표 5.5는 피트 단위의 길이 데이터를 갖고 있다. 해당 값을 9개의 다양한 길이 측정단위로 표시하는 프로그램을 작성하라. 길이 변환을 어떤 단위에서 어떤 단위로 할 것인지와 변환 대상 길이를 입력받는다. 일반적인 결과는 그림 5.47과 같다. 파일 Units.txt를 사용하여 딕셔너리를 만들고 변환 대상 길이 단위로 피트를 사용하라. 파일의 첫 번째 그림은 inches, .083333; furlongs, 660이다.

표 5.5 길이 변환값

1 inch = .083333 foot	1 rod = 16.5 feet
1 yard = 3 feet	1 furlong = 660 feet
1 meter = 3.28155 feet	1 kilometer = 3281.5 feet
1 fathom = 6 feet	1 mile = 5280 feet

```
UNITS OF LENGTH
inches      furlongs      yards
rods        miles         fathoms
meters      kilometers    feet

Units to convert from: yards
Units to convert to: miles
Enter length in yards: 555
Length in miles: 0.3153
```

그림 5.47 프로그래밍 프로젝트 1의 결과

2. 곡선 구분

통계학자는 숫자 집합을 표현하기 위해 평균과 표준편차의 개념을 사용한다. mean은 숫자의 평균값이고, standard deviation은 산포 또는 평균에 대한 숫자들의 분포 정도를 측정한다. 공식으로는 $x_1, x_2, x_3, ..., x_n$에 대하여 평균은 $m = \dfrac{x_1 + x_2 + x_3 + \cdots + x_n}{n}$ 이고,

표준편차는 $s = \sqrt{\dfrac{(x_1 - m)^2 + (x_2 - m)^2 + (x_3 - m)^2 + \cdots + (x_n - m)^2}{n}}$ 이다.

파일 Scores.txt는 시험 성적 데이터를 갖고 있다. 파일의 첫 번째 4행의 값은 59, 60, 65, 75이다. 시험 성적의 평균과 표준편차를 계산하는 프로그램을 작성한 후 각 시험 성적에 대한 등급을 문자로 다음과 같이 ES에 설정하고 시험 성적과 등급을 그림 5.48에 표시하라.

$ES \geq m + 1.5s$ A
$m + .5s \leq ES < m + 1.5s$ B
$m - .5s \leq ES < m + .5s$ C
$m - 1.5s \leq ES < m - .5s$ D
$ES < m - 1.5s$ F

```
Number of scores: 14
Average score: 71.0
Standard deviation of scores: 14.42
GRADE DISTRIBUTION AFTER CURVING GRADES.
A: 2     B: 1     C: 6     D: 4     F: 1
```

그림 5.48 프로그래밍 프로젝트 2의 결과

예를 들어 m이 70이고 s가 12이면 88 이상의 등급은 A이고, 76과 87 사이의 값은 B가 되며, 나머지도 동일하다. 이러한 유형의 프로세스를 curving grades라고 한다.

3. 야구

파일 ALE.txt는 표 5.6의 정보를 갖고 있다. 이 파일을 이용하여 표 5.7의 정보를 갖는 텍스트 파일을 생성하는 프로그램을 작성하라. 생성된 파일에서 야구팀은 게임 승률에 근거하여 내림차순으로 정렬되어 있어야 한다.

표 5.6 2014년 동부 아메리칸 리그의 승패

팀	승	패
Baltimore	96	66
Boston	71	91
New York	84	78
Tampa Bay	77	85
Toronto	83	79

표 5.7 2014년 동부 아메리칸 리그의 최종 순위

팀	승	패	승률
Baltimore	96	66	0.593
New York	84	78	0.519
Toronto	83	79	0.512
Tampa Bay	77	85	0.475
Boston	71	91	0.438

4. 미국 국회

파일 Senate113.txt는 미국 국회 2014년 11월 선거 이전 113대 미국 국회의 국회의원 정보를 제공한다. 파일의 각 레코드는 3개의 필드 항목인 이름, 주, 소속 정당으로 이루어져 있다.[5] 파일의 몇몇 레코드는 다음과 같다.

```
Richard Shelby, Alabama, R
Bernard Sanders, Vermont, I
Kristen Gillibrand, New York, D
```

파일 Retiredsen.txt는 2014년 11월 선거 이후 은퇴, 선거 패배, 사망, 사임 등으로 의회를 떠난 국회의원의 정보를 갖고 있다. 파일에 있는 몇몇 레코드는 다음과 같다.

```
John Rockefeller, West Virginia, D
Tom Coburn, Oklahoma, R
Carl Levin, Michigan, D
```

---

5   공화당이나 민주당에 소속되지 않은 국회의원을 independent로 표시함.

파일 NewSen.txt는 2014년 11월 선거에서 새로 선출된 국회의원 또는 2014년 11월 선거 이후 의회를 떠났다가 의회의 의석을 채우기 위해 임명된 국회의원의 기록이다.

```
Shelly Capito, West Virginia, R
Steve Daines, Montana, R
Gary Peters, Michigan, D
```

(a) 3개 파일을 이용하여 파일 Senate114.txt를 만드는 프로그램을 작성하라. 114대 국회의 구성원 기록을 갖는 각 구성원은 출신 주를 기준으로 정렬되어 있어야 한다. 생성된 파일을 이용하여 (b), (c), (d)를 실행한다.

(b) 각 정당의 국회의원 수를 결정하는 프로그램을 작성하라. 그림 5.49를 참고하라.

```
Party Affiliations:
   Republicans: 54
   Democrats: 44
   Independents: 2
```

그림 5.49 프로그래밍 프로젝트 4(b)의 결과

(c) 정당이 같은 2명의 국회의원을 갖고 있는 주state의 개수는 몇 개인지 결정하는 프로그램을 작성하라.

(d) 사용자가 주를 입력하면 해당 주 출신의 2명의 국회의원을 표시하는 프로그램을 작성하라. 그림 5.50을 참고하라.

```
Enter the name of a state: Maryland
Benjamin Cardin
Barbara Mikulski
```

그림 5.50 프로그래밍 4(d)의 결과

5. 학사 학위

표 5.8은 특정 연구 분야에 대해 1981년과 2010년에 수여한 학사 학위의 개수다. 표 5.9와 5.10은 각각 2010년 기준 비율 변화와 히스토그램이다. 여러 표 중에서 하나를 사용자가 표시하고 네 번째 옵션으로 중지하는 프로그램을 작성하라. 표 5.8은 연구 분야에 대해 알파벳 순서로 정렬한 결과이고, 표 5.9는 퍼센트 기준으로 내림차순으로 정렬한 결과다. 표 5.10은 학위 수가 증가한 순서로 정렬한 결과다. 키key값이 연구 분야이고, 2개의 연도별 학위 수로 구성된 튜플(예: 1981 학위 수, 2010 학위 수)을 갖는 딕셔너리를 저장한 파일 DegreeDict.dat를 이용하라. 딕셔너리의 아이템 하나를 예로 들면 "Business":(200521, 358293)과 같다.

표 5.8   연구 분야에 수여한 학사 학위

연구 분야	1981	2010
경영학	200,521	358,293
컴퓨터와 정보 과학	15,121	39,589
교육학	108,074	101,265
공학	63,642	72,654
사회 과학과 역사	100,513	172,780

출처: 국립교육통계센터

표 5.9   수여한 학사 학위의 변화 비율

연구 분야	변화율(%)(1981~2010)
컴퓨터와 정보 과학	161.8%
경영학	78.7%
사회 과학과 역사	71.9%
공학	14.2%
교육학	− 6.3%

표 5.10   2010년 연구 분야에 수여된 학사 학위

컴퓨터와 정보 과학 **** 39,589
공학 ******* 72,654
교육학 ********** 101,265
사회 과학 및 역사 **************** 172,780
경영학 *********************************** 358,293

6. 연료 경제

5개 자동차 모델을 대상으로 연료 경제 연구를 수행하였다. 각 자동차로 100마일 주행한 후 자동차의 모델과 사용된 갤런 수를 파일 Mileage.txt에 입력하였다. 표 5.11은 파일에 입력한 데이터다. 모델과 갤런당 평균 마일을 내림차순으로 정렬하는 프로그램을 작성하라. 그림 5.51을 참고하라. 이 프로그램은 5개 아이템에 대해 각 모델을 키^{key}로 하고 값으로 2개의 튜플을 갖는 딕셔너리를 생성해야 한다. 2개의 튜플은 다음과 같은 형태를 갖고 있어야 한다(해당 모델에 대한 테스트 자동차 개수, 해당 모델이 사용한 갤런의 총 수).

표 5.11 100마일 운전에 사용된 가솔린 양(갤런)

모델	갤런	모델	갤런	모델	갤런
Prius	2.1	Accord	4.1	Accord	4.3
Camry	4.1	Camry	3.8	Prius	2.3
Sebring	4.2	Camry	3.9	Camry	4.2
Mustang	5.3	Mustang	5.2	Accord	4.4

```
Model          MPG
Prius          45.45
Camr           25.00
Sebring        23.81
Accord         23.44
Mustang        19.05
```

그림 5.51 프로그래밍 프로젝트 6의 결과

7. 미국 시

파일 Cities.txt는 미국 내 25개의 가장 큰 도시에 대한 정보다. 파일의 각 행은 4개 필드인 이름, 소속 주, 2000년도 인구수(10만 명 단위)와 2010년 인구수(10만 명 단위)이다. 각 행에 시의 명칭과 2000년부터 2010년까지 인구 증가 비율(%)이 기입된 신규 파일을 생성하는 프로그램을 작성하라. 이 도시는 인구 증가율 기준으로 내림차순 정렬되어야 한다. 파일 Cities.txt의 첫 번째 4행은 다음과 같다.

```
New York, NY, 80.1, 82.7
Los Angeles, CA, 36.9, 38.84
Chicago, IL, 29.0, 28.7
Houston, TX, 19.5, 22.4
```

8. 환율

텍스트 파일 Exchrate.txt는 49개 주요 국가의 현지 통화에 대한 정보다. 파일의 첫 번째 8행은 다음과 같다.

```
America, Dollar, 1
Argentina, Peso, 8.405692
Australia, Dollar, 1.070835
Austria, Euro, 0.760488
Belgium, Euro, 0.760488
Brazil, Real, 2.237937
Canada, Dollar, 1.086126
Chile, Peso, 591.4077
```

파일의 각 행은 국가명, 통화명, 미국 달러 기준 교환 환율[6]을 데이터 내용으로 한다. 예를 들어 미화 1달러는 591.4077 칠레 페소와 같다. 파트 (a), (b), (c)의 텍스트 파일 Exchrate.txt를 사용한다.

(a) 국가명을 입력받은 후 현 통화와 환율을 표시하는 프로그램을 작성하라. 그림 5.52를 참고하라.

```
Enter the name of a country: Chile
Currency: Peso
Exchange rate: 591.4077
```

그림 5.52 프로그래밍 프로젝트 8(a)의 결과

(b) 미국 달러 1장으로 구매할 수 있는 금액에 근거하여 오름차순으로 국가의 이름을 표시하는 프로그램을 작성하라.

```
Kuwait
United Kingdom
Australia
```

그림 5.53 프로젝트 8(b)의 결과

(c) 두 국가의 이름과 해당 국가 통화 기준 금액을 입력받은 후 첫 번째 국가의 금액을 두 번째 국가의 통화와 동일하도록 계산하는 프로그램을 작성하라. 그림 5.54를 참고하라.

```
Enter name of first country: America
Enter name of second country: Chile
Amount of money to convert: 100
100 dollars from America equals 59,140.77 pesos from Chile
```

그림 5.54 프로그래밍 프로젝트 8(c)의 결과

---

6 텍스트 파일은 2014년 9월의 환율이다.

6장

나머지 주제

6.1 예외 핸들링

파이썬은 프로그램 실행 중에 프로그래머가 오류를 리포팅하고 복구할 수 있도록 하는 예외 핸들링 호출 메커니즘을 제공한다.

■ 예외

예외는 런타임 오류로, 유효하지 않은 데이터를 입력하거나 파일에 접근하기가 불가능할 때와 같이 프로그래머의 제어를 넘어서는 환경에서 발생한다. 사용자가 프로그램에서 숫자를 입력해야 할 때 단어를 입력할 경우, 예외가 발생하거나 프로그램이 갑자기 종료된다. 이는 프로그래머가 오류 처리 로직이나 형식 오류를 발생시키지 않은 경우다. 하지만 사용자가 입력을 잘못했더라도, 이에 대응하는 예외 처리 코드를 개발하는 것은 프로그래머의 책임이다. 표 6.1은 몇 가지 예외 유형 및 원인을 나열한 것이다.

표 6.1 몇 가지 일반 예외사항

예외 유형	설명과 예제
속성 오류	해당 객체에 대해 활용 불가능한 기능을 요청함. `(2, 3, 1).sort() or print(x.endswith(3)) # where x = 23`
파일 미발견 오류	요청한 파일이 존재하지 않거나 해당 위치에 존재하지 않음. `open("NonexistentFile.txt", 'r')`
임포트 오류	임포트 명령이 요청한 모듈을 찾는 데 실패함. `import nonexistenModule`
인덱스 오류	범위 밖의 인덱스 `letter = "abcd"[7]`
키 오류	딕셔너리상에 키가 없음 `word = d['c'] # where d = {'a':"alpha", 'b':"bravo"}`

예외 유형	설명과 예제
이름 오류	변수의 값을 찾을 수 없음. term = word # word는 생성되지 않았음.
유형 오류	함수나 연산자가 부정확한 유형의 인자를 받은 경우임. x = len(23) or x = 6 / '2' or x = 9 + 'W' or x = abs(-3,4)
값 오류	함수나 연산자가 정확한 인자 유형을 받았지만 값이 부적합함. x = int('a') or L.remove(item) # item이 리스트가 아닌 경우
0으로 나누기 연산 오류	나누기나 나머지 연산에서 두 번째 숫자가 0임. num = 1 / 0 or num = 23 % 0

프로그래머가 명확하게 예외 처리 코드를 프로그램에 포함시키지 않아 예외사항이 발생할 때, 파이썬은 역추적 오류 메시지를 표시한 후 프로그램을 종료한다. 다음 코드를 고려해보자.

```
numDependents = int(input("Enter number of dependents: "))
taxCredit = 1000 * numDependents
print("Tax credit:", taxCredit)
```

부양 가족이 없는 사용자가 숫자를 입력하지 않고 **Enter** 키만을 입력한다고 가정해보자. 이 경우, 파이썬은 프로그램을 종료하여 화면에 역추적 오류^{Traceback error} 메시지를 출력한다.

```
ValueError: invalid literal for int() with base 10: ''
```

메시지의 첫 번째 단어는 오류 유형이고 나머지는 오류 원인이다. 이러한 예외사항은 입력 값인 공백을 정수로 변환할 수 없기 때문에 발생한다.

VideoNote
Exception
Handing

■ try 명령

강건한 프로그램은 try 명령과 함께 해당 코드를 보호하여 예외사항을 처리한다. 다음 코드는 예외사항을 처리하는 한 가지 방법이다. 파이썬은 가장 먼저 try 블록의 코드를 실행한다. 만약 값 오류^{ValueError}가 발생하면, 실행은 except 문구로 이동한다. 예외 발생 여부와 상관없이 마지막 두 행의 코드를 실행한다.

```
try:
        numDependents = int(input("Enter number of dependents: "))
except ValueError:
        print("\nYou did not respond with an integer value.")
        print("We will assume your answer is zero.\n")
        numDependents = 0
```

```
taxCredit = 1000 * numDependents
print("Ta credit:", taxCredit)
```

try 명령은 몇 가지 except 구문을 포함할 수 있다. 세 가지 유형의 except 구문은 다음과 같다.

except: (해당 블록은 모든 예외가 발생할 때 실행된다.)

except ExceptionType: (해당 블록은 특정 유형의 예외가 발생할 경우에만 실행된다.)

except ExceptionType as exp: (해당 블록은 특정 유형의 예외가 발생할 경우에만 실행된다. 문제에 대한 추가 정보는 exp에 설정된다.)

앞에서 설명한 try 명령에서, except 구문이 다음과 같다면 except ValueError as exc: 변수 exc에 예외 유형이 설정될 것이다. 이 경우에는 invalid literal for int() with base 10: "이 예외 유형으로 설정된다.

✔ **예제 1** **예외 처리**

다음 프로그램을 다양한 가정하에서 실행한다.

```
def main():
    ## 파일 내 숫자의 역수를 표시한다.
    try:
        fileName = input("Enter the name of a file: ")
        infile = open(fileName, 'r')
        num = float(infile.readline())
        print(1 / num)
    except FileNotFoundError as exc1:
        print(exc1)
    except ValueError as exc2:
        print(exc2)

main()
```

[실행 Numbers.txt가 없다고 가정]

```
Enter the name of a file: Numbers.txt
[Errno 2] No such file or directory: 'Numbers.txt'
```

[실행 Numbers.txt가 있고, 첫 번째 행은 단어 TWO를 갖고 있다고 가정]

```
Enter the name of a file: Numbers.txt
could not convert string to float: 'TWO\n'
```

[실행 Numbers.txt가 있고 첫 번째 행은 숫자 2를 갖고 있다고 가정]

```
Enter the name of a file: Numbers.txt
0.5
```

다음 프로그램은 사용자로부터 적절한 입력값을 받도록 예외 처리를 사용한다.

```
def main():
    ##  사용자가 적합한 값을 입력한다.
    phoneticAlphabet = {'a':"alpha", 'b':"bravo", 'c':"charlie"}
    while True:
        try:
            letter = input("Enter a, b, or c: ")
            print(phoneticAlphabet[letter])
            break
        except KeyError:
            print("Unacceptable letter was entered.")
main()
```

[실행]

```
Enter a, b, or c: d
Unacceptable letter was entered.
Enter a, b, or c: b
bravo
```

■ else와 finally 구문

Try 명령은 except 구문 다음에 else 구문을 1개 가질 수 있다. 이 경우 해당 블록은 예외가 발생하지 않은 경우에 실행되므로 보호가 필요하지 않은 코드용으로 적합하다.

try 명령은 finally 구문으로 종료할 수 있다. Finally 구문에 대한 블록은 일반적으로 왼쪽이 열려 있는 파일과 같은 리소스를 치우기 위해 사용한다. Try 명령은 except 구문이나 finally 구문을 포함해야 한다.

✓ **예제 3** **평균과 총합 계산**

다음 프로그램은 파일 내 숫자들의 평균과 총합을 계산한다. 이 프로그램은 예외 처리를 사용하여 파일이 발견되지 않는지, 해당 파일은 숫자가 아닌 행을 포함하고 있는지 또는 파일 내용이 없는지에 대처한다.

```python
def main():
    ## 파일 내 숫자의 평균과 총합을 계산한다.
    total = 0
    counter = 0
    foundFlag = True
    try:
        infile = open("Numbers.txt", 'r')
    except FileNotFoundError:
        print("File not found.")
        foundFlag = False
    if foundFlag:
        try:
            for line in infile:
                counter += 1
                total += float(line)
            print("average:", total / counter)
        except ValueError:
            print("Line", counter, "could not be converted to a float.")
            if counter > 1:
                print("Average so far:", total / (counter - 1))
                print("Total so far:", total)
            else:
                print("No average can be calculated.")
        except ZeroDivisionError:
            print("File was empty.")
        else:
            print("Total:", total)
        finally:
            infile.close()

main()
```

■ **주석**

1. 단어 try, except, else, finally는 예약어이므로 IDLE에서 오렌지색으로 표시한다. 오류명은 IDLE에서 자주색으로 표시한다.

2. 프로그램이 특정 상황에서도 잘 작동하면 '강건하다'라고 한다. Try 명령은 강건한 프로그램을 작성하기 위한 주요 도구다.

3. 1개의 except 구문은 여러 개의 오류를 참조할 수 있다. 이 경우, 오류명이 튜플에 나열된다. 예를 들어 가능한 except 문구에는 except (ValueError, NameError) as exc:가 있다.

1. try 명령을 사용하지 않고 다음 여러 행의 코드를 재작성하라.

```
phoneBook = {"Alice":"123-4567", "Bob":"987-6543"}
name = input("Enter a name: ")
try:
    print(phoneBook[name])
except KeyError:
    print("Name not found.")
```

2. 파이썬은 열려 있는 파일을 삭제하지 않는다. 삭제할 경우에는 예외를 발생시킨다. 파일을 생성하고 해당 예외를 처리하기 위해 exception을 사용하는 짧은 프로그램을 작성하라.

연습 1에서 22까지의 명령은 표 6.2[(a)에서 (t)까지 수준]의 역추적 오류 메시지 중 하나를 생성한다. 각 명령에서 생성된 오류 메시지를 결정하라.

1. `x = int("1.234")`

2. `f = open("abc.txt", 'p')`

3. `num = abs('-3')`

4. `total = (2 + '3')`

5. `x = ['a', 'b'][2]`

6. `x = list(range(1, 9))[8]`

7. `x = 23`
   `print(x.startswith(2))`

8. `x = 8`
   `x.append(2)`

9. `{'1':"uno", '2':"dos"}[2]`

10. `{"Mars":"War","Neptune":"Sea"}["Venus"]`

11. `num = [1, 3].index(2)`

12. `num = (1, 3).index(-3)`

13. `letter = ("ha" * 5)[10]`

14. `s = ""[-1]`

15. `x = [1, 2, 3].items()`

16. `(2, 3, 1).xyz()`

17. `num = eval(123)`

18. `value = min[1, 'a']`

19. `del (2, 3, 1)[2]`

20. `print(2 in "OneTwo")`

21. {"air", "fire", "earth", "water"}.sort()

22. ["air", "fire", "earth"].remove("water")

표 6.2 연습 1부터 22까지 오류 메시지

(a) 값 오류: x는 튜플이 아님.

(b) 인덱스 오류: 리스트 인덱스가 범위를 벗어남.

(c) 속성 오류: 'int' 객체는 'append' 속성이 없음.

(d) 타입 오류: eval() arg 1은 문자열, 바이트 또는 코드 객체이어야 함.

(e) 키 오류: 'Venus'

(f) 값 오류: 10진수 int()에 대한 유효하지 않은 문구: '1.234'

(g) 인덱스 오류: 문자열 인덱스가 범위를 벗어남.

(h) 타입 오류: 'tuple' 객체는 아이템 삭제를 지원하지 않음.

(i) 속성 오류: 'int' 객체는 속성 'startswith'를 갖고 있지 않음.

(j) 타입오류: +에 대한 미지원 연산 유형 : 'int'와 'str'

(k) 값 오류: 유효하지 않은 모드: 'p'

(l) 타입 오류: abs()에 대한 잘못된 연산 대상 유형: 'str'

(m)타입 오류: 'in ⟨string⟩'은 좌측 연산 대상으로 정수형이 아닌 문자열이 필요함.

(n) 속성 오류: 'list' 객체는 속성 'items'를 갖지 않음.

(o) 값 오류: 2는 리스트 내에 없음.

(p) 값 오류: list.remove(x): x는 리스트 내에 없음.

(q) 타입 오류: 'built-in_function_or_method' 객체는 내장 함수나 메서드 인덱스의 사용이 불가함.

(r) 속성 오류: 'set' 객체는 'sort' 속성을 갖지 않음.

(s) 키 오류: 2

(t) 속성 오류: 'tuple' 객체는 속성 'xyz'를 갖지 않음.

연습 23에서 28까지 해당 코드에 의해 표시되는 결과를 결정하라.

23.
```python
# 사용자가 문자를 입력한다고 가정한다.
try:
    num = float(input("Enter a number: "))
    print("Your number is", num)
except:
    print("You must enter a number.")
```

24.
```python
nafta = ["Canada", "United States", "Mexico"]
try:
    print("The third member of NAFTA is", nafta[3])
except IndexError:
    print("Error occurred.")
```

25.
```python
flower = "Bougainvillea"
try:
    lastLetter = flower[13]
    print(lastLetter)
except TypeError:
```

```
        print("Error occurred.")
    except IndexError as exc:
        print(exc)
        print("Oops")
```

26. 현 폴더에 파일 Ages.txt가 있으며 파일의 첫 번째 행은 Twenty-one\n이라고 가정해보자.

```
try:
    infile = open("Ages.txt", 'r')    # 실행 실패 시 FileNotFound
    age = int(infile.readline())      # 실행 실패 시 ValueError
    print("Age:", age)
except FileNotFoundError:
    print("File Ages.txt not found.")
except ValueError:
    print("File Ages.txt contains an invalid age.")
    infile.close()
else:
    infile.close()
```

27. 현 폴더에 파일 Salaries.txt가 있으며 파일의 첫 번째 행은 문자열 20,000을 갖고 있다고 가정해보자.

```
def main():
    try:
        infile = open("Salaries.txt", 'r')   # 실행 실패 시 FileNotFound
        salary = int(infile.readline())      # 실행 실패 시 ValueError
        print("Salary:", salary)
    except FileNotFoundError:
        print("File Salaries.txt not found.")
    except ValueError:
        print("File Salaries.txt contains an invalid salary.")
        infile.close()
    else:
        infile.close()
    finally:
        print("Thank you for using our program.")
main()
```

28. 파일 Ages.txt는 프로그램과 동일한 폴더에 없다라는 가정하에 연습 26을 재실행한다.

29. 다음 프로그램은 사용자가 입력값으로 0을 입력하는 경우, 오류 없이 프로그램을 실행한다. 하지만 사용자가 "eight"을 입력할 경우, 해당 프로그램에는 오류가 발생한다. 이 프로그램을 try/except 명령을 사용하여 두 가지 유형의 입력값을 잘 처리할 수 있도록 재작성하라. 그림 6.1을 참고하라.

```
while True:
    n = int(input("Enter a nonzero integer: "))
    if n != 0:
        reciprocal = 1 / n
        print("The reciprocal of {0} is {1:,.3f}".format(n, reciprocal))
        break
    else:
        print("You entered zero. Try again.")
```

```
Enter a nonzero integer: 0
You entered zero. Try again.
Enter a nonzero integer: eight
You did not enter a nonzero integer. Try again.
Enter a nonzero integer: 8
The reciprocal of 8 is 0.125
```

그림 6.1 연습 29의 결과

30. 주State 수도

리스트 stateCapitals는 50개 주의 수도 명칭이다. 수도 명칭을 입력받아 리스트에서 제거하는 강건한 코드를 작성하라. 그림 6.2를 참고하라.

```
Enter a state capital to delete: Chicago
Not a state capital.
Enter a state capital to delete: Springfield
Capital deleted.
```

그림 6.2 연습 30의 결과

31. 숫자 입력

1부터 100까지 정수를 입력받는 강건한 프로그램을 작성하라. 그림 6.3을 참고하라.

```
Enter an integer from 1 to 100: 5.5
You did not enter an integer.
Enter an integer from 1 to 100: five
You did not enter an integer.
Enter an integer from 1 to 100: 555
Your number was not between 1 and 100.
Enter an integer from 1 to 100: 5
Your number is 5.
```

그림 6.3 연습 31의 결과

```
1. phoneBook = {"Alice":"123-4567", "Bob":"987-6543"}
   name = input("Enter a name: ")
   print(phoneBook.get(name, "Name not found."))


2. import os

   def main():
       createFile()
       infile = open("NewFile.txt", 'r')
       deleteFile("NewFile.txt")

   def createFile():
       f = open("NewFile.txt", 'w')
       f.write("Hello, World!\n")
       f.close()

   def deleteFile(fileName):
       try:
           os.remove(fileName)
       except:
           print("File is open and cannot be deleted.")

   main()
```

VideoNote
Random
Values

6.2 랜덤값 선택

랜덤 모듈은 리스트에서 아이템을 랜덤하게 선택하고 재정렬하는 함수를 갖고 있다.

■ random 모듈의 함수

L이 리스트이면, `random.choice(L)`은 L에서 랜덤하게 선택한 아이템이고, `random.sample(L, n)`은 L에서 랜덤하게 선택한 n개의 아이템을 포함하는 리스트가 되며, `random.shuffle(L)`은 L에 있는 아이템을 랜덤하게 재정렬한다. m과 n이 $m \leq n$을 갖는 정수이면, `random.randint(m, n)`은 m에서 n까지 임의로 선택한 정수를 반환한다.

예제 1 랜덤 함수

다음 프로그램은 랜덤 모듈의 함수다.

```
import random

elements = ["earth", "air", "fire", "water"]
print(random.choice(elements))
print(random.sample(elements, 2))
random.shuffle(elements)
print(elements)
print(random.randint(1, 5))
```

[실행 결과는 다음과 같다.]

```
fire
['air', 'earth']
['water', 'fire', 'earth', 'air']
5
```

■ 선택 게임

 예제 2 포커 핸드

파일 DeckOfCardsList.dat는 일반적인 카드 놀이판에서 52개의 카드 목록을 갖는 바이너리 파일이다. 다음 프로그램은 카드 놀이판에서 4개의 카드를 임의로 선택한다.

```
import random
import pickle

infile = open("DeckOfCardsList.dat", 'rb')
deckOfCards = pickle.load(infile)
infile.close()
pokerHand = random.sample(deckOfCards, 5)
print(pokerHand)
```

[실행 결과는 다음과 같다.]

```
['2♠', '2♦', '6♣', 'Q♠', '10♦']
```

미국 룰렛은 38개의 숫자를 갖는다(1에서 36, 0, 00). 이 게임에서는 다양한 유형의 배팅이 가능하다. 우리는 "홀수(odd)" 배팅을 고려하고 있다. $1를 "홀수(odd)"에 배팅할 경우, "홀수(odd)"가 나타나면 $1를 얻고, 아닌 경우에는 $1를 잃는다. 다음 프로그램은 룰렛 표에서 위험을 감당한 뱅크 롤(bankroll)[1] 금액을 사용자가 설정한다. 이 프로그램은 룰렛 표에서 배팅 결과를 시뮬레이션한다.

```python
import random

def main():
    bankroll = int(input("Enter the amount of the bankroll: "))
    (amount, timesPlayed) = playDoubleOrNothing(bankroll)
    print("Ending bankroll:", amount, "dollars")
    print("Number of games played:", timesPlayed)

def isOdd(n):
    if (1 <= n <= 36) and (n % 2):
        return True
    else:
        return False

def profit(n):
    if isOdd(n):
        return 1
    else:
        return -1

def playDoubleOrNothing(bankroll):
    amount = bankroll
    timesPlayed = 0
    while 0 < amount < 2 * bankroll:
        # 37은 00을 의미한다고 가정해보자.
        n = random.randint(0, 37)
        timesPlayed += 1
        amount += profit(n)
    return (amount, timesPlayed)

main()
```

[실행 가능한 결과는 다음과 같다.]

```
Enter the amount of the bankroll: 12
Ending bankroll: 24 dollars
Number of games played: 74
```

---

1 블랙잭 용어로, Dealer 바로 앞의 Tray 속에 보관되어 있는 카지노 머니를 말한다.

다음 예제에서, 몇몇 리스트가 여섯 개의 아이템 리스트에서 선택된다. 하지만 몇 개의 아이템은 다른 곳에서 선택될 가능성이 높다. 이 경우 랜덤한 선택을 위해 if-elif-else 명령을 사용해야 한다.

 예제 4 **슬롯머신**

슬롯머신은 동전을 슬롯에 넣고 레버를 당김으로써 실행된다. 이 기계는 체리, 오렌지, 자두, 메론, 막대, 종 그림이 있는 3개의 바퀴를 회전시켜 각 바퀴가 1개의 그림에 멈추게 한다. 각 그림들로 구성된 3개의 조합 결과에 따라 플레이어가 돈을 지불한다. 각 바퀴는 5개의 체리, 5개의 오렌지, 5개의 자두, 3개의 메론, 1개의 막대, 1개의 종 그림이 있다고 가정해보자. 다음 프로그램은 레버를 당긴 결과를 시뮬레이션한다. 각 바퀴에는 20개의 그림이 있으며 1에서 20까지의 숫자를 조합하여 시뮬레이션하려고 한다.

```python
import random

def main():
    for i in range(3):
        outcome = spinWheel()
        print(outcome, end="  ")

def spinWheel():
    n = random.randint(1, 20)
    if n > 15:
        return "Cherries"
    elif n > 10:
        return "Orange"
    elif n > 5:
        return "Plum"
    elif n > 2:
        return "Melon"
    elif n > 1:
        return "Bell"
    else:
        return "Bar"

main()
```
[실행 결과는 다음과 같다.]
```
Plum  Melon  Cherries
```

■ **주석**

1. 랜덤 모듈에 의해 생성된 숫자를 '의사 랜덤pseudorandom'이라고 한다. 이 숫자는 랜덤 알고리즘에 의해 생성된다. 1초마다 100번씩 변화하는 시스템 시계에 근거한 시간값을 알고리즘에서 사용한다.

1. list1은 3개 이상의 아이템을 갖고 있으며 다음 코드는 list1에서 랜덤하게 선택한 아이템 리스트를 표시한다고 가정해보자. Sample 함수를 사용하지 않고도 동일한 결과를 출력하는 코드를 작성하라.

```
import random
print(random.sample(list1, 2))
```

2. list1은 2개 이상의 아이템을 갖고 있으며, 다음 코드는 list1에서 임의로 선택한 아이템을 표시한다고 가정해보자. Choice 함수를 사용하지 않고 동일한 결과를 실행하는 코드를 작성하라.

```
import random
print(random.choice(list1))
```

연습 1에서 8까지 몇 줄의 코드에 의해 시뮬레이션할 수 있는 이벤트를 설명하라. 랜덤 모듈은 import하였다고 가정해보자.

1. ```
   freeThrow = ["success", "success", "success", "failure"]
   print(random.choice(freeThrow))
   ```

2. ```
   result = ("Head", "Tail")
   print(random.choice(result))
   ```

3. ```
   resultOfAtBat = random.randint(1, 1000)
   if resultOfAtBat <= 275:
       print("HIT")
   else:
       print("NO HIT")
   ```

4. ```
   die1 = random.randint(1, 6)
   die2 = random.randint(1, 6)
   print(die1 + die2)
   ```

5. ```
   clubMembers = ["Emma","Ethan","Isabella","Jacob","Sophia","Mason"]
   coChairPersons = random.sample(clubMembers, 2)
   print(coChairPersons)
   ```

6. ```
   flavors = ["Vanilla", "Chocolate", "Mint", "Coffee", "Cherry"]
   tripleCone = random.sample(flavors, 3)
   print(tripleCone)
   ```

7.
```
milers = ["Hicham", "Noah", "Noureddine", "Steve", "Daniel"]
random.shuffle(milers)
for i in range(1, 6):
    print("Lane", str(i) + ':', milers[i - 1])
```

8.
```
clubMembers = ["Emma","Ethan","Isabella","Jacob","Sophia","Mason"]
random.shuffle(clubMembers)
print("President:", clubMembers[0])
print("Secretary:", clubMembers[1])
print("Treasurer:", clubMembers[2])
```

연습 9에서 14까지 명시한 작업을 수행하는 코드를 작성한다. Random 모듈은 이미 import하였다고 가정해보자.

9. 알파벳

알파벳에서 랜덤하게 선택한 3개의 문자를 표시하라.

10. 완벽한 사각형

1에서 10,000까지의 숫자를 랜덤하게 선택하여 해당 정수의 제곱을 표시하라.

11. 짝수

2에서 100까지의 숫자를 랜덤하게 선택하여 2개의 짝수를 표시하라.

12. 모음

모음을 랜덤하게 선택하여 표시하라.

13. 동전

동전을 100번 던지고 앞면이 나온 횟수를 표시하라.

14. 주사위

2개의 주사위를 100,000번 던져 합이 7인 경우의 비율을 표시하라.

15. 미국 주

파일 StatesAlpha.txt는 미국의 50개 주를 알파벳 순서로 갖고 있다. 50개의 주를 리스트에 넣지 않고 3개의 주를 랜덤하게 선택하는 프로그램을 작성하라.

16. 미국 주

파일 StatesAlpha.txt는 미국의 50개 주 이름을 알파벳 순서로 갖고 있다. 해당 주의 이름을 랜덤한 순서로 나열하여 RandomStates.txt라는 새로운 파일로 만드는 프로그램을 작성하라.

17. 카드 매칭

표 위에 돌아가는 카드 선반이 2개 있고, 해당 카드를 한 번에 1개씩 선반에서 꺼내 비교한다고 가정해보자. 평균적으로 카드 2개가 몇 회 일치하는가? 10,000회를 실행하는 경우. 일치하는 평균 횟수를 계산하는 프로그램을 작성하라. 그림 6.4를 참고하라([노트] 이 문제는 '이론적 값이 1이 된다'라고 결정한 프랑스 확률학자 피에르 리몬드 드 몬트모트가 1708년에 처음으로 분석하였다.). 해당 문제에 대해서는 변경사항이 많고, 아이템의 횟수가 52보다 많을 경우에도 이론적 대답은 항상 1이다. 또한 이 문제에 대한 여러 가지 변형된 버전이 있고 아이템의 개수가 52가 아닐 경우에도 이론적 답은 항상 1이다. 문제에 대한 변형된 버전은 다음과 같다. 타이피스트가 편지를 타자기로 작성한 후 다른 사람 20명에게 편지를 보낸다고 가정해보자. 편지는 랜덤하게 봉투에 집어넣는다. 평균적으로 얼마나 많은 편지를 정확하게 봉투에 넣을 수 있을까?

```
The average number of cards that
matched was 1.005659.
```

그림 6.4 연습 17의 결과

18. 가위, 바위, 보

두 사람 간의 가위, 바위, 보 게임을 시뮬레이션하고 결과를 표시하는 프로그램을 작성하라. 두 사람은 랜덤하게 가위, 바위, 보를 선택한다고 가정해보자. 그림 6.5를 참고하라([노트] 보는 주먹을 이긴다, 가위는 보를 이긴다, 주먹은 가위를 이긴다.).

```
Player 1: paper
Player 2: scissors
Player 2 wins.
```

그림 6.5 연습 18의 결과

연습 19와 20은 파워볼 복권을 참고하라. 파워볼 복권에서는 1부터 59까지 번호가 적힌 하얀 공에서 5개의 공을 랜덤하게 선택된다. 그런 다음 파워볼이라는 1개의 공을 랜덤하게 1부터 35까지 적힌 빨간 공에서 선택한다.

19. 파워볼 복권

파워볼 선택을 랜덤하게 생성하는 프로그램을 작성하라. 그림 6.6을 참고하라.

```
White balls: 22 28 51 11 5
Powerball: 20
```

그림 6.6 연습 19의 결과

20. **파워볼 복권**

흰 공 5개는 연속된 숫자가 2개 이상인 경우가 많다. 흰 공을 100,000개 선택한 후 적어도 2개의 연속된 숫자를 포함하게 될 비율(%)을 표시하는 프로그램을 작성하라. 그림 6.7 함수 random.sample((range(1,60), 5))를 사용하라.

```
31% of the time there were at least
two consecutive numbers in the set
of five numbers.
```

그림 6.7 연습 20의 결과

21. **동전 던지기**

동전을 32번 던진 결과를 표시하는 프로그램을 작성하라. 5회 연속으로 앞면이 나오거나 뒷면이 나오는지를 결정하라.

```
THTHHTHHTTTTHTHHHHHTTHHHHHTTHHHTH
There was a run of five consecutive
same outcomes.
```

그림 6.8 연습 21의 결과

22. **첫 번째 에이스가 나오기까지 카드 앞면을 확인하는 횟수 계산하기**

선반에서 카드 52개를 섞은 후 첫 번째 에이스가 나올 때까지 위에서부터 카드를 하나씩 뒤집어 앞면을 확인한다. 평균적으로 첫 번째 에이스가 나올 때까지 카드를 몇 회 뒤집는가? 카드 선반을 100,000회씩 섞은 후 에이스를 얻기 위해 뒤집어야 하는 카드의 평균 횟수를 계산하는 프로그램을 작성하고, 해당 횟수를 추정하라.

```
The average number of cards
turned up was 10.61.
```

그림 6.9 연습 22의 결과

23. 브리지 게임의 카드(HPC)

브리지 게임은 카드 13개로 구성되어 있다. 1개의 핸드를 평가하는 방법은 에이스가 4포인트, 킹이 3포인트, 퀸이 2포인트, 잭이 1포인트의 가치가 있을 경우 전체 고점의 카운트(HPC)를 계산하는 것이다. 랜덤하게 카드 13개를 선택한 후 핸드의 HPC를 계산하는 프로그램을 작성하라. 그림 6.10을 참고하라. ([노트] 파일 DeckOfCardsList.dat를 사용한다.)

```
7♥, A♦, Q♠, 4♣, 8♠, 8♥, K♠, 2♦, 10♦, 9♦, K♥, Q♦, Q♣
HPC = 16
```

그림 6.10 연습 23의 결과

연습 24에서 미국 각 주의 명칭, 약자, 닉네임, 수도 정보를 포함하고 있으며 해당 주는 알파벳 순서로 정렬한 StatesANC.txt를 사용하였다. 파일의 첫 번째 3행은 다음과 같다.

```
Alabama,AL,Cotton State,Montgomery
Alaska,AK,The Last Frontier,Juneau
Arizona,AZ,Grand Canyon State,Phoenix
```

24. 주 수도 퀴즈

사용자에게 랜덤하게 선택한 5개 주의 수도 명칭을 물어보는 프로그램을 작성하라. 이 프로그램은 정확히 맞추지 못한 답의 개수를 리포트해야 하며 대답을 잘못한 질문에 답을 표시해야 한다. 그림 6.11을 참고하라.

```
What is the capital of Minnesota? Saint Paul
What is the capital of California? Sacramento
What is the capital of Illinois? Chicago
What is the capital of Alabama? Montgomery
What is the capital of Massachusetts? Boston

You missed 1 question.
Springfield is the capital of Illinois.
```

그림 6.11 연습 24의 결과

연습문제 6.2 해답

1.
```
import random
random.shuffle(list1)
```

```
print(list1[:2])
```

또는

```
import random
m = random.choice(list1)
list1.remove(m)
n = random.choice(list1)
print([m, n])
```

2.
```
import random
n = random.randint(0, len(list1) - 1)
print(list1[n])
```

또는

```
import random
random.shuffle(list1)
print(list1[0])
```

6.3 거북 그래픽

거북 그래픽은 turtle 모듈로부터 객체와 메서드를 사용한다.

■ 좌표

다음 명령을 실행하면, 그림 6.12가 윈도우에 나타난다.

```
import turtle
t = turtle.Turtle()
```

그림 6.12 거북 그래픽 윈도우

경계 내부의 흰색 영역을 캔버스라고 하며, 캔버스 중앙의 셰브론은 거북이라고 한다. 캔버스는 360,000개의 픽셀을 갖고 있으며 그림 6.13의 좌표 시스템에 의해 결정되는 숫자 쌍으로 인식한다. 캔버스 내 중앙의 픽셀 좌표는 (0, 0)이다. 변수 t는 turtle 객체가 되며 간단하게 turtle이라고 한다.

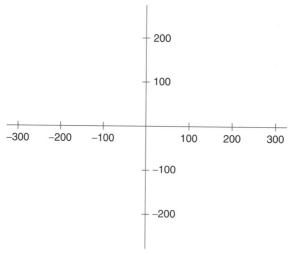

그림 6.13 캔버스 좌표

꼬리에 작은 펜이 부착된 작은 거북을 Chevron이라 하자. 파이썬 명령은 이 꼬리를 위 또는 아래로 (이를 통하여 펜을 올리거나 낮춤) 이동시킬 수 있으며, 펜의 색상을 선택하고 거북이가 향하는 방향을 변경할 수 있다. 또한 거북을 직선으로 이동시키고 펜의 현 위치를 중심으로 모든 반경의 점을 그린다. 초기 거북의 꼬리는 좌표 시스템의 원점에 있고 거북은 동쪽을 향해 꼬리를 내리고 이동하도록 설정되어 있다.

간단한 움직임을 반복하여 정교한 모양을 그릴 수 있다. 아래 그림은 직선으로 200픽셀을 이동하고 시계 반대 방향으로 170도 회전하면서 반복 수행한 것이다. 이 프로그램은 주석 4를 실행시켜 얻어낸 그림이다.

■ 거북 모듈의 메서드

명령 t.up()와 t.down()은 펜을 올리거나 내린다. 항상 거북은 위치(좌표로 주어짐), 방향(수평선 기준으로 시계 반대 방향), 펜 상태(위 또는 아래)와 색상을 갖는다. 동쪽, 북쪽, 서쪽, 남쪽을 향한 거북은 각각 0도, 90도, 180도, 270도를 갖는다. 모든 표준 색상(빨강, 파랑, 녹색, 흰색, 검정)은 펜 색상으로 사용할 수 있다. 다양한 색상의 삽입 페이지는 32개의 색상을 보여준다.

명령 t.hideturtle()은 Chevron을 보이지 않게 만든다. 명령 t.forward(dist)는 거북을 설정한 방향으로 dist 픽셀만큼 이동시킨다. 또한 명령 t.goto(x,y)는 거북을 좌표가 (x, y)인 픽셀로 이동시킨다.

펜의 색상은 초기에 검정이지만, 다음 명령을 이용하면 변경할 수 있다.

```
t.pencolor(colorName)
```

펜이 아래로 되어 있을 때 거북을 움직이는 위의 세 가지 명령문은 선을 현 색상으로 그린다.

명령 t.setheading(deg)는 거북의 방향을 deg 각도로 설정한다. 명령 t.left(deg)와 t.right(deg)는 거북이가 향한 방향을 deg 각도만큼 시계 반대 방향 또는 시계 방향으로 변경시킨다.

명령 t.dot(diameter, colorName)은 펜의 현 위치를 중심으로 설정 반경과 색상으로 점을 그린다. 색상 인자를 생략하면 현재 펜의 색상을 사용한다. 두 인자를 생략하면 현재 펜의 색상으로 5픽셀의 반경을 사용한다.

■ 직사각형

그림 6.14는 폭 w, 높이 h, 좌측 하단 코너 (x, y)인 직사각형이다. 명령 import turtle, t=turtle.Turtle()과 t.hideturtle()가 실행된 후에 다음 두 함수에서 하나를 사용하여 크기, 색상, 위치를 대상으로 직사각형을 그릴 수 있다. 첫 번째 함수는 직사각형의 코너 좌표를 사용하고 두 번째 함수는 직사각형의 폭과 높이를 사용한다.

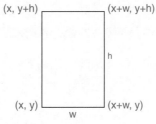

그림 6.14 일반적인 직사각형

```
import turtle

def drawRectangle(t, x, y, w, h, colorP="black"):
    ## 좌측 하단 코너 (x, y),
    ## 폭 w, 높이 h, 펜 색상 colorP를 이용하여 직사각형 그리기
    t.pencolor(colorP)
    t.up()
    t.goto(x, y)                # 직사각형의 좌측 하단 코너에서 시작한다.
    t.down()
    t.goto(x + w, y)            # 우측 하단 코너에 선을 긋는다.
    t.goto(x + w, y + h)        # 우측 상단 코너에 선을 긋는다.
    t.goto(x, y + h)            # 좌측 상단 코너에 선을 긋는다.
    t.goto(x, y)               # 좌측 하단 코너에 선을 긋는다.

def drawRectangle2(t, x, y, w, h, colorP="black"):
    ## 좌측 하단 코너(x, y),
    ## 폭 w, 높이 h, 펜 색상 colorP를 사용하여 직사각형 그리기
    t.pencolor(colorP)
    t.up()
    t.goto(x, y)               # 직사각형의 좌측 하단에서 시작한다.
    t.down()
    for i in range(2):
        t.forward(w)           # 직사각형의 수평선을 긋는다.
        t.left(90)             # 시계 반대 방향으로 90도 회전한다.
        t.forward(h)           # 직사각형의 수직선을 긋는다.
        t.left(90)             # 시계 반대 방향으로 90도 회전한다.
```

직사각형과 같은 폐쇄된 영역은 어떤 색상으로도 색칠할 수 있다. 다음 명령은 해당 영역 내부를 색칠하기 위해 사용한다.

```
t.fillcolor(colorName)
```

또한 아래 명령을 색칠하기 명령의 전후에 실행해야 한다.

```
t.begin_fill() and t.end_fill()
```

 예제 1　**색칠한 직사각형을 그리기**

다음 프로그램은 빨간 경계선이 있고 내부는 노란색으로 채운 직사각형을 그린다.

```
import turtle

def main():
    t = turtle.Turtle()
    t.hideturtle()
    drawFilledRectangle(t, 0, 0, 100, 150, "red", "yellow")
```

```
def drawFilledRectangle(t, x, y, w, h, colorP="black", colorF="white"):
    ## 좌측 하단 코너(x, y), 폭 w, 높이 h, 펜 색상 colorP, 내부 채우기 색상 colorF를 사용하여 직사
    각형 그리기
    t.pencolor(colorP)
    t.fillcolor(colorF)
    t.up()
    t.goto(x, y)               # 직사각형의 좌측 하단에서 시작한다.
    t.down()
    t.begin_fill()
    t.goto(x + w, y)           # 우측 하단 코너에 선을 긋는다.
    t.goto(x + w, y + h)       # 우측 상단 코너에 선을 긋는다.
    t.goto(x, y + h)           # 좌측 상단 코너에 선을 긋는다.
    t.goto(x, y)               # 좌측 하단 코너에 선을 긋는다.
    t.end_fill()
main()
```

■ 국기

거북 그래픽을 사용하면 다양한 유형의 국기를 쉽게 그릴 수 있다.

 예제 2 **국기**

다음은 오른쪽에 보이는 국기를 그리는 프로그램이다. 국기의 폭은 높이의 1.5배이며 중앙 파란색 면의 높이는 이웃한 옅은 파란색 면 1개의 2배다. 원의 반지름은 중앙 파란색 면의 높이의 0.8배이다. 위 아래의 옅은 파란색 면의 높이는 25픽셀으로 하였다. 따라서 중앙 파란색 면의 높이는 50픽셀이어야 하고 국기의 높이는 100픽셀이어야 한다. 국기의 폭은 1.5*100=150픽셀이 된다. 캔버스의 중심인 원점(0, 0)을 국기의 좌측 하단 코너로 하였다.

```
import turtle

def main():
    t = turtle.Turtle()
    t.hideturtle()
    # 3개의 선을 그린다.
    drawFilledRectangle(t, 0, 0, 150, 25, "light blue", "light blue")
    drawFilledRectangle(t, 0, 25, 150 , 50, "blue", "blue")
    drawFilledRectangle(t, 0, 75, 150, 25, "light blue", "light blue")
    # 흰색 점을 그린다. 국기의 중심은 (75, 50)이고 원의 반지름은 40=.8*50이 된다.
    drawDot(t, 75, 50, 40, "white")

def drawFilledRectangle(t, x, y, w, h, colorP = "black", colorF = "white"):
    ## 좌측 하단 코너(x, y), 폭 w, 높이 h, 펜 색상 colorP, 채우기 색 colorF으로 색칠한 직사각형을
    그린다.
```

```
        t.pencolor(colorP)
        t.fillcolor(colorF)
        t.up()
        t.goto(x, y)              # 직사각형의 좌측 하단 코너에 선을 긋는다.
        t.down()
        t.begin_fill()
        t.goto(x + w, y)         # 직사각형의 우측 하단 코너에 선을 긋는다.
        t.goto(x + w, y + h)     # 직사각형의 우측 상단 코너에 선을 긋는다.
        t.goto(x, y + h)         # 직사각형의 좌측 상단 코너에 선을 긋는다.
        t.goto(x, y)             # 직사각형의 좌측 하단 코너에 선을 긋는다.
        t.end_fill()
def drawDot(t, x, y, diameter, colorP):
        ## 중심(x, y)와 색상 colorP를 이용하여 점을 그린다.
        t.up()
        t.goto(x, y)
        t.pencolor(colorP)
        t.dot(diameter)
main()
```

✔ 예제 3 5개 점으로 그린 별

그림 6.15(a)는 미국 국기에 표시하는 별이다. 그림 6.15(b)에서 L은 별의 각 면의 길이이고, 별의 좌측 하단 위치는 (0, 0)이다. 별의 중심 좌표는 별을 그리는 데 필요하지는 않다. 하지만 좌측 하단에 점을 설정하지 않고 중심을 갖고 점 5개로 별을 그리기 원한다면 좌표는 유용하다. 다음 프로그램은 그림 6.15(b)와 같이 점 5개로 그린 별을 표시한다. 전체 미국 국기 그림은 프로그래밍 프로젝트에서 표시한다.

(a)

(b)

그림 6.15 점 5개로 그린 별

```
import turtle

def main():
    t = turtle.Turtle()
```

364

```
        t.hideturtle()
        lengthOfSide = 200
        drawFivePointStar(t, 0, 0, lengthOfSide)
def drawFivePointStar(t, x, y, lengthOfSide):
    # (x, y)에서 그리기 시작하여 북동쪽으로 이동한다.
    t.up()
    t.goto(x, y)
    t.left(36)
    t.down()
    for i in range(5):
        t.forward(lengthOfSide)
        t.left(144)      # 144 = 180 - 36
main()
```

■ write 메서드

s가 문자열이면 명령 t.write(s)는 펜의 현 위치에서 대략적으로[2] 문자열의 좌측 하단에 문자열 s를 표시한다.

　다음 명령은 문자열 s를 현재 펜의 위치에서 대략적으로 하단 우측과 하단 중심에 표시한다.

t.write(s, align="right")와 t.write(s, align="center")

　write 메서드는 펜이 올려져 있는지, 내려져 있는지 문자열을 표시한다([노트] 명령 t.write(s, align="left")는 명령 t.write(s)와 동일한 효과를 갖는다.).

 예제 4 　write 메서드의 예제

다음 프로그램은 다양한 alignments를 갖는 단어 Python을 표시한다.

```
import turtle

t = turtle.Turtle()
t.hideturtle()
t.up()
t.goto(0, 60)
t.dot()
t.write("Python")
```

2 　문자열의 정확한 위치는 표시하기 어려우며, 해당 문자열이 내림차순의 문자(g, j, p, q, y)가 있는지에 따라 일부분 영향을 받는다. 여러 번의 시도를 통해 해당 문자열을 원하는 위치에 정확하게 두도록 해야 한다.

```
t.goto(0, 30)
t.dot()
t.write("Python", align="right")
t.goto(0, 0)
t.dot()
t.write("Python", align="center")
```
[실행]

　　·Python

Python·

　·Python

　　문자열을 표현하는 데 사용하는 폰트는 폼(fontName, fontSize, styleName)의 3개 튜플을 write 메서드의 폰트 인자로 설정할 수 있다. 예를 들어, 명령 t.write("Python", font=("Courier New", 12, "bold"))는 단어 Python을 볼드체, 12포인트, Courier New 폰트로 표시한다. write 메서드는 1개, 2개 인자를 포함하거나 정렬 유형과 폰트 인자 모두 포함하지 않을 수도 있다.

■ 막대 차트
어떤 유형의 데이터는 막대 차트로 표시될 경우, 가시성이 향상된다.

✔ **예제 5** **언어**
다음 프로그램은 막대 차트를 다음 페이지에 생성한다. 직사각형의 좌측 하단 코너의 x 좌표는 −200에서 시작하여 76픽셀만큼 증가시킨다. y 좌표는 전체 높이를 네 간격으로 나누어 리스트 heights에 제공한다(값 4는 캔버스에 맞게 막대 차트를 순서대로 배열하는 데 필요하다.). displayText 함수에서 숫자 −162, −10, −25, −45는 여러 번의 시도를 통해 얻어낼 수 있다.

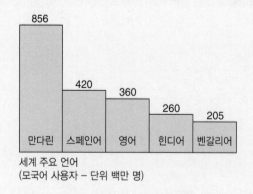

세계 주요 언어
(모국어 사용자 − 단위 백만 명)

```
import turtle

heights = [856, 420, 360, 260, 205]   # 각 언어의 사용 인원

def main():
    t = turtle.Turtle()
    t.hideturtle()
    for i in range(5):
        drawFilledRectangle(t, -200 + (76 * i), 0, 76, heights[i] / 4,
                            "black", "light blue")
    displayText(t)

def drawFilledRectangle(t, x, y, w, h, colorP="black", colorF="white"):
    ## 좌측 하단 코너(x, y), 폭 w, 높이 h, 펜 색상 colorP, 색칠 색상 colorF로 직사각형을 색칠한다.
    t.pencolor(colorP)
    t.fillcolor(colorF)
    t.up()
    t.goto(x, y)            # 직사각형의 좌측 하단 코너에 선을 긋는다.
    t.down()
    t.begin_fill()
    t.goto(x + w, y)        # 직사각형의 우측 하단에 선을 긋는다.
    t.goto(x + w, y + h)    # 직사각형의 우측 상단에 선을 긋는다.
    t.goto(x, y + h)        # 직사각형의 좌측 상단에 선을 긋는다.
    t.goto(x, y)            # 직사각형의 좌측 하단에 선을 긋는다.
    t.end_fill()

def displayText(t):
    languages = ["Mandarin", "Spanish", "English",
                 "Hindi", "Bengali"]
    t.pencolor("blue")
    t.up()
    for i in range(5):
        # 직사각형의 상단에 숫자를 표시한다.
        t.goto(-162 + (76 * i), heights[i] / 4)
        t.write(str(heights[i]), align="center",
                font=("Arial", 10, "normal"))
        # 언어를 표시한다.
        t.goto(-162 + (76 * i), 10)
        t.write(languages[i], align="center",
                font=("Arial", 10, "normal"))
    # 막대 차트의 제목을 표시한다.
    t.goto(-200, -25)
    t.write("Principal Languages of the World",
            font=("Arial", 10, "normal"))
    t.goto(-200, -45)
    t.write('(in millions of "first language" speakers)',
            font=("Arial", 10, "normal"))

main()
```

■ 라인 차트

표 6.3과 같은 간단한 표 데이터는 라인 차트로 표시할 수 있다.

표 6.3 대학 신입생 중 흡연자의 비율

	2000	2002	2004	2006	2008	2010	2012
퍼센트	10.0	7.4	6.4	5.3	4.4	3.7	2.6

출처: 고등교육연구원

 예제 6 흡연자

다음 프로그램은 표 6.3의 데이터를 사용하여 우측에 라인 차트를 표시한다. 점의 x 좌표는 40에서 시작하고 이어서 40만큼 증가시킨다. 점의 y 좌표는 개별값에 15를 곱하여 리스트 yValues로 제공한다 (값을 곱함으로써 그래프의 가시성을 개선시킨다.). displayText 함수에서 숫자 −3, −10, −20, −50은 여러 번의 시도를 통해 구한다.

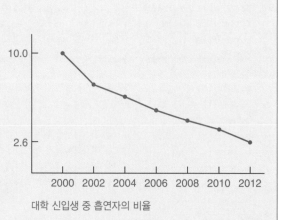

대학 신입생 중 흡연자의 비율

```python
import turtle

yValues = [10.0, 7.4, 6.4, 5.3, 4.4, 3.7, 2.6]   # 연간 비율(%)

def main():
    t = turtle.Turtle()
    t.hideturtle()
    drawLine(t, 0, 0, 300, 0)        # x축을 그린다.
    drawLine(t, 0, 0, 0, 175)        # y축을 그린다.
    for i in range(6):
        drawLineWithDots(t, 40 + (40 * i), 15 * yValues[i],
                        40 + (40 * (i + 1)), 15 * yValues[i + 1], "blue")
    drawTickMarks(t)
    displayText(t)

def drawLine(t, x1, y1, x2, y2, colorP="black"):
    ## (x1, y1)에서 (x2, y2)까지 색상이 colorP인 선분을 그린다.
    t.up()
    t.goto(x1, y1)
    t.down()
    t.pencolor(colorP)
    t.goto(x2, y2)
```

```
def drawLineWithDots(t, x1, y1, x2, y2, colorP="black"):
    ## (x1, y1)에서 (x2, y2)까지 선분을 colorP로 그리고 선분의 양쪽 끝에 점을 삽입한다.
    t.pencolor(colorP)
    t.up()
    t.goto(x1, y1)   # 라인의 시작
    t.dot(5)
    t.down()
    t.goto(x2, y2)   # 라인의 끝
    t.dot(5)

def drawTickMarks(t):
    ## x축을 따라 위치를 표시한다.
    for i in range(1, 8):
        drawLine(t, 40 * i, 0, 40 * i , 10)
    # y축의 최댓값에 위치를 표시한다.
    drawLine(t, 0, 15 * max(yValues), 10, 15 * max(yValues))
    # y축의 최솟값에 위치를 표시한다.
    drawLine(t, 0, 15 * min(yValues), 10, 15 * min(yValues))

def displayText(t):
    t.pencolor("blue")
    t.up()
    # y축상의 상단 위치 표시 옆에 최댓값을 표시한다.
    t.goto(-3, (15 * max(yValues)) - 10)
    t.write(max(yValues), align="right")
    # y축상의 하단 위치 표시 옆에 최솟값을 표시한다.
    t.goto(-3, (15 * min(yValues)) - 10)
    t.write(min(yValues), align="right")
    # x축상의 위치 표시 아래에 연도를 표시한다.
    x = 40
    for i in range(2000, 2013, 2):
        t.goto(x, -20)
        t.write(str(i), align="center")
        x += 40
    # 그래프의 제목을 표시한다.
    t.goto(0, -50)
    t.write("Percentage of College Freshmen Who Smoke")

main()
```

■ 주석

1. 다음 2개의 명령 t.pencolor(colorP), t.fillcolor(colorF)은 t.color(colorP, colorF) 와 같이 1개의 명령으로 만들 수 있다.

2. n이 정수 0에서 10까지일 경우 t.speed(n) 형태를 갖는 선택 명령은 거북이 이동하는 속도를 결정한다. 값 n=1은 가장 느린 속도 def drawLineWithDots(t, x1, y1, x2, y2, colorP="black"):를 생성한다. speed와 n=10은 가장 빠른 속도를 만든다. 만약 인자를 생략하면 속도는 3으로 설정된다. 인자값이 0이면 거북이 즉시 움직인다.

3. 몇 가지 그림을 종이 위에 그려두면 프로그램화하기 쉽다. 특히 그래프 종이는 유용하다.

4. 다음 프로그램은 이번 섹션(363페이지)의 시작 부분에서 보여주었던 잎 36개로 구성한 꽃이다.

```
import turtle

t = turtle.Turtle()
t.hideturtle()
t.color("blue", "light blue")
t.begin_fill()
for i in range(36):
    t.forward(200)
    t.left(170)
t.end_fill()
```

연습문제 6.3

1. 예제 3의 drawFivePointStar 함수를 변경하여 (x, y)에서 별이 좌측 하단 포인트를 갖지 않고 중심점을 갖도록 하라.

2. 예제 1에서 보여준 drawFiledRectangle 함수는 다른 프로그램에서 유용하게 재사용할 수 있다. 하지만 함수가 실행된 후 현재 펜의 색상이 변경될 수 있으므로, 함수 정의를 변경하여 현재 색상이 변경되지 않도록 하라.

연습 6.3

연습 1에서 8까지 drawLine, drawRectangle, drawFilledRectangle, drawDot 함수를 사용하지 않고 대상을 그리는 코드를 작성하라.

1. (20, 30)에서 (80, 90)까지 파란색 선분을 그리고 양 끝부분에 작은 점을 표시하라.

2. 반지름이 100픽셀인 빨간색 점에 파란색 탄젠트 수평선을 그려라.

3. 크기가 다른 파란색 점 2개를 1개의 점이 다른 점 위에 위치하도록 그려라.

4. (25, 55)에서 (80, 40)까지 보라색 선분을 그리고 양 끝부분에 작은 점을 표시하라.

5. 좌측 하단 코너가 (-30, -40)이고, 우측 상단 코너가 (50, 60)인 색칠한 직사각형을 그려라.

6. 길이가 80픽셀인 옆면이 있고, 빨간색 경계도 있고, 중앙에 위치한 거북 윈도우에서 오렌지 정사각형을 그려라.

7. 길이가 60과 80픽셀인 옆면을 갖는 직삼각형을 그려라.

8. 각 면의 길이가 100픽셀인 정삼각형을 그려라([노트] 내각은 각각 60도다.).

연습 9에서 26은 컬러로 삽입된 페이지에 있다.

27. 대학 전공

그림 6.16의 막대그래프를 출력하는 프로그램을 작성하라.

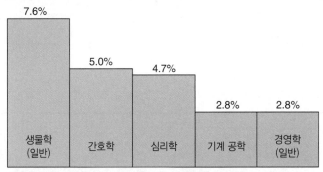

그림 6.16 연습 27의 막대그래프

28. 고등학교

그림 6.17의 막대그래프를 출력하는 프로그램을 작성하라.

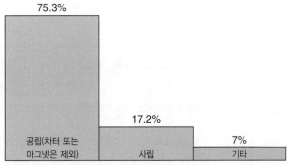

그림 6.17 연습 28의 막대그래프

29. 대학교 등록

그림 6.18의 선그래프를 그리는 프로그램을 작성하라. 표 6.4의 데이터를 사용한다.

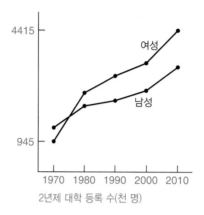

그림 6.18 연습 29의 선그래프

표 6.4	2년제 대학 등록수(천 명)				
	1970	1980	1990	2000	2010
남성	1,375	2,047	2,233	2,559	3,265
여성	945	2,479	3,007	3,398	4,415

30. 인생 목표

그림 6.19의 선그래프를 그리기 위한 프로그램을 작성하라. 표 6.5의 데이터를 이용한다.

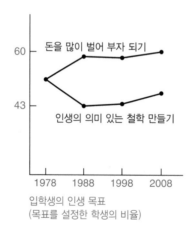

입학생의 인생 목표
(목표를 설정한 학생의 비율)

그림 6.19 연습 30의 선그래프

표 6.5 신입생의 인생 목표(목표를 설정한 학생의 비율)

	1978	1988	1998	2008
돈을 많이 벌어 부자 되기	59	74	73	77
인생의 의미 있는 철학 만들기	60	43	44	51

연습문제 6.3 해답

1. 명령 t.goto(x, y)를 t.goto(x - .309 * lengthOfSide, y - .424 * lengthOfSide)로
변경한다.

2. 함수 정의 시작 시 아래 첫 2행을 삽입하고 함수 정의 종료 시 마지막 2행을 삽입한다.

```
originalPenColor = t.pencolor()
originalFillColor = t.fillcolor()

t.pencolor(originalPenColor)
t.fillcolor(originalFillColor)
```

6.4 순환(recursion)

VideoNote
Recursion

순환 함수recursive function는 자신을 호출하는 함수로 연속 호출을 통해 대상 계산을 작은 규모의
해를 갖는 기저 커머스에 도달할 때까지 동일 유형의 좀 더 작은 계산으로 축소시킨다.

■ 순환적 자승 함수

n^{th} 번째 자승은 반복하여 다음과 같이 정의하거나

$$r^n = \underbrace{r \cdot r \cdot \ \cdots \ \cdot r}_{n개의\ r}$$

또는 다음과 같이 순환적 자승 표현

$$r^1 = r$$
$$r^n = r \cdot r^{n-1}$$

으로 정의할 수 있다.

순환적 정의로 자승 함수는 상대적으로 간단한 버전으로 정의한다. 예를 들어, r^4의 계산은
r^3, r^2, r^1 등의 작은 계산으로 만들 수 있다.

다음 프로그램은 자승 함수의 반복 정의를 사용한다. 이 함수의 정의는 임시 변수값 1개와 i가 필요하다. 또한 함수의 정의는 앞의 반복 정의와는 다른 형태다.

```python
def power(r, n):
    ## 자승 함수의 반복 정의
    value = 1
    for i in range(1, n + 1):
        value = r * value
    return value
print(power(2, 3))
```

[실행]

8

 예제 2 자승 함수

다음 프로그램은 자승 함수의 순환 정의를 사용한다. 함수 정의는 앞의 순환 정의와 같은 형태다.

```python
def power(r, n):
    ## 자승 함수의 순환적 정의
    if n == 1:
        return r
    else:
        return r * power(r, n - 1)
print(power(2, 3))
```

[실행]

8

순환 알고리즘에는 두 가지 특성이 있다.

1. 여러 작은 해를 갖는 1개 이상의 기저 사례가 있다.

2. "귀납적 단계"는 연속적으로 해당 문제를 동일한 문제의 작은 버전으로 줄인다. 이러한 축소 작업을 통해 기저 사례가 된다. 이러한 귀납적 단계를 축소 단계라고 한다. 문제에 대한 순환 해의 의사코드는 다음과 같이 일반적인 형태를 갖는다.

   if 기저 사례에 도달한 경우 기저 사례를 직접 해결하고, if 기저 사례에 도달하지 못한 경우 기저 사례가 될 때까지 기저 사례에 점차 가까워지도록 문제를 축소시킨다.

power(r, n)에서 r = 2와 n = 30으로 설정하여 순환 함수 power를 호출한다고 가정해보자. 그림 6.20은 해당 계산 과정을 추적한 결과다. (a)에서 값은 n ≠ 1이므로 즉시 계산할 수 없다. 따라서 순환 단계는 power(2, 3)을 (b)의 표현식으로 대체한다. 즉 return 명령은 즉시 값을 반환하지 않는다. 동일하게 (b)에서 power(2, 2)는 (c)의 표현식으로 대체한다. (c)에서 n=1이므로 기저 사례에 도달하게 된다. power(2, 1)은 2로 계산할 수 있다. 이제 순환 과정은 (c), (b), (a)로, 역순으로 진행되어 (c'), (b'), (a')와 같은 결과가 된다.

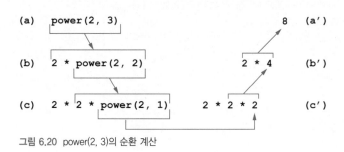

그림 6.20 power(2, 3)의 순환 계산

■ 순환 palindrome 함수

순환을 사용한 함수 정의는 반복을 이용하여 재작성할 수 있다. 하지만 때때로 순환 함수는 이해하거나 코드로 만들기가 상대적으로 쉽다. 불린값을 갖는 함수 isPalindrome은 단어가 palindrome인지 여부를 결정하는 함수로, 반복 함수보다 상대적으로 이해하기 쉽거나 코드로 작성하기 쉽다[앞으로 읽거나 뒤로 읽어도 동일한 단어를 회문(palindrome)이라고 한다. 몇 가지 예를 들면 racecar, kayak, pullup가 있다.]. 순환 함수를 설계할 때 시작과 끝의 문자가 동일하고 나머지 문자가 순환 형태이면 회문(palindrome)라고 한다. 따라서 가장 먼저 단어의 시작과 끝 문자를 살펴본다. 두 문자가 다르면 추가로 단어를 조사하지 않고 False를 반환한다. 두 문자가 같다면 시작과 끝 문자를 삭제한 후 상대적으로 줄어든 단어를 대상으로 이 과정을 반복한다. 두 단어가 일치하지 않거나 남은 단어가 0 또는 1개의 문자를 가질 때까지 이러한 과정을 계속 진행한다. 이와 같이 해당 문제를 동일한 유형의 작은 문제로 쪼개어 해결할 수 있다.

예제 3 순환

다음은 순환 기능을 사용하여 마침표 부호를 갖고 있지 않은 단어가 회문인지 결정하는 함수다.

```
def isPalindrome(word):
    word = word.lower()         # 모든 문자를 소문자로 변환한다.
    if len(word) <= 1:          # 0개 또는 1개 문자의 단어는 회문(palindromes)이 된다.
        return True
    elif word[0] == word[-1]:   # 시작과 끝 문자가 일치한다.
        word = word[1:-1]       # 시작과 끝 문자를 제거한다.
        return isPalindrome(word)
    else:
        return False
```

■ 순환 프랙털 함수

 예제 4 프랙털을 그리기

다음 프로그램은 순환을 이용하여 그림 6.21과 같은 프랙털을 생성한다.

그림 6.21 프랙털

4단계 알고리즘은 프랙털을 생성한다([**노트**] 그림의 시작 지점과 끝 지점을 보여주기 위해 프랙털의 일부가 아닌 파란색 점 2개를 그림에 추가하였다. 이 그림은 왼쪽 파란색 점에서 시작하여 오른쪽 파란색 점으로 끝난다.).

섹션 6.3(터틀 그래픽)에서 사용 가능한 몇 가지 펜 색상은 다음과 같다.

red	dark red	saddle brown	tan
blue	dark blue	maroon	gold
green	navy blue	light green	goldenrod
yellow	midnight blue	forest green	aquamarine
orange	light blue	dark green	lavender
black	sky blue	gray	pink
brown	dark orange	dark gray	orchid
purple	dark turquoise	turquoise	salmon

연습 9에서 20까지 해당 출력을 만들기 위한 프로그램을 작성하라.

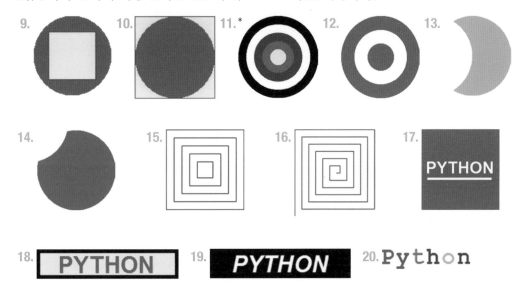

---

* 이 그림은 일명 "소의 눈 그림"이라 한다. 내부 세 가지 색의 영역이 최외각 검은색 영역보다 면적이 커보이지만, 실제로는 동일하다.

연습 21에서 26까지 아래 국가의 국기를 그리는 프로그램을 작성하라. ([노트] 스위스 국기는 정사각형이다. 다른 5개국 국기의 폭은 높이의 1.5배다.)

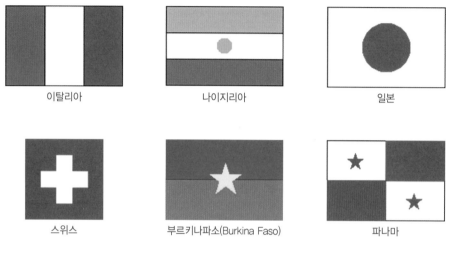

6개국의 국기

21. 이탈리아　**22.** 나이지리아　**23.** 일본　**24.** 스위스　**25.** 부르키나파소^{Burkina Faso}　**26.** 파나마

6장의 프로그래밍 프로젝트 4의 결과

a. 프랙털에 대한 음이 아닌 정수를 정교한 수준으로 설정한다.

b. 직선을 긋는다. 그림 6.22(a)의 선은 수준 0프랙털이라고 한다.

c. 다음 수준의 프랙털을 구하려면 그림상의 개별 라인을 빗변으로 하는 이등변 직각삼각형을 만든다. 그림 (b),
   (c), (d)는 수준 1, 2, 3의 프랙털에 해당한다.

d. 원하는 순환 수준에 도달할 때까지 단계(c)를 반복한다. 그림 6.21 프랙털은 정교화 수준 12를 갖는다.

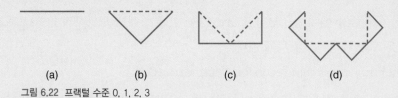

(a)　　　　　　　(b)　　　　　　　(c)　　　　　　　(d)

그림 6.22 프랙털 수준 0, 1, 2, 3

다음은 그림 6.21의 12개 프랙털 수준을 만드는 프로그램이다.

```python
import turtle

def main():
    t = turtle.Turtle()
    t.hideturtle()
    t.speed(10)
    level = 12
    fract(t, -80, 60, 80, 60, level)

def fract(t, x1, y1, x2, y2, level):
    # 그림은 (x1, y1)에서 시작하여 (x2, y2)에서 끝난다.
    newX = 0
    newY = 0
    if level == 0:
        drawLine(t, x1, y1, x2, y2)
    else:
        newX = (x1 + x2)/2 + (y2 - y1)/2
        newY = (y1 + y2)/2 - (x2 - x1)/2
        fract(t, x1, y1, newX, newY, level - 1)
        fract(t, newX, newY, x2, y2, level - 1)

def drawLine(t, x1, y1, x2, y2):
    # (x1, y1)에서 시작하여 (x2, y2)까지 선을 그린다.
    t.up()
    t.goto(x1, y1)
    t.down()
    t.goto(x2, y2)

main()
```

■ 주석

1. 어떤 문제의 순환 해에 대한 기저 사례는 종결 사례 또는 중지 조건이라고 한다.

2. 순환으로 해결 가능한 문제는 반복으로도 해결할 수 있다. 반복 메서드는 상대적으로 처리 속도가 빠르고 메모리 사용량이 적다. 하지만 순환 처리 방법은 코드가 적고 가독성이 좋다.

3. 순환적 알고리즘을 제대로 코딩하지 않을 경우 종결 사례에 도달하지 않아 프로그램은 다음과 같은 오류 메시지로 끝나게 된다.
   "RuntimeError: maximum recursion depth exceeded."

4. 또 다른 순환 유형에는 두 프로시저가 서로를 호출하는 간접적 순환이 있다. 다음 프로그램에서 변수 counter는 반복을 종결하기 위해 사용된다.

```
counter = 0

def main():
    one()

def one():
    global counter
    counter += 1
    if counter < 5:
        print("1 ", end="")
        two()

def two():
    print("2 ", end="")
    one()

main()
```

[실행]

```
1 2 1 2 1 2 1 2
```

연습문제 6.4

1. n이 양의 정수이면 n 팩토리얼(n!)은 1부터 n까지 숫자의 곱이다. N 프랙털을 계산하기 위한 순환 함수를 작성하라.

2. 다음 프로그램의 결과는 무엇인가?([노트] chr(ord(letter)-1)은 코드 번호 기준 문자 letter의 앞에 위치한 문자다.)

```
def main():
    print(alpha('H'))
```

```
def alpha(letter):
    if letter == 'A':
        return 'A'
    else:
        return letter + alpha(chr(ord(letter) - 1))

main()
```

연습 1에서 5까지 프로그램의 결과는 무엇인가?

1.
```
def main():
    print(total(5))

def total(n):
    if n == 0:
        return 0
    else:
        return n + total(n - 1)
main()
```

2.
```
def main():
    reverse(12345)

def reverse(n):
    print(n % 10, end="")
    allButLastDigit = n // 10
    if allButLastDigit == 0:
        print()
    else:
        reverse(allButLastDigit)

main()
```

3.
```
def main():
    stars(6)

def stars(n):
    if n == 0:
        print()
    else:
        print('*', end="")
        stars(n - 1)

main()
```

4.
```
def main():
    print(prod(5, 4))
```

```
def prod(m, n):
    if n == 1:
        return m
    else:
        return m + prod(m, n - 1)

main()
```

5.
```
def main():
    print(ananym("oprah"))

def ananym(w):
    if w == "":
        return w
    else:
        return ananym(w[1:]) + w[0]

main()
```

6. 소인수 함수

다음은 숫자 n의 프라임 팩터를 반환하는 소인수 함수다. 함수가 작동하는 방법을 설명하라.

```
def factor(n):
    ## 소인수 팩터 n을 갖는 리스트를 반환한다.
    if n==1:
        return []
    b = 2
    while b <= n:
        while not n % b:
            return [b] + factor(n // b)
        b += 1
```

7. 알파벳 순서

다음은 소문자 단어 목록이 알파벳 순서로 되어 있는지 여부를 결정하는 반복 함수이다. 이를 순환 함수로 작성하라.

```
def isAlpha(L):
    ## 소문자 단어의 리스트가 알파벳 순서로 되어 있는지를 결정한다.
    for i in range(len(L) - 1):
        if L[i] > L[i + 1]:
            return False
    return True
```

8. 숫자열

다음은 숫자열을 표시하는 반복 함수다. 이를 순환 함수로 작성하라.

```
def displaySequenceOfNumbers(m, n):
```

```
## m부터 n까지의 숫자를 표시하라.
while m <= n:
    print(m)
    m = m + 1
```

9. 부분 집합

n개 요소 집합에서 선택 가능한 r개 요소로 된 부분 집합의 수를 C(n, r)이라 한다. C(n, r)의 값은 $(x+1)^n$의 이항 전개에서 x^r의 계수이다. 만약 r=0이거나 r=n이면 C(n, r)은 1이 된다. 이 밖의 경우 C(n, r)=C(n-1, r-1)+C(n-1, r)이 된다. 순환 함수를 이용하여 값 n을 입력받아 $(x+1)^n$의 전개에서 계수를 표시하는 프로그램을 작성하라. 그림 6.23을 참고하라.

```
Enter a positive integer: 5
1 5 10 10 5 1
```

그림 6.23 연습 9의 결과

10. 피보나치 순열

유명한 피보나치 순열 1, 1, 2, 3, 5, 8, 13,....은 2개의 1로 시작한다. 1 다음에 각 숫자는 이전 두 숫자의 합이다. 정수 n을 입력받은 후 피보나치 순열의 n^{th} 번째 숫자를 표시하는 프로그램을 순환 함수를 사용하여 작성하라. 그림 6.24를 참고하라.

```
Enter a positive integer: 7
Fibonacci number: 13
```

그림 6.24 연습 10의 결과

11. 최대공약수

두 음이 아닌 정수의 최대공약수greatest common divisor, GCD는 두 숫자로 나눌 수 있는 최대 정수다. 예를 들어 GCD(6, 15) = 3이고 GCD(9, 0 = 9가 된다. 두 숫자의 GCD를 계산하는 표준 알고리즘 GCD(m, n) = GCD(n, m % n)이며 %는 나머지 연산자다. 두 양수를 입력받은 후 GCD를 계산하는 프로그램을 작성하라. GCD를 계산하기 위해 순환 함수를 사용한다(n=0은 종결 사례다.). 그림 6.25를 참고하라.

```
Enter the first integer: 35
Enter the second integer: 14
GCD = 7
```

그림 6.25 연습 11의 결과

12. 담보 대출

주택 담보 대출은 일정한 기간(년) 동안 동일한 금액을 갖는다. p가 초기 담보 대출금이라면 pmt는 매월 상환 금액이고 r은 매년 이자율이므로 n개월 이후 갚아야 할 금액은 다음과 같다.

$$\text{balance}(p, pmt, r, n) = \left(1 + \frac{r}{1200}\right) * \text{balance}(p, pmt, r, n - 1) - pmt$$

담보 대출, 월 상환액, 연 이자율, 상환 기간(월)을 입력받아 상환해야 할 총 금액을 계산하고 표시하는 프로그램을 작성하라. 그림 6.26을 참고하라.

([노트] balance(p, pmt, r, 0) = p이다.)

```
Enter the principal: 204700
Enter the annual rate of interest: 4.8
Enter the monthly payment: 1073.99
Enter the number of monthly payments
made: 300
The amount still owed is $57,188.74.
```

그림 6.26 연습 12의 결과

13. 역정렬

임의의 여러 주^{state}의 이름을 입력받아 입력한 역순으로 이름을 표시하는 프로그램을 작성하라. 이름을 저장하기 위해 리스트나 파일을 사용해서는 안 된다. 그림 6.27을 참고하라.

```
Enter a state: Ohio
Enter a state: Texas
Enter a state: Oregon
Enter a state: End
Oregon
Texas
Ohio
```

그림 6.27 연습 13의 결과

14. sum 함수

list에 대한 sum 함수가 없다고 가정해보자. 숫자 리스트에 존재하는 숫자의 총합을 계산하는 순환 함수를 작성하라.

1. $n! = n \cdot (n-1) \cdot (n-2) \cdot \ldots \cdot 3 \cdot 2 \cdot 1$과 같이 n!는 for 반복문으로 계산할 수 있다. 하지만 $n! = n \cdot ((n-1) \cdot (n-2) \cdot \ldots \cdot 3 \cdot 2 \cdot 1) = n \cdot (n-1)!$과 같이 표현한다면 n! 은 (n-1)!으로 표현할 수 있고 기저 사례인 n=1까지 순환하여 계산할 수 있다.

```python
def factorial(n):
    if n == 1:
        return 1
    else:
        return n * factorial(n - 1)
```

2. HGFEDCBA

순환 함수는 숫자 인자를 가질 필요가 없다.

주요 용어와 개념	예제

6.1 예외 처리
 	
표 6.1은 몇몇 일반 예외사항이다. 예외 처리(exception handling)는 프로그래머가 프로그램의 갑작스러운 중단을 런타임 오류로 처리하는 방법이다. try 블록 내 코드를 실행하는 동안 예외가 발생한다면 해당 코드의 실행을 예외 문구로 분리시켜 프로그램을 원활하게 진행하도록 한다. Else 문구는 어떤 예외도 발생하지 않을 경우 실행할 코드 내용이다. 예외 문구는 특정 예외나 아무런 예외에 의해 활성화될 수 있는 내용이다.
	``python
	while True:
	    try:
	        s = "Enter a number: "
	        num = float(input(s))
	    except ValueError:
	        print("You didn't",end="")
	        print(" enter a number.")
	    else:
	        print("You entered", num)
	        break
	    finally:
	        print("This prints ",end="")
	        print("even when we break.")
	``

주요 용어와 개념	예제

6.2 랜덤값 선택
 	
리스트를 대상으로 사용하는 random 모듈의 함수에는 choice(아이템을 랜덤하게 선정), sample(특정 사이즈의 서브 리스트를 랜덤하게 선정), shuffle(리스트의 아이템을 랜덤하게 재정렬)이 있다. Randint 함수는 숫자 순열에서 랜덤하게 숫자를 선택한다.
	``python
	import random
	L = ["red", "blue", "tan", "gray"]
	print(random.choice(L))
	print(random.sample(L, 2))
	random.shuffle(L)
	print(L)
	print(random.randint(1, 6))
	[Run, possible outcome]
	tan
	['tan', 'red']
	['blue', 'gray', 'red', 'tan']
	4
	``

6.3 거북 그래픽
 	
거북 그래픽은 로봇 거북의 꼬리에 부착된 것으로 생각할 수 있는 펜으로 그림을 그린다. 거북은 turtle 모듈의 명령에 응답한다. 거북은 코드를 통해 펜을 올리거나 내릴 수 있고, 색을 설정할 수 있고, 회전할 수 있고, 지정된 점으로 이동할 수 있으며 설정 거리만큼 전진이나 후진할 수 있다. 또한 점을 그릴 수 있고 텍스트를 표시할 수 있다. 펜이 내려지면 거북이 이동하는 동안 그림을 그린다. t.begin_fill() 다음에 폐쇄된 영역을 그리는 명령이 위치하고 t.end_fil()로 마무리되면 해당 영역 내부는 t.fillcolor(colorName)의 명령으로 설정한 색으로 칠해진다.
	``python
	import turtle
	t = turtle.Turtle()
	t.hideturtle()
	t.up() # 펜을 든다.
	# 그리지 않고 (10,20)으로 이동한다.
	t.goto(10,20)
	# (10,20)을 중심으로 하고 반지름이 6인 빨간색 점을 그린다.
	t.dot(6, "red")
	t.down() # 펜을 내린다.
	t.pencolor("blue")
	# (10,20)에서 (30,40)까지 파란색 선을 그린다.
	t.goto(30,40)
	# (30,40) 오른쪽에 hi를 표시한다.
	t.write("hi")
	``

섹션 6.3은 특정 위치, 크기, 색상으로 직사각형, 선, 점, 별, 문자를 그리는 함수를 정의한다. 이러한 함수는 국기와 차트를 그리는 프로그램 작성을 간단하게 해결해주는 함수다.	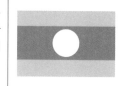 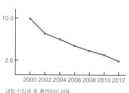 대학 신입생 중 흡연자의 비율

주요 용어와 개념	예제
6.4 순환 순환 함수는 자기 자신을 호출하는 함수다. 이 함수에서 연속 호출은 원래 계산을 대상으로 작은 해를 갖는 기저 사례에 도달할 때까지 동일한 유형의 간단한 계산으로 축소시켜준다.	```python\ndef factorial(n):\n if n == 1: # 기저\n return 1\n else:\n return n * factorial(n - 1)\n```

프로그래밍 프로젝트

1. 나의 숫자 추측하기

1에서 100까지 숫자 중 랜덤하게 1개를 선택하여 사용자가 해당 숫자를 추측하도록 하는 프로그램을 작성하라. 매번 추측할 때마다 사용자는 해당 추측이 적합한지를 알 수 있어야 하고, 적합하다면 큰지 아니면 작은지 여부도 알 수 있어야 한다. 사용자가 마지막으로 정확한 숫자를 추측하였을 때 추측 횟수도 알 수 있어야 한다. 그림 6.28을 참고하라.

```
I've thought of a number from 1 through 100.
Guess the number: 50
Too low
Try again: 123
Number must be from 1 through 100.
Try again: sixty
You did not enter a number.
Try again: 60
Too high
Try again: 56
Correct. You took 5 guesses.
```

그림 6.28 프로그래밍 프로젝트 1의 결과

2. 포커 게임의 카드 분석

파일 DeckOfCardsList.dat를 사용하여 카드에서 랜덤하게 5장을 선택한 후 값을 표시하고 다음 7개의 부류 중에 어디에 속하는지 결정하는 프로그램을 작성하라. 그림 6.29를 참고하라([힌트] 서로 다른 순위의 카드 개수를 계산한 후 4개의 가능한 경우를 결정한다.)

```
K♥, K♦, 2♦, K♣, 5♠
three-of-a-kind
```

그림 6.29 프로그래밍 프로젝트 2의 결과

3. 브리지 게임의 카드 분석

파일 DeckOfCardList.dat를 사용하여 카드에서 랜덤하게 13장을 선택한 후 카드 종류의 개수를 표시하는 프로그램을 작성하라. 그림 6.30을 참고하라.

```
10♥, 3♥, J♣, 2♣, 10♦, K♣, 2♥, 6♦, 6♣, 4♣, 7♦, 6♠, 4♦
Number of ♣ is 5
Number of ♦ is 4
Number of ♥ is 3
Number of ♠ is 1
```

그림 6.30 프로그래밍 프로젝트 3의 결과

4. 미국 국기

공식적인 미국 국기의 폭(w)은 높이(h)의 1.9배이다. 파란색 직사각형 캔틴("union"이라고 함)은 폭이 $\frac{2}{5}$ w이고 높이가 $\frac{7}{13}$ h이다. 미국 국기를 그리는 프로그램을 작성하라. 그림 6.31을 참고하라. 컬러 색 삽입 페이지에 실제 색상을 갖는 미국 국기 그림이 있다.

그림 6.31 프로그래밍 프로젝트 4의 결과

5. 순열

단어를 구성하는 문자의 재정렬을 단어의 순열이라고 한다. n개의 서로 다른 문자로 구성된 단어로는 n! 순열이 가능하다. n! = n · (n-1) · (n-2) · . . . · 2 · 1이 된다. 예를 들어 단어 python은 6!개, 즉 720개 순열이 된다. 같은 순열의 예로는 pythno, ypntoh, tonyhp, ontphy가 있다. 반복 문자가 없는 단어를 입력받아 단어 순열을 모두 표시하는 프로그램을 작성하라. 그림 6.32를 참고하라([힌트] 단어는 6개 문자를 갖는다고 가정해보자. 해당 단어의 문자를 한 번에 1개만 고려하며 매번 해당 문자와 단어의 나머지 문자의 5! 순열이 따라오는 단어를 표시한다.).

```
Enter a word: ear
ear era aer are rea rae
```

그림 6.32 프로그래밍 프로젝트 5의 결과

6. 파스칼의 삼각형

그림 6.33에서 3각 숫자 배열을 17세기 수학자 블레이스 파스칼을 기리기 위해 파스칼의 삼각형이라고 한다. 삼각형의 n^{th} 번째 행은 $(1 + x)^n$의 확장 변수의 계수다. 예를 들어 다섯 번째 행은 다음과 같다.

$$(1 + x)^5 = 1 + 5x + 10x^2 + 10x^3 + 5x^4 + 1x^5$$

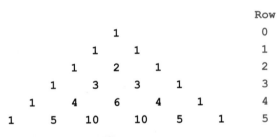

그림 6.33 파스칼의 삼각형

이러한 순서로 정렬한 계수에 대한 삼각형 내각 숫자는 직전 두 숫자(왼쪽, 오른쪽)의 합이 된다. 예를 들어 4행에서 1은 1의 합(위에 1개 숫자만 존재)이고 4는 1과 3의 합이며 6은 3과 3의 합이다. 나머지도 동일한 관계다. 각 행은 이전 행에서 계산할 수 있으므로 순환을 이용하여 파스칼 삼각형의 모든 행을 생성할 수 있다. 음이 아닌 정수 n을 입력받은 후 삼각형의 n^{th} 번째 행 숫자를 표시하는 프로그램을 작성하라.

```
Enter a nonnegative integer: 6
Row 6: 1 6 15 20 15 6 1
```

그림 6.34 프로그래밍 프로젝트 6의 결과

7 장

객체지향 프로그래밍

7.1 클래스와 객체

금융, 과학, 엔지니어링, 소프트웨어 설계 산업에서 사용되는 프로그램 설계 방법론에는 몇 가지 어려움이 있다. 프로그램의 사이즈가 커지고 복잡해지며, 프로젝트에 투입된 프로그래머의 수가 증가함에 따라 코드 전반에 걸쳐 종속과 상호 관련성 정도가 기하급수적으로 증가하였다. 프로그래머가 어떤 프로그램 코드를 변경하면 다른 부분에서 의도하지 않은 문제가 발생하였다. 이는 전체 프로그램에 영향을 미쳐 상당한 양의 코드를 재작성해야 하는 문제를 발생시킨다. 이를 부분적으로 해결하는 방법에는 프로그램 내에서 구현이 많이 되는 부분을 최대한 숨기는 데이터 은닉 방법^{data hiding}이 있다. 데이터 은닉은 객체지향 프로그래밍의 중요한 원칙이다. 객체는 데이터와 데이터 처리 메서드를 캡슐화한 것이다. 따라서 객체를 사용하는 프로그래머는 해당 객체가 실행할 수 있는 작업과 해당 인자만을 고려하면 되고, 데이터 구조와 메서드의 상세 내용은 객체 내부에 은닉된 상태로 있게 된다.

■ 내장 클래스

이 책에서는 객체라는 단어를 사용했다. 다음과 같은 유형의 명령문을 작성하였다고 가정해 보자.

"Hello World!"는 str 유형의 객체다.

[1, 2, 3]은 list 유형의 객체다.

예제 1 **객체 유형**

다음은 앞에서 제시한 2개의 객체 유형을 식별하는 프로그램이다. 파이썬은 프로그램 결과에서 type 용어 대신 class를 사용한다.

```
s = "Hello World!"
L = [1, 2, 3]
print(type(s))
print(type(L))
```

[실행]

```
<class 'str'>
<class 'list'>
```

모든 스트링은 클래스 str의 인스턴스이며, 모든 리스트는 클래스 list의 인스턴스이다. 개별 스트링은 자체값을 갖지만, 모든 스트링은 동일한 메서드를 갖는다. 마찬가지로 모든 리스트는 동일한 메서드를 갖는다. 여러 가지 데이터 유형인 str, int, float, list, tuple, dictionary, set을 내장 파이썬 클래스로 참조한다. 클래스의 인스턴스로 이러한 클래스는 특정 리터럴^{literal}을 참조한다.

VideoNote
Defining a
Class

■ **사용자 정의 클래스**

파이썬은 프로그래머가 개별적으로 클래스를 만들 수 있도록 지원한다. 파이썬의 내장 클래스와 같이 프로그래머가 정의한 클래스는 특정 메서드 집합을 가지며, 해당 클래스의 객체는 자체 설정값을 가진다. 종종 클래스와 객체 간 차이는 쿠키커터와 쿠키의 차이에 비교할 수 있다. 쿠키커터는 쿠키를 만드는 데 사용하는 틀이다. 쿠키커터를 먹을 수는 없지만 쿠키커터가 만든 쿠키를 먹을 수 있다. 클래스는 프로그램 내 보이는 객체를 생성하는 데 사용된다.

```
class ClassName:
    indented list of methods for the class
```

클래스 헤더는 예약어 class와 클래스명, 그리고 콜론으로 구성되어 있다. 클래스명은 변수와 동일한 호칭 룰을 따른다. 일반적으로 클래스명은 대문자로 시작하며 캐멀케이싱을 사용한다.

메서드는 일반 함수와 매우 유사하게 정의된다. 주요한 차이는 메서드가 첫 번째 인자로 self를 갖는다는 점이다. 객체가 생성될 때, 각 메서드의 self 인자는 해당 객체를 참조한다. 따라서 해당 메서드는 어떤 객체에서 작동하는지를 알고 있다. 그림 7.1은 일반적인 클래스 정의 방법이다.

```
         class Rectangle:
             def __init__(self, width=1, height=1):
초기화              self._width = width        객체
메서드              self._height = height      변수

             def setWidth(self, width):
변형              self._width = width
메서드
             def setHeight(self, height):
                 self._height = height

             def getWidth(self):
접근              return self._width
메서드
             def getHeight(self):
                 return self._height

             def area(self):
기타              return self._width * self._height
메서드
             def perimeter(self):
                 return 2 * (self._width + self._height)

상태          def __str__(self):
표현              return ("Width: " + str(self._width)
메서드              + "\nHeight: " + str(self._height))
```

그림 7.1 일반적인 클래스 정의

그림 7.1에서 정의한 클래스 Rectngle은 정사각형의 폭과 높이의 값을 저장하는 변수를 갖고 있다. 첫 번째와 마지막 메서드(__init__와 __str__)는 2개의 밑줄로 이루어진 이름을 갖는 특별한 메서드다. (이와 같은 방법으로 메서드를 정의하면 안 된다.) 생성자constructor로 알려진 __init__ 메서드는 객체가 생성될 때 자동으로 호출된다. 이 메서드는 객체에 대한 값을 저장하기 위해 인스턴스 변수instance variables인 _width와 _height를 생성하고 값을 할당한다. 인스턴스 변수는 클래스의 속성properties이라고도 하며, 인스턴스 변수값의 콜렉션은 객체의 상태state라고 한다. 다른 정의에서 선언된 변수들과 달리 인스턴스 변수는 클래스 내 모든 곳에서 볼 수 있다. 이러한 객체 변수는 클래스 내의 모든 메서드에서 접근이 가능하다. 메서드 __str__는 객체의 상태를 문자열로 표현하기 위해 맞춤형 방법을 제공한다. 뮤테이터 메서드mutator methods는 인스턴스 변수에 신규값을 할당하는 데 사용하며, 액세서 메서드accessor methods는 인스턴스 변수의 값을 가져오는 데 사용한다. 다른 메서드는 이전 장에서 사용한 메서드와 같은 객체에서 작동한다.

클래스는 객체를 생성하는 탬플릿이다. 이러한 클래스는 대상 클래스의 인스턴스인 모든 객체의 공통인 속성과 메서드를 설정한다. 클래스는 프로그램에 직접 입력하거나 모듈 내에 저장할 수 있으며 import 명령으로 해당 클래스를 프로그램에 불러올 수 있다. 클래스의 인스턴스인 객체는 해당 폼의 명령으로 프로그램 내에 생성한다.

```
objectName = ClassName(arg1, arg2, . . .)
```

또는

```
objectName = moduleName.ClassName(arg1, arg2, . . .)
```

이러한 유형의 코드는 변수가 어떤 종류의 객체를 참조하는지를 선언하며, 자동으로 클래스의 초기화 메서드를 호출하므로 파라미터 스스로 객체를 참조하고 인자를 다른 초기화 파라미터에 전달한다.

 예제 2　**직사각형**

그림 7.1의 클래스 Rectangle이 파일 rectangle.py에 저장되어 있다고 가정해보자. 다음 프로그램은 서로 다른 생성자 코드의 효과를 보여준다. 코드 print(r)은 프로그래머가 설정한 형식으로 객체 상태를 표시하는 특정 __str__메서드를 호출한다.

```
import rectangle
# 폭 4와 높이 5인 직사각형을 만든다.
r = rectangle.Rectangle(4, 5)
print(r)
print()
# 기본 설정 폭과 높이를 갖는 직사각형을 만든다.
r = rectangle.Rectangle()
print(r)
print()
# 폭 4와 기본 설정 높이 1을 갖는 직사각형을 만든다.
r = rectangle.Rectangle(4)
print(r)
```
[실행]
```
Width: 4
Height: 5

Width: 1
Height: 1

Width: 4
Height: 1
```

예제 2에서는 2개의 메서드만을 사용하였다. 2개의 밑줄로 시작하고 종료하는 2개의 특정 메서드가 암묵적으로 호출되었다. 메서드 __init__은 인스턴스 변수의 값을 설정하고 __str__ 메서드는 print 함수와 함께 인스턴스 변수의 값을 리포트한다. 직사각형의 넓이와 범위 계산 시 이와 같은 작업은 Rectangle 클래스의 다른 메서드와 함께 실행할 수 있다. 2개의 변수값

뮤테이터 메서드는 인스턴스 변수에 해당 값을 설정하는 데 사용하며, 2개의 액세서 메서드는 인스턴스 변수의 값을 가져오는 데 사용한다. area와 perimeter는 메서드 명칭에 의해 값을 계산한다.

 예제 3 **직사각형**

다음 프로그램은 직사각형의 다양한 측정값을 설정하고 가져오기 위해 예제 2에서 사용하지 않았던 Rectangle 클래스 메서드를 이용한다.

```
import rectangle

# 폭과 높이에 대한 기본 설정값으로 직사각형을 생성한다.
r = rectangle.Rectangle()
# 뮤테이터를 사용하여 인스턴스의 값을 할당한다.
r.setWidth(4)
r.setHeight(5)
print("The rectangle has the following measurements:")
# 액세서 메서드를 사용하여 인스턴스 변수의 값을 가져온다.
print("Width is", r.getWidth())
print("Height is", r.getHeight())
# 직사각형의 넓이와 둘레를 계산하는 메서드를 사용한다.
print("Area is", r.area())
print("Perimeter is", r.perimeter())
```

[실행]
```
The rectangle has the following measurements:
Width is 4
Height is 5
Area is 20
Perimeter is 18
```

([노트] 예제 3의 프로그램의 다섯 번째와 여섯 번째 행에서 뮤테이터 메서드를 사용하는 대신 다음과 같이 구현할 수 있다.)

```
r._width = 4
r._height = 5
```

또한 아홉에서 열 번째 행의 액세서 메서드는 다음과 같이 구현할 수 있다.

```
print("Width is", r._width)
print("Height is", r._height)
```

하지만 대체 작업은 좋은 프로그래밍 스타일이 아니다. 클래스 사용자에게 해당 변수가 클래스 정의 외부에서 직접 접근하면 안 된다는 것을 알려주기 위해 1개의 밑줄로 시작하는 인스턴스 변수명을 갖는다. 이러한 변수는 메서드를 통해 클래스 외부에서만 접근해야 한다. 메서드만으로 인스턴스 변수에 접근하는 이유는 검증-확인 코드를 메서드 내부에 삽입하여 프로그램을 더 강건하게 만들 수 있기 때문이다. 또한 객체지향 프로그래밍은 클래스 사용자에게 메서드의 구현 내용을 감추기 위한 목적도 갖고 있다.

■ 초기화 메서드의 다른 형태

Rectangle 클래스의 초기화 메서드를 정의한 방법은 프로그래머에게 다양하게 제공된다. 하지만 초기화 메서드는 다음과 같이 세 가지 다른 방법으로 정의할 수 있다.

```
def __init__(self):
    self._width = 1
    self._height = 1

def __init__(self, width=1):
    self._width = width
    self._height = 1

def __init__(self, width, height):
    self._width = width
    self._height = height
```

초기화 메서드의 세 번째 형태를 사용할 경우 생성자는 2개의 인자를 제공해야 한다. 또한 다른 함수의 인자와 같이 기본 설정값이 있는 파라미터는 기본 설정값이 없는 파라미터 다음에 위치해야 한다.

■ 클래스 정의에서 메서드의 개수

클래스를 정의할 때 메서드를 많이 사용할 수 있다. 다음과 같이 메서드가 없는 클래스의 정의도 가능하다.

```
class Trivial:
    Pass
```

예제 4 카드

다음 프로그램은 뮤테이터나 액세서 메서드가 없는 클래스를 사용한다.

```python
import random

def main():
    ## 랜덤하게 카드 1개를 선택한다.
    c = Card()                  # Card 객체의 인스턴스를 생성하고 __init__ 메서드를 호출한다.
    c.selectAtRandom()          # 객체 c에서 selectAtRandom 메서드를 호출한다.
    print(c)                    # 리턴값을 표시하는 __str__ 메서드를 호출한다.

class Card:
    def __init__(self, rank="", suit=""):
        self._rank = rank
        self._suit = suit

    def selectAtRandom(self):
        ## 임의로 rank와 suit를 선택한다.
        ranks = ['2', '3', '4', '5', '6', '7', '8', '9',
                "10", "jack", "queen", "king", "ace"]
        self._rank = random.choice(ranks)
        self._suit = random.choice(["spades", "hearts", "clubs", "diamonds"])

    def __str__(self):
        return (self._rank + " of " + self._suit)

main()
```

[실행. 결과는 다양하여 아래와 같지 않을 수도 있다.]

```
queen of hearts
```

 예제 5 학기 성적

다음 프로그램은 액세서 메서드가 없는 클래스를 사용한다. 이 프로그램은 학생 이름과 학점 2개를 요청한 후 문자로 표현된 해당 학기의 등급을 계산한다. 클래스 이름의 시작 부분에 "LG"는 해당 학생이 학기말에 문자 등급을 받기 위해 등록하였음을 의미한다. 섹션 7.2에서 등록한 학생의 등급을 Pass/Fail로 계산하는 PFStudent 클래스를 다룬다. 뮤테이터 메서드는 프로그램의 유연성을 증가시킨다. 첫 번째 연습문제를 참고하라.

```python
def main():
    ## 학생의 학기 학점을 계산하고 표시한다.
    # 학생 이름, 중간고사 성적, 기말고사 성적을 가져온다.
    name = input("Enter student's name: ")
    midterm = float(input("Enter student's grade on midterm exam: "))
    final = float(input("Enter student's grade on final exam: "))
    # LG학생 객체의 인스턴스를 생성한다.
    st = LGstudent(name, midterm, final)
    print("\nNAME\tGRADE")
```

```
        # 학생의 이름과 학기 성적을 표시한다.
        print(st)
class LGstudent:
    def __init__(self, name="", midterm=0, final=0):
        self._name = name
        self._midterm = midterm
        self._final = final

    def setName(self, name):
        self._name = name

    def setMidterm(self, midterm):
        self._midterm = midterm

    def setFinal(self, final):
        self._final = final

    def calcSemGrade(self):
        average = (self._midterm + self._final) / 2
        average = round(average)
        if average >= 90:
            return "A"
        elif average >= 80:
            return "B"
        elif average >= 70:
            return "C"
        elif average >= 60:
            return "D"
        else:
            return "F"

    def __str__(self):
        return self._name + "\t" + self.calcSemGrade()
main()
```

[실행]
```
Enter student's name: Fred
Enter student's grade on midterm exam: 87
Enter student's grade on final exam: 92

NAME GRADE
Fred A
```

■ 객체 리스트

리스트 항목은 사용자 정의 클래스를 포함한 모든 데이터 형식을 갖는다. 예제 6의 프로그램은
각 항목이 LGstudent 객체인 리스트를 사용한다.

✓ 예제 6 **학기 성적**

다음 프로그램에서 클래스 LGstudent가 파일 lgStudent.py에 저장되었다고 가정해보자.

```python
import lgStudent

def main():
    ## 몇 학생의 학기 성적을 계산하고 표시한다.
    listOfStudents = []   # 각 학생의 객체를 보관하는 리스트
    carryOn = 'Y'
    while carryOn == 'Y':
        st = lgStudent.LGstudent()
        # 중간고사와 기말고사에 대한 학생 이름, 성적을 가져온다.
        name = input("Enter student's name: ")
        midterm = float(input("Enter student's grade on midterm exam: "))
        final = float(input("Enter student's grade on final exam: "))
        # LGstudent 객체의 인스턴스를 생성한다.
        st = lgStudent.LGstudent(name, midterm, final)
        listOfStudents.append(st)    # 리스트에 객체를 삽입한다.
        carryOn = input("Do you want to continue (Y/N)? ")
        carryOn = carryOn.upper()
    print("\nNAME\tGRADE")
    # 학생, 이름, 학기 성적을 표시한다.
    for pupil in listOfStudents:
        print(pupil)

main()
```

[실행]

```
Enter student's name: Alice
Enter student's grade on midterm exam: 88
Enter student's grade on final exam: 94
Do you want to continue (Y/N)? Y
Enter student's name: Bob
Enter student's grade on midterm exam: 82
Enter student's grade on final exam: 85
Do you want to continue (Y/N)? N

NAME    GRADE
Alice   A
Bob     B
```

■ 주석

1. 예제 4를 고려해보자. 만약 Card 클래스가 __str__ 메서드를 포함하지 않는다면, print(c)
는 <__main__.Card object at 0x0000000002FE1320>를 표시한다.

2. objectName = ClassName(arg1, arg2, ...)은 객체를 초기화하기 위해 사용된다.

3. 객체가 유효하지 않거나 비정상적인 데이터를 저장하거나 반환하지 않도록 하기 위해 뮤테이터와 액세서 메서드에 코드를 추가할 수 있다. 예를 들어, if 블록은 0과 100 사이의 점수만을 처리하도록 할 수 있다.

4. 메서드의 구현 내용을 은닉하면서 데이터를 대상으로 연산을 수행하는 데이터와 메서드를 함께 번들링하는 과정을 은닉화^{encapsulation}라고 한다.

5. 클래스 정의에서 파라미터 self는 항상 모든 메서드의 첫 번째에 위치한다. 메서드가 객체에 적용될 때, 해당 객체는 메서드에서 정의한 self 파라미터에 은연중에 전달된다.

6. __init__ 메서드를 호출한 객체를 참조하는 파라미터에 이름 self를 파라미터에 전달한 것이다. 다른 객체지향 프로그램에서는 this와 같은 이름이 파라미터로 사용되어왔다고 할 수 있다. 하지만 파이썬 프로그램에서 전반적으로 self를 사용한다.

연습문제 7.1

1. 예제 5의 Student Grade 프로그램에서 LGstudent의 초기화 메서드가 다음과 같이 변경된다는 가정하에 main 함수를 재작성해보자.

```
def __init__(self):
    self._name = ""
    self._midterm = 0
    self._final = 0
```

2. 예제 6에서 Student Grades 프로그램의 main 함수에 코드 한 줄을 추가하여 알파벳 순서로 이름을 출력해보자.

연습 7.1

연습 1에서 4까지 오류를 찾아보자.

1. ```
class Triangle:
    def __init__(base, altitude):
        self._base = base
        self._altitude = altitude
```

2. ```
class Triangle:
    def __init__(self, base, altitude)
        self._base = base
        self._altitude = altitude
```

3.
```
class Triangle()
    def __init__(self, base, altitude)
        self._base = base
        self._altitude = altitude
```

4.
```
class Triangle:
    def __init__(self, base=1, altitude):
        self._base = base
        self._altitude = altitude
```

연습 5에서 12까지 아래 코드가 파일 circle.py에 포함되어 있다면 이 코드의 실행 결과를 알아보자.

```
class Circle:
    def __init__(self, radius=1):
        self._radius = radius

    def setRadius(self, radius):
        self._radius = radius

    def getRadius(self):
        return self._radius

    def area(self):
        return 3.14 * self._radius * self._radius

    def circumference(self):
        return 2 * 3.14 * self._radius
```

5.
```
import circle
c = circle.Circle()
print(c.getRadius())
```

6.
```
import circle
c = circle.Circle()
print(c.area())
```

7.
```
import circle
c = circle.Circle(4)
print(c.getRadius())
```

8.
```
import circle
c = circle.Circle()
c.setRadius(5)
print(c.getRadius())
```

9.
```
import circle
c = circle.Circle(2)
print(c.area())
```

10.
```
import circle
c = circle.Circle(3)
print(c.circumference())
```

11.
```
import circle
c = circle.Circle()
c.setRadius(3)
print(c.circumference())
```

12.
```
import circle
c = circle.Circle()
c.setRadius(2)
print(c.area())
```

연습 13~14. point.py에 아래 코드가 포함되어 있다고 가정해보자.

```
class Point:
    def __init__(self, x, y):
        self._x = x
        self._y = y

    def distanceFromOrigin(self):
        return (self._x ** 2 + self._y ** 2) ** .5
```

13. 평면상의 점

한 점의 좌표를 입력받아 원점에서 해당 점까지의 거리를 표시하는 프로그램을 작성하라. 그림 7.2를 참고하라.

```
Enter x-coordinate of point: 8
Enter y-coordinate of point: -15
Distance from origin: 17.00
```

그림 7.2 연습 13의 결과

14. 두 점 간의 거리

입력값으로 두 점의 좌표를 받아 두 점 간의 거리를 표시하는 프로그램을 작성해보자. 그림 7.3을 참고하라. ([노트] 점 (x_1, y_1)과 (x_2, y_2)간의 거리는 원점에서 $(x_2 - x_1, y_2 - y_1)$까지의 거리와 같다.)

```
Enter x-coordinate of first point: 2
Enter y-coordinate of first point: 3
Enter x-coordinate of second point: 7
Enter y-coordinate of second point: 15
Distance between points: 13.00
```

그림 7.3 연습 14의 결과

연습 15~18에서 아래 코드가 파일 pairOfDice.py에 포함되어 있다고 가정한다.

```
import random

class PairOfDice:
    def __init__(self):
        self._redDie = 0
        self._blueDie = 0

    def getRedDie(self):
        return self._redDie
```

```
def getBlueDie(self):
    return self._blueDie

def roll(self):
    self._redDie = random.choice(range(1, 7))
    self._blueDie = random.choice(range(1, 7))

def sum(self):
    return self._redDie + self._blueDie
```

15. 주사위

2개의 주사위(빨강 주사위, 파랑 주사위)를 굴린 결과를 표시하는 프로그램을 작성하자. 그림 7.4를 참고하라.

```
Red die: 4
Blue die: 2
Total: 6
```

그림 7.4 연습 15의 결과

16. 주사위

두 사람이 각각 한 쌍의 주사위를 던지는 게임 결과에 대한 프로그램을 작성한다. 주사위의 합이 가장 높은 사람이 승리한다. 그림 7.5를 참고하라. 이 프로그램은 PairOfDice 클래스의 인스턴스 2개를 사용해야 한다.

```
Player 1: 8
Player 2: 6
Player 1 wins.
```

```
Player 1: 7
Player 2: 7
TIE
```

그림 7.5 연습 16의 결과

17. 주사위

주사위 쌍을 100,000번 굴린 후 합이 7인 횟수의 비율을 표시하는 프로그램을 작성하라([노트] 결과는 대략 16.67%가 되어야 한다.).

18. 주사위

초기 확률 문제는 도박에 관심이 있었던 프랑스 귀족 슈발리에가 1654년에 제안하였다. 카지노는 한 쌍의 주사위를 24번 던져 적어도 한 번 이상 두 주사위가 모두 6이 나올 확률에 배팅하는 도박이다. 슈발리에는 뛰어난 수학자에게 이 도박이 본인에게 유리한지, 도박장에 유리한지를 물어보았다. 한 쌍의 주사위를 24번 던지는 사건을 10,000번 반복하여 한 번 이상 두 주사위가 모두 6이 나올 횟수의 비율을 결정하는 프로그램을 개발하라([노트] 프로그램의 실행 결과는 대략 .4914이어야 한다. 따라서 도박사에 약간만 승산이 있다고 할 수 있다.).

연습 19에서 24까지, 아래 보이는 코드가 파일 pCard.py에 포함되어 있다고 가정하고, 코드가 생성된 결과를 결정하자.

```python
import random

class PlayingCard:
    def __init__(self, rank="queen", suit="hearts"):
        self._rank = rank
        self._suit = suit

    def setRank(self, rank):
        self._rank = rank

    def setSuit(self, suit):
        self._suit = suit

    def getRank(self):
        return self._rank

    def getSuit(self):
        return self._suit

    def selectAtRandom(self):
        ## 랜덤하게 rank와 suit를 선택한다.
        ranks = ['2', '3', '4', '5', '6', '7', '8', '9',
                "10", "jack", "queen", "king", "ace"]
        self._rank = random.choice(ranks)
        self._suit = random.choice(["spades", "hearts", "clubs", "diamonds"])

    def __str__(self):
        return(self._rank + " of " + self._suit)
```

19.
```python
import pCard
c = pCard.PlayingCard()
print(c)
```

20.
```python
import pCard
c = pCard.PlayingCard()
print(c.getRank())
```

21.
```
import pCard
c = pCard.PlayingCard()
c.setRank("10")
c.setSuit("clubs")
print(c)
```

22.
```
import pCard
c = pCard.PlayingCard()
c.setSuit("diamonds")
print(c.getSuit())
```

23.
```
import pCard
c = pCard.PlayingCard('7')
print(c)
```

24.
```
import pCard
c = pCard.PlayingCard('5', "clubs")
print(c)
```

25. 카드

임의로 선택한 카드(jack, queen, king)의 앞면을 표시하는 프로그램을 작성하라. 앞에서 정의한 pCard 클래스를 사용하라.

26. 카드

임의로 선택한 diamond 카드를 표시하는 프로그램을 작성하라. 앞에서 정의한 pCard 클래스를 사용하라.

27. 분수

분자와 분모, 최대공약수로 나누어 약분하는 메서드를 갖는 클래스 Fraction을 생성하라(섹션 3.3의 연습문제 17은 두 연산 대상의 최대 일반 제산을 실행하는 알고리즘을 제공한다.). 해당 클래스를 파일 fraction.py에 저장하라. ([노트] 이 클래스는 연습문제 28~30까지 사용한다.)

28. 분수 약분

입력값으로 분수를 받아 최대공약수로 약분하는 프로그램을 작성하라. 그림 7.6을 참고하라. 연습문제 27에서 생성한 클래스 Fraction을 사용하라.

```
Enter numerator of fraction: 12
Enter denominator of fraction: 30
Reduction to lowest terms: 2/5
```

그림 7.6 연습 28의 결과

29. 10진수를 분수로 변환

10진수를 분수로 변환하는 프로그램을 작성하라. 그림 7.7을 참고하라. 연습문제 27에서 생성된 Fraction 클래스를 사용하라.

```
Enter a positive decimal number less than 1: .375
Converted to fraction: 3/8
```

그림 7.7 연습 29의 결과

30. 분수 더하기

두 분수를 더한 결과를 약분하여 표시한다. 그림 7.8을 참고하라. 연습문제 27에서 생성한 클래스 Fraction을 사용하라.

([노트] $\dfrac{a}{b} + \dfrac{c}{d} = \dfrac{ad + bc}{bd}$.)

```
Enter numerator of first fraction: 1
Enter denominator of first fraction: 6
Enter numerator of second fraction: 3
Enter denominator of second fraction: 4
Sum: 11/12
```

그림 7.8 연습 30의 결과

31. 급료

작업자의 이름, 작업 시간, 시간당 급료를 입력받아 주급을 계산하는 프로그램을 작성하라. 이 프로그램은 작업자의 이름, 작업 시간, 시간당 급료, payForWeek는 메서드에 대한 인스턴스 변수를 갖는 클래스 Wages를 포함한다. 그림 7.9를 참고하라. ([노트] 연방 법규에 따르면 한 주에 40시간을 초과 근무하는 시급 피고용인에게는 1.5배의 급료를 지불해야 한다.)

```
Enter person's name: Alice
Enter number of hours worked: 45
Enter hourly wage: 20
Pay for Alice: $950.00
```

그림 7.9 연습 31의 결과

32. 퀴즈 성적

강사가 한 학기에 6회의 퀴즈를 낸다고 가정해보자. 해당 퀴즈 점수는 0에서 10점까지이고 최저 점수는 제외한다. 나머지 5회 퀴즈 점수의 평균을 계산하는 프로그램을 작성하라. 이 프로그램은 6개의 등급을 유지하는 인스턴스 변수와 average 메서드, 그리고 a __str__메서드를 갖는 Quizzes 클래스를 사용해야 한다. 그림 7.10을 참고하라.

```
Enter grade on quiz 1: 9
Enter grade on quiz 2: 10
Enter grade on quiz 3: 5
Enter grade on quiz 4: 8
Enter grade on quiz 5: 10
Enter grade on quiz 6: 10
Quiz average: 9.4
```

그림 7.10 연습 32의 결과

연습 33과 34에서는 연습문제 19 이전에 제공되어 pCard.py 파일에 저장된 PlayingCard 클래스를 사용하자. 각 프로그램은 52개의 카드 목록을 생성해야 한다.

33. 포커 게임

여러 장의 카드에서 5장을 임의로 선택하여 표시하는 프로그램을 작성하라. 동일한 위치에 있는 카드는 서로 인접하여 표시해야 한다. 그림 7.11을 참고하라.

```
6 of diamonds
6 of clubs
king of spades
king of clubs
king of hearts
```

그림 7.11 연습 33의 결과

34. 브리지 게임

여러 장의 카드에서 13장을 임의로 선택하여 표시하는 프로그램을 작성하라. 선택한 카드는 spades, hearts, diamonds, clubs 순서로 정렬해야 한다. 그림 7.12를 참고하라.

```
4 of spades
7 of spades
     ⋮
3 of hearts
queen of diamonds
jack of clubs
8 of clubs
```

그림 7.12 연습 34의 결과

35. 체크아웃 진행

쇼핑 웹사이트에서 사용자가 카트에 담은 항목을 확인하는 프로그램을 작성하라. 이 프로그램은 구매한 단일 품목의 정보를 유지하기 위해 Purchase 클래스를 사용하고 Purchase 유형의 객체 목록을 유지하기 위해 Cart 클래스를 사용해야 한다. 그림 7.13을 참고하라.

```
Enter description of article: shirt
Enter price of article: 35
Enter quantity of article: 3
Do you want to enter more articles (Y/N)? Y
Enter description of article: tie
Enter price of article: 15
Enter quantity of article: 2
Do you want to enter more articles (Y/N)? N

ARTICLE        PRICE       QUANTITY
shirt          $35.00          3
tie            $15.00          2

TOTAL COST: $135.00
```

그림 7.13 연습 35의 결과

36. 톨게이트 레지스터

톨게이트를 통과한 자동차의 수와 톨게이트에서 거둔 금액의 합을 계산하는 프로그램을 작성하라. 이 프로그램은 통과한 자동차의 개수와 거둔 금액의 합을 인스턴스로 갖는 Register 클래스를 사용해야 한다. 자동차에는 1달러를 부과하고 트럭에는 2달러를 부과한다. 그림 7.14를 참고하라.

```
Enter type of vehicle (car/truck): car
Number of vehicles: 1
Money Collected: $1.00
Do you want to enter more vehicles (Y/N)? Y
Enter type of vehicle (car/truck): truck
Number of vehicles: 2
Money Collected: $3.00
Do you want to enter more vehicles (Y/N)? N
Have a good day.
```

그림 7.14 연습 36의 결과

1.
```
def main():
    st = LGstudent()
    # 학생 이름과 중간고사 성적, 기말고사 성적을 불러온다.
    name = input("Enter student's name: ")
    st.setName(name)
    midterm = float(input("Enter student's grade on midterm exam: "))
    st.setMidterm(midterm)
    final = float(input("Enter student's grade on final exam: "))
    st.setFinal(final)
    # 학생 이름과 학기 성적을 표시한다.
    print("\nNAME\tGRADE")
    print(st)
```

연습문제에서 __init__method의 버전은 예제 5의 버전보다 유연하지 않다. 예제 5에서는 프로그래머가 뮤테이터에 상관없이 인스턴스 변수에 값을 할당할 수 있는 반면, 연습문제에서는 반드시 뮤테이터를 사용해야 하기 때문이다.

2. for문 앞에 다음과 같은 명령을 두자.

```
listOfStudents.sort(key=lambda x: x.getName())
```

7.2 상속

VideoNote
Inheritance

상속은 객체지향 프로그래밍의 특성으로 현존하는 클래스를 수정하여 신규 클래스(서브 클래스, 자식 클래스, 파생 클래스)를 정의할 수 있도록 한다. 서브 클래스에는 자체 속성과 메서드가 있으며, 부모 클래스의 메서드를 오버라이딩할 뿐만 아니라 부모 클래스의 속성과 메서드를 상속한다.

■ 학기 성적 클래스

섹션 7.1의 예제 5에 있는 LGstudent 클래스를 생각해보자. LGstudent는 Student라는 슈퍼 클래스의 서브 클래스로 정의할 수 있다.

 예제 1 **2개의 서브 클래스 생성하기**

다음 클래스 정의에서 `class LGstudent(Student):`와 `class PFstudent(Student):`는 LGstudent와 PFstudent가 부모 클래스 Student의 서브 클래스가 되도록 정의하며 Student 클래스의 모든 속성과 메서드를 상속한다. 클래스 PFstudent에서 학생은 학기 성적으로 통과(Pass) 또는 과락(Fail)을 받는다.

```
class Student:
    def __init__(self, name="", midterm=0, final=0):
        self._name = name
        self._midterm = midterm
        self._final = final

    def setName(self, name):
        self._name = name

    def setMidterm(self, midterm):
        self._midterm = midterm

    def setFinal(self, final):
        self._final = final

    def getName(self):
        return self._name

    def __str__(self):
        return self._name + "\t" + self.calcSemGrade()
class LGstudent(Student):
    def calcSemGrade(self):
        average = round((self._midterm + self._final) / 2)
    if average >= 90:
        return 'A'
    elif average >= 80:
        return 'B'
    elif average >= 70:
        return 'C'
    elif average >= 60:
        return 'D'
    else:
        return 'F'
class PFstudent(Student):

    def calcSemGrade(self):
        average = round((self._midterm + self._final) / 2)
    if average >= 60:
        return "Pass"
    else:
        return "Fail"
```

 예제 2 학기 성적

다음 함수는 두 가지 유형의 학생 리스트를 생성한 후 해당 학생의 이름을 알파벳 순서로 표시하고 학기 성적을
표시하기 위해 리스트를 사용한다. 예제 1의 클래스 정의는 student.py에 포함되어 있다고 가정한다.

```
import student
```

```
def main():
    listOfStudents = obtainListOfStudents()    # 학생(student)과 성적(grades)
    displayResults(listOfStudents)

def obtainListOfStudents():
    listOfStudents = []
    carryOn = 'Y'
    while carryOn == 'Y':
        name = input("Enter student's name: ")
        midterm = float(input("Enter student's grade on midterm exam: "))
        final = float(input("Enter student's grade on final exam: "))
        category = input("Enter category (LG or PF): ")
        if category.upper() == "LG":
            st = student.LGstudent(name, midterm, final)
        else:
            st = student.PFstudent(name, midterm, final)
        listOfStudents.append(st)
        carryOn = input("Do you want to continue (Y/N)? ")
        carryOn = carryOn.upper()
    return listOfStudents

def displayResults(listOfStudents):
    print("\nNAME\tGRADE")
    listOfStudents.sort(key=lambda x: x.getName())    # 이름을 기준으로 학생을 정렬하기.
    for pupil in listOfStudents:
        print(pupil)

main()
```

[실행]

```
Enter student's name: Bob
Enter student's grade on midterm exam:  79
Enter student's grade on final exam: 85
Enter category (LG or PF): LG
Do you want to continue (Y/N)?  Y
Enter student's name: Alice
Enter student's grade on midterm exam:  92
Enter student's grade on final exam: 96
Enter category (LG or PF): PF
Do you want to continue (Y/N)?  Y
Enter student's name: Carol
Enter student's grade on midterm exam:  75
Enter student's grade on final exam: 76
Enter category (LG or PF): LG
Do you want to continue (Y/N)?  N

NAME    GRADE
Alice   Pass
Bob     B
Carol   C
```

■ 관계

자식 클래스는 부모 클래스를 구체화한 것이다. 따라서 일반적으로 부모의 모든 특성은 물론 그 이상의 기능이 있다. 자식 클래스는 부모 클래스와 "is-a" 관계를 갖는다. 예를 들어 예제 2를 고려해보자. 개별 학생의 성적letter-grade student은 is a 관계이다. 유사하게 개별 통과-과락 학생pass-fail student은 is a student이다. 연습문제에서 볼 수 있는 몇 가지 부모-자식 쌍은 표 7.1과 같다. 각 쌍에서 자식은 부모의 구체화된 버전이며, 개별 자식은 부모와 "is-a" 관계를 만족한다.

표 7.1 몇 가지 부모-자식 쌍

부모	자식
종업원	시급 종업원, 월급 종업원
담보	수수료 포함 담보, 이자만 부담 담보
정다각형	정삼각형, 정사각형

■ isinstance 함수

isinstance(object, className)는 대상 객체가 해당 클래스나 또는 서브 클래스의 인스턴스이면 True를, 아닌 경우에는 False를 반환한다. Isinstance 함수는 내장 클래스와 사용자 정의 클래스에 적용할 수 있다. 표7.2는 isinstance 함수를 포함한 몇 가지 예제이다.

표 7.2 isinstance 함수를 포함한 몇 가지 예제

표현	값	표현	값
isinstance("Hello", str)	True	isinstance((), tuple)	True
isinstance(3.4, int)	False	isinstance({'b':"be"}, dict)	True
isinstance(3.4, float)	True	isinstance({}, dict)	True
isinstance([1, 2, 3], list)	True	isinstance({1, 2, 3}, set)	True
isinstance([], list)	True	isinstance({}, set)	False
isinstance((1, 2, 3), tuple)	True	isinstance(set(), set)	True

다음 함수는 학기 성적을 예제 2와 같은 방법으로 표시한다. 하지만 displayResults 함수에 몇 행으로 된 코드를 추가하면 성적과 통과–과락 학생의 수를 계산하는 프로그램이 된다. 개별 학생을 표시할 때, isinstance 함수는 동일한 성적의 학생 수를 계산하는 데 사용한다. 확대 전개한 displayResults 함수는 다음과 같다.

```
def displayResults(listOfStudents):
    print("\nNAME\tGRADE")
    numberOfLGstudents = 0    # 학생의 성적별 학생의 수
    listOfStudents.sort(key=lambda x: x.getName())
    for pupil in listOfStudents:
        print(pupil)
        # 성적 등급 학생의 수를 계산한다.
        if isinstance(pupil, student.LGstudent):
            numberOfLGstudents += 1
    # 각 범주 내 학생의 수를 표시한다.
    print("Number of  letter-grade students:",  numberOfLGstudents)
    print("Number of  pass-fail students:",
          len(listOfStudents) - numberOfLGstudents)
```

예제 2의 프로그램이 변경된 displayResults 함수와 함께 실행되었을 경우의 결과다.

```
NAME  GRADE
Alice Pass
Bob   B
Carol C
Number of letter-grade students: 2
Number of pass-fail students: 1
```

■ 신규 인스턴스 변수를 서브 클래스에 추가하기

지금까지 예제에서 자식 클래스는 부모 클래스에만 함수를 추가하였다. 하지만 자식 클래스도 속성, 즉 인스턴스 변수를 추가할 수 있다. 이러한 상황에서 자식 클래스는 부모 속성에서 고려된 초기화 메서드를 포함한 후 자체 신규 속성을 추가해야 한다. 자식 클래스의 초기화 메서드의 파라미터 목록은 self로 시작해야 하며, 부모 클래스의 파라미터를 목록화하고 신규로 자식 클래스의 파라미터를 추가해야 한다. 블록의 첫 번째 행은 다음과 같은 형태를 갖고 있어야 한다.

```
super().__init__(parentParameter1, . . . , parentParameterN)
```

다음에는 해당 클래스의 신규 파라미터에 대한 표준 선언문이 나온다.

예제 4 **PFstudent**

다음 클래스 정의는 신규 파라미터를 클래스 PFstudent에 추가하였다. pass-fail 학습은 전일제 또는 시간제로 등록할 수 있다. 신규 불린값 파라미터(_fullTime)는 전일제의 경우 참값을 갖고 시간제일 경우 거짓값을 갖는다.

```python
class PFstudent(Student):
    def __init__(self, name="", midterm=0, final=0, fullTime=True):
        super().__init__(name, midterm, final)  # 기저 파라미터 가져오기.
        self._fullTime = fullTime

    def setFullTime(self, fullTime):
        self._fullTime = fullTime

    def getFullTime(self):
        return self._fullTime

    def calcSemGrade(self):
        average = round((self._midterm + self._final) / 2)
        if average >= 60:
            return "Pass"
        else:
            return "Fail"

    def __str__(self):
        if self._fullTime:
            status = "Full-time student"
        else:
            status = "Part-time student"
        return (self._name + "\t" + self.calcSemGrade() +
                "\t" + status)
```

 예제 5 **학기 성적과 상태**

파일 studentWithStatus.py는 student.py의 변경된 버전이라고 가정해보자. 클래스 PFstudent의 정의는 예제 4에서와 같은 버전으로 변경하였다.

```python
import studentWithStatus

def main():
    ## 학생의 학기 성적과 상태를 계산하고 표시한다.
    # 학생 이름, 중간고사 성적, 기말고사 성적을 계산한다.
    name = input("Enter student's name: ")
    midterm = float(input("Enter student's grade on midterm exam: "))
    final = float(input("Enter student's grade on final exam: "))
    category = input("Enter category (LG or PF): ")
    if category.upper() == "LG":
        st = studentWithStatus.LGstudent(name, midterm, final)
    else:
```

```
            question = input("Is" + name + "a full time student (Y/N)? ")
            if question.upper() == 'Y':
                fullTime = True
            else:
                fullTime = False
            st = studentWithStatus.PFstudent(name, midterm, final, fullTime)
        # 학생 이름, 학기 성적, 상태를 표시한다.
        semesterGrade = st.calcSemGrade()
        print("\nNAME\tGRADE\tSTATUS")
        print(st)

main()
```

[실행]

```
Enter student's name: Alice
Enter student's grade on midterm exam: 92
Enter student's grade on final exam: 96
Enter category (LG or PF): PF
Is Alice a full-time student (Y/N)? N

NAME      GRADE      STATUS
Alice     Pass       Part-time student
```

VideoNote
Overriding

■ 메서드 오버라이딩

서브 클래스는 상속받은 메서드의 기능을 변경할 수 있다. 부모 클래스에 정의한 메서드와 동
일한 이름의 서브 클래스로 정의한 메서드가 있다면, 이 메서드는 부모 클래스의 메서드를 재
정의(오버라이드)할 수 있다.

 예제 6 **학기 성적**

다음 프로그램은 예제 2의 다른 버전이다. PFstudent는 LGstudent의 서브 클래스로 정의하였다. 2개의 클래
스는 "is-a" 관계가 아님에도 불구하고 신규 클래스 정의는 원래 정의보다 읽는 데 상대적으로 짧고 쉽다.

```
def main():
    listOfStudents = obtainListOfStudents()    # 학생과 성적
    displayResults(listOfStudents)

def obtainListOfStudents():
    listOfStudents = []
    carryOn = 'Y'
    while carryOn == 'Y':
        name = input("Enter student's name: ")
        midterm = float(input("Enter student's grade on midterm exam: "))
        final = float(input("Enter student's grade on final exam: "))
```

```python
        category = input("Enter category (LG or PF): ")
        if category.upper() == "LG":
            st = LGstudent(name, midterm, final)
        else:
            st = PFstudent(name, midterm, final)
        listOfStudents.append(st)
        carryOn = input("Do you want to continue (Y/N)? ")
        carryOn = carryOn.upper()
    return listOfStudents

def displayResults(listOfStudents):
    print("\nNAME\tGRADE")
    listOfStudents.sort(key=lambda x: x.getName())
    for pupil in listOfStudents:
        print(pupil)

class LGstudent:
    def __init__(self, name="", midterm=0, final=0):
        self._name = name
        self._midterm = midterm
        self._final = final

    def setName(self, name):
        self._name = name

    def setMidterm(self, midterm):
        self._midterm = midterm

    def setFinal(self, final):
        self._final = final

    def getName(self):
        return self._name

    def calcSemGrade(self):
        average = round((self._midterm + self._final) / 2)
        if average >= 90:
            return "A"
        elif average >= 80:
            return "B"
        elif average >= 70:
            return "C"
        elif average >= 60:
            return "D"
        else:
            return "F"

    def __str__(self):
        return self._name + "\t" + self.calcSemGrade()

class PFstudent(LGstudent):
    def calcSemGrade(self):
```

```
            average = round((self._midterm + self._final) / 2)
            if average >= 60:
                return "Pass"
            else:
                return "Fail"
main()
```

■ 다형성(Polymorphism)

예제 1에서 자식 클래스 LGstudent와 PFstudent는 같은 헤더로 calcSemGrade 메서드를 갖지만 정의는 서로 다르다. 이와 같이 2개의 클래스가 구현한 내용은 다르지만 동일한 이름을 사용하는 파이썬의 특징을 다형성Polymorphism이라고 한다. 예제 2의 프로그램은 calcSemGrade 메서드의 구현을 호출하는 객체의 유형에 따라 조정하였다. 다형성은 "여러 가지 형태"를 의미하는 그리스 단어에서 유래했다.

연습문제 7.2

1. 다음 프로그램의 결과는 무엇인가?

```
def main():
    creature = Vertebrate()
    print(creature.msg())
    print(isinstance(creature, Animal))

class Animal:
    def msg(self):
    return("Can Move.")

class Vertebrate:
    def msg(self):
    return("Has a backbone.")

main()
```

2. 문제 1에서 다음 행이

```
class Vertebrate:
```

아래와 같이 변경된다면

```
class Vertebrate(Animal):
```

프로그램의 결과는 어떻게 되는가?

연습 1에서 4까지 다음 클래스를 사용하는 코드의 결과를 결정하라.

```
class RegularPolygon:
    def __init__(self, side=1):
        self._side = side

class Square(RegularPolygon):
    def area(self, side):
        return side * side

class EquilateralTriangle(RegularPolygon):
    def area(self, side):
        return side * side * 0.433
```

1. ```
   sq = Square()
   print(sq.area(2))
   ```

2. ```
   et = EquilateralTriangle()
   print(et.area(1))
   ```

3. ```
   sq = Square()
   et = EquilateralTriangle()
   print(et.area(sq.area(2)))
   ```

4. ```
   sq = Square()
   et = EquilateralTriangle()
   print(sq.area(et.area(2)))
   ```

5. 다음 프로그램의 결과는 무엇인가?

   ```
   def main():
       r = Rectangle(2, 3)
       print("The {0} has area {1:,.2f}.".format(r.name(), r.area()))

   class Shape:
       def __init__(self, width=1, height=1):
           self._width = width
           self._height = height

       def setWidth(self, width):
           self._width = width

       def setHeight(self, height):
           self._height = height

   class Rectangle(Shape):
       def name(self):
           return "rectangle"
   ```

```
        def area(self):
            return (self._width * self._height)

    main()
```

6. 연습 5의 두 번째 코드의 행이 다음과 같이 변경되면 결과는 어떻게 되는가?

```
r = Rectangle(5)
r.setHeight(6)
```

연습 7과 8은 다형성의 개념을 설명하고 있다. 이 프로그램의 결과를 결정하라.

7.
```
def main():
    individual = Cowboy()
    individual.sayGreeting()
    individual = Aussie()
    individual.sayGreeting()

class Person:
    def __init__(self, salutation="Hello"):
        self._salutation = salutation

    def sayGreeting(self):
        print(self._salutation)

class Cowboy(Person):
    def __init__(self, salutation="Howdy"):
        self._salutation = salutation

    def sayGreeting(self):
        print(self._salutation)

class Aussie(Person):
    def __init__(self, salutation="G'day mate"):
        self._salutation = salutation

    def sayGreeting(self):
        print(self._salutation)

main()
```

8.
```
def main():
    creature = Vertebrate()
    print(creature)
    creature = Arthropod()
    print(creature)

class Animal:
    def __init__(self, feature="I can move."):
        self._feature = feature

    def __str__(self):
        return self._feature
```

```
class Vertebrate(Animal):
    def __init__(self, feature="I have a backbone."):
        self._feature = feature

    def __str__(self):
        return self._feature

class Arthropod(Animal):
    def __init__(self, feature="I have jointed limbs and no backbone."):
        self._feature = feature

    def __str__(self):
        return self._feature

main()
```

9. 학기 성적

예제 2의 프로그램을 변경하여 성적이 A인 학생의 이름만 표시하라.

10. 학기 성적

예제 2의 프로그램을 변경하여 해당 과목을 수료pass한 학생의 이름만 표시하라.

11. 가위, 바위, 보

사람과 컴퓨터 간의 "가위scissor, 바위rock, 보paper" 게임을 3번 실행하는 프로그램을 작성하라. 그림 7.15를 참고하라. 이 프로그램은 2개의 서브 클래스인 Human과 Computer를 갖는 Contestant 클래스를 사용해야 한다. 가위, 바위, 보는 사람이 먼저 선택한 후 컴퓨터가 랜덤하게 선택해야 한다. Contestant 클래스는 name과 score의 인스턴스 변수를 사용해야 한다([노트] 바위는 가위를 이기고, 가위는 보를 이기며, 보는 바위를 이긴다.).

```
Enter name of human: Garry
Enter name of computer: Big Blue

Garry, enter your choice: rock
Big Blue chooses paper
Garry: 0  Big Blue: 1

Garry, enter your choice: scissors
Big Blue chooses paper
Garry: 1  Big Blue: 1

Garry, enter your choice: rock
Big Blue chooses scissors
Garry: 2  Big Blue: 1

GARRY WINS
```

그림 7.15 연습 11의 결과

12. 학기 성적

예제 2를 다시 실행하여 각 서브 클래스가 자체 __str__method를 갖고 __str__ methods를 이용하여 다형성 기능을 보여줄 수 있도록 하자. 문자 표시 성적 학생은 모두 전일제이며, 수료-과락 학생은 전일제 또는 파트 타임제이다. 이 프로그램은 학생의 이름, 성적, 상태를 표시해야 한다. 그림 7.16을 참고하라.

```
Enter student's name: Bob
Enter student's grade on midterm exam: 79
Enter student's grade on final exam: 85
Enter category (LG or PF): LG
Do you want to continue (Y/N)? Y
Enter student's name: Alice
Enter student's grade on midterm exam: 92
Enter student's grade on final exam: 96
Enter category (LG or PF): PF
Are you a  full-time student (Y/N)? N
Do you want to continue (Y/N)? N

NAME     GRADE      STATUS
Alice    Pass       Part-time student
Bob      B          Full-time student
```

그림 7.16 연습 12의 결과

연습 13에서 16까지 다음과 같은 모기지를 고려하자. 모기지는 주택을 구입하는 데 사용하는 장기간 담보 대출이다. 주택은 해당 담보를 보장하는 부동산으로 사용된다. 원금^{principal}은 사전에 설정한 term이라는 기간(연, 일반적으로 25 또는 30년)동안 매달 일정 금액을 상환해야 하는 액수다. 매달 상환해야 하는 금액은 원금, 이자율, 담보 조건에 따라 다르다.

13. 모기지

주택을 구입하기 위해 n년 동안 매달 상환하는 조건으로 A 달러를 월 복리 r%로 빌린다고 가정해보자. 매월 상환액 계산 공식은 다음과 같다.

$$\text{monthly payment} = \frac{i}{1 - (1 + i)^{-12n}} * A,$$

공식에서 $i = \dfrac{r}{1200}$ 이다.

원금, 이자율, 기간의 인스턴스 변수와 calculateMonthlyPayment라는 메서드를 갖는 Mortgage라는 클래스를 개발하라.

14. 모기지

원금, 이자율, 기간을 사용자로부터 입력받아 연습 13의 클래스 Mortgage를 사용하여 월 상환액을 계산하는 프로그램을 개발하라.

```
Enter principal of mortgage: 350000
Enter percent interest rate: 5.25
Enter duration of mortgage in years: 30
Monthly payment: $1,932.71
```

그림 7.17 연습 14의 결과

15. 만기 말 원금 상환 모기지interest only mortgage

만기 말 원금 상환 모기지는 일정 기간(5 또는 10년) 동안 매월 이자만 지불한다. 원금은 일정 시점이 지난 후에 상환해야 하는 상품이므로 이자만 지불하는 기간 말기에 갚아야 할 금액이 원금이다. 따라서 매월 지불 금액은 갚아야 하는 남은 기간에 따라 결정된다. 두 번째 기간의 이자율은 첫 번째 기간의 이자율과 동일하다고 가정해보자. 만기 말 원금 상환 모기지에서 이자율을 유리하게 맞추기 위해 재설정한다고 가정해보자. 연습 13의 클래스 Mortgage의 서브 클래스로 InterestOnlyMortgage 클래스를 구현하라. 이 클래스는 부모 클래스의 인스턴스 변수를 상속해야 하고 numberOfInterestOnlyYears 추가 인스턴스 변수, 만기 말 원금 상환 모기지의 매월 지불 금액을 계산하는 메서드, 값 변경 메서드인 setTerm, 접근 메서드 getTerm을 갖고 있어야 한다. 원금, 이자율, 기간, 이자만 지급하는 기간(년)을 입력받아 매월 지불액을 계산하는 클래스 InterestOnlyMortgage를 사용하는 프로그램을 개발하라. 이 프로그램은 초반기와 후반기에 월별로 지불해야 하는 금액을 계산해야 한다. 그림 7.18을 참고하라.

```
Enter principal of mortgage: 350000
Enter percent interest rate: 5.25
Enter duration of mortgage in years: 30
Enter number of interest-only years: 10
Monthly payment for first 10 years: $1,531.25
Monthly payment for last 20 years: $2,358.45
```

그림 7.18 연습 15의 결과

16. 포인트 모기지

몇몇 대출 상품은 할인 포인트를 동반한다. 각각의 할인 포인트는 대출받은 사람이 명시된 대출 금액의 1%와 해당하는 금액을 선지불하도록 하고 있다. 예를 들어 3개의 할인 포인트를 갖는 $200,000 대출금의 경우 대출받은 사람은 $6,000을 즉시 지불해야 한다. 지불 금액은 갚아야 할 금액을 $194,000으로 낮춰주지만, 매달 지불해야 하는 금액은 $200,000원으로 계산된다. 선지불 이자 금액은 세금 환불이 가능하며 포인트 모기지의 이자율은 포인트 없는 표준 모기지 이자율보다 상대적으로 약간 낮다. 디스카운트 포인트를 갖는 모기지는 일반적으로 7년 이상 주택을 보유하려는 사람에게 유리한 상품이다. 연습 13의 Mortgage 클래스의 서브 클래스로 MOrtgageWithPoints 클래스를 개발하라. 이 클래스는 부모 클래스의 인스턴스 변수를 상속해야 하고 추가 인스턴스 변수로 numberOfPoints가 있어야 하며 포인트 비용을 계산하기 위한 추가 메서드가 있어야 한다. MortgageWithPoints 클래스를 사용하여 원금, 이자율, 기간, 디스카운트 포인트 개수를 입력받아 매월 지불해야 하는 금액을 계산하는 프로그램을 개발하라. 그림 7.19를 참고하라.

```
Enter principal of mortgage: 350000
Enter percent interest rate: 5
Enter duration of mortgage in years: 30
Enter number of discount points: 2
Cost of discount points: $7,000.00
Monthly payment: $1,878.88
```

그림 7.19 연습 16의 결과

연습문제 7.2 해답

1. Has a backbone.
False

2. 서브 클래스의 모든 인스턴스는 상위 클래스의 인스턴스가 되므로 결과는 다음과 같다.
Has a backbone.
True

주요 용어와 개념	예제

7.1 클래스와 객체

파이썬은 int, float, str, list, tuple, bool, dict, set와 같은 내장 클래스를 많이 갖고 있다.

```
print(type(2), type({1:"one"}))
[실행]
<class 'int'> <class 'dict'>
```

객체는 데이터(인스턴스 변수)를 저장하는 엔터티이며 데이터를 조작하는 메서드를 갖고 있다. 클래스는 객체를 생성하는 템플릿이다. 클래스의 정의 헤더는 class ClassName: 형태이다. 일반적으로 첫 번째 메서드는 객체가 생성할 때 자동으로 실행하는 __init__와 같은 초깃값 설정자이다. 초기화의 첫 번째 파라미터는 self이다. 파라미터 self는 객체 자체를 참조하는 변수다.

```
class Rectangle:
    def __init__(self, width=1,
                height=1):
        self._width = width
        self._height = height
```

객체는 objectName=ClassName(arg1, arg2, ...)의 형태 명령으로 생성된다. 데이터는 인스턴스 변수에 저장하며 mutators(인스턴스 변수의 값을 변경함)와 accessors(인스턴스 변수의 값을 가져옴)라는 메서드로 접근할 수 있다. __str__메서드는 객체의 사용자와 한 문자열 표현을 반환한다.

```
r = Rectangle(4, 5)
```

```
def setWidth(self, width):
    self._width = width
```

```
def getWidth(self):
    return self._width
```

```
def __str__(self):
    return ("Width: " +
            str(self._width))
```

7.2 상속

상속은 기존 클래스(상위 클래스, 부모 클래스, 기저 클래스라고도 함)를 이용하여 신규 클래스(서브 클래스, 자식 클래스, 파생 클래스라고도 함)를 생성할 수 있도록 한다. 또한 상속을 이용하면 기존 클래스의 인스턴스 변수와 메서드를 상속할 수 있다.

```
class LGstudent(Student)
```

일반적으로 자식 객체는 부모와 "is-a" 관계이다.

모든 letter-grade student는 학생이다.

Isinstance 함수는 객체의 유형을 확인하는 데 사용한다.

```
st = LGstudent()
print(isinstance(st, LGstudent))
[실행]
True
```

주요 용어와 개념	예제
자식 클래스가 신규 인스턴스 변수를 생성할 때, 부모 인스턴스에서 가져오기 위한 초기화 블록 내에 위치한 상위 함수를 포함해야 한다.	`super().__init__(name, midterm, final)`
부모 클래스의 메서드와 이름이 동일한 자식 클래스에 정의한 메서드는 부모 메서드를 오버라이드한다.	
다형성은 서로 다른 유형의 객체를 동일한 구문으로 사용하는 능력이다.	

프로그래밍 프로젝트

1. UN

파일 UN.txt는 193개의 UN 가입국에 대한 데이터이다. 파일의 각 행은 해당 국가의 이름, 소속 대륙, 인구수(백만 명), 면적(제곱마일)에 대한 데이터를 포함하고 있다. 파일의 일부 예를 들어보면 다음과 같다.

```
Canada, North America, 34.8,3855000
France, Europe, 66.3,211209
New Zealand, Australia/Oceania, 4.4,103738
Nigeria, Africa, 177.2,356669
Pakistan, Asia, 196.2,310403
Peru, South America, 30.1,496226
```

(a) 국가의 데이터를 저장하는 인스턴스 변수 4개와 국가의 인구밀도를 계산하는 popDensity 메서드를 갖는 Nation 클래스를 생성한다. 193개 아이템의 딕셔너리를 생성하는 클래스를 사용하는 프로그램을 작성하라. 딕셔너리의 각 아이템은 다음과 같은 형태를 갖도록 한다.

`name of a country: Nation object for that country`

파일 UN.txt를 사용하여 딕셔너리를 만들고 해당 딕셔너리를 pickle 처리한 바이너리 파일 nationDict.dat로 저장하라. 또한 해당 클래스 Nation을 nation.py에 저장하라.

(b) UN 가입국의 이름을 입력받아 그림 7.20과 같이 해당 국가의 정보를 표시하는 프로그램을 작성하라. 파트(a)에서 생성한 pickle 처리한 바이너리 파일 nationDict.dat와 nation.py를 사용하라.

```
Enter a country: Canada
Continent: North America
Population: 34,800,000
Area: 3,855,000.00 square miles
```

그림 7.20 프로그래밍 프로젝트 1(b)의 결과

(c) 대륙의 이름을 입력받아 해당 대륙에 속해 있는 UN 가입국 중 인구밀도가 가장 높은 5개국을 내림차순으로 표시하는 프로그램을 작성하라. 그림 7.21을 참고하라. 파트(a) 에서 생성한 pickle 처리한 바이너리 파일 nationDict.dat와 nation.py를 사용하라.

```
Enter a continent: South America
   Ecuador
   Colombia
   Venezuela
   Brazil
   Peru
```

그림 7.21 프로그래밍 프로젝트 1(c)의 결과

2. 저축계좌

저축계좌를 유지하는 프로그램을 개발하라. 이 프로그램은 고객의 이름과 계좌 잔고의 인스턴스 변수와 makeDeposit와 makeWithdrawal이라는 메서드를 갖는 SavingAccount 클래스를 사용해야 한다. makeWithdrawal 메서드는 해당 계좌에 잔고를 초과하는 출금 요청은 거부해야 한다. 그림 7.22를 참고하라.

```
Enter person's name: Fred
D = Deposit, W = Withdrawal, Q = Quit
Enter D, W, or Q: D
Enter amount to deposit: 1000
Balance: $1,000.00
Enter D, W, or Q: W
Enter amount to withdraw: 4000
Insufficient funds, transaction denied.
Balance: $1,000.00
Enter D, W, or Q: W
Enter amount to withdraw: 400
Balance: $600.00
Enter D, W, or Q: Q
End of transactions. Have a good day Fred.
```

그림 7.22 프로그래밍 프로젝트 2의 결과

3. 임금

정규직 사원과 시급 사원을 고용하는 회사의 주당 임금을 표시하는 프로그램을 작성하라. 이 프로그램은 SalariedEmployee와 HourlyEmployee라는 2개의 서브 클래스를 갖는 Employee 클래스를 갖고 있어야 한다. 클래스 Employee는 name, 지급율, 근무 시간의 인스턴스 변수를 갖고 있어야 한다(지급율은 정규직 사원의 경우 고정된 값이며, 시급 사원의 경우 매시간별로 임금을 지급해야 한다.). 각 서브 클래스는 calculatePay 메서드를 갖고 있어야 한다. 모든 사원에 대한 데이터를 입력한 후 이 프로그램은 각 사원에 대한 매주 임금, 사원의 수, 정규직 사원의 수, 총 임금, 사원의 평균 근무 시간 등을 표시해야 한다. 그림 7.23을 참고하라. 이 프로그램은 객체 리스트를 사용해야 한다.

```
Enter employees's name: Jane
Enter employee's classification (Salaried or Hourly): Salaried
Enter the number of hours worked: 40
Enter weekly salary: 1000
Do you want to continue (Y/N)? Y
Enter employees's name: Fred
Enter employee's classification (Salaried or Hourly): Hourly
Enter the number of hours worked: 10
Enter hourly wage: 25
Do you want to continue (Y/N)? N

Jane: $1,000.00
Fred: $250.00
Number of employees: 2
Number of salaried employees: 1
Total payroll: $1,250.00
Average number of hours worked per employee: 25.00
```

그림 7.23 프로그래밍 프로젝트 3의 결과

8장

그래픽 유저 인터페이스

8.1 위젯

위젯은 그래픽 유저 인터페이스의 컴포넌트다. 이번 섹션에서는 5개 위젯의 기능을 설명한다. 다음 두 섹션에서는 윈도우 내에서 위젯을 위치시키는 방법과 위젯을 조정하는 프로그램을 작성하는 방법에 대해 설명한다. 위젯은 객체이고, 클래스는 모듈 tkinter로 정의한다(t-k-inter라고 읽으며, Tkinterface를 의미한다.). 8장의 스크린은 윈도우 PC에서 실행한 결과다. 다른 OS 시스템을 갖는 경우, 해당 프로그램을 실행하면 모습이 약간 다를 것이다.

■ 그래픽 사용자 인터페이스는 무엇인가?

VideoNote
Introduction
to GUI

앞 장에서 살펴보았던 프로그램들은 텍스트 기반 사용자 인터페이스(TUI)다. 그래픽 유저 인터페이스(GUI, '구이'라고 읽는다.)는 사용자가 데이터를 입력할 수 있는 박스와 같은 비주얼 객체와 어떤 기능 실행을 초기화하는 버튼으로 구성된 윈도우를 사용자에게 제공한다. 이와 같은 가시적 객체(위젯)는 마우스 클릭과 같은 이벤트에 반응한다. 이벤트는 GUI 프로그램의 중심이 되므로, GUI 프로그램은 '이벤트 기반'이라고 한다.

그림 8.1은 모기지(담보 대출)의 월 상환액을 계산한 파이썬 프로그램의 결과이다. 각 프로그램은 3개의 데이터를 입력받아 월 지불액을 표시한다.

```
Enter principal: 300000
Enter interest rate (as percent): 4.9
Enter number of years: 30
Monthly payment: $1,592.18
```

(a) TUI 프로그램의 결과

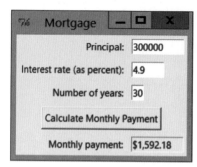

(b) GUI 프로그램의 결과

그림 8.1 담보 대출 프로그램

그림 8.1(b)에서 버튼 위의 흰색 박스 3개에는 아무런 순서 없이 값을 입력할 수 있다. 사용자가 마우스로 흰색 박스를 클릭하면 커서는 해당 박스로 이동한다. 사용자는 신규 정보를 입력하거나 현 정보를 수정한다. 모든 정보가 의도한 값이라면 사용자는 Calculate Monthly Payment 버튼을 클릭하여 버튼 아래 박스에 월별 지급 금액을 표시한다. 사용자는 다양한 값을 입력하여 프로그램을 실행할 수 있다. 예를 들어 사용자가 숫자 30을 25로 변경할 수 있고, 다음으로 버튼을 클릭하여 25년 담보 대출에 대한 월별 상환액을 계산한다. 사용자는 2개의 입력값을 재입력할 필요는 없다.

GUI 윈도우에 나타난 박스는 '입력 위젯'이라고 한다. 박스의 좌측에 표시된 텍스트는 레이블 위젯에 포함된다. 또한 버튼은 '버튼 위젯'이라 한다. 각 위젯은 속성을 갖고 있는 개체이며 각 위젯은 마우스 이동, 키 누르기, 마우스 클릭하기와 같은 이벤트에 반응할 수 있어야 한다. 예를 들어 입력 위젯은 width 속성을 가지며, 각 레이블 위젯은 text 속성을 갖는다. 그림 8.1(b)에서 버튼은 mouse click 이벤트에 반응한다. 사용자가 버튼을 클릭할 때 이벤트는 월별 지불액을 계산하고, 윈도우 우측 하단의 입력 위젯에 이를 표시하는 함수를 호출한다. 위젯과 이벤트를 활용함으로써 이벤트를 발생시킬 때 여러 기능들을 어떤 순서로 실행할 것인지를 결정한다.

지금까지 버튼, 레이블, 입력 박스, 리스트 박스, 스크롤 바를 하나씩 살펴보았다. 이번에는 속성과 이벤트를 보여주는 간단한 프로그램을 작성해볼 것이다. 각 프로그램은 다음과 같은 2개의 명령으로 시작하고,

```
from tkinter import *
window = Tk()
```

다음 명령으로 끝난다.

```
window.mainloop()
```

첫 번째 명령은 tkinter 모듈을 임포트하고, 두 번째 명령은 Tk 클래스의 인스턴스를 생성하며 이름을 'window'라 한다. 대부분의 GUI 프로그램은 이벤트를 갖는다. Mainloop 함수는 여러분이 윈도우 상단에 위치한 **닫기** 버튼(**x** , 또는 **x**)을 클릭하여 윈도우를 닫을 때까지 이벤트를 계속 찾는 무한 루프와 함께 행동한다.

운영체제와 프로그램이 호출되는 방법에 따라 mainloop 함수는 필요할 수도 있고, 필요하지 않을 수도 있다. 하지만 모든 베이스[bases]를 커버하기 위해 항상 함수를 가져야 한다.

각 윈도우는 타이틀 바 텍스트를 위치시키는 title 속성을 갖는다. 예를 들어 그림 8.1(b)에서 단어 "Mortgage"는 다음 명령으로 타이틀 바에 위치한다.

```
window.title("Mortgage")
```

■ 버튼 위젯

그림 8.2(a)의 코드는 그림 8.2(b)의 결과를 생성시킨다. 이 경우 버튼의 색상은 파란색이다.

```
from tkinter import *

window = Tk()
window.title("Button")
btnCalculate = Button(window,
        text="Calculate", bg="light blue")
btnCalculate.grid(padx=75, pady=15)
window.mainloop()
```

(a) 코드

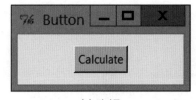

(b) 결과물

그림 8.2 버튼 데모

그림 8.2(a)의 네 번째 명령은 버튼 위젯의 인스턴스를 생성하고 다섯 번째 명령은 윈도우상에서 위젯을 표시한다[grid 메서드는 윈도우상에서 위젯의 위치를 제어하고 8장의 두 번째 섹션 전체에서 다루게 될 GUI 프로그래밍의 필수 역할을 실행한다. 현재 grid 메서드는 버튼을 볼 수 있도록 하였고, 주위를 공백으로 만들어 놓았다는 점을 알 필요가 있다. padx의 설정은 얼마나 많은 공백(픽셀 단위)을 위젯의 좌우에 위치시켜야 하는지를 결정한다. 또한 pady는 위젯의 위아래에 공백을 설정한다.]. 네 번째 명령의 좌측은 위젯에 대한 이름이다. 초기화한 위젯의 유형을 표시하기 위해 각각의 이름을 3개의 문자로 시작한다. 명령의 오른쪽은 생성자[constructor]라고 하는 위젯의 유형으로, 괄호 안에 몇 개의 인자를 기입한다. 첫 번째 인자는 항상 위젯 컨테이너의 이름이다. 이 책에서 해당 컨테이너는 항상 'window'라는 이름을 갖는다. 인자 text="Calculate"와 bg="light blue"에서 용어 text와 bg는 속성[attributes]이라고 한다.

Text 속성은 버튼에 표시되는 캡션을 설정한다. 선택 속성 bg(백그라운드)는 버튼의 색상을 설정한다. 만약, 이러한 속성이 생략된다면 해당 버튼은 회색을 갖게 된다. 기본적으로 버튼은 캡션을 기입할 수 있을 만큼 충분한 폭을 갖는다. 하지만 버튼의 폭을 n개 문자로 설정하기 위해 width=n 형태의 인자를 삽입할 수 있다. 기본설정으로 캡션은 버튼의 중심에 위치한다. 생성자에 삽입할 수 있는 몇 가지 다른 인자가 있으며, 이 값은 버튼의 형상과 캡션을 변경하는 데 사용한다.

그림 8.2(a)에서 프로그램을 실행한 후 마우스 왼쪽 버튼을 클릭한다. 이 경우 버튼은 안으로 눌려지고 다시 원상태가 된다. 마우스 왼쪽 버튼을 클릭하는 이벤트를 발생시킨다. 하지만 이러한 이벤트는 함수 호출과 같이 버튼을 누르는 것 이상의 작업을 작업을 실행할 수 있다.
([노트] 프로그램을 종료하기 위해 윈도우 상단의 close 버튼을 클릭한다.)

예제 1에서 프로그램은 changeColor 함수를 삽입하고 추가 인자(command=changeColor)를 생성자에 추가하여 그림 8.2(a)의 프로그램을 확장한다. 인자 command=changeColor는 좌측 클릭 이벤트 발생 시 changeColor 함수를 호출한다(이 함수는 이벤트 또는 이벤트 핸들러event handler와 연관된 콜백 함수callback function라고 한다. 그리고 해당 인자는 함수를 버튼과 연결한다.). 표현 btnCalculate["fg"]의 값은 캡션의 색상이다. 일반적으로 폼의 표현값 widgetName["attribute"]은 속성 설정값을 사용한다. 예를 들어 btnCalculate["test"]의 값은 문자열 "Calculate"이다.

✔ **예제 1**   **색상 변경(Toggle Colors)**

버튼은 전경색(캡션의 색)과 배경색(버튼 자체의 색)으로 2개의 색상을 갖는다. 기본 설정값으로 전경색은 '검은색'이고 배경색은 '회색'이다. 하지만 이러한 색상은 fg와 bg 인자로 변경할 수 있다. 다음 프로그램은 그림 8.2(a)의 프로그램을 버튼 위젯의 전경색을 변경하는 이벤트를 사용하여 확장한다. 이 프로그램을 실행한 후 버튼을 여러 번 눌러본다. 매번 버튼을 누를 때마다 changeColor 함수를 호출하는 이벤트를 발생시켜 버튼의 캡션 색상을 파란색과 빨간색으로 바꾼다.

```
from tkinter import *
def changeColor():
    if btnCalculate["fg"] == "blue":  # 캡션이 파란색인가?
        btnCalculate["fg"] = "red"     # 빨간색으로 바꾼다.
    else:
        btnCalculate["fg"] = "blue"    # 파란색으로 바꾼다.

window = Tk()
window.title("Button")
btnCalculate = Button(window, text="Calculate",
                      fg="blue", command=changeColor)
btnCalculate.grid(padx=100, pady=15)
window.mainloop()
```

■ 레이블 위젯

레이블 위젯은 가장 간단한 위젯 중 하나다. 그림 8.1(b)에서 레이블 위젯은 박스의 내용을 식별하기 위해 입력 위젯 왼쪽에 위치한다. 이 책에서 레이블 위젯으로 사용한 것은 이것뿐이다. 그림 8.3(a)에서 코드는 그림 8.3(b)의 결과를 만든다. ([노트] 기본 설정으로 위젯의 텍스트는 모두 검은색을 사용한다.)

하지만 이 책에서 여러 색상을 갖는 스크린 캡처 내용을 그림으로 변환하는 과정에서 모든 검은색을 파란색으로 바꿨다. 따라서 예제나 연습문제에서 파란색을 일부러 설정하지 않는다면, 그림상의 모든 텍스트는 검은색이라고 생각해야 한다. 피어슨 웹사이트에서 다운로드할 수 있는 이 책의 학생용 해설집은 실제 색상으로 캡처한 내용을 갖고 있다.

```
from tkinter import *

window = Tk()
window.title("Label")
lblPrincipal = Label(window,
text="Principal:")
lblPrincipal.grid(padx=100, pady=15)
window.mainloop()
```

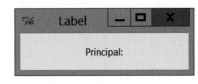

(a) 코드   (b) 결과

그림 8.3 레이블 데모

기본 설정값으로 레이블 위젯은 윈도우 자체와 동일한 배경색을 갖는다. 실제로 레이블은 캡션 내용을 표시할 수 있을 만큼 충분한 폭을 갖고 있다. 만약, 인자 bg="light blue"를 생성자에 삽입하면 레이블의 실제 폭이 나타나게 될 것이다. 그림 8.4를 참고하라. 레이블은 폭 속성을 갖고 있지만, 우리가 작성하게 될 프로그램상에서는 필요하지 않다.

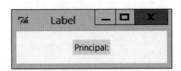

그림 8.4 옅은 파란색 배경색을 갖는 레이블

■ 입력 위젯

입력 위젯은 사용자로부터 입력받아 결과를 표시한다. 그림 8.5(a)의 코드는 그림 8.5(b)의 결과를 갖는다.

```
from tkinter import *

window = Tk()
window.title("Entry Widget")
entName = Entry(window, width=20)
entName.grid(padx=100, pady=15)
window.mainloop()
```

(a) 코드

(b) 결과

그림 8.5 입력 데모

그림 8.5(a)의 프로그램을 실행시킨 후 위젯 내에 커서를 위치시키기 위해 입력 위젯에 마우스 왼쪽 버튼을 누른다. 여러분은 입력 박스 내에서 아무 문자나 입력할 수 있다. 생성자에서 폭은 20개 문자로 설정되어 있으므로, 20개 이상의 문자를 입력하려면 텍스트는 왼쪽으로 스크롤될 것이다. 일반적으로 워드프로세서와 같은 특성을 사용할 수 있다. 예를 들어 여러분은 단어를 두 번 클릭하여 선택하고 delete 키를 사용하여 단어를 삭제할 수 있다. 또는 Ctrl+C를 이용하여 클립보드에 단어를 보관할 수 있다. 이 밖에도 Home, End, Insert와 백스페이스 키는 일반적인 워드프로세서와 동일하다. 하지만 볼드체를 위해 Ctrl+B와 이탤릭체를 위해 Ctrl+I는 사용할 수 없다.

입력 위젯은 버튼 위젯과 달리 어떤 이벤트가 발생할 때 호출되는 callback 함수와 묶어주는 Command 인자를 갖고 있지 않다. 하지만 입력 위젯과 함께 bind 메서드를 사용하여 해당 기능을 만들어 낼 수 있다. 예를 들어 코드 nameOfEntryWidget. bind("<Button-3>", functionName)는 입력 위젯에서 오른쪽 마우스 버튼을 클릭할 때 명칭을 부여한 함수를 호출한다. ([노트] 이러한 상황에서 명칭을 부여한 함수는 1개의 파라미터를 갖고 있어야 한다. 우리는 파라미터에 event 이름을 부여한다.)

✔ 예제 2 색상 변경

다음 프로그램은 예제 1의 프로그램과 유사하다. 이 프로그램을 실행하고 마우스로 입력 위젯을 마우스 좌측 버튼으로 클릭한 후 위젯에 단어 몇 개를 입력한다. 단어는 파란색으로 표시될 것이다. 하지만 위젯에서 마우스 오른쪽 버튼을 클릭하면 텍스트의 색은 파란색에서 빨간색으로 변경된다. 어떤 경우에도 여러분은 위젯의 내용을 키보드로 변경할 수 있다.

```
from tkinter import *

def changeColor(event):
    if entName["fg"] == "blue":    # 입력 위젯이 파란색인지 확인
        entName["fg"] = "red"       # 텍스트를 빨간색으로 변경
```

```
        else:
            entName["fg"] = "blue"    # 텍스트를 파란색으로 변경
window = Tk()
window.title("Entry widget")
entName = Entry(window, fg="blue")
entName.grid(padx=100, pady=15)
entName.bind("<Button-3>", changeColor)    # 마우스 오른쪽 클릭 이벤트를 설정한다.
window.mainloop()
```

입력 위젯에서 데이터를 받는 표준 방법은 가장 먼저 다음과 같은 형태의 명령으로 문자열 변수를 생성하고,

```
variableName = String Var()
```

다음으로 인자 `textvariable=variableName`를 입력 생성자에 삽입한다. 그후 `variableName.get()`의 값은 입력 위젯 내의 데이터로 구성된 문자열이 되며, 다음과 같은 형태의 명령은 문자열이나 숫자값을 입력 위젯에 위치시킨다.

```
variableName.set(aValue)
```

예제에서 variableName는 contents of the named Entry widget의 약어인 conOFentEntryName이다.

✓ **예제 3** **대문자 변환**

다음 프로그램은 get와 set 메서드를 모두 사용한다. 프로그램을 실행하고 입력 위젯에 소문자를 입력한 후 해당 위젯에서 마우스 오른쪽 버튼을 클릭한다. 입력 위젯의 문자는 대문자로 변경한다.

```
from tkinter import *
def convertToUpperCase(event):
    conOFentName.set(conOFentName.get().upper())

window = Tk()
window.title("Entry widget")
conOFentName = StringVar()    # 입력 위젯의 내용
entName = Entry(window, textvariable=conOFentName )
entName.grid(padx=100, pady=15)
entName.bind("<Button-3>", convertToUpperCase)
window.mainloop()
```

■ 읽기 전용 입력 위젯

읽기 전용 위젯은 출력값을 표시하는 데에만 사용되는 특별한 입력 위젯이다. 그림 8.6(a)의 코드는 그림 8.6(b)의 결과를 만든다. 읽기 전용 입력 위젯은 인자 state="readonly"를 일반 입력 위젯 생성자에 추가하여 설정한다.

```
from tkinter import *

window = Tk()
window.title("ReadOnly Entry Widget")
entOutput = Entry(window, width=20,
                  state="readonly")
entOutput.grid(padx=100, pady=15)
window.mainloop()
```

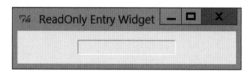

(a) 코드   (b) 출력

그림 8.6 읽기 전용 입력 데모

그림 8.6(a) 프로그램을 실행하면 박스가 흰색이 아님을 알아두기 바란다. 입력 위젯에서 마우스 왼쪽 버튼을 클릭하면 아무것도 발생하지 않는다. 즉, 커서가 해당 위젯에 나타나지 않는다. 따라서 해당 위젯에 텍스트를 입력할 수 없다. 텍스트를 읽기 전용으로 표시하기 위한 유일한 방법은 텍스트 변수^{textvariable} 속성을 생성자에 삽입하고 set 메서드를 이용하여 속성 내용을 변경한다.

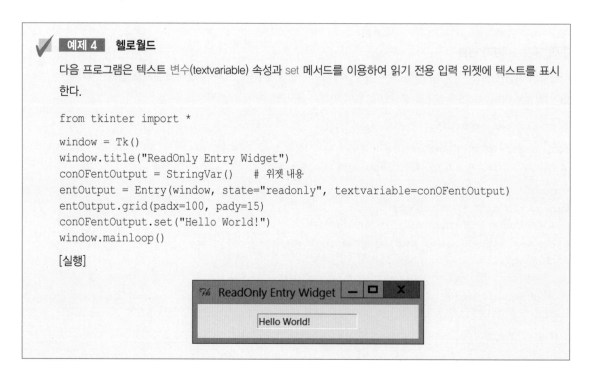

✓ **예제 4** **헬로월드**

다음 프로그램은 텍스트 변수(textvariable) 속성과 set 메서드를 이용하여 읽기 전용 입력 위젯에 텍스트를 표시한다.

```
from tkinter import *

window = Tk()
window.title("ReadOnly Entry Widget")
conOFentOutput = StringVar()    # 위젯 내용
entOutput = Entry(window, state="readonly", textvariable=conOFentOutput)
entOutput.grid(padx=100, pady=15)
conOFentOutput.set("Hello World!")
window.mainloop()
```

[실행]

■ 리스트 박스 위젯

리스트 박스 위젯은 주로 직사각형 박스에 위에서 아래로 아이템 목록을 표시하고 특정 아이템을 선택하기 위해 사용한다. 하지만 프로그램에서 생성되는 데이터를 표시하는 경우에도 사용할 수 있다. 그림 8.7(a)의 코드는 그림 8.7(b)의 결과를 만들어 낸다. Height 속성을 이용하여 리스트 박스에 나타날 수 있는 행의 수를 설정하고, width 속성을 이용하여 리스트 박스에 나타날 수 있는 행의 수를 설정하며, width 속성을 이용하여 각 행에 나타나는 문자의 수를 설정한다. height와 width의 기본 설정값은 10과 20이다.

```
from tkinter import *

window = Tk()
window.title("Listbox")
lstName = Listbox(window, width=10,
                  height=5)
lstName.grid(padx=100, pady=15)
window.mainloop()
```

(a) 코드

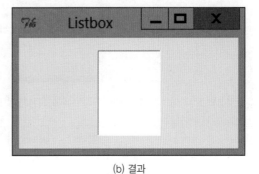

(b) 결과

그림 8.7 리스트 박스 데모

코드는 입력 위젯과 유사하게 리스트 박스 위젯에 데이터를 입력하고 선택한 데이터를 가져온다. 리스트 박스를 초기화하는 명령은 variableName = String Var() 형태의 명령보다 앞에 위치한다. 하지만 생성자 내의 입력 속성 textvariable은 리스트 박스 속성 listvariable으로 대체된다.

리스트 박스 내에 아이템을 위치시키려면 가장 먼저 아이템을 포함한 list(L이라고 한다.)를 생성한 후, 다음 형태의 명령을 실행한다.

```
variableName.set(tuple(L))
```

 예제 5　**색상 리스트**

다음 프로그램은 4개의 아이템을 리스트 박스에 위치시킨다. 사용자가 해당 아이템 중 1개를 마우스 왼쪽 버튼으로 클릭하면 해당 아이템에 강조 밑줄이 표시된다.

```
from tkinter import *

window = Tk()
window.title("Colors")
L = ["red", "yellow", "light blue", "orange"]
```

```
conOFlstColors = StringVar()    # 리스트박스 내용
lstColors = Listbox(window, width=10, height=5,
                    listvariable=conOFlstColors)
lstColors.grid(padx=100, pady=15)
conOFlstColors.set(tuple(L))
window.mainloop()
```

[실행]

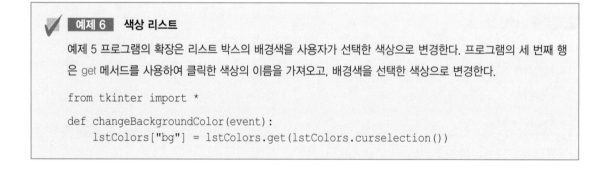

[리스트 박스 내 아이템 중 1개를 마우스 왼쪽 버튼 클릭하여 선택]

리스트 박스 내 항목을 사용자가 마우스 왼쪽 버튼을 클릭하면 이벤트 《ListboxSelect》가 발생하고 해당 아이템(문자열)의 값은 다음과 같은 표현으로 반환된다.

```
listboxName.get(listboxName.curselection())
```

이 경우 curselection 메서드는 선택 항목을 확인시켜준다.

✔ 예제 6 색상 리스트

예제 5 프로그램의 확장은 리스트 박스의 배경색을 사용자가 선택한 색상으로 변경한다. 프로그램의 세 번째 행은 get 메서드를 사용하여 클릭한 색상의 이름을 가져오고, 배경색을 선택한 색상으로 변경한다.

```
from tkinter import *
def changeBackgroundColor(event):
    lstColors["bg"] = lstColors.get(lstColors.curselection())
```

```
window = Tk()
window.title("Colors")
L = ["red", "yellow", "light blue", "orange"]
conOFlstColors = StringVar()
lstColors = Listbox(window, width=10, height=5,
                    listvariable=conOFlstColors)
lstColors.grid(padx=100, pady=15)
conOFlstColors.set(tuple(L))
lstColors.bind("<<ListboxSelect>>", changeBackgroundColor)
window.mainloop()
```

[실행 후 리스트 박스에서 마우스 왼쪽 버튼을 눌러 "light blue"를 선택한다.]

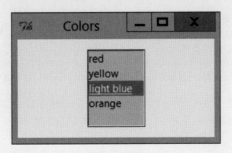

리스트 박스의 내용을 변경하려면 리스트 L을 변경하는 리스트 메서드를 사용한 후 set 메서드를 실행한다. 예를 들어 리스트 박스 내 아이템을 정렬하려면 sort 메서드를 사용할 수 있다.

✅ **예제 7** **색상 리스트**

예제 5의 프로그램을 실행한 후 사용자가 리스트 박스에서 마우스 오른쪽 버튼을 클릭하면 리스트 박스의 색상을 정렬한다.

```
from tkinter import *

def sortItems(event):
    L.sort()
    conOFlstColors.set(tuple(L))

window = Tk()
window.title("Colors")
L = ["red", "yellow", "light blue", "orange"]
conOFlstColors = StringVar()
lstColors = Listbox(window, width=10, height=5, listvariable=conOFlstColors)
lstColors.grid(padx=100, pady=15)
conOFlstColors.set(tuple(L))
lstColors.bind("<Button-3>", sortItems)
window.mainloop()
```

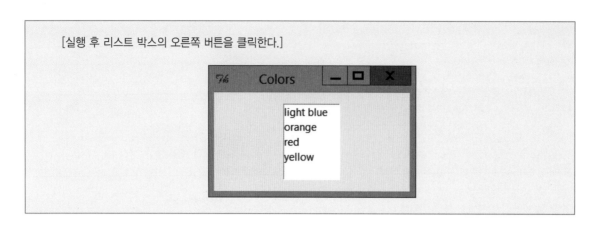

[실행 후 리스트 박스의 오른쪽 버튼을 클릭한다.]

([노트] 리스트 박스의 높이 h는 한 번에 h개의 아이템만을 표시할 수 있는 리스트 박스를 설정한다. 만약 h개 이상의 아이템을 갖는 리스트를 사용한다면 초기에는 첫 번째 h개의 아이템만 볼 수 있다. 하지만 Tab 키를 누른 후 페이지 다운과 업 키, 아래와 위 방향 키, 마우스 휠을 이용하여 리스트 박스 내 아이템을 조회해볼 수 있다.)

■ 스크롤 바 위젯

그림 8.8(a)의 코드는 그림 8.8(b)의 결과를 생성한다.

```
from tkinter import *
window = Tk()
window.title("Scrollbar")
yscroll = Scrollbar(window, orient=VERTICAL)
yscroll.grid(padx=110, pady=15)
window.mainloop()
```

(a) 코드

(b) 결과

그림 8.8 수직 스크롤 바 데모

길이가 긴 리스트를 갖는 리스트 박스에 연결되는 수직 스크롤 바는 사용자가 아이템을 위 아래로 살펴볼 수 있도록 한다. 스크롤은 사용자가 방향 키를 클릭하거나 스크롤 바의 두 화살표 사이에 위치한 작은 직사각형을 끌어당겨 실행할 수 있다.

리스트에 수직 스크롤 바를 연결하는 과정은 그리드 기하 관리자grid geometry manager에 대한 복잡한 내용을 이해하고 있어야 하므로 섹션 8.2에서 다룬다.

■ 주석

1. 〈Button-1〉에 의해 발생한 이벤트는 〈Button-3〉에 의해 발생한 마우스 오른쪽 버튼의 왼쪽 버튼 버전과 같다.

2. 만약 명령 `1stColors.selection_clear(0, END)`가 함수 changeBackgroundColor 함수의 끝부분에 추가될 경우, 예제 6에서 선택 아이템에서 수평 파란색 바는 제거된다.

3. 레이블, 입력, 리스트 박스 위젯은 각각 fg(전경)과 bg(배경) 속성을 갖는다. 하지만 읽기 전용 리스트 박스 위젯은 bg 속성의 설정을 무시한다.

4. 그림 8.3(a)의 세 번째와 네 번째 행은 다음과 같이 1개의 행으로 결합할 수 있다. 이 경우, 해당 위젯은 윈도우에 나타나지만 이름을 갖지 않게 된다. 레이블은 위치하고 있지만 프로그램이 실행되는 동안 속성을 갖지 않으므로 레이블의 이름은 필요하지 않다.

   ```
   Label(window, text="Principal:").grid(padx=100, pady=15)
   ```

5. 레이블이나 버튼 위젯에서 텍스트는 한 행 이상일 수 있다. 예를 들어 그림 8.9(a)의 코드는 그림 8.9(b)의 결과를 생성한다.

```
from tkinter import *

window = Tk()
btn = Button(window, text="Push\nMe")
btn.grid(padx=75)
window.mainloop()
```

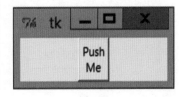

(a) 코드   (b) 결과

그림 8.9 버튼 프로그램

연습문제 8.1

1. 그림 8.10(a)의 코드는 그림 8.10(b)의 결과를 만들어 낸다. 코드를 변경하여 타이틀 바의 캡션이 잘리지 않도록 하라.

```
from tkinter import *

window = Tk()
window.title("Python")
btnTest = Button(window, text="PYTHON")
btnTest.grid(padx=70, pady=15)
window.mainloop()
```

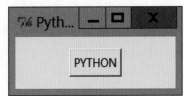

(a) 코드   (b) 결과

그림 8.10 결함이 있는 버튼 프로그램

2. 버튼과 레이블은 텍스트 내용에 적합하게 폭을 자동으로 조정한다. 리스트 박스와 입력 위젯도 동일한가?

3. 예제 6이 프로그램을 고려해보자. 클릭한 아이템이 리스트 박스에서 제거되도록 이벤트를 변경하라.

연습 8.1

연습 1에서 6까지 다음 내용을 표시하는 프로그램을 작성하라.

1.

2.
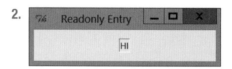

3.
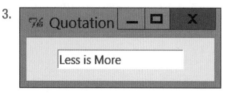

4.

5.

6.
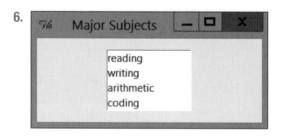

7. 패딩padding

   그림 8.2(a) 프로그램을 생각해보자. padx와 pady에 다른 값을 설정하고 효과에 대해 알아보자.

8. 패딩padding

   그림 8.2(a) 프로그램을 생각해보자. 프로그램의 마지막 행에서 인자 ipadx=50을 추가하고 효과에 대해 알아보라. ipady=50인 경우도 알아보라.

연습 9와 10에서는 미국 대통령이 취임한 순서대로 이름을 갖고 있는 파일 USpres.txt를 사용하라.

9. 미국 대통령

대통령의 이름을 리스트 박스에 위치시키는 프로그램을 작성한다. 그림 8.11을 참고하라.

([힌트] 리스트 컴프리헨션을 사용한다.)

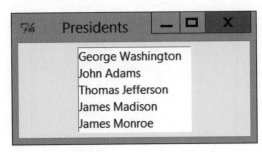

그림 8.11　연습 9의 결과

10. 미국 대통령

리스트 박스에 미국 대통령의 이름을 순서대로 나열하는 프로그램을 작성한다. 그림 8.12를 참고하라. ([힌트] 리스트 컴프리헨션을 사용한다.)

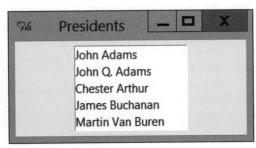

그림 8.12　연습 10의 결과

연습 11에서 14까지는 미국 각주의 이름, 약자, 별칭, 주의 수도를 갖는 파일 StateANC.txt를 사용한다. 각주의 이름은 알파벳 순서로 나열한다. 파일의 첫 번째 3행은 다음과 같다.

```
Alabama,AL,Cotton State,Montgomery
Alaska,AK,The Last Frontier,Juneau
Arizona,AZ,Grand Canyon State,Phoenix
```

11. 미국 주

리스트 박스에 각 주의 이름을 위치시키는 프로그램을 작성하라. 그림 8.13을 참고한다.

([힌트] 리스트 컴프리헨션을 사용한다.)

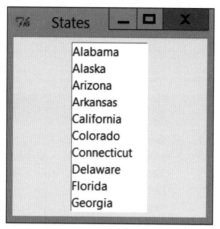

그림 8.13 연습 11의 결과

12. 미국 주

연습 11의 프로그램을 변경하여 각 주의 명칭이고, 별칭이 리스트 박스에 표시되도록 한다. 그림 8.14를 참고하라.

그림 8.14 연습 12의 결과

13. 미국 주

연습 11의 프로그램을 확장하여 각 주의 이름을 클릭할 때 해당 이름이 모두 대문자로 변환되도록 한다. 그림 8.15를 참고하라.

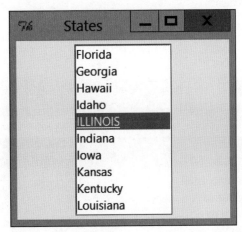

그림 8.15 연습 13의 결과

14. 미국 주

연습 11의 프로그램을 확장하여 각 주의 이름을 클릭할 때, 해당 주의 약자가 이름과 함께 표시되도록 한다. 그림 8.16을 참고하라.

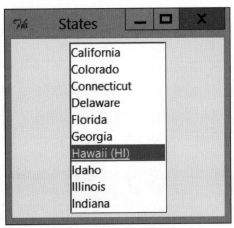

그림 8.16 연습 14의 결과

연습 15와 16에서 알파벳 순서로 나열된 UN 소속 193 국가에 대한 데이터를 갖고 있는 파일 UN.txt를 사용한다. 파일의 각 행은 UN 소속 국가명, 소속 대륙, 인구 수(백만 명), 면적(제곱마일) 정보를 제공한다. 파일 내용의 일부는 다음과 같다.

```
Canada,North America,34.8,3855000
France,Europe,66.3,211209
New Zealand,Australia/Oceania,4.4,103738
Nigeria,Africa,177.2,356669
Pakistan,Asia,196.2,310403
```

Peru,South America,30.1,496226

15. UN

파일 UN.txt를 사용하여 UN 소속 국가 명칭을 폭 38, 높이 10인 리스트 박스에 나열하는 프로그램을 작성하라. 그림 8.17을 참고하라. ([힌트] 리스트 컴프리헨션을 사용한다.)

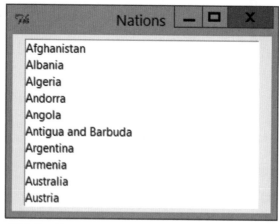

그림 8.17 연습 15의 결과

16. 국가가 속한 대륙

파일 UN.txt를 사용하여 국가가 속한 대륙의 이름을 결정한 후, 알파벳 순서로 리스트 박스에 표시하는 프로그램을 작성하라. 그림 8.18을 참고하라. ([힌트] 세트 컴프리헨션을 사용하라.)

그림 8.18 연습 16의 결과

17. 색상 변경

그림 8.19의 버튼을 초기에 파란색으로 표시하는 프로그램을 작성하라. 버튼을 마우스 왼쪽 버튼으로 클릭하면 해당 버튼은 검은색 텍스트로 표시되어야 하며, 캡션은 "Change color of Test to Blue"로 대체되어야 한다. 이어서 한 번 더 마우스 왼쪽 버튼을 클릭하면 두 가지 표시가 번갈아 나오도록 한다. ([노트] padx=50을 grid 명령에 삽입한다.)

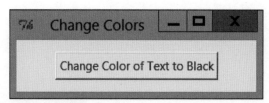

그림 8.19 연습 17의 초기 윈도우

18. 색상 변경

연습 17을 버튼 대신 표를 대상으로 재실행한다.

19. Salutation 변경

초기 상태에 그림 8.20(a)의 버튼을 표시하는 프로그램을 작성하라. 마우스 왼쪽 버튼을 클릭하면 캡션은 그림 8.20(b)와 같이 GOODBYE로 변경되어야 한다. 순차적으로 마우스 왼쪽 버튼을 클릭하면 두 가지 상황을 번갈아 가면서 표시되도록 하라.

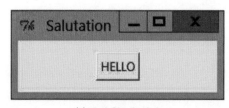

(a) 초기 윈도우 상태

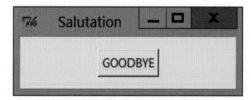

(b) 첫 번째 마우스 왼쪽 버튼 클릭 시 상태

그림 8.20 연습 19의 결과

20. Salutation 변경

연습 19의 프로그램을 고려해보자. 매번 버튼을 눌렀을 때마다 버튼의 폭이 변경된다. 폭이 항상 동일한 값을 갖도록 프로그램을 변경하라.

연습문제 8.1 해답

1. 다섯 번째 명령의 padx 속성에 설정된 값을 증가시키거나 `width=10`과 같은 인자를 버튼에 대한 생성자에 삽입한다.

2. 아니요

예를 들어 그림 8.21의 프로그램을 고려해보자.

```
from tkinter import *

window = Tk()
window.title("Monty Python")
conOFentSong = StringVar()
entSong = Entry(window, state="readonly",
            textvariable=conOFentSong)
entSong.grid(padx=60, pady=15)
song = "Always look on the bright" + \
        "side of life."
conOFentSong.set(song)
window.mainloop()
```

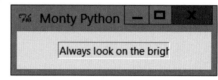

(a) 코드   (b) 결과

그림 8.21 입력 위젯 채우기

3. 신규 프로그램은 다음과 같다.

```
from tkinter import *

def deleteItem(event):
    L.remove(lstColors.get(lstColors.curselection()))
    conOFlstColors.set(tuple(L))
    lstColors.selection_clear(0, END)

window = Tk()
window.title("Listbox")
L = ["red", "yellow", "green", "orange"]
conOFlstColors = StringVar()
lstColors = Listbox(window, width=25, height=5,
                    listvariable=conOFlstColors)
lstColors.grid(padx=100, pady=15)
conOFlstColors.set(tuple(L))
lstColors.bind("<<ListboxSelect>>", deleteItem)
window.mainloop()
```

8.2 Grid Geometry 관리자

위치 관리자는 스크린에서 위젯을 위치시키는 데 사용하는 도구다. tkinter에서 사용 가능한 위치 관리자는 3개(grid, pack, place)가 있다.

이 책에서는 배우기 쉽고 위치를 깔끔하게 배정해주는 grid 위치 관리자를 사용한다. Pack 관리자는 사용하기 쉽지만 grid 관리자에 비해 사용 능력에 한계가 있다. Place 관리자는 위젯

450

위치를 완벽하게 통제하지만, 프로그램을 하기에는 복잡하다.

섹션 8.3에서는 grid 위치 관리자 사용 방법을 학습한다. 다음 섹션에서는 8장의 첫 두 섹션에서 습득한 지식을 결합하여 완벽한 GUI 프로그램을 작성한다.

■ 그리드

grid는 셀^{cell}이라고 하는 직사각형으로, 세부 분할을 하는 수평과 수직 라인을 갖는 가상의 직사각형이다. 첫 번째 행에 위치한 셀은 row0으로 참조하고, 두 번째 행에 위치한 셀은 row1로 참조하며 나머지도 동일하다. 똑같이 첫 번째 열에 위치한 셀은 column0으로 참조하고, 두 번째 열에 위치한 셀은 column1로 참조하며 나머지도 동일하다. 각 셀은 행과 열의 숫자로 식별할 수 있다. 그림 8.22는 3개의 행과 4개의 열을 갖는 그리드이며, 각 셀은 행과 열 번호에 의해 식별이 가능하다.

row 0 , column 0	row 0 , column 1	row 0 , column 2	row 0 , column 3
row 1 , column 0	row 1 , column 1	row 1 , column 2	row 1 , column 3
row 2 , column 0	row 2 , column 1	row 2 , column 2	row 2 , column 3

그림 8.22 3개 행과 4개 열로 구성된 그리드

그림 8.22에서 수평과 수직 라인은 도일한 공간으로 설정되어 있다. 하지만 GUI 프로그램에서는 그렇지 않은 경우도 있다. 그림 8.23은 GUI 프로그램에 사용된 일반적인 그리드다.

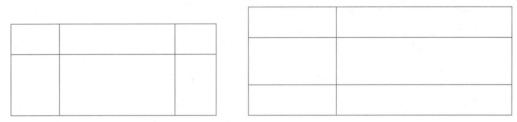

그림 8.23 GUI 프로그램에 사용된 일반적인 그리드

그래픽 인터페이스는 위젯을 그리드에 위치시켜 만든다. 위젯은 개별 셀에 삽입될 수 있으며 연속 행과 열로 늘릴 수 있다. 각 행과 열은 최대 위젯에 맞도록 확장할 수 있다. Padx와 pady는 셀 내에 위젯 주위에 공백을 얼마나 많이 설정할 것인지를 결정하는 데 사용한다. 기본 설정에 의해 위젯은 셀 중간에 위치한다. 하지만 sticky 속성은 셀 내에서 위치를 변경하고 전체 셀을 채우도록 해당 위젯을 확대하기 위해 사용할 수 있다.

그림 8.24는 섹션 8.1의 그림 8.1에 대한 비주얼 인터페이스다. 해당 그리드는 5개의 행(행

0에서 4까지)과 2개의 열(열 0과 열 1)로 이루어져 있다. 각 레이블과 엔트리 위젯은 단일 셀에 위치한다. 예를 들어 숫자 30을 갖는 입력 위젯은 행 2, 열 1에 위치한다. 버튼은 행 3, 열 0인 셀에서 시작하며 2개 열에 걸쳐 있다. 이러한 2개의 위젯은 아래 코드를 이용하여 윈도우 내에 선언되고 위치한다. 인자 padx=5는 5개 픽셀 공간을 위젯의 왼쪽과 오른쪽 모두에 위치시킨다. 인자 sticky=W는 입력 위젯을 셀의 왼쪽(서쪽)으로 이동시킨다. 인자 columnspan=2는 해당 버튼이 2열에 걸쳐 있도록 설정한다.

```
entNumberOfYears = Entry(window, width=2)
entNumberOfYears.grid(row=2, column=1, padx=5, pady=5, sticky=W)

btnCalculate = Button(window, text="Calculate Monthly Payment")
btnCalculate.grid(row=3, column=0, columnspan=2, pady=5)
```

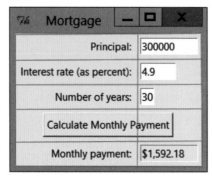

그림 8.24 담보 대출 프로그램을 위한 그리드

일반적으로 다음 형태의 명령은 위젯을 행 m과 열 n의 셀에 위치시킨다. padx, pady, sticky와 같은 추가 속성 그리드 메서드에 위치시킬 수 있다.

```
widget와 Name.grid(row=m, column=n)
```

다음 형태의 명령은 위젯의 시작 부분을 행 m과 열 n의 셀에 위치시킨다(columnspan을 rowspan과 함께 사용한다면 c행까지 해당 위젯이 걸쳐 있게 된다.).

```
widgetName.grid(row=m, column=n, columnspan= c)
```

표 8.1 인자는 공간을 위젯의 측면에 추가하여 전체 배치를 개선한다.

표 8.1 패딩 인자

인자	효과
padx= r	r 픽셀의 공간을 위젯의 왼쪽과 오른쪽에 설정
pady= r	r 픽셀의 공간을 위젯의 위 아래에 설정
padx= (r,s)	r 픽셀의 공간을 위젯의 왼쪽에 설정, s 픽셀의 공간을 위젯의 오른쪽에 설정
pady=(r,s)	r 픽셀이 공간을 위젯의 위에 설정, s 픽셀의 공간을 위젯의 아래에 설정

([**노트**] 그리드에서 행과 열의 개수를 설정할 필요는 없다. 그리드 매니저가 그리드 내에 위치한 위젯의 위치로부터 자동으로 행과 열을 결정한다. 또한 각 열의 폭과 각행의 높이는 위젯의 폭, 높이, 패팅에 적합하도록 자동으로 조정된다.)

■ sticky 속성

다음 형태의 명령은 위젯을 패딩과 함께 셀 상단(북쪽), 하단(남쪽), 우측(동쪽), 왼쪽(서쪽)에 각각 위치시키기 위해 letter를 N, S, E, W로 설정한다.

```
widgetName.grid(row=m, column=n, sticky=letter)
```

그림 8.25의 윈도우 내용은 그림 8.24의 세 번째와 네 번째 행의 내용과 유사하다. 숫자 30을 갖는 입력 위젯은 다음 명령으로 선언한다.

```
entNumberOfYears = Entry(window, width=2)
```

상단 좌측 윈도우에서 위젯은 다음 명령으로 그리드 내에 위치한다.

```
entNumberOfYears.grid(row=0, column=1)
```

위젯은 기본 설정 위치가 셀 중앙이다. 나머지 윈도우에서 sticky 속성은 셀 내에 위젯의 위치를 변경하기 위해 사용한다. 예를 들어 상단 우측 윈도우에서 위젯을 상단에 붙이려면 다음과 같이 sticky를 N으로 설정한다.

```
entNumberOfYears.grid(row=0, column=1, sticky=N)
```

나머지 3개의 윈도우는 각각 sticky의 값을 S, W, E로 설정하여 생성한다(Sticky가 없는 경우 sticky=N sticky=S sticky=W sticky=E).

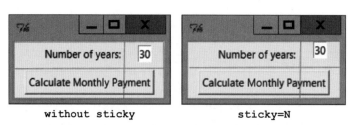

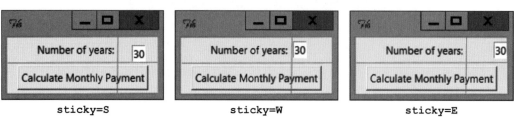

그림 8.25 sticky 속성에 의해 생성된 인터페이스

sticky 속성에 N, S, E, W에서 선택한 2개의 문자로 구성할 수 있다. 인자 sitkcy=NS는 위젯을 상단(북쪽)과 하단(남쪽) 모두에 부착한다. 이러한 설정은 위젯이 수직으로 늘어나는 경우에만 발생한다. 이와 마찬가지로 인자 sticky=EW는 위젯을 수평으로 늘어나게 하고, 인자 sticky=NSEW는 위젯을 수직, 수평으로 늘어나게 하여 전체 셀을 채운다. 그림 8.26을 참고하라.

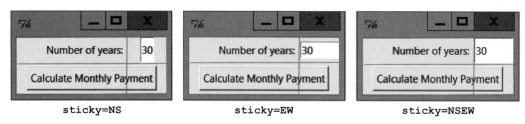

그림 8.26 위젯 사이즈를 조정하는 sticky 속성

■ 수직 스크롤 막대를 리스트 박스에 부착하기

그림 8.27은 오른쪽에 수직 스크롤 막대를 부착한 리스트 박스다. 사용자가 스크롤 막대의 화살표 중 하나를 클릭하거나 두 화살표 사이에 위치한 작은 직사각형을 끌어 이동시키면 리스트 박스 내 아이템이 이동한다.

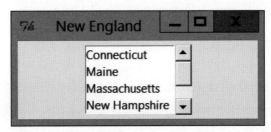

그림 8.27 스크롤 막대를 부착한 리스트 박스

다음 코드는 두 위젯의 이름이 listNE와 yscroll인 그림 8.27을 생성한다.

```
from tkinter import *

window = Tk()
window.title("New England")
yscroll = Scrollbar(window, orient=VERTICAL)
yscroll.grid(row=0, column=2, rowspan=4, padx=(0,100), pady=5, sticky=NS)
statesList = ["Connecticut", "Maine", "Massachusetts",
              "New Hampshire","Rhode Island", "Vermont"]
conOFlstNE = StringVar()
lstNE = Listbox(window, width=14, height=4, listvariable=conOFlstNE,
                yscrollcommand=yscroll.set)
lstNE.grid(row=0, column=1, rowspan=4, padx=(100,0), pady=5, sticky=E)
conOFlstNE.set(tuple(statesList))
yscroll["command"] = lstNE.yview
window.mainloop()
```

[노트]

1. 스크롤 막대는 리스트 박스 앞에 선언되어야 한다.

2. 인자 yscrollcommand=yscroll.set는 리스트 박스의 생성자에 삽입되어야 한다.

3. 명령 yscroll["command"]=lstNE.yview는 프로그램에 추가되어야 한다.

마지막 두 단계는 스크롤 막대를 리스트 박스에 추가한다.

그림 8.27의 인터페이스를 만들기 위해서는 리스트 박스와 스크롤 막대를 근접 셀에 위치시키고, 동일한 rowspan값을 설정한다. 추가로 sticky를 이용하여 리스트 박스와 스크롤 막대가 터치되고 있으며 스크롤 바가 셀을 수직으로 채우기 위해 사용한다. 인자 padx=(100, 0)과 padx(0,100)은 리스트 박스의 왼쪽과 스크롤 막대의 오른쪽에 공간을 설정하여 2개가 분리되지 않도록 한다.

■ 스크린 배열 설계

다음 가이드 라인은 GUI 프로그램의 배치를 생성하는 데 유용하다.

1. 사용자 입력은 사용자가 입력 위젯에 정보를 입력하거나 리스트 박스의 아이템을 클릭하여 실행할 수 있다. 레이블은 개별 입력 위젯의 왼쪽에 위치해야 하며, 입력 위젯에 입력해야 하는 정보의 유형을 설정한다. 종종 레이블은 내용을 설명하기 위해 리스트 박스 위에 위치해야 한다.

2. 프로그램의 결과는 읽기 전용 입력 위젯이나 리스트 박스 내에 표시한다. 출력이 리스트박스에 표시된 대량의 아이템으로 이루어져 있다면, 수직 스크롤 막대가 리스트 박스에 연결되어야 한다.

3. 종종 버튼은 1개 이상의 열에 걸쳐 있는 경우도 있다(반드시 필수 요건은 아니다.)

4. 기본 설정으로 리스트 박스는 10개의 아이템을 갖는다.

5. 몇 명의 프로그래머는 종이 위에 스크린 배치 모양을 대략 스케치한 후, 그리드 라인을 그려 위젯 각각을 어디에 위치시킬 것인지를 결정한다. 만약, 그리드 라인이 어색하다면 프로그래머는 배치를 변경한다.

6. 첫 번째 초안 프로그램을 실행한 후 프로그래머는 일반적으로 위젯의 그리드 메서드에 패딩과 sticky 인자를 추가하여 배치를 tweak하려고 한다. 이 프로세스는 일반적으로 여러 번 반복한다.

■ 주석

1. 빈 행은 버린다. 즉, 공백 공간을 만들지 않는다. 예를 들어 다음 두 쌍의 행은

```
Label(window, text="Hello").grid(row=0, column=0, padx=25)
Label(window, text="World").grid(row=0, column=5, padx=25)
```

다음과 동일한 효과를 생성한다.

```
Label(window, text="Hello", bg="beige").grid(row=0, column=0, padx=25)
Label(window, text="World", bg="tan").grid(row=0, column=1, padx=25)
```

2. sticky 속성의 몇 가지 다른 설정은 NW, NE, SE, SW이며, 관련 위젯을 셀의 코너 중 한곳에 위치시킨다.

1. 그림 8.28과 같은 인터페이스를 만드는 프로그램을 작성하라.

그림 8.28 연습문제 1에 대한 인터페이스

2. 그림 8.29의 인터페이스를 고려하자.

(a) 리스트 박스의 그리드 명령에 어떤 인자를 삽입해야 셀 상단에 리스트 박스를 위치시 킬 수 있는가?

(b) grid 메서드에서 인자 padx=10을 설정했을 가능성이 높은 3개의 위젯은?

(c) grid 메서드에서 인자 pady=5를 설정했을 가능성이 높은 위젯은?

(d) grid 메서드에서 인자 pady=0.5를 설정했을 가능성이 높은 위젯은?

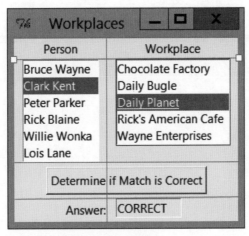

그림 8.29 연습문제 2에 대한 인터페이스

그림 8.30에서 A에서 F까지 표시한 인터페이스와 그 아래 6행의 코드를 고려해보자. 연습 1에서 6까지에서 일곱 번째 행에 해당 코드를 추가하여 생성된 인터페이스를 그림 8.30의 1에서 6까지 그림에서 선택하라.

```
from tkinter import *
window = Tk()
window.title("Button")
Label(window, text="Column 0").grid(row=0, column=0, padx=25, pady=5)
Label(window, text="Column 1").grid(row=0, column=1, padx=25, pady=5)
btnButton = Button(window, text="I'm a Button")
```

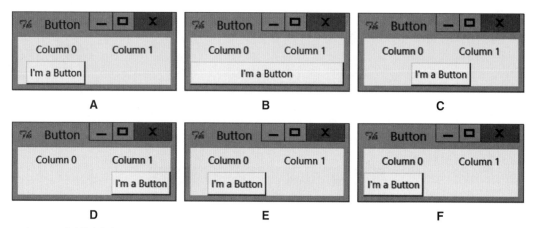

그림 8.30 6개의 인터페이스

1. `btnButton.grid(row=1, column=0, columnspan=2, sticky=E)`

2. `btnButton.grid(row=1, column=0, columnspan=2, sticky=W)`

3. `btnButton.grid(row=1, column=0, columnspan=2, sticky=EW)`

4. `btnButton.grid(row=1, column=0, columnspan=2)`

5. `btnButton.grid(row=1, column=0)`

6. `btnButton.grid(row=1, column=0, sticky=E)`

연습 7, 8과 같은 결과를 생성하기 위한 프로그램을 작성하라([노트] 연습 7에서 첫 번째 reindeer는 Cupid이고, 마지막은 Vixen이다. 연습 8에서 마지막 해당 ocean은 대서양atlantic이다.)

7.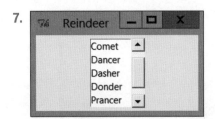

8.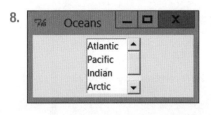

아래 각 스크린 캡처는 전체 프로그램의 결과다. 연습 9에서 22까지 인터페이스를 표시하는 프로그램 일부를 작성하라. 반만 완성된 프로그램을 실행할 때 모든 위젯은 보이는 대로 표시되어야 하지만, 입력 위젯이나 리스트 박스에 텍스트가 나타나서는 안 된다.

9.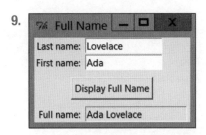

10.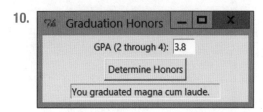

11.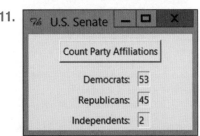

12.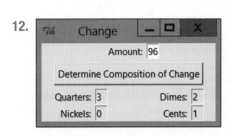

13.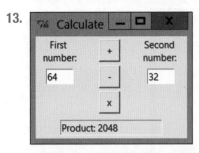

14.

15.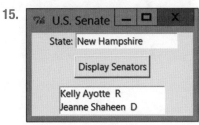

16.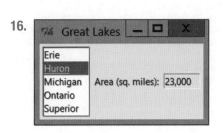

17.

Verbalize — □ X

Enter a number having at most
27 digits (include commas).

123,000,004,056,777,888,999,012,345

Verbalize
Number

123 septillon
0 sextillion
4 quintillion
56 quadrillion
777 trillion
888 billion
999 million
12 thousand
345

18.

Investment — □ X

Invest $10,000

Interest
rate:

Compound
periods:

2%
2.5%
3%
3.5%
4%

annually
semi-annually
quarterly
monthly
weekly

Calculate
Amount
After 5
Years

Amount after 5 years: $11,327.08

19.

U.S. Senate — □ X

Click on a state.

STATE   SENATORS

Colorado   Marco Rubio R
Connecticut   Bill Nelson D
Delaware
Florida
Georgia
Hawaii
Idaho

20.

Academy Awards — □ X

GENRES   FILMS

adventure   Grand Hotel
biopic   Cavalcade
comedy   How Green Was My Valley
crime   Casablanca
drama   The Lost Weekend
epic   Gentleman's Agreement
fantasy   Hamlet
musical   All the King's Men
romance   All About Eve
silent   Midnight Cowboy
sports   One Flew Over the Cuckoo's Nest
thriller   Kramer vs. Kramer
war   Ordinary People
western   Chariots of Fire

21.

Members of U.N. — □ X

Burkina Faso
Burundi
Cambodia
Cameroon
Canada
Cape Verde
Central African Republic
Chad
Chile
China

Continent: North America

Population: 33,800,000

Area (sq. miles): 3,855,000.00

22.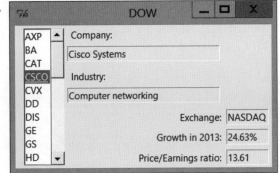

연습문제 8.2 해답

---

1. 형태 pady=(m,n) 의 인자는 윈도우의 상단과 하단 버튼 사이의 큰 공간을 이용하여 위치시키는 데 사용할 수 있다.

```
from tkinter import *

window = Tk()
window.title("Buttons")
btnButton1 = Button(window, text="I'm a Button")
btnButton1.grid(row=0, column=0, padx=(100,100), pady=(0,20))
btnButton2 = Button(window, text="I'm also a Button")
btnButton2.grid(row=1, column=0, padx=(100,100), pady=(20,0))
window.mainloop()
```

2. (a) 인자 sticky=N

　　인자 pady=(0, 18)도 작동하지만, 숫자 18을 결정하려면 여러 번의 시도와 오류가 필요하다.

　(b) 2개의 리스트 박스와 입력 위젯

　(c) 버튼 셀 내의 상단과 하단 사이에 공간을 갖는 유일한 위젯이기 때문이다.

　(d) 읽기 전용 입력 위젯

8.3　GUI 프로그램 작성하기

GUI 프로그램은 일반적으로 객체지향 스타일로 작성한다. 하지만 코드를 최대한 간단하게 하기 위해 직접적 코딩 스타일을 사용하게 될 것이다. 섹션의 끝부분에서 GUI 프로그램을 객체지향 스타일로 작성하는 방법을 설명한다. 해답 매뉴얼에서 몇몇 프로그램은 두 스타일 모두 제공한다.

7장에서 모든 프로그램은 GUI 프로그램으로 작성할 수 있다. 하지만 반대는 성립되지 않는다. 예를 들어 리스트 박스를 사용하는 스크롤 바를 가지며, 긴 목록을 갖는 GUI 프로그램은 일반적으로 TUI 프로그램으로 변환할 수 없다.

■ TUI 프로그램을 GUI 프로그램으로 변환하기

일반적으로 프로그램은 세 가지 콤포넌트인 입력, 처리, 결과로 이루어져 있다. TUI 프로그램에서 입력은 input 명령으로부터 이루어지거나 파일에서 데이터를 가져와서 실행한다. 출력은 print 명령으로 이루어지거나 파일로 저장된다. TUI 프로그램을 GUI 프로그램으로 변환할 때 input과 print 명령은 레이블/입력 쌍으로 대체한다. 데이터 처리와 데이터 입력, 출력 파일은 두 종류의 프로그램에서 매우 유사하다. 두 프로그램의 주요한 차이는 GUI 프로그램에서 처리가 일반적으로 이벤트로 실행된다는 점이다.

그림 8.31은 TUI 프로그램과 결과다.

```
def main():
    ## 3개 숫자 중 최댓값을 찾는다.
    L = []
    num1 = eval(input("Enter the first number: "))
    L.append(num1)
    num2 = eval(input("Enter the second number: "))
    L.append(num2)
    num3 = eval(input("Enter the third number: "))
    L.append(num3)
    print("The largest number is", str(max(L)) + '.')
main()
```

```
Enter the first number: 2345
Enter the second number: 5678
Enter the third number: 1234
The largest number is 5678.
```

그림 8.31 TUI 프로그램과 결과

 예제 1　GUI 프로그램으로 변환

다음 프로그램은 그림 8.31에서 TUI 프로그램을 GUI 프로그램으로 변환한다. 해당 그리드는 5개의 행과 2개의 열로 이루어져 있다.

```
from tkinter import *

def findLargest():
    L = []
    L.append(eval(conOFentNum1.get()))
    L.append(eval(conOFentNum2.get()))
    L.append(eval(conOFentNum3.get()))
    conOFentLargest.set(max(L))
```

```
window = Tk()
window.title("Largest Number")
Label(window, text="First number: ").grid(row=0, column=0, pady=5, sticky=E)
conOFentNum1 = StringVar()
ententNum1 = Entry(window, width=8, textvariable=conOFentNum1)
ententNum1.grid(row=0, column=1, sticky=W)
Label(window, text="Second number: ").grid(row=1, column=0, pady=5, sticky=E)
conOFentNum2 = StringVar()
ententNum2 = Entry(window, width=8, textvariable=conOFentNum2)
ententNum2.grid(row=1, column=1, sticky=W)
Label(window, text="Third number: ").grid(row=2, column=0, pady=5, sticky=E)
conOFentNum3 = StringVar()
ententNum3 = Entry(window, width=8, textvariable=conOFentNum3)
ententNum3.grid(row=2, column=1, sticky=W)
btnFind = Button(window, text="Find the Largest Number", command=findLargest)
btnFind.grid(row=3, column=0, columnspan=2, padx=75)
Label(window, text="Largest number: ").grid(row=4, column=0, sticky=E)
conOFentLargest = StringVar()
entLargest = Entry(window, state="readonly", width=8,
                   textvariable=conOFentLargest)
entLargest.grid(row=4, column=1, pady=5, sticky=W)
window.mainloop()
```

[실행. 입력 위젯에 3개의 숫자를 입력한 후 버튼을 클릭한다.]

■ 파일을 읽어 리스트 박스를 채우기

스크롤 바가 연결된 리스트 박스는 GUI 프로그램에서 매우 유용하다. 길이가 긴 목록을 갖는 리스트 박스는 일반적으로 파일에서 해당 항목을 가져온다. 예제 2에서 프로그램은 리스트 박스에서 항목의 중복을 방지하기 위해 세트 컴프리헨션을 사용하여 리스트 박스를 채운다.

예제 2 　주(state)의 새

파일 statebirds.txt는 미국 각 주의 이름과 해당 주의 새를 내용으로 한다. 데이터는 주의 이름을 기준으로 알파 벳 순서로 나열하였다([**노트**] 자주 2개 이상의 주는 동일한 새를 해당 주의 새로 지정하고 있다. 예를 들어 7개 의 주는 해당 주의 새로서 cardinal을 지정하였다.). 파일의 첫 번째 3행은 다음과 같다.

```
Alabama,Yellowhammer
Alaska,Willow ptarmigan
Arizona,Cactus wren
```

　　다음 프로그램은 파일 stateBirds.txt를 사용하여 리스트 박스 내에 해당 주의 새를 표시하고, 해당 새와 다른 종류의 주(state) 지정 새의 개수를 표시한다. 각각의 새는 리스트 박스에 한 번씩만 알파벳 순서로 표시한다.

```python
from tkinter import *
def displayBirds():
    infile = open("StateBirds.txt", 'r')
    birdSet = {line.split(',')[1].rstrip() for line in infile}
    infile.close()
    conOFlstBirds.set(tuple(sorted(birdSet)))    # sorted(birdSet) 결과는 리스트이다.
    numBirds = len(birdSet)
    conOFentNumBirds.set(numBirds)

window = Tk()
window.title("State Birds")
textForButton = "Display the Different State Birds"
btnDisplay = Button(window, text=textForButton, command=displayBirds)
btnDisplay.grid(row=0, column=0, columnspan=3, pady=5)
yscroll = Scrollbar(window, orient=VERTICAL)
yscroll.grid(row=1, column=1, rowspan=10, pady=(0,5), sticky=NS)
conOFlstBirds = StringVar()
lstBirds = Listbox(window, width=20, height=8, listvariable=conOFlstBirds,
                   yscrollcommand=yscroll.set)
lstBirds.grid(row=1, column=0, padx=(5,0), pady=(0,5), rowspan=10)
yscroll["command"] = lstBirds.yview
textForLabel = "Number of\ndifferent\nstate birds:"
Label(window, text=textForLabel).grid(row=1, column=2, padx=10, pady=5)
conOFentNumBirds = StringVar()
entNumBirds = Entry(window, width=2, state="readonly",
                    textvariable=conOFentNumBirds)
entNumBirds.grid(row=2, column=2)
window.mainloop()
```

[실행, 버튼을 클릭한다.]

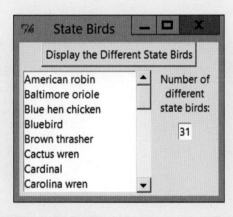

■ 객체지향 스타일로 작성된 GUI 프로그램

다음 프로그램은 예제 2의 프로그램에 대한 객체지향 버전이다.

```python
from tkinter import *

class StateBirds:
    def __init__(self):
        window = Tk()
        window.title("State Birds")
        textForButton = "Display the Different State Birds"
        btnDisplay = Button(window, text=textForButton,
                            command=self.displayBirds)
        btnDisplay.grid(row=0, column=0, columnspan=3, pady=5)
        yscroll = Scrollbar(window, orient=VERTICAL)
        yscroll.grid(row=1, column=1, rowspan=10, pady=5, sticky=NS)
        self._conOFlstBirds = StringVar()
        self._lstBirds = Listbox(window, width=20, height=8,
            listvariable=self._conOFlstBirds, yscrollcommand=yscroll.set)
        self._lstBirds.grid(row=1, column=0, padx=(5,0), pady=(0,5),
                            rowspan=10)
        yscroll["command"] = self._lstBirds.yview
        textForLabel = "Number of\ndifferent\nstate birds:"
        Label(window, text=textForLabel).grid(row=1, column=2, padx=10, pady=5)
        self._conOFentNumBirds = StringVar()
        entNumBirds = Entry(window, width=2, state="readonly",
                            textvariable=self._conOFentNumBirds)
        entNumBirds.grid(row=2, column=2)
```

```
        window.mainloop()

    def displayBirds(self):
        infile = open("StateBirds.txt", 'r')
        birdSet = {line.split(',')[1].rstrip() for line in infile}
        self._conOFlstBirds.set(tuple(sorted(birdSet)))
        numBirds = len(birdSet)
        self._conOFentNumBirds.set(numBirds)

StateBirds()
```

■ 주석

1. 예제 3의 프로그램은 명령 `StateBirds()`로 종료하였다. 이 명령은 인스턴스를 생성하는 클래스 StateBirds의 `bird=StateBird()`와 같은 명령으로 대체할 수 있다. 이 코드는 해당 클래스가 초기화될 때마다 `__init__` 함수가 자동 실행되므로 유효하다.

2. 예제 3에서 생성된 클래스는 stateBirds.py 파일명으로 저장할 수 있다. 다음 프로그램은 동일한 결과를 생성한다.

```
from stateBirds import *
bird = StateBirds
```

연습 8.3

1. 전체 이름

   어떤 사람의 성과 이름을 입력받아 전체 이름을 표시하는 프로그램을 작성하라. 그림 8.32를 참고하라.

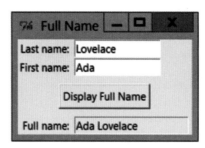

그림 8.32 연습 1의 결과

2. 명예졸업

사용자가 졸업한다고 가정할 때 명예졸업을 하는지를 결정하는 프로그램을 작성하라(슘머 쿰라우드가 되려면 GPA 3.9, 마그나 쿰라우드가 되려면 GPA 3.6, 쿰라우드가 되려면 GPA 3.3이 필요하다.). 그림 8.33을 참고하라.

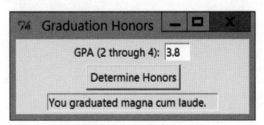

그림 8.33 연습 2의 결과

3. 2개 구입 시 1개를 무료로 제공

옷 상점은 "2개 구매 시, 세 번째 옷은 무료"라는 행사를 한다. 즉, 여러분이 3개를 구매한다면 최저 비용 품목은 무료로 제공한다는 것이다. 3개의 비용을 입력받아 최저 비용을 제거한 후 전체 비용을 계산하는 프로그램을 작성하라. 그림 8.34를 참고하라.

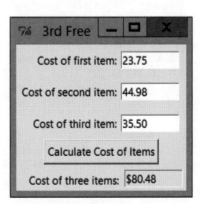

그림 8.34 연습 3의 결과

4. 속도 변환

미국에서 속도 측정기는 시간당 마일 단위로 속도를 측정한다. 이와 달리 유럽에서는 시간당 킬로미터로 속도를 측정한다. 시간당 마일을 시간당 킬로미터로 변환하는 프로그램을 작성하라. 그림 8.35를 참고하라. ([노트] kph=1.61*mph이다.)

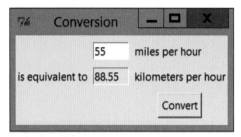
그림 8.35 연습 4의 결과

5. 임금의 변동

여러분이 10% 임금 인상을 받고 이후에 10% 임금 삭감을 받는다면 전체 임금은 변하지 않는다고 오해할 수 있다. 임금을 입력받아 10% 인상을 한 후에 10% 삭감한 결과를 계산하라. 또한 이 프로그램은 임금의 변동 비율(%)을 표시해야 한다. 그림 8.36을 참고하라.

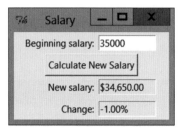
그림 8.36 연습 5의 결과

6. 임금의 변동

3번 연속 5% 임금 인상을 받는다면 초기 임금은 15% 증가하게 될 것이라고 오해하는 것이 일반적이다. 임금을 입력받아 3번 연속 5% 인상을 받은 후 결과를 계산하라. 이 프로그램은 임금의 변동 비율(%)을 표시해야 한다. 그림 8.37을 참고하라.

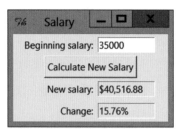
그림 8.37 연습 6의 결과

7. 자동차 대출

자동차를 구매하기 위해 n년간 매월 얼마씩 지불하는 조건으로 금액 A를 매월 복리 r%로 빌린다면, 월 지불 금액의 계산 공식은 다음과 같다.

$$월\ 지불\ 금액 = \frac{i}{1 - (1 + i)^{-12n}} \cdot A$$

$i = \frac{r}{1200}$이다. 사용자가 대출금, 이자율, 기간을 입력하면 월 지불 금액을 계산하는 프로그램을 작성한다. 그림 8.38은 대출금 $12,000, 이자율 6.4%, 기간 5년인 경우 월 지불 금액 $234.23이 필요하다는 것을 의미한다.

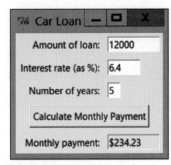

그림 8.38 연습 7의 결과

8. 파워볼

파워볼 숫자는 59개의 흰색 공(1에서 59까지 번호 매김)을 갖고 있는 드럼에서 5개의 공을 뽑아낸 후 35개의 빨간공(1에서 35까지 번호 매김)을 갖고 있는 드럼에서 1개의 공을 뽑아내어 구한다. 파워볼을 추출하는 프로그램을 작성하라. 그림 8.39를 참고하라. ([노트] 속성 bg는 읽기 전용 위젯에 아무런 효과를 주지 못한다. 따라서 첫 번째 입력 위젯은 읽기 전용으로 설정되어서는 안 된다.)

그림 8.39 연습 8의 결과

9. 계산기

사용자가 2개의 숫자를 설정한 후 적합한 버튼을 클릭할 때 더하기, 빼기, 곱하기를 실행하는 프로그램을 작성한다. 그림 8.40을 참고하라.

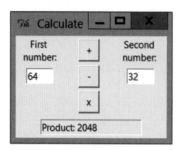

그림 8.40 연습 9의 결과

10. 거스름돈

사용자가 입력한 0에서 99센트까지 돈에 대한 거스름돈을 만들기 위한 프로그램을 작성하라. 이 프로그램의 결과는 거스름돈을 만드는 데 사용되는 동전의 개수를 표시해야 한다. 그림 8.41을 참고하라.

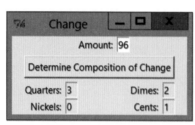

그림 8.41 연습 10의 결과

11. 거대한 호수

표 8.2는 5개의 거대한 호수의 이름과 면적을 갖고 있다. 리스트 박스에 호수를 알파벳 순서로 표시하고, 사용자가 선택한 호수의 면적을 표시하는 프로그램을 작성하라. 그림 8.42를 참고하라. ([힌트] 딕셔너리 lakesDict={"Huron":2300, "Ontario":8000, "Michigan":2200, "Erie":10000, "Superior":32000})

표 8.2 거대한 호수

호수	면적(제곱마일)
Huron	23,000
Ontario	8,000
Michigan	22,000
Erie	10,000
Superior	32,000

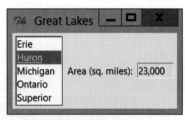

그림 8.42 연습 11의 결과

12. 다우

파일 DOW.txt는 다우존스 산업 평균에 속한 30개 주가에 대해 이름, 부호, 교환소, 산업, 가격, 2013년 12월 31일 거래 종료 시 가격, 2013년 주당 수익(EPS), 2013년 배당금 데이터를 갖고 있다.

```
American Express,AXP,NYSE,Consumer finance,57.48,90.73,4.88,.89
Boeing,BA,NYSE,Aerospace & defense,75.36,136.49,5.96,2.19
Caterpillar,CAT,NYSE,Construction & mining equipment,89.61,90.81,5.75,2.32
```

30 다우 주가에 대한 부호를 리스트 박스에 표시하는 프로그램을 작성하라. 사용자가 해당 부호 중 하나를 클릭할 때 그림 8.43과 같은 정보가 표시되어야 한다. 가격/수익 비율은 2013년 12월 31일의 주당 가격을 2013년 주당 수익으로 나누어 계산해야 한다.

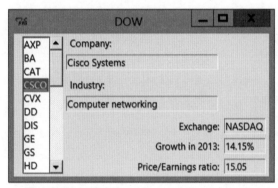

그림 8.43 연습 12의 결과

연습 13과 14에서는 오스카에서 최고상을 수여한 영화의 이름과 장르를 갖고 있는 파일 Oscars.txt를 사용한다. 영화는 상을 수여받은 순서대로 나열되어 있다. 첫 번째 3행은 다음과 같다.

```
Wings,silent
The Broadway Melody,musical
All Quiet on the Western Front,war
```

13. 아카데미상

Oscars.txt 파일을 사용하여 리스트 박스에 장르를 채우고 사용자가 해당 리스트 박스의 장르를 선택하면 오스카 수상 영화를 표시하는 프로그램을 작성하라. 그림 8.44를 참고하라.

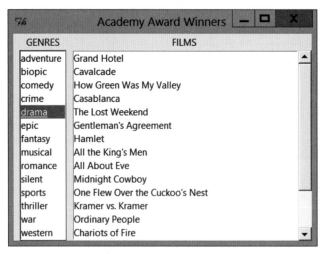

그림 8.44 연습 13의 결과

14. 아카데미상

파일 Oscars.txt를 사용하여 연도를 입력하면 해당 연도의 영화 수상작 이름과 장르를 표시하는 프로그램을 작성하라. 그림 8.45를 참고하라.

그림 8.45 연습 14의 결과

연습 15에서 17까지 114대 미국 의회의 각 멤버에 대한 레코드를 갖고 있는 파일 Senate114. txt를 사용한다(114대 미국 의회는 2015년에 시작되었다.). 각각의 레코드는 3개의 필드인 이름, 주, 정당으로 이루어져 있다. 파일 내 일부 레코드는 다음과 같다.

```
John McCain,Arizona,R
Bernie Sanders,Vermont,I
Kirsten Gillibrand,New York,D
```

15. 미국 의회

입력 위젯에 주의 이름을 입력한 후, 해당 주의 국회의원 2명을 표시하는 프로그램을 작성한다. 그림 8.46을 참고하라.

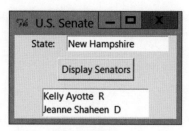

그림 8.46 연습 15의 결과

16. 미국 의회

각 정당의 국회의원을 계산하는 프로그램을 작성하라. 그림 8.47을 참고하라.

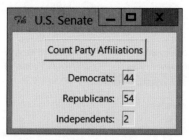

그림 8.47 연습 16의 결과

17. 미국 의회

사용자가 리스트 박스에서 주로 선택하도록 한 후, 해당 주의 2명의 국회의원을 표시하는 프로그램을 작성하라. 그림 8.48을 참고하라.

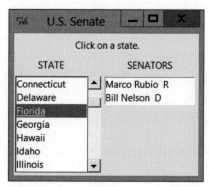

그림 8.48 연습 17의 결과

18. 대통령 출신 대학

이번 연습은 미국 대통령의 이름과 이들이 다녔던 대학교명을 데이터로 갖는 파일 PresColl.txt를 사용한다. 대통령은 그들이 취임한 순서로 나열되어 있다. 파일의 첫 3행은 다음과 같다.

```
George Washington, No college
John Adams, Harvard
Thomas Jefferson, William and Mary
```

리스트 박스를 알파벳 순서로 US 대통령이 다녔던 대학으로 채우고 난 후, 리스트 박스 내 대학을 클릭할 때 해당 대학을 다녔던 대통령을 표시한다.

그림 8.49를 참고하라.

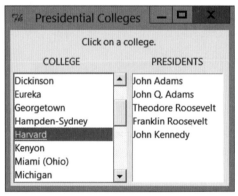

그림 8.49 연습 18의 결과

19. 작업장

표 8.3은 5명의 이름과 작업 장소를 갖고 있다. 1개의 리스트 박스에 사람을 표시하고 또 다른 리스트 박스에 작업 장소를 각각 알파벳 순서로 표시하는 프로그램을 작성하라. 버튼을 클릭하면 사용자는 사람과 작업 장소를 각 리스트 아이템에서 선택해야 한다. 정확히 일치하는지의 여부를 표시한다. 그림 8.50을 참고하라. ([노트] 일반적으로 윈도우에 2개의 리스트 박스가 있을 때, 한쪽 리스트 박스를 클릭할 경우 나머지 리스트 박스는 기존 선택한 내용을 해제한다. 하지만 인자 exportselection=0을 각 리스트 박스의 생성자에 삽입하지 않는다면 이러한 일은 발생하지 않는다.)

표 8.3 작업장

사람	작업장
Bruce Wayne	Wayne Enterprises
Clark Kent	Daily Planet
Peter Parker	Daily Bugle
Rick Blaine	Rick's American Cafe
Willie Wonka	Chocolate Factory

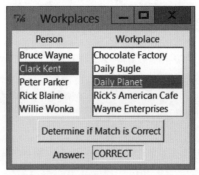

그림 8.50 연습 19의 결과

주요 용어와 개념	예제

8.1 위젯

몇 개의 위젯(Window gadgets의 약어)에는 다음과 같은 것이 있다.

버튼: 마우스로 클릭할 때 이벤트를 발생시킨다.
레이블: 또 다른 위젯의 식별 정보를 제공한다.
입력: 사용자로부터 입력받아 결과를 표시한다.
리스트 박스: 사용자가 선택 목록에서 선택하거나 결과를 표시할 수 있도록 한다.
스크롤 바: 리스트 박스에 스크롤 기능을 부여한다.

버튼과 레이블 위젯에 대한 캡션은 생성자의 text 속성으로 설정한다.

코드는 입력 위젯에서 텍스트를 가져오거나 입력 위젯에 텍스트를 입력하는 데 사용할 수 있다. 우선 StringVar 형태의 객체(x)를 선언한 후 입력 위젯의 textvariable 속성을 설정한다. 다음으로 입력 위젯에서 텍스트를 가져오거나 설정하기 위해 x의 get과 set 메서드를 사용할 수 있다.

텍스트를 일반 입력 위젯에 입력할 수 있지만 텍스트만이 set 메서드를 이용하여 읽기 전용 입력 위젯(ReadOnly Entry widgets)에 설정할 수 있다. 입력 위젯은 state="randonly"를 생성자에 추가하여 읽기 전용으로 설정한다.

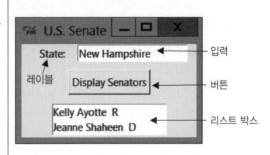

```
lblName=Label(window,text="Name:")
```

```
# "hello world!"를 입력란에 표시한다.
x = StringVar()
entHW = Entry(window, textvariable=x)
entHW.grid()
x.set("Hello")
y = x.get()
x.set(y + " World!")

entOutput = Entry(window,
    state="readonly", textvariable=x)
```

주요 용어와 개념	예제

리스트 박스에 아이템을 넣는 최선의 방법은 리스트와 StringVar 객체(x라고 함)를 만들고 인자 `listvariable=x`를 리스트 박스 생성자에 삽입한 후 x의 set 메서드를 실행한다.	```python
	L = ["red", "blue", "tan"]
	x = StringVar()
	lstC = Listbox(window, listvariable=x)
	lstC.grid()
	x.set(tuple(L))
	``

리스트를 튜플화한 결과에 대해 리스트 박스에 부착한 수직 스크롤 막대는 인자 orient=VERTICAL을 생성자에서 갖도록 해야 하며, grid 메서드는 인자 sticky=NS를 갖고 있어야 한다. 부착한 리스트 박스의 생성자는 인자 yscrollcommand=yscroll.set을 갖도록 해야 한다.
set과 프로그램은 이 경우 명령 yscroll["command"]=lstName.yview를 갖고 있어야 한다. yscroll은 수직 스크롤 바의 명칭이다.
	``python
	yscroll = Scrollbar(window,
	                    orient=VERTICAL)
	yscroll.grid(row=0,column=1,sticky=NS)
	lstNE = Listbox(window,
	        yscrollcommand=yscroll.set)
	lstNE.grid(row=0, column=0, sticky=E)
	yscroll["command"] = lstNE.yview
	``

GUI 프로그램은 콜백(callback) 함수를 실행하여 이벤트(events)에 대한 반응을 할 수 있으며, 이러한 콜백 함수는 생성자나 bind 메서드에서 설정한다.	

버튼을 클릭할 때 실행되는 콜백 함수(callback function)는 버튼 생성자의 command 속성으로 설정한다.	```python
	btnGo = Button(window, text="Go",
	               command=doSomething)
	``

리스트 박스의 아이템을 클릭하여 실행하는 콜백 함수는 "⟨⟨ListboxSelect⟩⟩"를 첫 번째 인자로 콜백 함수를 두 번째 인자로 갖는 리스트 박스의 bind 메서드로 설정한다. 클릭하여 선택한 아이템은 리스트 박스의 curselection 메서드가 반환하는 값이다.	```python
	lstC.bind("<<ListboxSelect>>",
	          changeBackgroundColor)
	lstC["bg"] =
	      lstC.get(lstC.curselection())
	``

8.2 그리드 위치 관리자

그리드 관리자는 표과 같은 구조로 위젯의 배치를 제한한다. 셀 내의 위젯의 배치는 위젯의 grid 메서드에서 설정한 후와 같은 속성에 의해 결정된다.

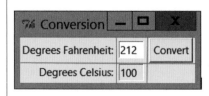

주요 용어와 개념	예제

row: 위젯이 위치하게 될 행
column: 위젯이 위치하게 될 열
rowspan: 위젯이 차지하는 행의 개수
columnspan: 위젯이 차지하는 열의 개수
padx와 pady: 위젯의 옆면에 패딩할 픽셀의 개수
sticky: 위젯을 셀의 특정 옆면에 부착하거나 위젯을 셀의 수평, 수직 또는 양방향으로 확장하기 위해 사용한다.
	``lstBox.grid(row=1, column=2,
	          rowspan=5, padx=(5,0))
	
	btn.grid(row=2, column=1,
	     columnspan=2, pady=5)
	yscroll.grid(row=1, column=1,
	          rowspan=10, sticky=NS)```

8.3 GUI 프로그램 작성하기 TUI 프로그램은 tkinter 모듈을 임포트한 이후에 GUI 프로그램으로 작성할 수 있다. TUI 프로그램보다 GUI 프로그램은 이벤트 지향적이고, 시각적으로 사용하기 편하며, 사용자가 보다 많은 제어를 할 수 있다.	

프로그래밍 프로젝트

1. 투자

    $10,000을 연간 복리 이자율 r로 매년 n번 투자한다면, 5년 후 투자 금액은 $10,000(1 + \frac{r}{n})^{5 \cdot n}$이 된다. 이자율 r로는 .02, .025, .03, .035, .04가 가능하다. n의 값으로는 1, 2, 4, 12, 52가 가능하다. 사용자가 리스트 박스에서 이자율과 복리 기간을 선택하면 5년 이후 금액을 계산하는 프로그램을 작성하라. 그림 8.51을 참고하라. ([노트] 윈도우상 2개의 리스트 박스가 있을 경우, 리스트 박스에서 1개 아이템을 선택하면 나머지 다른 리스트 박스의 선택한 모든 항목의 선택을 해제한다. 하지만 이러한 기능은 인자 exportselection=0을 각 리스트 박스의 생성자에 삽입하는 경우, 발생되지 않는다.)

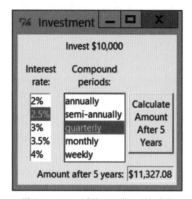

그림 8.51 프로그래밍 프로젝트 1의 결과

2. 미국

파일 UN.txt의 각 행은 UN 가입국의 이름, 대륙, 인구수(백만 명), 면적(제곱마일)에 대한
데이터를 갖고 있다. 파일의 몇 행은 다음과 같다.

```
Canada,North America,34.8,3855000
France,Europe,66.3,211209
New Zealand,Australia/Oceania,4.4,103738
Nigeria,Africa,177.2,356669
Pakistan,Asia,192.2,310403
Peru,South America,30.0,496226
```

이 데이터는 다음 딕셔너리값을 갖는 딕셔너리에 위치하며, 2진 파일 UNdict.dat로 만든다.

```
nations = {"Canada":{"cont":"North America", "popl":34.8, "area":3855000},
        "France":{"cont":"Europe", "popl":66.3}, "area":211209} ...}
```

UNdict.dat 파일을 사용하여 리스트 박스에서 사용자가 국가 이름을 선택하면 해당 국가
가 속한 대륙, 인구, 면적을 표시하는 프로그램을 작성하라. 그림 8.52를 참고하라.

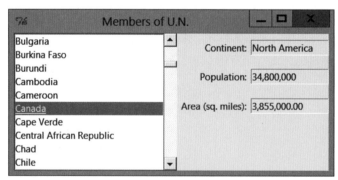

그림 8.52 프로그래밍 프로젝트 2의 결과

3. 연금

민간 서비스 은퇴 시스템의 임직원은 20년 이상 근무하면 55세에 은퇴할 수 있다. 이 사람의 연금을 계산하기 위한 방법은 다음과 같다.

(a) 최고 3년 동안 평균 연봉을 계산하여 ave라 하자.

(b) $\left(\text{연수} + \dfrac{\text{개월 수}}{12}\right)$를 계산하여 yrs라 하자.

(c) 첫 번째 5년에 대해 1.5%, 다음 5년에 대해 1.75%, 이후 추가된 기간에 대해 2%를 적용하여 비율을 계산하고 perRate라 하자.

(d) perRate와 80% 중 최솟값을 택하여 p라고 가정해보자.

(e) 연금의 양은 p*ave가 된다.

그림 8.53과 같이 입력받아 연금을 계산하는 프로그램을 계산하라.

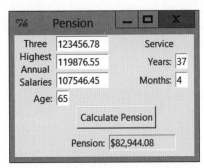

그림 8.53 프로그래밍 프로젝트 3의 결과

4. 숫자를 말로 표현하기

사용자로부터 27개(콤마 포함) 이하의 값을 입력받은 후, 해당 숫자를 말로 표현하는 프로그램을 작성하라. 그림 8.54를 참고하라.

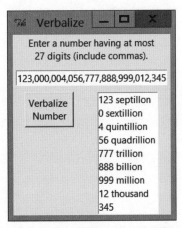

그림 8.54 프로그래밍 프로젝트 4의 결과

부록 A

ASCII값

DEC	기호	설명
0	NUL	Null 문자
1	SOH	제목 시작
2	STX	텍스트 시작
3	ETX	텍스트 종료
4	EOT	전송 종료
5	ENQ	문의
6	ACK	긍정 응답
7	BEL	벨소리
8	BS	백스페이스
9	HT	수평 탭
10	LF	줄 바꿈
11	VT	수직 탭
12	FF	서식 이송
13	CR	캐리지 리턴
14	SO	시프트 아웃/엑스 온
15	SI	시프트 인/엑스 오프
16	DLE	전송 제어 확장
17	DC1	기기 제어 1(종종 엑스 온)
18	DC2	기기 제어 2
19	DC3	기기 제어 3(종종 엑스 오프)
20	DC4	기기 제어 4
21	NAK	부정 응답
22	SYN	동기 신호 문자
23	ETB	전송 블록 종료
24	CAN	취소
25	EM	기록 매체의 끝
26	SUB	치환 문자
27	ESC	확장 문자
28	FS	파일 분리 문자
29	GS	그룹 분리 문자
30	RS	레코드 분리 문자

DEC	기호	설명
31	US	단위 분리 문자
32		공백
33	!	느낌표
34	"	큰따옴표(또는 인용 부호)
35	#	숫자
36	$	달러
37	%	퍼센트 기호
38	&	앰퍼샌드
39	'	작은따옴표
40	(	왼쪽 소괄호(또는 왼쪽 브래킷)
41	)	오른쪽 소괄호(또는 오른쪽 브래킷)
42	*	별표
43	+	더하기
44	,	쉼표
45	-	하이픈
46	.	마침표, 점 또는 종지부
47	/	슬래시 또는 나누기
48	0	영
49	1	일
50	2	이
51	3	삼
52	4	사
53	5	오
54	6	육
55	7	칠
56	8	팔
57	9	구
58	:	콜론
59	;	세미콜론
60	<	왼쪽 부등호(또는 왼쪽 꺾쇠 괄호)
61	=	같음

DEC	기호	설명
62	>	오른쪽 부등호(또는 오른쪽 꺾쇠 괄호)
63	?	물음표
64	@	앳 기호
65	A	대문자 A
66	B	대문자 B
67	C	대문자 C
68	D	대문자 D
69	E	대문자 E
70	F	대문자 F
71	G	대문자 G
72	H	대문자 H
73	I	대문자 I
74	J	대문자 J
75	K	대문자 K
76	L	대문자 L
77	M	대문자 M
78	N	대문자 N
79	O	대문자 O
80	P	대문자 P
81	Q	대문자 Q
82	R	대문자 R
83	S	대문자 S
84	T	대문자 T
85	U	대문자 U
86	V	대문자 V
87	W	대문자 W
88	X	대문자 X
89	Y	대문자 Y
90	Z	대문자 Z
91	[	왼쪽 대괄호
92	\	백슬래시
93	]	오른쪽 대괄호
94	^	캐럿 – 곡절 악센트
95	_	밑줄
96	`	억음 악센트
97	a	소문자 a
98	b	소문자 b
99	c	소문자 c
100	d	소문자 d
101	e	소문자 e
102	f	소문자 f
103	g	소문자 g

DEC	기호	설명
104	h	소문자 h
105	i	소문자 i
106	j	소문자 j
107	k	소문자 k
108	l	소문자 l
109	m	소문자 m
110	n	소문자 n
111	o	소문자 o
112	p	소문자 p
113	q	소문자 q
114	r	소문자 r
115	s	소문자 s
116	t	소문자 t
117	u	소문자 u
118	v	소문자 v
119	w	소문자 w
120	x	소문자 x
121	y	소문자 y
122	z	소문자 z
123	{	왼쪽 중괄호
124			수직 막대
125	}	오른쪽 중괄호
126	~	등가 기호 – 물결표
127		삭제
128	€	유로 기호
129		
130	,	9자형 바닥 작은따옴표
131	ƒ	휘어진 라틴어 소문자 f
132	„	9자형 바닥 큰따옴표
133	…	수평 줄임표
134	†	칼표
135	‡	이중 칼표
136	ˆ	수정 문자 곡절 악센트
137	‰	천분율 기호
138	Š	캐런이 붙은 라틴어 대문자 S
139	‹	왼쪽을 가리키는 홑꺾쇠 따옴표
140	Œ	라틴어 대문자 합자 OE
141		
142	Ž	캐런이 붙은 라틴어 대문자 Z
143		
144		
145	'	왼쪽 작은따옴표

DEC	기호	설명		DEC	기호	설명
146	'	오른쪽 작은따옴표		188	¼	분수 4분의 1
147	"	왼쪽 큰따옴표		189	½	분수 2분의 1
148	"	오른쪽 큰따옴표		190	¾	분수 4분의 3
149	•	글머리기호		191	¿	역물음표
150	–	글머리기호		192	À	억음 악센트가 붙은 라틴어 대문자 A
151	—	엠 대시		193	Á	양음 악센트가 붙은 라틴어 대문자 A
152	˜	작은 물결표		194	Â	곡절 악센트가 붙은 라틴어 대문자 A
153	™	상표 기호		195	Ã	물결표가 붙은 라틴어 대문자 A
154	š	캐런이 붙은 라틴어 소문자 S		196	Ä	분음 기호가 붙은 라틴어 대문자 A
155	›	오른쪽을 가리키는 홑꺾쇠 따옴표		197	Å	위에 고리가 붙은 라틴어 대문자 A
156	œ	라틴어 소문자 합자 oe		198	Æ	라틴어 대문자 AE
157				199	Ç	세딜러가 붙은 라틴어 대문자 C
158	ž	캐런이 붙은 라틴어 소문자 z		200	È	억음 악센트가 붙은 라틴어 대문자 E
159	Ÿ	분음 기호가 붙은 라틴어 대문자 Y		201	É	양음 악센트가 붙은 라틴어 대문자 E
160		줄 바꿈 없는 공백		202	Ê	곡절 악센트가 붙은 라틴어 대문자 E
161	¡	역느낌표		203	Ë	분음 기호가 붙은 라틴어 대문자 E
162	¢	센트 기호		204	Ì	억음 악센트가 붙은 라틴어 대문자 I
163	£	파운드 기호		205	Í	양음 악센트가 붙은 라틴어 대문자 I
164	¤	통화 기호		206	Î	곡절 악센트가 붙은 라틴어 대문자 I
165	¥	엔 기호		207	Ï	분음 기호가 붙은 라틴어 대문자 I
166	¦	파이프, 끊어진 수직 막대		208	Ð	라틴어 대문자 ETH
167	§	섹션 기호		209	Ñ	물결표가 붙은 라틴어 대문자 N
168	¨	자간 분음 기호 – 움라우트		210	Ò	억음 악센트가 붙은 라틴어 대문자 O
169	©	저작권 기호		211	Ó	양음 악센트가 붙은 라틴어 대문자 O
170	ª	여성형 서수 표시자		212	Ô	곡절 악센트가 붙은 라틴어 대문자 O
171	«	왼쪽 겹꺾쇠 따옴표		213	Õ	물결표가 붙은 라틴어 대문자 O
172	¬	부정 기호		214	Ö	분음 기호가 붙은 라틴어 대문자 O
173		소프트 하이픈		215	×	곱셈 부호
174	®	등록상표 기호		216	Ø	슬래시가 붙은 라틴어 대문자 O
175	¯	자간 장음 기호 – 오버라인		217	Ù	억음 악센트가 붙은 라틴어 대문자 U
176	°	도 기호		218	Ú	양음 악센트가 붙은 라틴어 대문자 U
177	±	플러스마이너스 기호		219	Û	곡절 악센트가 붙은 라틴어 대문자 U
178	²	어깨글자 2 – 제곱		220	Ü	분음 기호가 붙은 라틴어 대문자 U
179	³	어깨글자 3 – 세제곱		221	Ý	양음 악센트가 붙은 라틴어 대문자 Y
180	´	양음 악센트 – 자간 양음 악센트		222	Þ	라틴어 대문자 THORN
181	μ	마이크로 기호		223	ß	라틴어 소문자 날카로운 s – 에스체트
182	¶	단락 기호		224	à	억음 악센트가 붙은 라틴어 소문자 a
183	•	가운데 점 – 조지안 콤마		225	á	양음 악센트가 붙은 라틴어 소문자 a
184	¸	자간 세딜러		226	â	곡절 악센트가 붙은 라틴어 소문자 a
185	¹	어깨글자 1		227	ã	물결표가 붙은 라틴어 소문자 a
186	º	남성형 서수 표시자		228	ä	분음 기호가 붙은 라틴어 소문자 a
187	»	오른쪽 겹꺾쇠 따옴표		229	å	위에 고리가 붙은 라틴어 소문자 a

DEC	기호	설명
230	æ	라틴어 소문자 ae
231	ç	세딜러가 붙은 라틴어 소문자 c
232	è	억음 악센트가 붙은 라틴어 소문자 e
233	é	양음 악센트가 붙은 라틴어 소문자 e
234	ê	곡절 악센트가 붙은 라틴어 소문자 e
235	ë	분음 기호가 붙은 라틴어 소문자 e
236	ì	억음 악센트가 붙은 라틴어 소문자 i
237	í	양음 악센트가 붙은 라틴어 소문자 i
238	î	곡절 악센트가 붙은 라틴어 소문자 i
239	ï	분음 기호가 붙은 라틴어 소문자 i
240	ð	라틴어 소문자 eth
241	ñ	물결표가 붙은 라틴어 소문자 n
242	ò	억음 악센트가 붙은 라틴어 소문자 o

DEC	기호	설명
243	ó	억음 악센트가 붙은 라틴어 소문자 o
244	ô	곡절 악센트가 붙은 라틴어 소문자 o
245	õ	물결표가 붙은 라틴어 소문자 o
246	ö	분음 기호가 붙은 라틴어 소문자 o
247	÷	나눗셈 부호
248	ø	슬래시가 있는 라틴어 소문자 o
249	ù	억음 악센트가 붙은 라틴어 소문자 u
250	ú	양음 악센트가 붙은 라틴어 소문자 u
251	û	곡절 악센트가 붙은 라틴어 소문자 u
252	ü	분음 기호가 붙은 라틴어 소문자 u
253	ý	양음 악센트가 붙은 라틴어 소문자 y
254	þ	라틴어 소문자 thorn
255	ÿ	분음 기호가 붙은 라틴어 소문자 y

부록 B

예약어

파이썬에서 33개 예약어는 다음과 같다.

and	as	assert	break	class
continue	def	del	elif	else
except	False	finally	for	from
global	if	import	in	is
lambda	None	nonlocal	not	or
pass	raise	return	True	try
while	with	yield		

부록 C

파이썬과 IDLE 설치

([노트] IDLE는 'Integrated Development Environment'의 약어로 파이썬 프로그램을 작성하고 실행하기 위한 그래픽 인터페이스이다. 통합 개발 환경(IDE)은 인터프리터, 텍스트 에디터, help 프로그램을 보다 효율적으로 사용할 수 있도록 통합하였다. IDLE는 윈도우, 맥 OS, 리눅스에서 작동한다.)

윈도우

1. 웹사이트 http://python.org/downloads로 이동한다. 그림 C.1과 유사한 디스플레이의 상단 부분을 볼 수 있다.

2. 파이썬 3의 최신 버전에 대한 설치본을 다운로드하려면 "Download Python 3.x.x"의 형태 캡션을 갖는 버튼을 클릭한 후에 나타나는 작은 윈도우 창에서 SaveFile 버튼을 클릭한다 (Python 3.4.2는 이 책이 저술된 시점에서 가장 최신 버전이었다.). 설치 파일의 이름은 python-3.4.2.msi와 유사하다.

3. 다운로드한 설치 파일을 두 번 클릭하여 실행한 후 지시사항에 따라 설치한다. 만약 윈도우에서 어떤 사항을 묻는다면 계속 설치를 진행하도록 허가한다.

4. 윈도우 8의 경우, 파이썬은 IDLE를 입력하여 시작 화면에서 설치할 수 있다. IDLE는 이전 윈도우 버전의 시작 메뉴에서 실행할 수 있다.

그림 C.1 윈도우용 파이썬 다운로드 화면

맥 OS X

1. 일반적으로 맥컴퓨터에 파이썬이 이미 설치되어 있다. 파이썬 3이 여러분 컴퓨터에 설치되었는지 확인하려면 **Finder**를 연 후 **Applications**를 선택하고 **Application** 디렉터리에 "Python 3.x"라는 폴더가 있는지 확인하면 된다. 여러분은 아마도 Python 2는 갖고 있겠지만 Python 3을 사용해야 할 수도 있다. 만약 "Python 3.x"를 이미 갖고 있다면 단계 4로 넘어가기 바란다. 그렇지 않을 경우에만 파이썬 3을 다운로드하고 설치하라.

2. 웹사이트 http://python.org/downloads를 방문한다. 디스플레이의 상단은 그림 C.1과 유사할 것이다. 다만 "Download the latest version for windows"는 "Download the latest version for Mac OS X"로 변경되어 있을 것이다. Python 3의 최신 버전 설치 파일을 다운로드하려면 왼쪽 노란색 버튼을 클릭한다. 파일 이름은 python-3.4.2-macosx10.6.pkg와 유사할 것이다.

3. Installer로 설치 패키지를 실행한 후 지시사항을 따른다. 만약 OS X에서 어떤 사항을 묻는다면 계속 설치를 진행하도록 허가한다.

4. 파이썬 3과 IDLE는 1단계에서 보았던 Applications 디렉터리에 나타난다. IDLE를 실행시켜 프로그램을 시작시킨다.

리눅스 또는 유닉스

([**노트**] 아래 디렉터리는 터미널 오프닝을 참고하라. 설치 프로세스는 여러분이 사용하는 배포판에 따라 정확하게 결정된다. 따라서 여러분의 데스크톱 관리자를 이용하여 해결하기가 쉽지 않다면, 인터넷에서 찾아보기 바란다.)

([**노트**] 버전 3.3 이전의 Python 3을 갖고 있다면 이 책의 모든 내용은 FileNotFoundError 포함한 것과 같은 작은 부분만 제외하면 작동할 것이다. 아래 설치 프로세스는 최신의 안정적인 배포판을 설치할 것이다. 설치본은 파이썬 3.3 이전 것일 수도 있다.)

1. 파이썬은 리눅스나 유닉스 OS를 사용하는 컴퓨터에 이미 설치되어 있다. 설치한 파이썬 버전에 따라 터미널을 오픈한 후 다음과 같이 입력한다.

    ```
    Python 3 --version
    ```

    "Python 3.x.x"와 같은 내용을 보게 된다면 이미 여러분 컴퓨터에 Python 3가 설치되어 있으므로 단계 3으로 이동한다.

2. 파이썬 3은 대부분의 패키지 매니저상에서 기본으로 설치 가능하다. 일반 apt-get 패키지 매니저를 사용하여 설치 예를 보면 다음과 같다. 터미널에서 다음을 입력하라.

```
sudo  apt-get install Python 3
```

관리자 암호를 입력하고 지시사항에 따른다. Python 3는 phthon 3로 설치될 것이다.

3. Python 3용 IDLE를 설치하려면 단계 2에서와 같이 패키지 매니저를 사용한다. 예를 들어 apt-get을 이용하여 다음과 같은 명령을 입력한 후 지시사항을 따른다.

```
sudo apt-get install idle3
```

IDLE는 idle3을 입력하거나 /usr/bin 디렉터리로 이동하여 idle3을 입력하여 실행할 수 있다. 터미널에서 idle3 또는 /usr/bin/idle3을 입력한다.

이 섹션은 섹션 6.3(거북 그래픽스)을 제외한 2장에서 7장까지 연습에서 홀수 번호 문제에 대한 해답이다.

연습 6.3에 홀수 번호 문제에 대한 해답을 이미 제시하였다. 학생용 해답 매뉴얼은 출판사 웹사이트에서 다운로드할 수 있으며, 이 책의 모든 홀수 번호 문제의 해답을 참고할 수 있다.

2장

연습 2.1

1. 12

3. .125

5. 8

7. 2

9. 1

11. 1

13. Not vaild

15. Vaild

17. Not vaild

19. 10

21. 16

23. 9

25. print((7 * 8) + 5

27. print(.055 * 20)

29. print(17 * (3 + 162))

31.

	x	y
x = 2	2	does not exist
y = 3 * x	2	6
x = y + 5	11	6
print(x + 4)	11	6
y = y + 1	11	7

33. 24

35. 10

37. 2 15

39. 세 번째 행은 c = a + b로 읽는다.

41. 첫 번째 행은 interest = 0.05로 읽는다.

43. 10

45. 7

47. 3.128

49. -2

51. 0

53. 6

55. cost += 5

57. cost /= 6

59. sum %= 2

61.
```
revenue = 98456
costs = 45000
profit = revenue - costs
print(profit)
```

63.
```
price = 19.95
discountPercent = 30
markdown = (discountPercent / 100) * price
price -= markdown
print(round(price, 2))
```

65.
```
balance = 100
balance += 0.05 * balance
balance += 0.05 * balance
balance += 0.05 * balance
print(round(balance, 2))
```

67.
```
balance = 100
balance *= 1.05 ** 10
print(round(balance, 2))
```

69.
```
tonsPerAcre = 18
acres = 30
totalTonsProduced = tonsPerAcre * acres
print(totalTonsProduced)
```

71.
```
distance = 233
elapsedTime = 7 - 2
averageSpeed = distance / elapsedTime
print(averageSpeed)
```

73.
```
gallonsPerPersonDaily = 1600
numberOfPeople = 315000000
numberOfDays = 365
gallonsPerYear = gallonsPerPersonDaily * numberOfPeople * numberOfDays
print(gallonsPerYear)
```

75.
```
numberOfPizzarias = 70000
percentage = .12
numberOfRestaurants = numberOfPizzarias / percentage
print(round(numberOfRestaurants))
```

77.
```
nationalDebt = 1.68e+13
population = 3.1588e+8
perCapitaDebt = nationalDebt / population
print(round(perCapitaDebt))
```

연습 2.2

1. Python   **3.** Ernie   **5.** o   **7.** h

9. Pyt   **11.** Py   **13.** h   **15.** th

17. Python   **19.** 2   **21.** -1   **23.** 10

25. 2   **27.** -1   **29.** 3   **31.** 8 ball

33. 8 BALL   **35.** hon   **37.** The Artist   **39.** 5

41. 7   **43.** 2   **45.** King Kong   **47.** 12
                                                                                  MUNICIPALITY
                                                                                  city
                                                                                   6

49. flute   **51.** Your age is 21.

53. A ROSE IS A ROSE IS A ROSE   **55.** WALLAWALLA

57. goodbye   **59.** Mmmmmmm.   **61.** a   b   **63.** 76 trombones

65. 17   **67.** 8   **69.** The Great 9   **71.** s[:-1]

73. -8   **75.** True   **77.** True

79. 234-5678 인용 부호 내에 표시해야 한다.

81. for는 예약어로 변수명으로 사용할 수 없다.

83. 문자열은 "Say it ain't so."로 대체해야 한다.

85. Upper는 upper로 변경되어야 한다.

87. 문자열은 숫자와 연결해 연산할 수 없다. 두 번째 행은 다음과 같이 작성해야 한다.

    print("Age: " + str(age)) 또는 print("Age:", age).

89. find는 숫자에 대한 메서드뿐만 아니라 문자열에도 적용이 가능하다.

91. 문자열 "Python"은 인덱스 8의 문자를 갖고 있지 않다.

93.
```
## 발명가의 이름과 태어난 연도를 표시한다.
firstName = "Thomas"
middleName = "Alva"
lastName = "Edison"
yearOfBirth = 1847
print(firstName,  middleName, lastName + ',', yearOfBirth)
```

95. ## 저작권 문구를 표시한다.

```python
publisher = "Pearson"
print("(c)", publisher)
```

97. ## 폭풍으로부터 거리를 계산한다.

```python
prompt = "Enter number of seconds between lightning and thunder: "
numberOfSeconds = float(input(prompt))
distance = numberOfSeconds / 5
distance = round(distance, 2)
print("Distance from storm:", distance, "miles.")
```

99. ## 3종 경기 동안 무게 감량을 계산한다.

```python
cycling = float(input("Enter number of hours cycling: "))
running = float(input("Enter number of hours running: "))
swimming = float(input("Enter number of hours swimming: "))
pounds = (200 * cycling + 475 * running + 275 * swimming) / 3500
pounds = round(pounds, 1)
print("Weight loss:", pounds, "pounds")
```

101. ## 야구팀이 승리한 게임의 비율을 계산한다.

```python
name = input("Enter name of team: ")
gamesWon = int(input("Enter number of games won: "))
gamesLost = int(input("Enter number of games lost: "))
percentageWon = round(100 * (gamesWon) / (gamesWon + gamesLost), 1)
print(name, "won", str(percentageWon) + '%', "of their games.")
```

103. ## 미끄러지는 자동차의 속도를 결정한다.

```python
distance = float(input("Enter distance skidded (in feet): "))
speed = (24 * distance) ** .5
speed = round(speed, 2)
print("Estimated speed:", speed, "miles per hour")
```

105. ## 속도를 kph에서 mph로 변환한다.

```python
speedInKPH = float(input("Enter speed in KPH: "))
speedInMPH = speedInKPH * .6214
print("Speed in MPH:", round(speedInMPH, 2))
```

107. ## 뮤추얼 채권 펀드 비율에 대한 동일한 CD 이자율을 계산한다.

```python
taxBracket = float(input("Enter tax bracket (as decimal): "))
bondRate = float(input("Enter municipal bond interest rate (as %): "))
equivCDrate = bondRate / (1 - taxBracket)
print("Equivalent CD interest rate:", str(round(equivCDrate, 3)) + '%')
```

109. ## 숫자를 분석한다.

```python
number = input("Enter number: ")     # [노트] 숫자가 문자열이다.
decimalPoint = number.find('.')
print(decimalPoint, "digits to left of decimal point")
print(len(number) - decimalPoint - 1, "digits to right of decimal point")
```

111.
```
## 개월 수를 연도와 개월로 변환한다.
numberOfMonths = int(input("Enter number of months: "))
years = numberOfMonths // 12
months = numberOfMonths % 12
print(numberOfMonths, "months is", years, "years and", months, "months.")
```

연습 2.3

1. Bon Voyage!

3. Portion: 90%

5. 1 x 2 x 3

7. father-in-law

9. T-shirt

11. Python

13. Hello
World!

15. One   Two
Three   Four

17. NUMBER SQUARE
2   4
3   9

19. Hello   World!
Hello   World!

21. 01234567890
A B C

23. 01234567890123456
one two three

25. 0123456789
12.30%
123.0%
1,230.00%

27. $1,234.57

29. 1

31. Language   Native speakers   % of World Pop.
Mandarin   935,000,000   14.10%
Spanish   387,000,000   5.85%
English   365,000,000   5.52%

33. Be yourself - everyone else is taken.

35. Always look on the bright side of life.

37. The product of 3 and 4 is 12.

39. The square root of 2 is about 1.4142.

41. In a randomly selected group of 23 people, the probability is 0.51 that 2 people have the same birthday.

43. You miss 100% of the shots you never take. - Wayne Gretsky

45. 22.28% of the UN nations are in Europe.

47. abracadabra

49. Be kind whenever possible. It is always possible. - Dalai Lama

51. 예

53. ## 서버의 팁을 계산한다.
```
bill = float(input("Enter amount of bill: "))
percentage = float(input("Enter percentage tip: "))
tip = (bill * percentage) / 100
print("Tip: ${0:.2f}".format(tip))
```

55. ## 신규 연봉을 계산한다.
```
beginningSalary = float(input("Enter beginning salary: "))
raisedSalary = 1.1 * beginningSalary
cutSalary = .9 * raisedSalary
percentChange = (cutSalary - beginningSalary) / beginningSalary
print("New salary: ${0:,.2f}".format(cutSalary))
print("Change: {0:.2%}".format(percentChange))
```

57. ## 미래 가치를 계산한다.
```
p = float(input("Enter principal: "))
r = float(input("Enter interest rate (as %): "))
n = int(input("Enter number of years: "))
futureValue = p * (1 + (r / 100)) ** n
print("Future value: ${0:,.2f}".format(futureValue))
```

연습 2.4

1. Pennsylvania Hawaii

3. Alaska Hawaii

5. Delaware Delaware

7. 48

9. Ohio

11. DELAWARE

13. ['Puerto Rico']

15. United States

17. ['New Jersey', 'Georgia', 'Connecticut']

19. ['Oklahoma', 'New Mexico', 'Arizona']

21. ['Delaware', 'Pennsylvania', 'New Jersey', 'Georgia']

23. ['Arizona', 'Alaska', 'Hawaii']

25. []

27. Georgia

29. ['Alaska', 'Hawaii']

31. New Mexico

33. 10

35. 0

37. 48

39. ['Hawaii', 'Puerto Rico', 'Guam']

41. ['Hawaii', 'Puerto Rico', 'Guam']

43. ['Delaware', 'Commonwealth of Pennsylvania', 'New Jersey']

45. ['New', 'Mexico']
['New', 'Jersey']

47. Pennsylvania,New Jersey,Georgia

49. 8

51. 100

53. 0

55. Largest Number: 8

57. Total: 16

59. This sentence contains five words.
This sentence contains six different words.

61. Babbage, Charles

63. Middle Name: van

65. When in the course of human events

67. editor-in-chief

69. e**pluribus**unum

71. ['New York', 'NY', 'Empire State', 'Albany']

73. ['France', 'England', 'Spain']

75. programmer

77. Follow your own star.

79. 987-654-3219

81. [3, 9, 6]

83. each

85. ['soprano', 'tenor', 'alto', 'bass']

87. ['gold', 'silver', 'bronze']

89. murmur

91. ('Happy', 'Sneezy', 'Bashful')

93. 1

95. 범위를 벗어난 인덱스

리스트는 인덱스 3의 아이템을 갖고 있지 않다.

97. join 메서드는 문자열 전체로 구성된 리스트에 적용할 수 있다.

99. 두 번째 행은 유효하지 않다. 튜플 내 아이템은 직접 재설정된 값이 될 수 없다.

101.
```
## 문장에서 단어의 수를 센다.
sentence = input("Enter a sentence: ")
L = sentence.split(" ")
print("Number of words:", len(L))
```

103.
```
## 이름을 표시한다.
name = input("Enter a 2-part name: ")
L = name.split()
print("{0:s}, {1:s}".format(L[1], L[0]))
```

3장

연습 3.1

1. hi

3. The letter before G is F.

5. Minimum: 3
Maximum: 17

7. D is the 4th letter of the alphabet.

9. True	**11.** True	**13.** True
15. True	**17.** False	**19.** False
21. True	**23.** True	**25.** False
27. False	**29.** False	**31.** False
33. False	**35.** True	**37.** False
39. False	**41.** True	**43.** False
45. 같다.	**47.** 같지 않다.	**49.** 같다.

51. 같다.   **53.** 같다.   **55.** a <= b

57. (a >= b) or (c == d)   **59.** a > b

61. ans in ['Y', 'y', "Yes", "yes"]   **63.** 2010 <= year <= 2013

65. 3 <= n < 9   **67.** -20 < n <= 10   **69.** True

71. True   **73.** True   **75.** True

77. True   **79.** False   **81.** False

83. False

85. print("He said " + chr(34) + "How ya doin?" + chr(34) + " to me.")

연습 3.2

1. Less than ten.   **3.** False

5. Remember, tomorrow is another day.   **7.** 10

9. To be, or not to be.   **11.** Hi

13. A nonempty string is true.

15. 문법 오류와 로직 오류.

두 번째 행은 if n == 7:이 되어야 하며 세 번째 행은 print("The square is", n ** 2)
이 되어야 한다.

17. 문법 오류

두 번째 행은 모두 오류이다. 다음과 같이 변경해야 한다.

if (major == "Business") or (major == "Computer Science"):

19. a = 5

21. if (j == 7):
    b = 1
else:
    b = 2

23. answer = input("Is Alaska bigger than Texas and California combined? ")
if answer[0].upper() == 'Y':
    print("Correct")
else:
    print("Wrong")

25. ## 팁을 계산한다.
```python
bill = float(input("Enter amount of bill: "))
tip = bill * 0.15
if (tip < 2):
    tip = 2
print("Tip is ${0:,.2f}".format(tip))
```

27. ## 위젯의 비용을 계산한다.
```python
num = int(input("Enter number of widgets: "))
if num < 100:
    cost = num * 0.25
else:
    cost = num * 0.20
print("Cost is ${0:,.2f}".format(cost))
```

29. ## 퀴즈
```python
response = input("Who was the first Ronald McDonald? ")
if response == "Willard Scott":
    print("You are correct.")
else:
    print("Nice try.")
```

31. ## 최저 스코어를 버린 후 평균을 계산한다.
```python
scores = []
scores.append(eval(input("Enter first score: ")))
scores.append(eval(input("Enter second score: ")))
scores.append(eval(input("Enter third score: ")))
scores.remove(min(scores))
average = sum(scores) / 2
print("Average of the two highest scores is {0:.2f}".format(average))
```

33. ## 애플 구매용 거스름돈을 만든다.
```python
weight = float(input("Enter weight in pounds: "))
payment = float(input("Enter payment in dollars: "))
cost = (2.5 * weight)
if payment >= cost:
    change = payment - cost
    print("Your change is ${0:,.2f}.".format(change))
else:
    amountOwed = cost - payment
    print("You owe ${0:,.2f} more.".format(amountOwed))
```

35. ## 입력값을 검증한다.
```python
letter = input("Enter a single uppercase letter: ")
if (len(letter) != 1) or (letter != letter.upper()):
    print("You did not comply with the request.")
```

37. ## 군대 시간을 일반 시간 방식으로 바꾼다.

```python
militaryTime = input("Enter a military time (0000 to 2359): ")
hours = int(militaryTime[0:2])
minutes = int(militaryTime[2:4])
if hours >= 12:
    cycle = "pm"
    hours %= 12
else:
    cycle = "am"
    if hours == 0:
        hours = 12
print("The regular time is {0}:{1} {2}.".format(hours, minutes, cycle))
```

39. ## APYs를 사용하여 두 은행이 제공한 이자율을 비교한다.

```python
r1 = float(input("Enter annual rate of interest for Bank 1: "))
m1 = float(input("Enter number of compounding periods for Bank 1: "))
r2 = float(input("Enter annual rate of interest for Bank 2: "))
m2 = float(input("Enter number of compounding periods for Bank 2: "))
ipp1 = r1 / (100 * m1)     # 기간별 이자율
ipp2 = r2 / (100 * m2)
apy1 = ((1 + ipp1) ** m1) - 1
apy2 = ((1 + ipp2) ** m2) - 1
print("APY for Bank 1 is {0:,.3%}".format(apy1))
print("APY for Bank 2 is {0:,.3%}".format(apy2))
if (apy1 == apy2):
    print("Bank 1 and Bank 2 are equally good.")
else:
    if(apy1 > apy2):
        betterBank = 1
    else:
        betterBank = 2
    print("Bank", betterBank, "is the better bank.")
```

41. ## 명예졸업장을 수여하다.

```python
# 평점을 입력하도록 요구한다.
gpa = eval(input("Enter your grade point average (2 through 4): "))
# GPA가 2와 4 사이에 있는지 검정한다.
if not (2 <= gpa <=4):
    print("Invalid grade point average. GPA must be between 2 and 4.")
else:
    # 아래 명예졸업에 해당하는지 결정한 후 결과를 표시한다.
    if gpa >= 3.9:
        honors = " summa cum laude."
    elif gpa >= 3.6:
        honors = " magna cum laude."
    elif gpa >= 3.3:
```

```
            honors = " cum laude."
        else:
            honors = "."
        print("You graduated" + honors)
```

43.
```
## 개인의 주소득세를 계산한다.
income = float(input("Enter your taxable income: "))
if income <= 20000:
    tax =.02 * income
else:
    if income <= 50000:
        tax = 400 + .025 * (income - 20000)
    else:
        tax = 1150 + .035 * (income - 50000)
print("Your tax is ${0:,.0f}.".format(tax))
```

연습 3.3

1. 24

3. 10

5. 20

7. a
b
c
d

9. 무한 반복

11. 모든 요소에 대해 실행하려면 i는 -1로 초기화해야 한다.

13.
```
for i in range(3):
    name = input("Enter a name: ")
    print(name)
```

15.
```
## 섭씨 온도를 화씨 온도로 변환하는 표를 표시한다.
print("Celsius\t\tFahrenheit")
for celsius in range(10, 31, 5):
    fahrenheit = (celsius * (9 / 5)) + 32
    print("{0}\t\t{1:.0f}".format(celsius, fahrenheit))
```

17.
```
## 2개의 숫자 중 GCD를 찾아낸다.
m = int(input("Enter value of M: "))
n = int(input("Enter value of N: "))
while n != 0:
    t = n
    n = m % n     # m을 n으로 나눈 후 나머지
    m = t
print("Greatest common divisor:", m)
```

19.
```
## 특정 나이를 찾아낸다.
age = 1
while (1980 + age) != (age * age):
    age += 1
print("Person will be {0} \nin the year {1}.".format(age, age * age))
```

21.
```
## 방사성 감소량(radioactive decay)
mass = 100     # 무게(그램 단위)
year = 0
while(mass > 1):
    mass /= 2
    year += 28
print("The decay time is")
print(year, "years.")
```

23.
```
## 자동차 대출을 50% 갚게 될 시점을 결정한다.
principal = 15000
balance = principal    # 초기 원금
monthlyPayment = 290
monthlyFactor = 1.005    # 이자율에 근거한 곱셈의 값
month = 0
while(balance >= principal / 2):
    balance =  (monthlyFactor * balance) - monthlyPayment
    month += 1
print("Loan will be half paid \noff after", month, "months.")
```

25.
```
## 연간 상환액
balance = 10000
interestMultiplier = 1.003    # 이자율에 근거한 곱셈의 값
monthlyWithdrawal = 600
month = 0
while balance > 600:
    balance = (interestMultiplier * balance) - monthlyWithdrawal
    month += 1
print("Balance will be ${0:,.2f} \nafter {1} months.".
      format(balance, month))
```

27.
```
## 어떤 사람이 당신과 똑같은 생일을 갖게 될 확률값이 50% 이상인 클래스의 크기를 결정한다.
num = 1
while (364 / 365) ** num > 0.5:
    num += 1
print("With", num, "students, the probability")
print("is greater than 50% that someone")
print("has the same birthday as you.")
```

29.
```
## 인도 인구가 중국 인구를 초월하게 될 시점을 계산한다.
chinaPop = 1.37
```

```
indiaPop = 1.26
year = 2014
while indiaPop < chinaPop:
    year += 1
    chinaPop *= 1.0051
    indiaPop *= 1.0135
print("India's population will exceed China's")
print("population in the year", str(year) + '.')
```

31.
```
## 저축계좌를 관리한다.
print("Options:")
print("1. Make a Deposit")
print("2. Make a Withdrawal")
print("3. Obtain Balance")
print("4. Quit")
balance = 1000
while True:
    num = int(input("Make a selection from the options menu: "))
    if num == 1:
        deposit = float(input("Enter amount of deposit: "))
        balance += deposit
        print("Deposit Processed.")
    elif num == 2:
        withdrawal = float(input("Enter amount of withdrawal: "))
        while (withdrawal > balance):
            print("Denied. Maximum withdrawal is ${0:,.2f}"
                    .format(balance))
            withdrawal = float(input("Enter amount of withdrawal: "))
        balance -= withdrawal
        print("Withdrawal Processed.")
    elif num == 3:
        print("Balance: ${0:,.2f}".format(balance))
    elif num == 4:
        break
    else:
        print("You did not enter a proper number.")
```

연습 3.4

1. 7, 8, 9, 10

3. 2, 5, 8, 11

5. 0, 1, 2, 3, 4, 5

7. 11, 10, 9, 8

9. range(4, 20, 5)

11. range(-21, -17)

13. range(20, 13, -3)

15. range(5, -1, -1)

17. Pass #1
Pass #2
Pass #3
Pass #4

19. 5
6
7

21. ¢¢¢¢¢¢¢¢¢

23. 2
4
6
8
Who do we appreciate?

25. 3

27. 15

29. n

31. 3 20

33. The shortest word has length 5

35. three

37. 18

39. North Carolina
North Dakota

41. step 이자의 방향은 시작부터 멈춤까지의 반대 방향이므로 range는 어떤 요소도 생성하지 않는다.

43. print 함수 호출이 괄호가 없다.

45. range(20, 0)은 어떤 값도 생성시키지 않기 때문에 range 생성자는 range(0, 20)이나 range(20)으로 읽어야 한다. 또한 print 명령은 if 블록에 속하므로 두 번 들여쓰기를 해야 한다.

47.
```
for num in range(1, 10, 2):
    print(num)
```

49.
```
lakes = ["Erie", "Huron", "Michigan", "Ontario", "Superior"]
print(", ".join(lakes))
```

51.
```
## 5년 후 남은 방사성 물질의 양을 결정한다.
amount = 10
for i in range(5):
    amount *= .88
print("The amount of cobalt-60 remaining")
print("after five years is {0:.2f} grams.".format(amount))
```

53.
```
## 문구에서 모음의 수를 카운트한다.
total = 0
phrase = input("Enter a phrase: ")
phrase.lower()
for ch in phrase:
    if ch in "aeiou":
        total += 1
print("The phrase contains", total, "vowels.")
```

55. ## n=1에서 100까지일 때 1/n의 합을 계산한다.
```
sum = 0
for i in range(1, 101):
    sum += 1 / i
print("The sum of 1 + 1/2 + 1/3 + . . .  + 1/100")
print("is {0:.5f} to five decimal places.".format(sum))
```

57. ## 단어를 구성하는 문자가 알파벳 순서인지 결정한다.
```
word = input("Enter a word: ")
firstLetter = ""
secondLetter = ""
flag = True
for i in range(0, len(word) - 1):
    firstLetter = word[i]
    secondLetter = word[i + 1]
    if firstLetter > secondLetter:
        flag = False
        break
if flag:
    print("Letters are in alphabetical order.")
else:
    print("Letters are not in alphabetical order.")
```

59. ## 평생 벌어들이는 수입을 계산한다.
```
name = input("Enter name: ")
age = int(input("Enter age: "))
salary = float(input("Enter starting salary: "))
earnings = 0
for i in range(age, 65):
    earnings += salary
    salary += .05 * salary
print("{0} will earn about ${1:,.0f}.".format(name, earnings))
```

61. ## 자동차 담보대출의 원금을 표시한다.
```
print("         AMOUNT OWED AT")
print("YEAR    ", "END OF YEAR")
balance = 15000
year = 2012
for i in range(1, 49):
    balance = (1.005 * balance) - 290
    if i % 12 == 0:
        year += 1
        print(year, "    ${0:,.2f}".format(balance))
print(year + 1, "    $0.00")
```

63. ## 3개 성적 중 좋은 2개 성적의 평균을 계산한다.
```
grades = []
```

```
for i in range(3):
    grade = int(input("Enter a grade: "))
    grades.append(grade)
grades.sort()
average = (grades[1] + grades[2]) / 2
print("Average: {0:n}".format(average))
```

65.
```
## 공급과 수요의 효과를 표시한다.
print("YEAR    QUANTITY    PRICE")
quantity = 80
price = 20 - (.1 * quantity)
print("{0:d}    {1:.2f}    ${2:.2f}".format(2014, quantity, price))
for i in range(4):
    quantity = (5 * price) - 10
    price = 20 - (.1 * quantity)
    print("{0:d}    {1:.2f}    ${2:.2f}".format(i + 2015, quantity, price))
```

67.
```
## 두 임금 옵션을 비교한다.
# 옵션 1로 10년간 벌어들이는 수입을 계산한다.
salary = 20000
option1 = 0
for i in range(10):
    option1 += salary
    salary += 1000
print("Option 1 earns ${0:,d}.".format(option1))
# 옵션 2로 10년간 벌어들이는 수입을 계산한다.
salary = 10000
option2 = 0
for i in range(20):
    option2 += salary
    salary += 250
print("Option 2 earns ${0:,d}.".format(option2))
```

69.
```
## 피츠버그 스틸러의 슈퍼볼 승리 횟수를 결정한다.
teams = open("SBWinners.txt", 'r')
numberOfWins = 0
for team in teams:
    if team.rstrip() == "Steelers":
        numberOfWins += 1
print("The Steelers won")
print(numberOfWins, "Super Bowl games.")
```

71.
```
## 기말고사 성적을 분석한다.
infile = open("Final.txt", 'r')
grades = [line.rstrip() for line in infile]
infile.close()
for i in range(len(grades)):
```

```
            grades[i] = int(grades[i])
        average = sum(grades) / len(grades)
        num = 0      # 평균 이상을 득점한 점수의 개수
        for grade in grades:
            if grade > average:
                num += 1
        print("Number of grades:", len(grades))
        print("Average grade:", average)
        print("Percentage of grades above average: {0:.2f}%"
                        .format(100 * num / len(grades)))
```

73.
```
    ## 1개 단어에서 서로 다른 모음의 개수를 계산한다.
    word = input("Enter a word: ")
    word = word.upper()
    vowels = "AEIOU"
    vowelsFound = []
    numVowels = 0
    for letter in word:
        if (letter in vowels) and (letter not in vowelsFound):
            numVowels += 1
            vowelsFound.append(letter)
    print("Number of vowels:", numVowels)
```

75.
```
    ## 그룹 내 최소 두 사람의 생일이 같을 확률을 계산한다.
    print("{0:17} {1}".format("NUMBER OF People", "PROBABILITY"))
    # r = 그룹 내 사람의 수
    for r in range(21, 26):
        product = 1
        for t in range(1, r):
            product *= ((365 - t) / 365)
        print("{0:<17} {1:.3f}".format(r, 1 - product))
```

77.
```
    ## 보스턴 악센트를 갖는 문장을 표시한다.
    sentence = input("Enter a sentence: ")
    newSentence = ""
    for ch in sentence:
        if ch.upper() != 'R':
            newSentence += ch
    print(newSentence)
```

79.
```
    ## 숫자로 대통령을 식별한다.
    infile = open("USpres.txt", 'r')
    for i in range(15):
        infile.readline()
    print("The 16th president was")
    print(infile.readline().rstrip() + '.')
```

81.
```
## 주행 기록계의 값이 숫자 1인 개수를 계산하라.
total = 0
for n in range(1000000):
    if '1' in str(n):
        total += 1
print("{0:,d} numbers on the odometer".format(total))
print("contain the digit 1.")
```

83.
```
## 지정한 대통령의 소속 정당의 당 대표를 표시한다.
justices = ["Scalia R", "Kennedy R", "Thomas R", "Ginsburg D",
            "Breyer D", "Roberts R", "Alito R", "Sotomayor D", "Kagan D"]
demAppointees = []
repAppointees = []
for justice in justices:
    if justice[-1] == 'D':
        demAppointees.append(justice[:-2])
    else:
        repAppointees.append(justice[:-2])
namesD = ", ".join(demAppointees)
namesR = ", ".join(repAppointees)
print("Democratic appointees:", namesD)
print("Republican appointees:", namesR)
```

4장

연습 4.1

1. H
   w

3. Enter the population growth as a percent: <u>2</u>
   The population will double in about 36.00 years.

5. Your income tax is $499.00

7. Why do clocks run clockwise?
   Because they were invented in the northern
   hemisphere where sundials go clockwise.

9. 168 hours in a week
   76 trombones in the big parade

11. President Bush is a graduate of Yale.
   President Obama is a graduate of Columbia.

13. 7
   5

15. Fredrick

17. Total cost: $106.00

19. 5

21. When in the course of human events

23. Enter grade on midterm exam: <u>85</u>
Enter grade on final exam: <u>94</u>
Enter type of student (Pass/Fail) or (Letter Grade): <u>Letter Grade</u>
Semester grade: A

Enter grade on midterm exam: <u>50</u>
Enter grade on final exam: <u>62</u>
Enter type of student (Pass/Fail) or (Letter Grade): <u>Pass/Fail</u>
Semester grade: Fail

Enter grade on midterm exam: <u>56</u>
Enter grade on final exam: <u>67</u>
Enter type of student (Pass/Fail) or (Letter Grade): <u>Letter Grade</u>
Semester grade: D

25.
```python
def maximum(list1):
    largestNumber = list1[0]
    for number in list1:
        if number > largestNumber:
            largestNumber = number
    return largestNumber
```

27.
```python
def main():
    word = input("Enter a word: ")
    if isQwerty(word):
        print(word, "is a Qwerty word.")
    else:
        print(word, "is not a Qwerty word.")

def isQwerty(word):
    word = word.upper()
    for ch in word:
        if ch not in "QWERTYUIOP":
            return False
    return True

main()
```

29.
```python
def main():
    ## 급여 옵션을 비교한다.
    opt1 = option1()
    opt2 = option2()
```

```python
    print("Option 1 = ${0:,.2f}.".format(opt1))
    print("Option 2 = ${0:,.2f}.".format(opt2))
    if opt1 > opt2:
        print("Option 1 pays better.")
    elif opt1 == opt2:
        print("Options pay the same.")
    else:
        print("Option 2 is better.")

def option1():
    ## $100/day를 이용하여 10일간 총 급여를 계산한다.
    sum = 0
    for i in range(10):
        sum += 100
    return sum

def option2():
    ## $1에서 시작하여 매일 2배씩 계산하여 10일간 총 급여를 계산한다.
    sum = 0
    daySalary = 1
    for i in range(10):
        sum += daySalary
        daySalary *= 2
    return sum

main()
```

31.
```python
# 명칭 있는 상수
WAGE_BASE = 117000 # 이 수준 이상의 수입에 사회 안전 혜택세는 없다.
SOCIAL_SECURITY_TAX_RATE = 0.062        # 6.2%
MEDICARE_TAX_RATE = 0.0145              # 1.45%
ADDITIONAL_MEDICARE_TAX_RATE = .009     # 0.9%

def main():
    ## 한 명의 피고용인에 대한 FICA 세금을 계산한다.
    ytdEarnings, curEarnings, totalEarnings = obtainEarnings()
    socialSecurityBenTax = calculateBenTax(ytdEarnings, curEarnings,
                                              totalEarnings)
    calculateFICAtax(ytdEarnings, curEarnings, totalEarnings,
                  socialSecurityBenTax)

def obtainEarnings():
    str1 = "Enter total earnings for this year prior to current pay period: "
    ytdEarnings = eval(input(str1))       # 올해 초부터 현재까지 수입
    curEarnings = eval(input("Enter earnings for the current pay period: "))
    totalEarnings = ytdEarnings + curEarnings
    return(ytdEarnings, curEarnings, totalEarnings)

def calculateBenTax(ytdEarnings, curEarnings, totalEarnings):
```

```
    ## 사회 보장 혜택세를 계산한다.
    socialSecurityBenTax = 0
    if totalEarnings <= WAGE_BASE:
        socialSecurityBenTax = SOCIAL_SECURITY_TAX_RATE * curEarnings
    elif ytdEarnings < WAGE_BASE:
        socialSecurityBenTax = SOCIAL_SECURITY_TAX_RATE * (WAGE_BASE -
                                ytdEarnings)
    return socialSecurityBenTax

def calculateFICAtax(ytdEarnings, curEarnings, totalEarnings,
                    socialSecurityBenTax):
    ## FICA 세금을 계산하고 표시한다.
    medicareTax = MEDICARE_TAX_RATE * curEarnings
    if ytdEarnings >= 200000:
        medicareTax += ADDITIONAL_MEDICARE_TAX_RATE * curEarnings
    elif totalEarnings > 200000:
        medicareTax += ADDITIONAL_MEDICARE_TAX_RATE * (totalEarnings - 200000)
    ficaTax = socialSecurityBenTax + medicareTax
    print("FICA tax for the current pay period: ${0:,.2f}".format(ficaTax))

main()
```

33.
```
colors = []

def main():
    ## 특정 문자로 시작하는 색상을 표시한다.
    letter = requestLetter()
    fillListWithColors(letter)
    displayColors()

def requestLetter():
    letter = input("Enter a letter: ")
    return letter.upper()

def fillListWithColors(letter):
    global colors
    for color in open("Colors.txt", 'r'):
        if color.startswith(letter):
            colors.append(color.rstrip())

def displayColors():
    for color in colors:
        print(color)

main()
```

연습 4.2

1. 24 blackbirds baked in a pie.

3. Cost: $250.00
Shipping cost: $15.00
Total cost: $265.00

5. Enter first grade: <u>88</u>
Enter second grade: <u>99</u>
Enter third grade: <u>92</u>
[88, 92, 99]

7. ['Banana', 'apple', 'pear']
['apple', 'Banana', 'pear']

9. nudge nudge
nudge nudge nudge nudge

11. spam   and   eggs
spam and eggs

13. George Washington
John Adams

15. Amadeus
Joseph
Sebastian
Vaughan

17. ['M', 'S', 'a', 'l', 'o', 't']
['a', 'l', 'M', 'o', 'S', 't']

19. VB Ruby Python PHP Java C++ C

21. Python Java Ruby C++ PHP VB C

23. -3 -2 4 5 6

25. [10, 7, 6, 4, 5, 3]

27. ['BRRR', 'TWO']

29. ['c', 'a']

31. names = ["George Boole", "Charles Babbage", "Grace Hopper"]
lastNames = [name.split()[-1] for name in names]

33. 대문자로 50개의 주를 표시한 리스트

35. 50개 주의 이름 길이를 기준으로 오름차순으로 표시한 리스트 order.

37. Valid   **39.** Valid   **41.** Not valid

43. Valid   **45.** Not valid   **47.** almost

49.
```python
def main():
    ## 편지를 보내는 원래 비용을 계산한다.
    weight = float(input("Enter the number of ounces: "))
    print("Cost: ${0:0,.2f}".format(cost(weight)))

def cost(weight):
    return 0.05 + 0.1 * ceil(weight - 1)

def ceil(x):
    if int(x) != x:
        return int(x + 1)
    else:
        return x

main()
```

51.
```python
def main():
    ## 두 단어가 anagrams인지 확인한다.
    string1 = input("Enter the first word or phrase: ")
    string2 = input("Enter the second word or phrase: ")
    if areAnagrams(string1, string2):
        print("Are anagrams.")
    else:
        print("Are not anagrams.")

def areAnagrams(string1, string2):
    firstString = string1.lower()
    secondString = string2.lower()
    # 다음 2행에서 if 문구는 모든 마침표와 공간을 제거한다.
    letters1 = [ch for ch in firstString if 'a' <= ch <= 'z']
    letters2 = [ch for ch in secondString if 'a' <= ch <= 'z']
    letters1.sort()
    letters2.sort()
    return (letters1 == letters2)

main()
```

53.
```python
def main():
    ## 3개의 이름을 정렬한다.
    pres = [("Lyndon", "Johnson"),("John", "Kennedy"),("Andrew", "Johnson")]
    pres.sort(key=lambda person: person[0])    # 이름 기준 정렬
    pres.sort(key=lambda person: person[1])    # 성 기준 정렬
    for person in pres:
        print(person[1] + ',', person[0])

main()
```

55.
```python
def main():
    ## 뉴잉글랜드 주를 면적 기준으로 정렬한다.
    NE = [("Maine", 30840, 1.329), ("Vermont", 9217, .626),
        ("New Hampshire", 8953, 1.321), ("Massachusetts", 7800, 6.646),
        ("Connecticut", 4842, 3.59), ("Rhode Island", 1044, 1.05)]
    NE.sort(key=lambda state: state[1], reverse=True)
    print("Sorted by land area in descending order:")
    for state in NE:
        print(state[0], " ", end="")
    print()

main()
```

57.
```python
def main():
    ## 인구밀도를 기준으로 뉴잉글랜드를 정렬한다.
    NE = [("Maine", 30840, 1.329), ("Vermont", 9217, .626),
        ("New Hampshire", 8953, 1.321), ("Massachusetts", 7800, 6.646),
        ("Connecticut", 4842, 3.59), ("Rhode Island", 1044, 1.05)]
    NE.sort(key=sortByPopulationDensity)
    print("Sorted by population density in ascending order:")
    for state in NE:
        print(state[0], " ", end="")
    print()

def sortByPopulationDensity(state):
    return state[2] / state[1]

main()
```

59.
```python
def main():
    ## 최대 프라임 팩터를 기준으로 숫자를 정렬한다.
    numbers = [865, 1169, 1208, 1243, 290]
    numbers.sort(key=largestPrimeFactor)
    print("Sorted by largest prime factor:")
    print(numbers)

def largestPrimeFactor(num):
    n = num
    f = 2
    max = 1
    while n > 1:
        if n % f == 0:
            n = int(n / f)
            if f > max:
                max = f
        else:
            f += 1
    return max

main()
```

61.
```
def main():
    ## 홀수 자릿수 숫자의 합을 기준으로 숫자를 정렬한다.
    numbers = [865, 1169, 1208, 1243, 290]
    numbers.sort(key=sumOfOddDigits, reverse=True)
    print("Sorted by sum of odd digits:")
    print(numbers)

def sumOfOddDigits(num):
    listNums = list(str(num))
    total = 0
    for i in range(len(listNums)):
        if int(listNums[i]) % 2 == 1:
            total += int(listNums[i])
    return total

main()
```

63.
```
def main():
    ## 이름의 길이로 대통령을 정렬하여 표시한다.
    infile = open("USpres.txt", 'r')
    listPres = [pres.rstrip() for pres in infile]
    infile.close()
    listPres.sort(key=sortByLengthOfFirstName)
    for i in range(6):
        print(listPres[i])

def sortByLengthOfFirstName(pres):
    return len(pres.split()[0])

main()
```

65.
```
def main():
    ## 모음의 개수에 근거하여 내림차순으로 주를 정렬한다.
    infile = open("States.txt", 'r')
    listStates = [state.rstrip() for state in infile]
    infile.close()
    listStates.sort(key=numberOfVowels, reverse=True)
    for i in range(6):
        print(listStates[i])

def numberOfVowels(word):
    vowels = ('a', 'e', 'i', 'o', 'u')
    total = 0
    for vowel in vowels:
        total += word.lower().count(vowel)
    return total

main()
```

67.
```python
def main():
    ## 신용카드에 대한 신규 잔고와 최소 비용을 계산하라.
    (oldBalance, charges, credits) = inputData()
    (newBalance, minimumPayment) = calculateNewValues(oldBalance,
                                          charges, credits)
    displayNewData(newBalance, minimumPayment)

def inputData():
    oldBalance = float(input("Enter old balance: "))
    charges = float(input("Enter charges for month: "))
    credits = float(input("Enter credits: "))
    return (oldBalance, charges, credits)

def calculateNewValues(oldBalance, charges, credits):
    newBalance =  (1.015) * oldBalance + charges - credits
    if newBalance <= 20:
        minimumPayment = newBalance
    else:
        minimumPayment = 20 + 0.1 * (newBalance - 20)
    return (newBalance, minimumPayment)

def displayNewData(newBalance, minimumPayment):
    print("New balance: ${0:0,.2f}".format(newBalance))
    print("Minimum payment: ${0:0,.2f}".format(minimumPayment))

main()
```

69.
```python
def main():
    ## 어떤 사람의 주급을 계산한다.
    (wage, hours) = getWageAndHours()
    payForWeek = pay(wage, hours)
    displayEarnings(payForWeek)

def getWageAndHours():
    hoursworked = eval(input("Enter hours worked: "))
    hourlyWage = eval(input("Enter hourly pay: "))
    return(hourlyWage, hoursworked)

def pay(wage, hours):
    ## 초과 근무 시간에 대한 1.5배로 주급을 계산한다.
    if hours <= 40:
        amount = wage * hours
    else:
        amount = (wage * 40) + ((1.5) * wage * (hours - 40))
    return amount

def displayEarnings(payForWeek):
        print("Week's pay: ${0:,.2f}".format(payForWeek))

main()
```

## 5장

연습 5.1

1. Aloha

3. Hello
Aloha

5. 6

7. [4, 1, 0, 1, 4]

9. Believe in yourself.

11. ['a', 'c', 't']

13. ABC.txt는 읽기 전용으로 파일을 열어야 한다.

15. close()는 ABC.txt가 아닌 파일 객체 infile에서 호출해야 한다. 즉 마지막 행은 infile.close()가 되어야 한다.

17. write()의 인자는 정수가 아닌 문자열이어야 한다.

19. 코드에서 파일을 작성한 후 닫아야 한다. 그렇지 않을 경우 list1의 값은 버퍼에 있어 파일을 올리기 위해 열더라도 디스크에 있지 않다.

21. 파일이 닫혔기 때문에 읽을 수 없다.

23. 파일 ABC.txt가 생성된다. 모니터에는 아무것도 표시되지 않는다.

25.
```
def removeDuplicates(list1):
    set1 = set(list1)
    return list(set1)
```

27.
```
def findItemsInEither(list1, list2):
    set1 = set(list1).union(list2)
    return list(set1)
```

29.
```
## 게티스버그 주소의 단어 개수를 계산한다.
infile = open("Gettysburg.txt")
originalLine = infile.readline()
print(originalLine[:89])
originalLine = originalLine.lower()
# 초기 행에서 마침표 부호를 제거한다.
line = ""
for ch in originalLine:
    if ('a' <= ch <= 'z') or (ch == " "):
        line += ch
# 리스트에 단어를 위치시킨다.
listOfWords = line.split()
# 중복 없는 단어 세트를 만든다.
setOfWords = set(listOfWords)
print("The Gettysburg Address contains", len(listOfWords), "words.")
print("The Gettysburg Address contains", len(setOfWords),
    "different words.")
```

31. 신규 파일은 뉴욕타임즈와 월스트리트 저널의 구독자 이름을 갖게 된다.

33.
```
def main():
    ## 색상을 업데이트한다.
    setOfNewColors = getSetOfNewColors()
    createFileOfNewColors(setOfNewColors)

def getSetOfNewColors():
    infile = open("Pre1990.txt", 'r')
    colors = {line.rstrip() for line in infile}
    infile.close()
    infile = open("Retired.txt", 'r')
    retiredColors = {line.rstrip() for line in infile}
    infile.close()
    infile = open("Added.txt", 'r')
    addedColors = {line.rstrip() for line in infile}
    infile.close()
    colorSet = colors.difference(retiredColors)
    colorSet = colorSet.union(addedColors)
    return colorSet

def createFileOfNewColors(setOfNewColors):
    orderedListOfColors = sorted(setOfNewColors)
    orderedListOfColorsString =('\n').join(orderedListOfColors)
    outfile = open("NewColors.txt", 'w')
    outfile.write(orderedListOfColorsString)
    outfile.close()

main()
```

35.
```
def main():
    ## 파일 Numbers.txt에서 최대 숫자를 표시한다.
    max = getMax("Numbers.txt")
    print("The largest number in the \nfile Numbers.txt is",
          str(max) + ".")

def getMax(fileName):
    infile = open("Numbers.txt", 'r')
    max = int(infile.readline())
    for line in infile:
        num = int(line)
        if num > max:
            max = num
    infile.close()
    return max

main()
```

37.
```
def main():
    ## 파일 Numbers.txt에서 숫자 합을 표시한다.
    sum = getSum("Numbers.txt")
    print("The sum of the numbers in \nthe file Numbers.txt is",
          str(sum) + ".")

def getSum(fileName):
    infile = open("Numbers.txt", 'r')
    sum = 0
    for line in infile:
        sum += int(line)
    infile.close()
    return sum

main()
```

39.
```
def main():
    ## 파일 Numbers.txt에서 마지막 숫자를 표시한다.
    lastNumber = getLastNumber("Numbers.txt")
    print("The last number in the \nfile Numbers.txt is",
          str(lastNumber) + '.')

def getLastNumber(fileName):
    infile = open("Numbers.txt", 'r')
    for line in infile:
        pass
    lastNumber = eval(line)
    infile.close()
    return lastNumber

main()
```

41.
```
import os

infile = open("ShortColors.txt", 'r')
outfile = open("Temp.txt", 'w')
for color in infile:
    if len(color.rstrip()) <= 6:
        outfile.write(color)
infile.close()
outfile.close()
os.remove("ShortColors.txt")
os.rename("Temp.txt", "ShortColors.txt")
```

43.
```
def main():
    ## 미국에 가입한 마지막 37개 주(states)로 구성된 알파벳 파일을 만든다.
    lastStates = getListOfLastStates()
    createFileOfLastStates(lastStates)

def getListOfLastStates():
```

```
        infile = open("AllStates.txt", 'r')
        states = {state.rstrip() for state in infile}
        infile.close()
        infile = open("FirstStates.txt", 'r')
        firstStates = {state.rstrip() for state in infile}
        lastStates = list(states.difference(firstStates))
        lastStates.sort()
        return lastStates

    def createFileOfLastStates(lastStates):
        outfile = open("LastStates.txt", 'w')
        for state in lastStates:
            outfile.write(state + "\n")
        outfile.close()

    main()
```

45.
```
    def main():
        ## 대통령의 범위를 표시하라.
        lowerNumber, upperNumber = getRange()
        displayPresidents(lowerNumber, upperNumber)

    def getRange():
        lowerNumber = int(input("Enter the lower number for the range: "))
        upperNumber = int(input("Enter the upper number for the range: "))
        return (lowerNumber, upperNumber)

    def displayPresidents(lowerNumber, upperNumber):
        infile = open("USpres.txt", 'r')
        count = 0
        for pres in infile:
            count += 1
            if lowerNumber <= count <= upperNumber:
                print(" ", count, pres, end="")

    main()
```

연습 5.2

1. The area of Afghanistan is 251,772 sq. miles.
The area of Albania is 11,100 sq. miles.

3. Afghanistan,Asia,251772
Albania,Europe,11100

5. 신규 파일의 개별 행은 유럽 국가의 이름과 인구수(백만 명)를 데이터로 갖고 있다. 파일 내 국가는 인구수 기준 내림차순으로 정렬되어 있다. 파일의 첫 번째 2행은 데이터 Russian Federation, 142.5와 Germany, 81.0과 같다.

7.
```python
def main():
    ## 다우 주식에 대한 정보를 표시한다.
    symbols = placeSymbolsIntoList("DOW.txt")
    displaySymbols(symbols)
    print()
    symbol = input("Enter a symbol: ")
    infile = open("DOW.txt", 'r')
    abbrev = ""
    while abbrev != symbol:
        line = infile.readline()
        lineList = line.split(',')
        abbrev = lineList[1]
    print("Company:", lineList[0])
    print("Industry:", lineList[3])
    print("Exchange:", lineList[2])
    increase = ((float(lineList[5]) - float(lineList[4])) /
                float(lineList[4]))
    print("Growth in 2013: {0:0,.2f}%".format(100 * increase))
    priceEarningsRatio = float(lineList[5]) / float(lineList[6])
    print("Price/Earning ratio in 2013: {0:0,.2f}".
                        format(priceEarningsRatio))

def placeSymbolsIntoList(fileName):
    symbolList = [""] * 30
    infile = open(fileName, 'r')
    for i in range(30):
        line = infile.readline()
        lineList = line.split(',')
        symbolList[i] = lineList[1]
    infile.close()
    return symbolList

def displaySymbols(symbols):
    ## 기호를 알파벳 순서로 표시한다.
    symbols.sort()
    print("Symbols for the Thirty DOW Stocks")
    for symbol in symbols:
        print("{0:5} \t".format(symbol), end='')

main()
```

9.
```python
def main():
    ## 다우의 dog를 결정한다.
    stockList = placeDataIntoList("DOW.txt")
    stockList.sort(key=byDividendToPriceRatio, reverse=True)
    displayDogs(stockList)

def placeDataIntoList(fileName):
```

```python
        infile = open(fileName, 'r')
        listOfLines = [line.rstrip() for line in infile]
        infile.close()
        for i in range(len(listOfLines)):
            listOfLines[i] = listOfLines[i].split(',')
            listOfLines[i][4] = eval(listOfLines[i][4])
            listOfLines[i][5] = eval(listOfLines[i][5])
            listOfLines[i][6] = eval(listOfLines[i][6])
            listOfLines[i][7] = eval(listOfLines[i][7])
        return listOfLines

    def byDividendToPriceRatio(stock):
        return stock[7] / stock[5]

    def displayDogs(listOfStocks):
        print("{0:25} {1:11} {2:s}".
                format("Company", "Symbol", "Yield as of 12/31/2013"))
        for i in range(10):
            print("{0:25} {1:11} {2:0.2f}%".format(listOfStocks[i][0],
                listOfStocks[i][1], 100 * listOfStocks[i][7] / listOfStocks[i][5]))

    main()
```

11.
```python
    def main():
        ## 대통령이 임명한 대법관을 표시한다.
        president = input("Enter the name of a president: ")
        justices = getJusticesByPresident(president)
        fixCurrentJustices(justices)
        justices.sort(key=lambda justice: justice[5] - justice[4], reverse=True)
        if len(justices) > 0:
            print("Justices Appointed:")
            for justice in justices:
                print("   " + justice[0] + " " + justice[1])
        else:
            print(president, "did not appoint any justices.")

    def getJusticesByPresident(president):
        infile = open("Justices.txt", 'r')
        listOfRecords = [line for line in infile
                        if line.split(',')[2] == president]
        infile.close()
        for i in range(len(listOfRecords)):
            listOfRecords[i] = listOfRecords[i].split(',')
            listOfRecords[i][4] = int(listOfRecords[i][4])
            listOfRecords[i][5] = int(listOfRecords[i][5])
        return listOfRecords

    def fixCurrentJustices(justices):
        for justice in justices:
```

```
            if justice[5] == 0:
                justice[5] = 2015

    main()

13. def main():
        ## 1980년 대법원의 구성
        infile = open("Justices.txt", 'r')
        justices = [line for line in infile
                    if (int(line.split(',')[4]) < 1980)
                    and (int(line.split(',')[5]) >= 1980)]
        justices.sort(key=lambda x: int(x.split(',')[4]))
        print("{0:20} {1}".format("Justice", "Appointing President"))
        for justice in justices:
            print("{0:20} {1}".format(justice.split(',')[0] + " " +
            justice.split(',')[1], justice.split(',')[2]))

    main()

15. def main():
        ## 크리스마스 12일
        listOfDaysCosts = createListOfDaysCosts()
        day = int(input("Enter a number from 1 through 12: "))
        displayOutput(day, listOfDaysCosts)

    def createListOfDaysCosts():
        infile = open("Gifts.txt", 'r')
        costs = [float(line.split(',')[2]) for line in infile]
        infile.close()
        listOfDaysCosts = [0] * 12
        for i in range(12):
            listOfDaysCosts[i] = (i + 1) * costs[i]
        return listOfDaysCosts

    def displayOutput(day, listOfDaysCosts):
        print("The gifts for day 3 are")
        infile = open("Gifts.txt", 'r')
        for i in range(day):
            data = infile.readline().split(',')
            print(int(data[0]), data[1])
        print()
        print("Cost for day {0}: ${1:,.2f}".
                format(day, sum(listOfDaysCosts[:day])))
        totalCosts = 0
        for i in range(day):
            totalCosts += sum(listOfDaysCosts[:i + 1])
        print("Total cost for the first {0} days: ${1:,.2f}"
                .format(day, totalCosts))

    main()
```

17.
```python
def main():
    ## 입력한 주의 대학을 표시한다.
    colleges = getOrderedListOfColleges()
    displayListOfColleges(colleges)

def getOrderedListOfColleges():
    infile = open("Colleges.txt", 'r')
    colleges = [line.rstrip() for line in infile]
    infile.close()
    colleges.sort()
    return colleges

def displayListOfColleges(colleges):
    found = False
    abbrev = input("Enter a state abbreviation: ")
    for college in colleges:
        college = college.split(",")
        if college[1] == abbrev:
            print(college[0], college[2])
            found = True
    if not found:
        print("There are no early colleges from", abbrev + '.')

main()
```

19.
```python
def main():
    ## 주의 이름과 수도가 동일한 문자로 시작하는 주를 찾아내어라.
    infile = open("StatesANC.txt", 'r')
    for line in infile:
        data = line.split(",")
        letter = data[0][0:1]
        if data[3].startswith(letter):
            print((data[3].rstrip()) + ",", data[0])
    infile.close()

main()
```

21.
```python
def main():
    ## 입력한 장르에 속한 오스카 수상 영화를 표시하라.
    displayGenres()
    displayFilms()

def displayGenres():
    print("The different film genres are as follows:")
    print("{0:12}{1:12}{2:10}{3:11}{4:11}".
        format("adventure","bioptic","comedy","crime","drama"))
    print("{0:12}{1:12}{2:10}{3:11}{4:11}".
        format("epic","fantasy","musical","romance","silent"))
    print("{0:12}{1:12}{2:10}{3:11}".
```

```
            format("sports","thriller","war","western"))
        print()

    def displayFilms():
        films = open("Oscars.txt",'r')
        genre = input("Enter a genre: ")
        print()
        print("The Academy Award winners are")
        for line in films:
            if line.endswith(genre + "\n"):
                temp = line.split(",")
                print("   " + temp[0])
        films.close()

    main()
```

23.
```
    def main():
        ## 카우보이가 구입한 품목들로 구성된 파일을 만들어라.
        articles = ["Colt Peacemaker,12.20\n", "Holster,2.00\n",
            "Levi Strauss jeans,1.35\n", "Saddle,40.00\n", "Stetson,10.00\n"]
        outfile = open("Cowboy.txt", 'w')
        outfile.writelines(articles)
        outfile.close()

    main()
```

25.
```
    def main():
        ## 영수증을 생성한다.
        createOrdersFile()
        total = 0
        infile1 = open("Cowboy.txt", 'r')
        infile2 = open("Orders.txt", 'r')
        for line in infile1:
            quantity = int(infile2.readline())
            cost = quantity * float(line.split(',')[1])
            print("{0} {1}: ${2:,.2f}".format(quantity, line.split(',')[0],
                                              cost))
            total += cost
        print("{0}: ${1:,.2f}".format("TOTAL", total))

    def createOrdersFile():
        orders = ["3\n", "2\n", "10\n", "1\n", "4\n"]
        outfile = open("Orders.txt", 'w')
        outfile.writelines(orders)
        outfile.close()

    main()
```

27.
```
def main():
    ## 입력한 날짜에 대한 요일을 결정한다.
    infile = open("Calendar2015.txt", 'r')
    date = input("Enter a date in 2015: ")
    for line in infile:
        temp = line.split(',')
        if temp[0] == date:
            print(date, "falls on a", temp[1].rstrip())
            break

main()
```

연습 5.3

1. 6.5

3. ['NH', 'CT', 'ME', 'VT', 'MA', 'RI']

5. [('NH', 1.5), ('CT', 3.6), ('ME', 1.3), ('VT', 0.6), ('MA', 6.5), ('RI', 1.1)]

7. absent **9.** VT **11.** 2

13. 2 **15.** VT CT MA RI ME NH **17.** 14.6

19. 5 **21.** 2 **23.** False

25. Aaron **27.** ['Aaron', 'Bonds'] **29.** [755, 762]

31. 762 **33.** {'Aaron': 755} **35.** 0

37. Aaron **39.** 762 **41.** 762
Bonds 755

43. {'Bonds': 761, 'Aaron': 755, 'Ruth': 714}

45.
```
pres = input("Who was the youngest U.S. president? ")
pres = pres.upper()
trResponse = "Correct. He became president at age 42\n" + \
             "when President McKinley was assassinated."
jfkResponse = "Incorrect. He became president at age 43. However,\n" + \
              "he was the youngest person elected president."
responses = {}
responses["THEODORE ROOSEVELT"] = trResponse
responses["TEDDY ROOSEVELT"] = trResponse
responses["JFK"] = jfkResponse
responses["JOHN KENNEDY"] = jfkResponse
responses["JOHN F. KENNEDY"] = jfkResponse
print(responses.get(pres, "Nope."))
```

```
47. def main():
        ## 상위 타자의 평균 타율을 표시한다.
        topHitters = {"Gehrig":{"atBats":8061, "hits":2721},
                      "Ruth":{"atBats":8399, "hits":2873},
                      "Williams":{"atBats":7706, "hits":2654}}
        displayBattingAverage(topHitters)

    def displayBattingAverage(topHitters):
        for hitter in topHitters:
            print("{0:10} {1:.3f}".format(hitter,
                  topHitters[hitter]["hits"] / topHitters[hitter]["atBats"]))

    main()

49. def main():
        ## 상위 타자 3명의 평균 타율을 표시한다.
        topHitters = {"Gehrig":{"atBats":8061, "hits":2721},
                      "Ruth":{"atBats":8399, "hits":2873},
                      "Williams":{"atBats":7706, "hits":2654}}
        displayAveNumberOfHits(topHitters)

    def displayAveNumberOfHits(topHitters):
        hitList = []
        for hitter in topHitters:
            hitList.append(topHitters[hitter]["hits"])
        value = "{0:.1f}".format(sum(hitList) / len(hitList))
        print("The average number of hits by")
        print("the baseball players was", value + '.')

    main()

51. import pickle
    def main():
        ## 대통령이 임명한 대법관을 표시한다.
        justicesDict = createDictFromFile("JusticesDict.dat")
        displayPresidentialAppointees(justicesDict)

    def createDictFromFile(fileName):   # 바이너리 파일을 열어 데이터를 불러온다.
        infile = open(fileName, 'rb')
        dictionaryName = pickle.load(infile)
        infile.close()
        return dictionaryName

    def displayPresidentialAppointees(dictionaryName) :
        pres = input("Enter a president: ")
        for x in dictionaryName:
            if dictionaryName[x]["pres"] == pres:
                print("  {0:16} {1:d}".format(x, dictionaryName[x]["yrAppt"]))

    main()
```

53.
```python
import pickle
def main():
    ## 해당 법원에 대한 정보를 표시한다.
    justicesDict = createDictFromFile("JusticesDict.dat")
    displayInfoAboutJustice(justicesDict)

def createDictFromFile(fileName):    # 바이너리 파일을 열어 데이터를 불러온다.
    infile = open(fileName, 'rb')
    dictionaryName = pickle.load(infile)
    infile.close()
    return dictionaryName

def displayInfoAboutJustice(dictionaryName):
    justice = input("Enter name of a justice: ")
    print("Appointed by", dictionaryName[justice]["pres"])
    print("State:", dictionaryName[justice]["state"])
    print("Year of appointment:", dictionaryName[justice]["yrAppt"])
    if dictionaryName[justice]["yrLeft"] == 0:
        print("Currently serving on the Supreme Court.")
    else:
        print("Left court in", dictionaryName[justice]["yrLeft"])

main()
```

55.
```python
def main():
    ## 한 문장에서 문자 빈도를 계산한다.
    sentence = input("Enter a sentence: ")
    sentence = sentence.upper()
    letterDict = dict([(chr(n),0) for n in range(65, 91)])
    for char in sentence:
        if 'A' <= char <= 'Z':
            letterDict[char] += 1
    displaySortedResults(letterDict)

def displaySortedResults(dictionaryName):
    letterList = list(dictionaryName.items())
    letterList.sort(key=f, reverse=True)
    for x in letterList:
        if x[1] != 0:
            print("  " + x[0] + ':', x[1])

def f(k):
    return k[1]

main()
```

57.
```python
import pickle

def main():
    ## 3명 이상이 대통령의 집이 있는 주를 찾는다.
```

```python
    presidents = getDictionary("USpresStatesDict.dat")
    states = createStatesDict(presidents)
    sortedStates = [state for state in states if states[state] > 2]
    sortedStates.sort(key=lambda state: states[state], reverse=True)
    print("States that produced three or")
    print("more presidents as of 2016:")
    for state in sortedStates:
        print(" ", state + ":", states[state])

def getDictionary(fileName):
    infile = open(fileName, 'rb')
    dictName = pickle.load(infile)
    infile.close()
    return dictName

def createStatesDict(presidents):
    states = {}
    for state in presidents.values():
        if not states.get(state, False):
            states[state] = 1
        else:
            states[state] += 1
    return states

main()
```

59.
```python
def main():
    ## 입력한 날짜에 대한 요일을 결정한다.
    calender2015Dict = createDictionary("Calendar2015.txt")
    date = input("Enter a date in 2015: ")
    print(date, "falls on a", calender2015Dict[date])

def createDictionary(fileName):
    infile = open(fileName, 'r')
    textList = [line.rstrip() for line in infile]
    infile.close()
    return dict([x.split(',') for x in textList])

main()
```

61.
```python
import pickle

def main():
    ## 입력한 수의 대도시를 갖는 주를 결정한다.
    largeCities = createDictionaryFromBinaryFile("LargeCitiesDict.dat")
    number = int(input("Enter an integer from 1 to 13: "))
    states = sorted(getStates(number, largeCities))
    displayResult(number, states)

def createDictionaryFromBinaryFile(fileName):
```

```
        infile = open(fileName, 'rb')
        dictionaryName = pickle.load(infile)
        infile.close()
        return dictionaryName

    def getStates(number, dictionaryName):
        states = []
        for state in dictionaryName:
            if len(dictionaryName[state]) == number:
                states.append(state)
        return states

    def displayResult(number, states):
        if len(states) == 0:
            print("No states have exactly", number, "large cities.")
        else:
            print("The following states have exactly", number, "large cities:")
            print("  ".join(states))

    main()
```

6장

연습 6.1

1. f	**3.** l	**5.** b	**7.** i	**9.** s	**11.** o
13. g	**15.** n	**17.** d	**19.** h	**21.** r	

23. You must enter a number.

25. string index out of range
Oops

27. File Salaries.txt contains an invalid salary.
Thank you for using our program.

29.
```
while True:
    try:
        n = int(input("Enter a nonzero integer: "))
        reciprocal = 1 / n
        print("The reciprocal of {0} is {1:,.3f}".format(n, reciprocal))
        break
    except ValueError:
        print("You did not enter a nonzero integer. Try again.")
    except ZeroDivisionError:
        print("You entered zero. Try again.")
```

```
31. while True:
        try:
            num = int(input("Enter an integer from 1 to 100: "))
            if 1 <= num <= 100:
                print("Your number is", str(num) + '.')
                break
            else:
                print("Your number was not between 1 and 100.")
        except ValueError:
            print("You did not enter an integer.")
```

연습 6.2

1. 자유투 성공률이 75%인 농구선수의 자유투

3. 평균 타율이 0.275인 야구선수의 배팅 결과

5. 클럽의 공동 의장에 두 사람을 랜덤하게 설정

7. 1마일레이스에 시작지점을 랜덤하게 설정

9.
```
import random
## 알파벳에서 랜덤하게 3개 문자를 선택한다.
# 알파벳의 26대 문자 목록을 생성한다.
list1 = [chr(n) for n in range(ord('A'), ord('Z') + 1)]
# 3개 문자를 랜덤하게 선택한다.
list2 = random.sample(list1, 3)
# 3개 문자를 표시한다.
print(", ".join(list2))
```

11.
```
import random
## 2에서 100까지에서 짝수 2개를 랜덤하게 선택한다.
# 2에서 100까지 짝수 리스트를 생성한다.
list1 = [n for n in range(2, 101, 2)]
# 랜덤하게 짝수 2개를 선택한다.
list2 = random.sample(list1, 2)
# 두 숫자를 표시한다.
print(list2[0], list2[1])
```

13.
```
import random
## 동전을 100회 던져 나온 앞면의 개수를 카운트한다.
numberOfHeads = 0
for i in range(100):
    if (random.choice(["Head","Tail"]) == "Head"):
        numberOfHeads += 1
print("In 100 tosses, Heads occurred {0} times.".format(numberOfHeads))
```

15.
```python
import random
## 50개 주 데이터를 갖는 파일에서 랜덤하게 3개 주를 선택한다.
allNumbers = [n for n in range(1, 51)]
# 랜덤하게 1에서 50까지 3개의 숫자를 선택한다.
threeNumbers = random.sample(allNumbers, 3)
infile = open("StatesAlpha.txt", 'r')
line Number = 1
for line in infile:
    if lineNumber in threeNumbers:
        print(line.rstrip())
    lineNumber += 1
infile.close()
```

17.
```python
import random
import pickle
NUMBER_OF_TRIALS = 10000

def main():
    ## 매칭 프로세스를 NUMBER_OF_TRIALS회 실행한다.
    totalNumberOfMatches = 0
    for i in range(NUMBER_OF_TRIALS):
        totalNumberOfMatches += matchTwoDecks()
    averageNumberOfMatches = totalNumberOfMatches / NUMBER_OF_TRIALS
    print("The average number of cards that")
    print("matched was {0:.3f}.".format(averageNumberOfMatches))

def matchTwoDecks():
    ## 2개의 섞는 카드를 비교하여 일치하는 카드의 개수를 계산한다.
    # 바이너리 파일인 예제 2의 DeckOfCardsList.dat를 이용하여 리스트인 2개의 카드 데크를 만든다.
    infile = open("DeckOfCardsList.dat", 'rb')
    deck1 = pickle.load(infile)
    infile.close()
    infile = open("DeckOfCardsList.dat", 'rb')
    deck2 = pickle.load(infile)
    infile.close()
    # 2개의 카드를 섞는다.
    random.shuffle(deck1)
    random.shuffle(deck2)
    # 카드를 비교한 후 2개의 카드가 일치하는 개수를 결정한다.
    numberOfMatches = 0
    for i in range(52):
        if (deck1[i] == deck2[i]):
            numberOfMatches += 1
    return numberOfMatches

main()
```

19.
```
import random
## 파워볼 그리기 시뮬레이션을 한다.
whiteBalls = [num for num in range(1, 60)]
# 5개의 흰색 공을 랜덤하게 추출하고 표시한다.
whiteBallSelection = random.sample(whiteBalls, 5)
for i in range(5):
    whiteBallSelection[i] = str(whiteBallSelection[i])
print("White Balls:", " ".join(whiteBallSelection))
# 파워볼을 랜덤하게 선택하고 표시한다.
powerBall = random.randint(1, 35)
print("Powerball:", powerBall)
```

21.
```
import random
## 32회의 동전을 던진 후 5회 연속 시도 결과를 확인한다.
coin = ['T', 'H']
result = ""
for i in range(32):
        result += random.choice(coin)
print(result)
if ("TTTTT" in result) or ("HHHHH" in result):
    print("There was a run of five consecutive")
    print("same outcomes.")
else:
    print("There was not a run of five consecutive ")
    print("same outcomes.")
```

23.
```
import random
import pickle

def main():
    ## 브리지 핸드의 고점 개수를 계산한다.
    bridgeHand = getHand()
    print(", ".join(bridgeHand))   # 브리지 핸드 게임의 카드를 표시한다.
    HCP = calculateHighCardPointCount(bridgeHand)
    print("HPC =", HCP)

def getHand():
    infile = open("DeckOfCardsList.dat", 'rb')
    deckOfCards = pickle.load(infile)
    infile.close()
    bridgeHand = random.sample(deckOfCards, 13)
    return bridgeHand

def calculateHighCardPointCount(bridgeHand):
    countDict = {'A':4, 'K':3, 'Q':2, 'J':1}
    HPC = 0
    for card in bridgeHand:
```

```
        rank = card[0]    # 각 카드는 두 문자로 이루어진 문자열이다.
        if rank in "AKQJ":
            HPC += countDict[rank]
    return HPC

main()
```

연습 6.3

1.
```
import turtle
t = turtle.Turtle()
t.pencolor("blue")
t.hideturtle()
t.up()
t.goto(20, 30)
t.dot(5)
t.down()
t.goto(80, 90)
t.dot(5)
```

5.
```
import turtle
t = turtle.Turtle()
t.hideturtle()
t.color("red", "red")
t.up()
t.goto(-30, -40)
t.down()
t.begin_fill()
t.goto(-30, 60)
t.goto(50, 60)
t.goto(50, -40)
t.goto(-30, -40)
t.end_fill()
```

9.
```
import turtle

def main():
    ## 파란색 점 내에 노란색 사각형을 그린다.
    t = turtle.Turtle()
    t.hideturtle()
    drawDot(t, 50, 50, 100, "blue")
    drawFilledRectangle(t, 20, 20, 60, 60, "red", "yellow")

def drawFilledRectangle(t, x, y, w, h, colorP="black", colorF="black"):
    ## 좌측 하단 코너가 (x,y), 폭 w, 높이 h, 펜색상 colorP, 색칠 색상 colorF, 중심(x,y)와
    색상 colorP로 점으로 직사각형을 색칠한다.
    t.pencolor(colorP)
    t.fillcolor(colorF)
    t.up()                     # 선 그리기를 비활성화한다.
    t.goto(x, y)               # 직사각형의 좌측 하단으로 이동한다.
    t.down()                   # 선 그리기를 활성화한다.
    t.begin_fill()
    t.goto(x + w, y)           # 우측 하단 코너까지 선을 긋는다.
    t.goto(x + w, y + h)       # 우측 상단 코너까지 선을 긋는다.
    t.goto(x, y + h)           # 좌측 상단 코너까지 선을 긋는다.
    t.goto(x, y)               # 좌측 하단 코너까지 선을 긋는다.
    t.end_fill()
```

```
def drawDot(t, x, y, diameter, colorP):
    ## 중심 (x, y)와 색상 colorP를 이용하여 점을 그린다.
    t.up()
    t.goto(x, y)
    t.dot(diameter, colorP)

main()
```

13.
```
import turtle

def main():
    ## 일부만 채워진 달을 그려라.
    t = turtle.Turtle()
    t.hideturtle()
    drawDot(t, 0, 0, 200, "orange")      # 달을 그린다.
    drawDot(t, -100,0, 200, "white")     # 달의 일부를 제거한다.

def drawDot(t, x, y, diameter, colorP):
    ## 중심이 (x, y)이고 색상 colorP를 갖는 점을 그린다.
    t.up()
    t.goto(x, y)
    t.dot(diameter, colorP)

main()
```

17.
```
import turtle

def main():
    ## 밑줄 그은 단어 PYTHON을 갖는 파란색 사각형을 그린다.
    t = turtle.Turtle()
    t.hideturtle()
    drawFilledRectangle(t, 0, 0, 200, 200, "blue", "blue")    # 사각형
    drawFilledRectangle(t, 15, 75, 165, 5, "white", "white")  # 밑줄
    t.up()
    t.goto(100, 80)
    t.pencolor("white")
    t.write("PYTHON", align="center", font=("Arial", 25, "bold"))

def drawFilledRectangle(t, x, y, w, h, colorP="black", colorF="black"):
    ## 좌측 하단이 (x,y)이고, 폭 w, 높이 h, 펜 색상 colorP, 색칠 색상 colorF인 직사각형을 그
    려라.
    t.pencolor(colorP)
    t.fillcolor(colorF)
    t.up()
    t.goto(x, y)              # 직사각형의 좌측 하단에서 시작한다.
    t.down()
    t.begin_fill()
    t.goto(x + w, y)          # 우측 하단 코너까지 선을 긋는다.
    t.goto(x + w, y + h)      # 우측 상단 코너까지 선을 긋는다.
    t.goto(x, y + h)          # 좌측 상단 코너까지 선을 긋는다.
```

```
        t.goto(x, y)              # 좌측 하단 코너까지 선을 긋는다.
        t.end_fill()

    main()
```

21. `import turtle`

```
    def main():
        ## 이탈리아 국기를 그린다.
        t = turtle.Turtle()
        t.hideturtle()
        drawFilledRectangle(t, 0, 0, 50, 100, "black", "green")
        drawFilledRectangle(t, 50, 0, 50, 100, "black", "white")
        drawFilledRectangle(t, 100, 0, 50, 100, "black", "red")

    def drawFilledRectangle(t, x, y, w, h, colorP="black", colorF="black"):
        ## 좌측 하단이 (x,y)이고, 폭 w, 높이 h, 펜 색상 colorP, 색칠 색상 colorF인 직사각형을 그
        려라.
        t.pencolor(colorP)
        t.fillcolor(colorF)
        t.up()
        t.goto(x, y)              # 직사각형의 좌측 하단에서 시작한다.
        t.down()
        t.begin_fill()
        t.goto(x + w, y)          # 우측 하단 코너까지 선을 긋는다.
        t.goto(x + w, y + h)      # 우측 상단 코너까지 선을 긋는다.
        t.goto(x, y + h)          # 좌측 상단 코너까지 선을 긋는다.
        t.goto(x, y)              # 좌측 하단 코너까지 선을 긋는다.
        t.end_fill()

    main()
```

25. `import turtle`

```
    def main():
        ## 부르키나파소의 국기를 그린다.
        t = turtle.Turtle()
        t.hideturtle()
        t.down()
        drawFilledRectangle(t, 0, 50, 150, 50, "red", "red")
        drawFilledRectangle(t, 0, 0, 150, 50, "forest green", "forest green")
        drawFivePointStar(t, 65, 33, 40, "yellow", "yellow")

    def drawFivePointStar(t, x, y, lenthOfSide, colorP="black",
                          colorF="white"):
        # (x,y)에서 시작하여 북동쪽으로 이동하여 그림을 그린다.
        t.pencolor(colorP)
        t.fillcolor(colorF)
        t.up()
        t.goto(x, y)
```

```
        t.setheading(0)
        t.left(36)
        t.down()
        t.begin_fill()
        for i in range(6):
            t.forward(lenthOfSide)
            t.left(144)    # 144 = 180 - 36
        t.end_fill()

def drawFilledRectangle(t, x, y, w, h, colorP="black",
                        colorF="black"):
    ## 좌측 하단 코너가 (x, y)이고, 폭 w, 높이 h, 펜 색상 colorP, 색칠 색상 colorF인 직사각형
    을 그려라.
    t.pencolor(colorP)
    t.fillcolor(colorF)
    t.up()
    t.goto(x, y)            # 직사각형의 좌측 하단에서 시작한다.
    t.down()
    t.begin_fill()
    t.goto(x + w, y)        # 우측 하단 코너까지 선을 긋는다.
    t.goto(x + w, y + h)    # 우측 상단 코너까지 선을 긋는다.
    t.goto(x, y + h)        # 좌측 상단 코너까지 선을 긋는다.
    t.goto(x, y)            # 좌측 하단 코너까지 선을 긋는다.
    t.end_fill()

main()
```

29.
```
import turtle

MALE_ENROLLMENTS = [1375, 2047, 2233, 2559, 3265]
FEMALE_ENROLLMENTS = [945, 2479, 3007, 3390, 4415]

def main():
    ## 2년제 대학 등록에 대한 선 그래프를 그려라.
    t = turtle.Turtle()
    t.hideturtle()
    drawLine(t, 0, 0, 200, 0)    # x축을 그린다.
    drawLine(t, 0, 0, 0, 200)    # y축을 그린다.
    ## 그래프를 그린다.
    for i in range(4):
        drawLineWithDots(t, 20 + (40 * i), MALE_ENROLLMENTS[i]/ 25,
                        60 + 40 * i, MALE_ENROLLMENTS[i+1]/25, "black")
    for i in range(4):
        drawLineWithDots(t, 20 + (40 * i), FEMALE_ENROLLMENTS[i]/ 25,
                        60 + 40 * i, FEMALE_ENROLLMENTS[i+1]/25, "black")
    drawTickMarks(t)
    insertText(t)

def drawLine(t, x1, y1, x2, y2, colorP="black"):
```

```
        ## 색상이 colorP이고 (x1, y1)에서 (x2, y2)까지를 잇는 선분을 그린다.
        t.up()
        t.goto(x1, y1)
        t.down()
        t.color(colorP)
        t.goto(x2, y2)

def drawLineWithDots(t, x1, y1, x2, y2, colorP="black"):
        ## 색상이 colorP이고 (x1, y1)에서 (x2, y2)까지를 잇는 선분을 그린다.
        ## 그리고 선분의 양쪽 끝에 점을 삽입한다.
        t.pencolor(colorP)
        t.up()
        t.goto(x1, y1)
        t.dot(5)
        t.down()
        t.goto(x2, y2)
        t.dot(5)

def drawTickMarks(t):
        for i in range(5):
            drawLine(t, 20 + (40 * i), 0, 20 + 40 * i , 10)
        drawLine(t, 0, max(FEMALE_ENROLLMENTS)/25, 10,
                max(FEMALE_ENROLLMENTS)/25)
        drawLine(t, 0, min(FEMALE_ENROLLMENTS)/25, 10,
                min(FEMALE_ENROLLMENTS)/25)

def insertText(t):
        t.up()
        t.pencolor("black")
        t.goto(110, 150)
        t.write("Females")
        t.goto(120, 80)
        t.write("Males")
        # 최대 등록값을 표시한다.
        t.color("blue")
        t.goto(-30, (max(FEMALE_ENROLLMENTS)/25)-10)
        t.write(max(FEMALE_ENROLLMENTS))
        # 최소 등록값을 표시한다.
        t.goto(-22, (min(FEMALE_ENROLLMENTS)/25) - 10)
        t.write(min(FEMALE_ENROLLMENTS))
        # x축상에 값 표시 부호에 대한 레이블을 표시한다.
        t.goto(0, -20)
        x = 20
        for i in range(1970, 2011, 10):
            t.goto(x, -20)
            t.write(str(i), align="center")
            x += 40
```

```
# 라인 그래프의 제목을 표시한다.
t.goto(0, -40)
t.write("Two- Year College Enrollments")
t.goto(0, -55)
t.write("(in thousands)")

main()
```

연습 6.4

1. 15

3. ******

5. harpo

7.
```
def isAlpha(L):
    ## 리스트 내 아이템이 알파벳 순서인지 확인한다.
    if len(L) == 1:
        return True
    elif L[0] > L[1]:
        return False
    else:
        return isAlpha(L[1:])
```

9.
```
def main():
    ## 이항 전개 계수를 결정한다.
    n = int(input("Enter a positive integer: "))
    for r in range(0, n + 1):
        print(C(n, r), end=" ")

def C(n, r):
    if (n == 0) or (r == 0) or (n == r):
        return 1
    else:
        return C(n - 1, r - 1) + C(n - 1, r)

main()
```

11.
```
def main():
    ## 2개의 음이 아닌 정수의 최대공약수를 찾아낸다.
    m = int(input("Enter the first integer: "))
    n = int(input("Enter the second integer: "))
    print("GCD =", GCD(m, n))

def GCD(m, n):
    if n == 0:
        return m
    else:
```

```
            return GCD(n, m % n)
    main()
```

13.
```
def main():
    ## 사용자가 입력한 아이템의 순서를 역순으로 만든다.
    state = ""
    getState(state)

def getState(state):
    state = input("Enter a state: ")
    if state != "End":
        getState(state)
        print(state)

main()
```

7장

연습 7.1

1. 두 번째 행에 self 인자가 빠져있다.

3. 첫 번째 행에서 괄호는 콜론으로 대체할 수 있어야 한다. 또한 콜론은 두 번째 행의 끝에 위치해야 한다.

5. 1

7. 4

9. 12.56

11. 18.84

13.
```
import point

def main():
    ## 어떤 점의 원점으로부터 거리를 계산한다.
    x = float(input("Enter x-coordinate of point: "))
    y = float(input("Enter y-coordinate of point: "))
    p = point.Point(x, y)
    print("Distance from origin: {0:,.2f}".
        format(p.distanceFromOrigin()))

main()
```

15.
```
import pairOfDice

def main():
    ## 한 쌍의 주사위를 던진다.
    dice = pairOfDice.PairOfDice()
```

```python
        dice.roll()
        print("Red die:", dice.getRedDie())
        print("Blue die:", dice.getBlueDie())
        print("Sum of the dice:", dice.sum())

main()
```

17.
```python
import pairOfDice

def main():
    ## 한 쌍의 주사위를 던질 때 값의 합이 7이 될 확률을 계산한다.
    numberOfSevens = 0
    for i in range(100000):
        dice = pairOfDice.PairOfDice()
        dice.roll()
        if dice.sum() == 7:
            numberOfSevens += 1
    print("7 occurred {0:.2%} of the time.".
          format(numberOfSevens / 100000))

main()
```

19. queen of hearts

21. 10 of clubs

23. 7 of hearts

25.
```python
import pCard
import random

def main():
    ## 카드를 랜덤하게 선택한다.
    c = pCard.PlayingCard()
    c.selectAtRandom()
    picture = random.choice(["jack", "queen", "king"])
    c.setRank(picture)
    print(c)

main()
```

27.
```python
class Fraction:
    def __init__(self, numerator=0, denominator=1):
        self._numerator = numerator
        self._denominator = denominator

    def setNumerator(self, numerator):
        self._numerator = numerator

    def getNumerator(self):
        return self._numerator
```

```
        def setDenominator(self, denominator):
            self._denominator = denominator

        def getDenominator(self):
            return self._denominator

        def GCD(self, m, n):     # 최대공약수
            while n != 0:
                t = n
                n = m % n
                m = t
            return m

        def reduce(self):
            gcd = self.GCD(self._numerator, self._denominator)
            self._numerator = int(self._numerator / gcd)
            self._denominator = int(self._denominator / gcd)
```

29.
```
    import fraction

    def main():
        ## 소수점 이하 수를 분수로 변환한다.
        decimal = input("Enter a positive decimal number less than 1: ")
        decimal = decimal[1:]      # 소수점 이하의 숫자를 떼어낸다.
        f = fraction.Fraction()
        f.setNumerator(int(decimal))
        f.setDenominator(10 ** len(decimal))
        f.reduce()
        msg = "Converted to fraction:"
        print(msg, str(f.getNumerator()) + '/' + str(f.getDenominator()))

    main()
```

31.
```
    def main():
        ## 작업자의 주급여를 계산한다.
        salary = Wages()
        name = input("Enter person's name: ")
        salary.setName(name)
        hours = float(input("Enter number of hours worked: "))
        salary.setHours(hours)
        wage = float(input("Enter hourly wage: "))
        salary.setWage(wage)
        print("Pay for", salary.getName() + ':', salary.payForWeek())

    class Wages:
        def __init__(self, name="", hours=0.0, wage=0.0):
            self._name = name
            self._hours = hours     # 한 주 동안 근무한 시간
            self._wage = wage        # 시간당 급여
```

```python
        def setName(self, name):
            self._name = name

        def getName(self):
            return self._name

        def setHours(self, hours):
            self._hours = hours

        def getHours(self):
            return self._hours

        def setWage(self, wage):
            self._wage = wage

        def getHours(self):
            return self._hours

        def payForWeek(self):
            amount = self._hours * self._wage
            if self._hours > 40:
                amount = 40 * self._wage + ((self._hours - 40) *
                        (1.5 * self._wage))
            return "${0:,.2f}".format(amount)

main()
```

33.
```python
import random
import pCard

def main():
    ## 랜덤하게 포커핸드를 선택한다.
    deckOfCards = []
    ranks = ['2', '3', '4', '5', '6', '7', '8', '9',
            "10", "jack", "queen", "king", "ace"]
    suits = ["spades", "hearts", "clubs", "diamonds"]
    for i in ranks:
        for j in suits:
            c = pCard.PlayingCard(i, j)
            deckOfCards.append(c)
    pokerHand = random.sample(deckOfCards, 5)
    pokerHand.sort(key = lambda x: x.getRank())
    for k in pokerHand:
        print(k)

main()
```

35.
```python
def main():
    ## 쇼핑 웹사이트에서 계산하기
    myPurchases = Cart()
    carryOn = 'Y'
```

```python
    while carryOn.upper() == 'Y':
        description = input("Enter description of article: ")
        price = float(input("Enter price of article: "))
        quantity = int(input("Enter quantity of article: "))
        article = Purchase(description, price, quantity)
        myPurchases.addItemToCart(article)
        carryOn = input("Do you want to enter more articles (Y/N)? ")
    printReceipt(myPurchases)

def printReceipt(myPurchases):
    print("\n{0:12}  {1:<s}  {2:<12}".format("ARTICLE",
        "PRICE", "QUANTITY"))
    for purchase in myPurchases.getItems():
        print("{0:12s} ${1:,.2f}  {2:5}".format(purchase.getDescription(),
                        purchase.getPrice(), purchase.getQuantity()))
    print("\nTOTAL COST: ${0:,.2f}".format(myPurchases.calculateTotal()))

class Purchase:
    def __init__(self, description="", price=0, quantity=0):
        self._description = description
        self._price = price
        self._quantity = quantity

    def setDescription(self, description):
        self._description = description

    def getDescription(self):
        return self._description

    def setPrice(self, price):
        self._price = price

    def getPrice(self):
        return self._price

    def setQuantity(self, quantity):
        self._quantity = quantity

    def getQuantity(self):
        return self._quantity

class Cart:
    def __init__(self, items=[]):
        self._items = items

    def addItemToCart(self, item):
        self._items.append(item)

    def getItems(self):
        return self._items

    def calculateTotal(self):
```

```
        amount = 0
        for item in self._items:
            amount += item.getPrice() * item.getQuantity()
        return amount

main()
```

연습 7.2

1. 4

3. 6.928

5. The rectangle has area 6.00.

7. Howdy
G'day mate

9. 함수 displayResults를 다음과 같이 변경한다.

```
def displayResults(listOfStudents):
    listOfStudents.sort(key=lambda x: x.getName())
    for pupil in listOfStudents:
        if pupil.calcSemGrade() == 'A':
            print(pupil.getName())
```

11.
```
import random
def main():
    ## 가위 바위 보 게임을 한다.
    # 게임 참여자의 이름을 대상으로 각각 객체 초기화한다.
    nameOfHuman = input("Enter name of human: ")
    h = Human(nameOfHuman)
    nameOfComputer = input("Enter name of computer: ")
    c = Computer(nameOfComputer)
    print()
    # 3회의 게임을 실시하고 점수를 기록한다.
    for i in range(3):
        humanChoice = h.makeChoice()
        computerChoice = c.makeChoice()
        print("{0} chooses {1}".format(c.getName(), computerChoice))
        if humanChoice == "rock":
            if computerChoice == "scissors":
                h.incrementScore()
            elif computerChoice == "paper":
                c.incrementScore()
        elif humanChoice == "paper":
            if computerChoice == "rock":
                h.incrementScore()
            elif computerChoice == "scissors":
                c.incrementScore()
        else:   # 게임 참여자의 선택 = 가위
```

```python
            if computerChoice == "rock":
                c.incrementScore()
            elif computerChoice == "paper":
                h.incrementScore()
        print(h, end="  ")
        print(c)
        print()
    if h.getScore() > c.getScore():
        print(h.getName().upper(), "WINS")
    elif c.getScore() > h.getScore():
        print(c.getName().upper(), "WINS")
    else:
        print("TIE")

class Contestant():
    def __init__(self, name="", score=0):
        self._name = name
        self._score = score

    def getName(self):
        return self._name

    def getScore(self):
        return self._score

    def incrementScore(self):
        self._score += 1

    def __str__(self):
        return "{0}: {1}".format(self._name, self._score)

class Human(Contestant):
    def makeChoice(self):
        choices = ["rock", "paper", "scissors"]
        while True:
            choice = input(self._name + ", enter your choice: ")
            if choice.lower() in choices:
                break
        return choice.lower()

class Computer(Contestant):
    def makeChoice(self):
        choices = ["rock", "paper", "scissors"]
        selection = random.choice(choices)
        return selection

main()
```

13. ```python
class Mortgage:
    def __init__(self, principal, interestRate, term):
```
```

```
            self._principal = principal
            self._interestRate = interestRate
            self._term = term

        def calculateMonthlyPayment(self):
            i = self._interestRate / 1200
            return ((i / (1 - ((1 + i) ** (-12 * self._term))))
                    * self._principal)
```

15.
```
def main():
    ## 만기 말 원금 상환 모기지의 값을 계산한다.
    principal = float(input("Enter principal amount of mortgage: "))
    interestRate = float(input("Enter percent interest rate: "))
    term = float(input("Enter duration of mortgage in years: "))
    numberOfInterestOnlyYears = \
                float(input("Enter number of interest-only years: "))
    mort = InterestOnlyMortgage(principal, interestRate,
                                term, numberOfInterestOnlyYears)
    print("Monthly payment for first {0:.0f} years: ${1:,.2f}"
          .format(numberOfInterestOnlyYears, mort.initialMonthlyPayment()))
    mort.setTerm(term - numberOfInterestOnlyYears)
    print("Monthly payment for last {0:.0f} years: ${1:,.2f}"
          .format(mort.getTerm(), mort.calculateMonthlyPayment()))

class Mortgage:
    def __init__(self, principal, interestRate, term):
        self._principal = principal
        self._interestRate = interestRate
        self._term = term
    def calculateMonthlyPayment(self):

        i = self._interestRate / 1200
        return ((i / (1 - ((1 + i) ** (-12 * self._term))))
                * self._principal)

class InterestOnlyMortgage(Mortgage):
    def __init__(self, principal, interestRate,
                 term, numberOfInterestOnlyYears):
        super().__init__(principal, interestRate, term)
        self._numberOfInterestOnlyYears = numberOfInterestOnlyYears

    def initialMonthlyPayment(self):
        return self._principal * (self._interestRate / 1200)

    def setTerm(self, numberOfInterestOnlyYears):
        self._term -= self._numberOfInterestOnlyYears

    def getTerm(self):
        return self._term

main()
```

찾아보기

에이콘출판의 기틀을 마련하신 故 정완재 선생님 (1935-2004)

파이썬 프로그래밍 개론
기본 문법부터 객체지향 프로그래밍까지

인 쇄 | 2016년 11월 23일
발 행 | 2016년 11월 30일

지은이 | 데이비드 슈나이더
옮긴이 | 정 사 범

펴낸이 | 권 성 준
편집장 | 황 영 주
편 집 | 나 수 지
디자인 | 이 승 미

에이콘출판주식회사
서울특별시 양천구 국회대로 287 (목동 802-7) 2층 (07967)
전화 02-2653-7600, 팩스 02-2653-0433
www.acornpub.co.kr / editor@acornpub.co.kr

한국어판 © 에이콘출판주식회사, 2016, Printed in Korea.
ISBN 978-89-6077-908-2
ISBN 978-89-6077-771-2 (세트)
http://www.acornpub.co.kr/book/programming-using-python

이 도서의 국립중앙도서관 출판시도서목록(CIP)은 서지정보유통지원시스템 홈페이지(http://seoji.nl.go.kr)와
국가자료공동목록시스템(http://www.nl.go.kr/kolisnet)에서 이용하실 수 있습니다.(CIP제어번호: CIP2016028566)

책값은 뒤표지에 있습니다.